공식 인증 도서

핵심 요약정리 및
기출문제 풀이와 정답

2주 완성
사물인터넷 지식능력검정

저자 소개

윤 석 인

전자계산학을 전공하고 Informix software에서 데이터베이스 엔지니어로 재직하면서 다수의 데이터웨어하우스 프로젝트에 참여하였다. Ascential software를 거쳐 IBM 소프트웨어 사업 본부 정보 관리 브랜드에서 정보 통합, 빅데이터 및 IoT 등 엔지니어로서 다수의 고객 업무 시스템을 지원하였다. 현재 라임라이트 네트워크에서 CDN과 IoT 분야 솔루션 엔지니어로 재직 중이다.

이 희 섭

전자계산학을 전공하였다. 그룹웨어 분야의 컨설팅 업무를 수행하면서 Network, Web, DBMS, 서버 보안 등의 다양한 분야에서 실무를 수행하면서 현장감 넘치는 과정을 경험해 왔다. 현재는 우진지앤에스 기술 이사로 재직 중이며, 4차 산업 혁명의 기반이 되는 표준 기술 분야에서 ICT 국제 표준화 전문가로 활동하고 있다.

이 책을 펴내며

　사물인터넷의 정의를 간략하게 한마디로 표현하자면 '데이터를 수집하는 환경'이라고 하고 싶습니다. 센서를 통해 수집되는 데이터를 기반으로 클라우드, 빅데이터, 모바일, 보안에 대한 연계가 이루어지기 때문입니다. 정보 기술 발전에 따라 대부분의 디바이스가 유무선 네트워크를 통해 연결되어, 보다 빠르고 편리하게 다양한 서비스를 사람들에게 제공하고 있습니다. 오늘날 대부분의 기업들은 사물인터넷에 기반을 둔 제품과 서비스를 개발 · 판매 · 지원하고 있습니다. 그러므로 오늘을 살아가는 사람들이 사회와 기업을 이해하고, 개인이 윤택한 삶을 누리기 위해서는 사물인터넷에 대한 지식 획득은 필수 불가결한 요소가 되었습니다.

　이에 저희 집필자는 사회에서 필요로 하는 사물인터넷 지식을 쉽게 이해하고, 또한 사물인터넷 지식능력검정에 대비할 수 있게 이 책을 집필하였습니다.

　다른 모든 유망 기술들처럼 사물인터넷의 정의 또한 계속해서 변화하고 있으며 하루가 다르게 달라지고 있습니다. 계속 빠르게 발전하고 지속적으로 변화하고 있기 때문에 발전하는 최신 기술들에는 계속 관심을 갖고 유효한 정보를 취득하고 관리해야 합니다.

　사물인터넷은 지식 정보 기술의 대표적인 기술로, 인공 지능을 만나 지능화되고 블록체인을 만나 신뢰성을 보장하는 운영 기술로 진화하고 있습니다. 상호 운영성을 보장하는 표준화 역시 빠른 속도로 전개되고 있으며, 이를 위한 다양한 시도들이 이루어지고 있습니다. 저희 저자들은 빠르게 진행되고 있는 사물인터넷 기술의 흐름을 지속적으로 반영하여 다음 개정판에 선보일 것을 약속드립니다.

　저희 저자들은 이 책을 집필하면서 사물인터넷에 대한 다양한 서적, 연구 보고서, 논문, 신문 기사 등을 참고하였으며, 관련 협회의 Daily News를 통해 변화무쌍한 국내 사물인터넷 시장의 많은 동향을 접할 수 있었습니다. 이 책을 집필하는 과정에서 도움을 주신 많은 전문가 여러분들께 이 지면을 통해 감사의 인사 말씀을 드립니다.

　이 책은 사물인터넷 지식능력검정을 위한 교재이며 사물인터넷 지식능력검정 수험서입니다. 대학교 수업의 한 학기 과정에 맞추어 준비되었으며 2주 정도의 짧은 기간이면 본서의 1회 탐독 학습이 가능하리라고 봅니다. 이 책이 사회에서 요구하는 사물인터넷 지식을 학습하는 데 도움이 되기를 간절히 바라며, 이 시험에 꼭 합격하기 바랍니다. 끝으로 출판에 힘이 되어 주신 모든 분께 감사의 말씀을 드립니다.

저자 일동

시험 안내

1. IoT 지식능력검정 시험 개요

- IoT 지식능력검정은 사물인터넷(IoT)에 대한 전반적인 이해와 사물인터넷 관련 플랫폼, 네트워크, 서비스, 디바이스 등의 소양 수준을 평가하는 자격이다.
- 사물인터넷은 모든 것이 인터넷에 연결되는 초연결 디지털 혁명으로, ICT·자동차·가전·의료·에너지·환경 등 산업 전반의 다양한 혁신과 사업 기회로 연평균 30% 성장이 전망되는 신성장 산업으로 인식된다. 유럽, 미국, 중국 등 주요 국가와 우리나라는 범정부 차원에서 사물인터넷을 국가 경쟁력의 핵심 산업으로 육성하고 있다.
- 이러한 환경에서 한국 사물인터넷 협회는 우리나라가 IoT 선도 국가로서 위상을 제고하고 전 산업의 경쟁력을 강화하여 IoT 인력의 저변을 확대하고 각 산업 분야의 IoT 도입을 촉진하는 선도 인력을 양성하기 위해 IoT 지식능력검정 시험을 마련하였다.

2. IoT 지식능력검정 시험 내용

사물인터넷 관련 분야와 연계한 시스템 개발·도입 등의 직무를 수행하는 데 필요한 사물인터넷 서비스(사업) 기획, 디바이스·플랫폼·네트워크 등 기술 개발, 시스템 구축에 필요한 지식 수준을 평가한다.

구분	주요 내용
1. 사물인터넷 개요	• 사물인터넷 개념, 응용 서비스(헬스케어, 스마트홈, 스마트 시티 등) • 사물인터넷 표준화 기구, 사물인터넷 아키텍처 • 사물인터넷 보안(분야별 보안 위협, 보안 요구 사항 및 대응 방안)
2. 사물인터넷 플랫폼	• 사물인터넷 플랫폼 구조, 기술 - 식별 체계, 검색, 장치 관리, 사물 가상화, 서비스 컴포지션, 시맨틱 • 국내외 사물인터넷 플랫폼 사례

3. 사물인터넷 네트워크	• 사물인터넷 근거리 통신 기술
	  - 와이파이, 블루투스, 비콘, RFID, NFC, 지그비(ZigBee), 지웨이브(Z-Wave) 등
	• 사물인터넷 전용망 통신 기술
	  - LoRa, Sigfox, LTE-M, NB IoT 등
	• 사물인터넷 응용 계층 프로토콜(HTTP, CoAP, MQTT, XMPP)

4. 사물인터넷 디바이스	• 사물인터넷 디바이스 H/W·S/W 플랫폼 • 스마트 센서(바이오 센서, 모바일 센서, 스마트 카 센서 등)

구분	주요 내용
5. 사물인터넷 연관 기술	• 사물인터넷과 빅데이터, 클라우드, 모바일, 지능 정보 기술
6. 사물인터넷 비즈니스 모델	• 사물인터넷 비즈니스 개요, 사물인터넷 생태계 • 사물인터넷 비즈니스 모델 설계(TISSUE, 비즈니스 모델 캔버스)

3. 응시 자격

제한 없음(IT 관련 특성화 고등학교 재학생 이상 응시 수준)

4. 시험 방법 및 합격 기준

- 시험 방법 : 객관식 사지선다형 / 50문항 / 80분
- 합격 기준 : 60점 이상(100점 만점)
- 온라인 원서 접수 및 검정 일정 관련 정보는 홈페이지(cp.kiot.or.kr) 참조

학습 가이드

IoT 지식능력검정 시험을 위한 2주 완성 학습 가이드

사물인터넷은 최근 도래하고 있는 '4차 산업 혁명'을 주도하고 있는 핵심 기술로 데이터를 제공하는 환경의 중요성이 매우 중요하게 인식되고 있는 상황에서 꼭 알고 있어야 할 분야입니다.

사물인터넷은 이미 존재하거나 향후 등장할 상호 운용 가능한 정보 기술과 통신 기술을 활용하여 다양한 실재 및 가상 사물 간의 상호 연결을 통해서, 진보된 서비스를 제공할 수 있게 하는 것으로 개념, 동작(디바이스, 플랫폼, 네트워크)의 원리, 비즈니스 모델링이 매우 중요합니다.

[공부하는 요령]

- 관련 협회(한국 사물인터넷 협회, www.kiot.or.kr) 뉴스레터 신청
  - 사물인터넷 분야는 모든 산업과 융합이 되는 기술이므로, 기술의 변화가 빠르게 진행되고 있기 때문에 새로운 뉴스에 관심을 가지는 것이 중요합니다.
  - 관련 협회의 뉴스레터는 국내외 전 산업 분야의 새로운 소식을 꾸준히 알려 주고 있는 유용한 학습지입니다.
  - 전파되는 최근의 기술 변화와 융합 사례를 스크랩하고, 관심을 두어 계속 읽어 준다면 많은 도움이 될 것입니다.

- 특정 업체의 제품, 솔루션, 용어에 너무 얽매이지 말고, 개념의 이해에 중심을 두어 공부
  - 특정 업체의 제품과 서비스는 하루가 다르게 변화하고 있습니다. 특정 제품에 얽매이지 말고, 개념의 이해에 그 목적을 두고 공부하면 좋겠습니다.

- 본 자격시험은 지식 능력에 대한 부분입니다. 문제로 출제할 수 있는 부분이 거의 정해져 있다는 의미입니다.
  - 문제집을 잘 활용하여 반복적으로 학습한다면, 2주 안에 자격증 취득은 충분히 가능합니다.
  - 본 문제집은 빈번하게 나오는 시험 문제에 대해 반복 학습이 가능하도록 해당 참고 자료를 제시하고 있기 때문에 매우 도움이 됩니다.

구분	진도	주요 내용
1. 사물인터넷 개요	3일	• 사물인터넷 개념, 응용 서비스 　(스마트 시티, 스마트홈, 스마트 유통, 드론, 커넥티드 카, 헬스케어, 스마트 팩토리 등) • 표준화 및 표준화 기구, 사물인터넷 아키텍처, 레퍼런스 모델 • 사물인터넷 보안 개요, 보안 가이드라인, 공격 유형 및 대응 방법, 보안의 문제점
2. 사물인터넷 플랫폼	2일	• 사물인터넷 플랫폼 구조, 기술 　- 식별 체계, 검색, 장치 관리, 사물 가상화, 서비스 컴포지션, 시맨틱, 최신 사례 • 사물인터넷 플랫폼 국내외 사례(이동 통신사 플랫폼 포함)
3. 사물인터넷 네트워크	3일	• 사물인터넷 네트워크 개요, 통신 기술 　- 사물인터넷 전용망 통신 기술 : LoRa, LTE-M, NB IoT 등 　- 사물인터넷 근거리 통신 기술 : 와이파이, 블루투스, 비콘, RFID, NFC, Zigbee, Z-Wave, 기타 통신 기술 • 사물인터넷 응용 계층 프로토콜(HTTP, Web Socket, CoAP MQTT, XMPP)
4. 사물인터넷 디바이스	2일	• 사물인터넷 디바이스 H/W 플랫폼 종류, 센서 및 엑추에이터, 스마트 센서 등 • 사물인터넷 디바이스 S/W 플랫폼 종류
5. 사물인터넷 융합 기술	2일	• 사물인터넷과 빅데이터 • 사물인터넷과 클라우드 • 사물인터넷과 모바일 • 사물인터넷과 지능 정보 기술
6. 사물인터넷 비즈니스 모델	1일	• 사물인터넷 비즈니스 모델, 사물인터넷 생태계 • 사물인터넷 비즈니스 모델 설계(TISSUE, 캔버스, 5-Force)
기출문제 풀이	1일	• 1회~5회차 시험 문제 풀이

이 문제집을 잘 활용하시어 좋은 성과 얻으시길 응원합니다.

차 례

Part 1. 사물인터넷 개요
- Chapter 1. 사물인터넷 개념 및 등장 배경 · · · · · · · · 12
- Chapter 2. 사물인터넷 응용 서비스 분야 · · · · · · · · 23
- Chapter 3. 사물인터넷 표준화 · · · · · · · · · · · · · 44
- Chapter 4. 사물인터넷 아키텍처 · · · · · · · · · · · · 62
- Chapter 5. 사물인터넷 보안 · · · · · · · · · · · · · · 79

Part 2. 사물인터넷 플랫폼
- Chapter 1. 사물인터넷 플랫폼 개요 및 구조 · · · · · · 102
- Chapter 2. 사물인터넷 플랫폼 기술 · · · · · · · · · · 112
- Chapter 3. 사물인터넷 플랫폼 사례 · · · · · · · · · · 128

Part 3. 사물인터넷 네트워크
- Chapter 1. 사물인터넷 네트워크 개요 · · · · · · · · · 138
- Chapter 2. 사물인터넷 근거리 통신 기술 · · · · · · · 146
- Chapter 3. 사물인터넷 전용망 통신 기술 · · · · · · · 192
- Chapter 4. 사물인터넷 응용 계층 프로토콜 · · · · · · 199

Part 4. 사물인터넷 디바이스
- Chapter 1. 사물인터넷 디바이스 H/W · · · · · · · · · 212
- Chapter 2. 사물인터넷 디바이스 S/W · · · · · · · · · 242
- Chapter 3. 스마트 센서 · · · · · · · · · · · · · · · · 255

Part 5. 사물인터넷 빅데이터, 클라우드, 모바일 및 지능 정보 기술

Chapter 1. 사물인터넷과 빅데이터 · · · · · · · · · · · · 274

Chapter 2. 사물인터넷과 클라우드 · · · · · · · · · · · · 295

Chapter 3. 사물인터넷과 모바일 · · · · · · · · · · · · · 317

Chapter 4. 사물인터넷과 지능 정보 기술 · · · · · · · · 330

Part 6. 사물인터넷 비즈니스 모델

Chapter 1. 사물인터넷 비즈니스 모델 개요 · · · · · · · 340

Chapter 2. 사물인터넷 비즈니스 모델 설계 · · · · · · · 353

약어표 · 365

기출문제
제1회 IoT 지식능력검정 A형 기출문제(2015년 11월 22일 시행) · · 368
제2회 IoT 지식능력검정 A형 기출문제(2016년 05월 22일 시행) · · 378
제3회 IoT 지식능력검정 A형 기출문제(2016년 11월 20일 시행) · · 388
제4회 IoT 지식능력검정 A형 기출문제(2017년 05월 21일 시행) · · 399
제5회 IoT 지식능력검정 A형 기출문제(2017년 11월 19일 시행) · · 410

학습법

- 사물인터넷은 데이터를 수집하는 환경을 모두 아우르며, 4차 산업 혁명의 대두와 함께 데이터에 의한 의사 결정을 통해 자동화, 무인화를 실현하게 하는 중요한 요소이다. 개념을 확실히 이해하는 것이 중요하다.
- 사물인터넷 개념, 응용 서비스(헬스케어, 스마트홈, 스마트 시티, 스마트 물류, 스마트 금융, 스마트 공장, 커넥티드 카 등)에 대한 개념과 개인, 산업, 사회에 미치는 영향 등을 익힌다.
- 사물인터넷 표준화 기구(공적 표준, 사실 표준에 대한 구분과 각 기구의 역할), 사물인터넷 아키텍처의 구성 요소와 특징을 이해한다.
- 사물인터넷 보안(분야별 보안 위협, 보안 요구 사항 및 대응 방안) 역할, 구성, 기술 등을 이해한다.

시험 문제 출제 동향

매 시험 문제의 25%에 해당되는 12~13문항이 Part 1에서 출제되고 있다. 각 챕터의 비중은 다음과 같다.

- Chapter 1. 사물인터넷 개념 및 등장 배경 : **3문항**
- Chapter 2. 사물인터넷 응용 서비스 분야 : **3문항**
- Chapter 3. 사물인터넷 표준화 : **2문항**
- Chapter 4. 사물인터넷 아키텍처 : **2문항**
- Chapter 5. 사물인터넷 보안 : **3문항**

Part 1

사물인터넷 개요

Chapter 1 사물인터넷 개념 및 등장 배경

Chapter 2 사물인터넷 응용 서비스 분야

Chapter 3 사물인터넷 표준화

Chapter 4 사물인터넷 아키텍처

Chapter 5 사물인터넷 보안

Chapter 1 사물인터넷 개념 및 등장 배경

1 사물인터넷 개념

(1) 사물인터넷 용어의 시작

1999년 매사추세츠공과대학(MIT) Auto-ID Center 소장인 캐빈 애쉬튼(Kevin Ashton)이 향후 RFID와 기타 센서를 일상생활에 사용하는 사물에 탑재한 사물인터넷이 구축될 것이라고 전망하면서 처음 사용한 것으로 알려져 있다.

(2) 넓은 의미의 개념

① 사물인터넷은 주위의 사물 하나하나가 인터넷에 서로 연결된 것을 의미한다.
② 단순하게 물리적으로 두 사물이 연결되어 있다는 것을 의미하지는 않는다.

(3) 좁은 의미의 개념

① 사물들이 인터넷을 통해 서로 연결된 것을 사물인터넷이라고 할 수도 있다.
② 인터넷 프로토콜(Internet Protocol, IP)을 이용하여 사물들이 서로의 존재를 파악하고 서로의 상태를 확인하며, 나아가 새로운 가치를 생성하는 것을 말한다.

커넥티드 디바이스　　　　지능　　　　　　　새로운 가치
(인터넷에 연결된 장치) + (정보 수집, 상황 인지) > (New Value Creation)

사물인터넷 개념

(4) 사물인터넷(Internet of Things, IoT)

사람, 사물, 공간, 데이터 등 모든 것이 인터넷으로 서로 연결되어 정보가 생성 · 수집 · 공유 · 활용되는 초연결 인터넷으로 모바일 서비스를 통해서 IoT, 클라우드(Cloud), 빅데이터(Big Data)가 서로 연계되어 새로운 가치와 서비스를 창출한다.

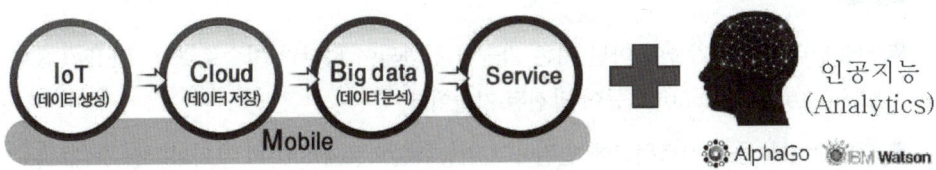

사물인터넷 구성 요소

사물인터넷 서비스 구성 요소인 I(IoT), C(Cloud), B(Big Data), M(Mobile) 등을 줄여 ICBM이라고 부르는데, 최근에는 여기에 AI(또는 Analytics), Security가 포함되어 ICBAMS라고도 한다.

(5) M2M

① 사람이 직접 제어하지 않는 상태에서 장비나 사물 또는 지능화된 기기들이 사람을 대신해 통신의 양쪽 모두를 맡고 있는 기술을 의미한다.
② 센서 등을 통해 전달 · 수집, 가공된 위치, 시각, 날씨 등의 데이터를 다른 장비나 기기 등에 전달하기 위한 통신을 의미한다.
③ 일반적으로 사람이 접근하기 힘든 지역의 원격 제어나 위험 품목의 상시 검시 등의 영역에서 적용된다.
④ USN이 넓은 지역에 대한 상태 정보를 필요로 하는 반면에, M2M은 개별 장치들에 대한 연결성을 제공하는 것이 기본 목적이다.

기출문제 풀이

 01 다음 중 사물인터넷의 개념을 설명하기 위한 사례와 거리가 가장 먼 것은?

① 인터넷에 연결되어 농업·환경·에너지·유통 등 다양한 분야의 모니터링을 통해 정보 제공 및 분석
② 인터넷에 연결되어 건강 측정, 판단 및 예측
③ 인터넷에 연결되어 가격 비교를 통한 제품의 합리적 구매
④ 주변의 다양한 제품의 지능화를 통한 부가가치의 증가

해설

- 사물인터넷은 신기술이 아닌 기존 기술이 진화되어 나타난 기술로 초기 RFID/USN, M2M, Ubiquitous Computing 등이 발전된 기술이다.
- 다양한 사물들을 네트워크에 연결하고 지능화함으로써 사물의 부가가치를 증대하는 것을 의미한다.
  - 디바이스의 센서가 유무선 네트워크와 연결됨으로써 다양한 정보의 수집, 분석, 활용이 가능하다.
  - 다양한 개인, 기업, 사회 영역에서의 융·복합을 통한 지능화된 서비스를 제공한다.
- 인터넷에 연결되어 가격 비교를 통한 제품의 합리적 구매는 사물인터넷과는 상관없이 일반 '전자 상거래(Electronic Commerce, E/C)' 또는 '모바일커머스'와 관계된 내용이다.

정답 ③

2회 01 다음 중 사물인터넷 개념과 가장 거리가 먼 것은?
① 최근 등장한 개념으로 단순히 물리적·논리적으로 사물들을 연결하는 기술
② 네트워크에 사물들을 연결하고 지능화하여 사물의 가치를 증대
③ 산업 간 융합을 통한 지능화를 가속화하여 다양한 정보를 제공
④ 사물들이 서로의 존재와 상태를 확인하고 새로운 가치를 생성

해설
- 최근 등장한 개념은 아니며, 1999년에 처음 등장한 개념임
- 문제에서 제공하는 '단순히', '~만을'이라는 표현을 잘 짚고 넘어가는 것이 중요

정답 ①

3회 01 다음 중 사물인터넷에 대한 설명으로 가장 거리가 먼 것은?
① 최근 갑자기 등장한 개념이 아니라 기술 발전에 따라 점차 기술과 개념이 진화하고 있다.
② 사물의 결합으로 인한 새로운 가치보다는 새로운 기능만을 제공하는 것을 말한다.
③ 사물들이 인터넷을 통해 서로 연결된 것을 말한다.
④ 사물들이 서로의 존재(ID)를 파악하고 서로의 상태를 확인하는 것을 말한다.

해설
- '새로운 가치'라는 의미는 사용자가 기존에 가지고 있었던 불편함과 문제점을 개선하여 새로운 서비스를 제공하여 '가치'를 제공한다는 것을 의미함

정답 ②

Part 1. 사물인터넷 개요

01 사물인터넷 개념과 가장 거리가 먼 것은?
① 넓은 의미의 사물인터넷은 도메인 융합을 통한 산업의 지능화다.
② 사물인터넷은 단독 운용 혹은 단순히 물리적으로 두 사물을 연결하는 기술이다.
③ 사물인터넷은 최근 갑자기 등장한 개념이 아니라 오래전부터 존재해 왔으며 RFID/USN, M2M 등이 대표적인 개념들이다.
④ 사물인터넷은 우리 주변의 사물들에 네트워크를 연결하고 지능화함으로써 그 사물의 가치를 증대시키는 것을 의미한다.

해설

■ **사물인터넷**

사람, 사물, 공간, 데이터 등 모든 것이 인터넷으로 서로 연결되어 정보가 생성·수집·공유·활용되는 초연결 인터넷으로 모바일 서비스를 통해서 IoT, 클라우드(Cloud), 빅데이터(Big Data)가 서로 연계되어 새로운 가치와 서비스를 창출한다.

사물인터넷 서비스 구성 요소인 I(IoT), C(Cloud), B(Big Data), M(Mobile) 등을 줄여 ICBM이라고 부르는데, 최근에는 여기에 AI, Security가 포함되어 ICBAMS라고도 한다.

정답 ②

01 사물인터넷의 특성으로 가장 거리가 먼 것은?
① 지능형 인터페이스를 갖는다.
② 정보망에 잘 통합되는 특성을 갖는다.
③ 자기 식별자와 각각의 특성을 갖는 가상 사물로만 구성되어 있다.
④ 사물들이 연결됨으로써 새로운 기능 혹은 새로운 가치를 제공한다.

해설

■ 사물인터넷은 가상 사물로만 구성되는 것이 아니고 인터페이스, 정보망, 사물들이 결합된다.

정답 ③

5회 **02** RFID/USN/M2M과 비교한 사물인터넷에 대한 내용으로 옳지 않은 것은?
① 사물인터넷은 인터넷 중심의 통신 네트워크이다.
② 사물인터넷은 즉시적인 스마트 서비스를 제공한다.
③ 사물인터넷 디바이스는 수동적으로 단순 정보를 수집한다.
④ 사물인터넷의 디바이스 형태는 센서와 액추에이터의 Physical Thing과 데이터와 프로세스 등을 포함한 Virtual Thing 형태이다.

해설
■ 사물인터넷 디바이스는 수동적 개념이 아니다.

정답 ③

2 사물인터넷 등장 배경

(1) 사회·경제적 측면의 사물인터넷 활성화 요인

[사물인터넷 등장 전 시대 상황]

    이동 통신사의 마케팅 비용의 증가와 경기 침체 및 와이파이(Wi-Fi) 보급 확대에 따른 사용자당 평균 매출(Average Revenue Per User, ARPU) 감소는 이동 통신사의 수익률을 악화시켜, 이동 통신사들은 사람이 아닌 기계 장치들을 연결하는 쪽(Machine-to-Machine, M2M)으로 관심을 돌리게 되었다.

[스마트폰의 보급으로 일반 가정의 컴퓨터 이용 방식에 변화를 가져옴]
① 스마트폰에 의한 인터넷 사용자 증가
② 앱 마켓(App Market) 중심의 모바일 생태계가 형성됨
③ 인터넷 사용의 장소와 시간의 제약 해소
④ 개인화된 서비스 제공의 기반 마련

(2) 기술적 측면의 사물인터넷 활성화 요인

기술적 활성화 요인으로 소형화, 고성능, 저전력화, 저가격화 그리고 표준화를 들 수 있다.

활성화 요인	주요 내용
소형화	• MEMS나 나노 기술(Nano-Technologies)과 같은 반도체 기술의 발전은 전자제품에 사용되는 소자(Component)의 크기를 극적으로 작게 만들고 있음 • 제품의 소형화는 물론 저전력화, 그리고 대량 생산에 따른 저가격화에도 영향을 주고 있음
저전력화	• 다양한 앱세서리 디바이스들이 전력 소모를 최소화하기 위해 저전력 블루투스(Bluetooth Low Energy, BLE) 기술을 채택하고 있음 • BLE는 단방향 통신 방식을 채택하고 있으며, 패킷 전송 주기를 늘리고 최대 송신 전력을 줄여 실제로는 와이파이 대비 수백 분의 1 정도의 전력만을 소모함
저가격화	• RFID 태그 가격은 2013년 4월 기준으로 지난 18개월간 40%가량 하락하였으며, MEMS는 지난 5년간 80~90% 정도 하락함. 센서의 개당 평균 가격도 2004년 1.3달러에서 2014년 0.6달러 수준으로 떨어졌으며, 1Gbps 단위의 인터넷 비용은 10년 전 대비 1/40 수준으로 떨어지고 있음
표준화	• 표준화된 무선 통신 방식이나 개방형 표준 인터페이스를 이용해 통신 칩셋들도 표준화되어, 다른 디바이스들과 데이터를 주고받을 수 있도록 모듈화되어 제작됨 • 누구나 새로운 디바이스를 손쉽게 제작할 수 있게 되고, 사물인터넷 플랫폼이 제공하는 표준 API를 통해 다른 디바이스들과 연결됨

기출문제 풀이

37 다음 중 미세 가공 기술을 이용하여 소형화된 기계나 전기 기계 소자를 만드는 데 사용되는 기술로 실리콘이나 수정, 유리 등을 가공해 초고밀도 집적회로나 머리카락보다도 가는 기어 장치, 혹은 손톱 크기의 하드디스크 등 초미세 기계 구조물을 만드는 기술은 무엇인가?

① 액추에이터(Actuator)
② 글로나스(GLONASS)
③ MEMS(Micro Electro Mechanical Systems)
④ 나노(Nano)

해설

■ 액추에이터(Actuator)는 외부로부터 받은 에너지로 동력을 생산하는 장치(예 모터)를 말한다.

■ **MEMS(Micro-Electro-Mechanical System)**
- MEMS 기술은 미세 가공 기술을 이용하여 소형화된 기계나 전기 기계 소자를 만드는 기술로 실리콘이나 수정, 유리 등을 가공해 초고밀도 집적 회로나 머리카락보다도 가는 기어 장치, 혹은 손톱 크기의 하드디스크 등 초미세 기계 구조물을 만드는 기술을 의미한다.

■ **나노 기술(Nano-Technology)**
- 물질을 원자나 분자 단위에서 다루며, MEMS보다 1,000배 정도 더 미세한 기술이다.
- 주로 코팅용 물질이나 내성이 크거나 마찰 계수가 적은 특수 소재를 만드는 데 활용되지만, 의료용 센서나 혈관을 지나다닐 수 있는 미세 로봇을 제작하는 데에도 활용되고 있다.

■ 글로나스(GLONASS)는 미국의 GPS에 대응하는 글로벌 항법 시스템으로 이외에도 유럽 연합의 갈릴레오(Galileo), 중국의 베이도우(Beidou) 위성 항법 시스템 등이 있다.

정답 ③

---

02 다음 중 괄호 안에 들어갈 용어로 가장 적절한 것은?

> 스마트폰의 보급은 스마트폰과 연결하여 사용할 수 있는 다양한 (   ) 시장을 생성시켰다. (   )란 스마트폰에 설치된 앱(App)을 이용하여 조작하는 하드웨어 장치를 말하는 것으로, 웨어러블 디바이스 등이 이에 해당한다.

① 앱스토어(App Store) ② 앱세서리(Appcessory)
③ 센서(Sensor) ④ 앱플레이어(App Player)

해설

■ 스마트폰의 보급은 다양한 스마트폰에 설치된 앱(App)을 이용하여 조작하는 하드웨어 장치 시장을 생성시켰는데, 이를 앱세서리(Appcessory) 시장이라고 한다.

정답 ②

Part 1. 사물인터넷 개요

 02 기술적 측면의 사물인터넷 활성화 요인으로 거리가 먼 것은?
① 기술의 표준화　　　　　　② 디바이스의 소형화
③ 디바이스의 고성능화　　　④ 디바이스의 고전력화

해설
■ 사물인터넷의 주요 활성화 요인으로 기술의 표준화, 디바이스의 소형화, 디바이스의 고성능화, 디바이스의 저가격화 등을 꼽는다.

정답 ④

3 사물인터넷의 새로운 관점

(1) Context Platform의 중요성

사물이 단지 네트워크에 연결되었다는 것은 그렇게 큰 의미가 없으며, 연결된 사물이 나에게 적합한 서비스, 즉 Right Time Experience*를 제공했을 때에 비로소 가치가 배가된다.

* **Right Time Experience**
  ① 적절한 시점에 적절한 서비스를 제공하는 것으로 IoT에 있어서 아주 중요한 개념
  ② 여러 가지 센서 정보, 개인 정보 그리고 소셜 네트워크에서의 활동 정보 등 여러 가지 정보가 결합되어 종합적으로 분석되었을 때 가능

 IoT 제품이나 서비스를 개발하는 입장에서도 쉽지 않은 문제는 사물을 만들어서 그 사물을 네트워크에 연결시키는 것이 아니라, 'When'과 'What'을 파악하여 Right Time Experience를 제공하는 것

기출문제 풀이

02 다음 중 기술적 측면에서의 사물인터넷 활성화 요인으로 가장 거리가 먼 것은?
① 제품의 소형화
② 비표준화
③ 디바이스 및 소자의 저가격화
④ 디바이스의 고성능·저전력화

해 설

■ **사물인터넷 활성화 요인**
- 2010년을 전후해서 근거리 통신 기술의 표준화가 대부분 완료됨
- 컴퓨팅 프로세서(Micro-Controller Unit)의 소형화 및 저전력화
- 통신 모듈과의 원칩화

정답 ②

04 다음 중 누구든지 쉽게 사물인터넷 생태계에 참여할 수 있게 해 주는 요소를 설명한 내용으로 거리가 먼 것은?
① 기술의 표준화
② 새로운 무선 통신 기술의 채택
③ 칩셋과 기술의 모듈화
④ 표준 응용 프로그래밍 인터페이스(API) 제공

해 설

■ **표준화** : 사물인터넷 디바이스나 플랫폼에 사용되는 기술들은 대부분 표준화된 무선 통신 방식이나 개방형 표준 인터페이스를 이용함
  예 와이파이나 블루투스, 지그비와 같은 근거리 무선 통신 표준화 기술

Chapter 1. 사물인터넷 개념 및 등장 배경 · 21

- **모듈화** : 표준 기술 기반의 칩셋들도 표준화된 방식으로 다른 디바이스들과 데이터를 주고받을 수 있도록 모듈화되어 제작됨

- **개방화** : 디바이스들은 사물인터넷 플랫폼이 제공하는 표준 API(Application Programming Interface)를 통해 다른 디바이스들과 연결됨

정답 ②

02 다음 중 기술적 측면에서의 사물인터넷 활성화 요인으로 가장 적절한 것은?
① 제품의 대형화
② 디바이스의 고전력화
③ 디바이스 및 소자의 저가격화
④ 기술의 비표준화

해설

- 컴퓨팅 프로세서(Micro-Controller Unit)의 소형화 및 저전력화, 저가격화, 제품의 소형화, 기술의 표준화 등이 기술적 측면에서의 사물인터넷 활성화 요인이다.

정답 ③

Chapter 2 사물인터넷 응용 서비스 분야

1 헬스케어와 웰니스

(1) 헬스케어와 웰니스

① **헬스케어(Healthcare)** : 질병이나 질환이 발생한 다음에 이를 체계적이고 효율적으로 관리하는 것
② **웰니스(Wellness)** : 사전에 질병이나 질환의 발생을 예측하거나 예방하는 것

구분	헬스케어	웰니스
공통점	지속적으로 다양한 유형의 신체 상태를 측정한 후 변화량이나 수준을 바탕으로 건강 상태를 알려주고 그에 대한 대응 방안을 제시해 줌	
차이점	질병이나 질환의 치료를 위한 행위	지속적으로 건강한 상태를 유지하기 위한 행동에 집중

(2) 나이키플러스 아이팟 스포츠 키트

- 헬스케어나 웰니스와 관련하여 가장 두드러지게 나타나는 움직임은 스마트 밴드나 스마트 워치와 같은 웨어러블 디바이스의 출시이다. 이러한 기기들의 출시로 인해 스마트 디바이스를 이용해 개인 스스로가 건강 관리를 할 수 있게 되었다.

- 나이키와 애플은 나이키플러스 아이팟(Nike + iPod)인 스포츠 키트(Sports Kit)를 출시하였다(2006년). 나이키 운동화에 부착되는 활동 추적 장치는 걷거나 달린 거리 및 속도, 그리고 소모한 칼로리를 확인할 수 있도록 함으로써 개인 스스로 자신의 건강을 관리할 수 있도록 도와준다. 이후 나이키는 밴드 형태의 스포츠밴드 키트(Sportsband Kit)는 물론 나이키플러스 퓨얼밴드(Nike+ Fuel Band)를 잇따라 출시하였다.

(3) 스카나두의 스카우트

- 초기의 헬스케어 디바이스들이 주로 개인의 활동량을 측정하였다면, 이후 출시된 제품은 체중, 체온, 맥박, 산소포화도, 혈압, 혈당, 심전도 등 다양한 생체 관련 정보 및 의료 서비스를 위한 데이터들을 측정한다.
- 스카나두(Scanadu)의 스카우트(SCOUT) 제품은 해당 제품을 10초 정도 관자놀이에 대는 것으로 체온, 심박수, 혈중 헤모글로빈 농도, 심전도, 맥파 전달 시간, 심박변이도 등을 측정한다.

(4) 애플 헬스킷, 구글 구글핏

헬스케어 디바이스들이 다양한 데이터를 생성하자 이러한 데이터를 분석하고 헬스케어 및 의료 서비스로 이어주기 위한 헬스케어 플랫폼[애플 헬스킷(HealthKit), 구글 구글핏(Google Fit), 삼성 SAMI(Samsung Architecture Multimodal Interactions)]이 속속 출시되고 있다.

애플 헬스킷은 개인의 건강 정보를 실시간으로 수집한 후 과거 데이터와 비교하여 특이 사항이 발생하거나 평균적인 건강 상태를 벗어날 경우 경고를 하거나, 의료 서비스와 연결해 주는 플랫폼이다.

① 애플 헬스킷

2014년 6월 3일 디지털 헬스 분야에 진입하였다. PHI(Personal Health Information)를 수집·관리할 수 있는 플랫폼인 HealthKit이다. 기본 제공 애플리케이션 'Health'를 발표하였다. 다른 회사의 플랫폼과 다르게 OS단에서 헬스 데이터를 관리하므로 데이터의 통합이 매우 용이하다.

- 강점 : 애플리케이션 간의 시너지가 발생한다. 데이터 수집과 관리·통제가 쉽다. 접촉점부터 데이터 수집까지 모든 프로세스가 일편화되어 있어 사용자뿐만 아니라 헬스케어 회사들에게도 매력도가 높다.
- 약점 : 폐쇄형 플랫폼이므로 애플 사의 iOS가 아닌 다른 경로로의 데이터 통합이 어렵다.

애플워치 등 차세대 웨어러블 디바이스가 반드시 성공해야만 가능한 전략이다.

② 삼성 SAMI
- 삼성전자는 SAMI(Samsung Architecture Multimodal Interactions) 플랫폼과 Simband를 이용한 데이터 수집 및 빅데이터 분석과 갤럭시의 'S헬스' 애플리케이션 등 종합적인 헬스케어 플랫폼을 발표하였다.
  - 강점 : 전 세계 최고의 기술력으로 수집할 수 있는 데이터의 종류가 많으며 양질의 데이터를 얻을 수 있다.
  - 약점 : 자체 OS가 있기는 하지만 현재는 안드로이드에 의존하기 때문에 소프트웨어 기반은 약하다.

기출문제 풀이

 03 다음 중 헬스케어(Healthcare) 서비스에 대한 설명으로 잘못된 것은?
① 질병이나 질환을 체계적이고 효율적으로 관리하는 것을 헬스케어라 한다.
② 지속적으로 다양한 유형의 신체 상태를 측정한 후, 주요 값들의 수준이나 변화량을 바탕으로 건강 상태를 알려 주고 그에 적합한 대응 방안을 제시해 주는 것이 헬스케어의 기본 구조이다.
③ 헬스케어 플랫폼은 실시간으로 수집된 건강 데이터를 바탕으로 그에 알맞은 피트니스 및 의료 서비스를 연결해 줄 수 있도록 개방형 API를 제공한다.
④ 스마트 도어락, 스마트 밸브, 스마트 램프 등과 같은 디바이스들이 헬스케어 서비스를 위해 주로 사용된다.

해설

- 헬스케어(Healthcare) : 질병이 발생하고 난 후의 건강 관리에 중점을 둔다.
- 웰니스(Wellness) : 질병이나 질환이 발생하기 이전에 질병을 예측하거나 예방하는 데 중점을 둔다.

- 헬스케어(Healthcare)와 웰니스(Wellness)의 공통점은 사람의 건강 상태를 파악하게 해 주고, 보다 건강하기 위한 대응 방안을 제시해 준다.
- 대표적인 IoT 헬스케어 디바이스로 스마트 밴드와 스마트 워치가 있다.

정답 ④

03 다음 중 사물인터넷을 활용한 헬스케어와 웰니스 서비스에 대한 설명으로 잘못된 것은?

① 활동 추적 장치를 운동화에 부착하여 걷거나 달린 거리 및 속도, 소모한 칼로리 등의 확인
② 웨어러블 디바이스를 통한 다양한 생체 관련 데이터 측정
③ 사용자 인식 기반의 스마트 스트리트(Street) 조성
④ 실시간 수집된 개인의 건강 정보를 과거의 데이터와 비교하여 알맞은 의료 서비스를 연결

해설

- 헬스케어와 웰니스의 차이점을 명확하게 이해하자.
  - 헬스케어(Healthcare) : 건강하게 살기 위해 질병이 발생하고 난 후의 건강 관리에 중점을 둔다.
  - 웰니스(Wellness) : 질병이나 질환이 발생하기 이전에 질병을 예측하거나 예방하는 데 중점을 둔다.

정답 ③

 06 헬스케어 디바이스들의 다양한 데이터를 분석하고 헬스케어 및 의료 서비스로 이어주기 위한 플랫폼에 속하지 않는 것은?

① 헬스킷(HealthKit)
② 구글핏(Google Fit)
③ 스냅샷(SnapShot)
④ SAMI(Samsung Architecture Multimodal Interactions)

해설

- 애플 헬스킷(HealthKit) : 애플 사의 디지털 헬스 분야 플랫폼으로 PHI(Personal Health Information)를 수집·관리한다. 기본 제공 애플리케이션으로 'Health'가 있다.
- 구글핏(Google Fit) : 헬스케어 디바이스들이 생성한 다양한 데이터를 분석하고 헬스케어 및 의료 서비스로 이어주기 위해 Google이 개발한 헬스케어 플랫폼이다.
- SAMI(Samsung Architecture Multimodal Interactions) : 삼성 헬스케어 플랫폼과 Simband를 이용한 데이터 수집 및 빅데이터 분석과 갤럭시의 'S헬스' 애플리케이션 등에 기반이 되는 종합적인 헬스케어 플랫폼이다.
- 스냅샷은 프로그레시브 사에서 차 내부에 특별한 장치를 설치해 운전자의 운전 습관을 파악한 후 모범 운전자에게 보험료 할인 혜택을 제공하기 위해 만든 프로그램이다.

정답 ③

2 스마트홈(Smart Home)

(1) 스마트홈이란?

가정에 있는 사물이나 환경 등에 대해 지속적으로 모니터링하여 원격에서 제어하거나 스스로 제어되는 시스템이 적용된 가정이라 할 수 있다.

① **가정 자동화(Home Automation)** : 월 패드(Wall Pad)와 같은 장치를 이용해 가정용 장치들을 중앙에서 제어한다.

② **스마트홈(Smart Home)** : 스마트 가전이나 보안 솔루션 등 가정용 디바이스들이 서로 소통함으로써 편리함을 제공하거나 최적화된 생활 환경을 유지하는 것으로, 가전, 주방용품, 생활용품, 애완용품, 에너지 관련 제품, 보안 관련 제품, 엔터테인먼트 디바이스, 헬스케어 디바이스 등으로 구성된다.

(2) 스마트홈 시장

- 글로벌 스마트홈 시장은 2014년 480억 달러에서 2019년 1,115억 달러로 두 배 이상 성장할 것이다.
- 글로벌 시장 조사 업체인 IDC는 스마트홈 제품을 구비한 가구가 2013년 3억 3천만 가구에서 2018년 9억 1천만 가구로 3배가량 증가할 것으로 전망하고 있다.
- 스마트홈의 정의 : 주거 환경에 IT를 융합하여 국민의 편익과 복지 증진, 안전한 생활이 가능하도록 하는 인간 중심적인 스마트 라이프 환경

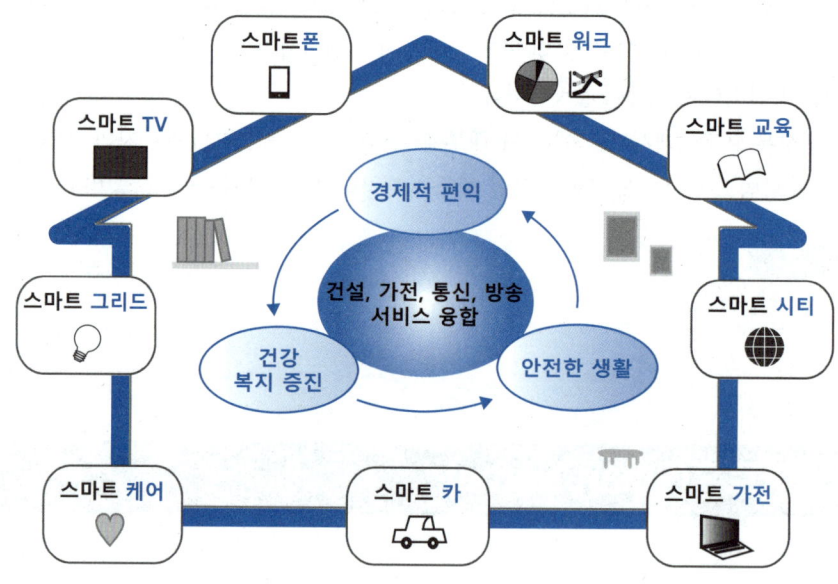

스마트홈 산업의 범위

자료 : 한국 스마트홈 산업 협회 홈페이지

(3) 스마트홈 확산을 막고 있는 장애 요소

① 기존 비(非)스마트 제품 대비 비싼 가격
② 기술과 인터페이스 난립(비표준화)으로 인한 소비자들의 이용 시 불편함
③ 대형 가전의 경우 교체 주기가 길다는 점
④ 해킹에 취약한 기기와 시스템의 낮은 보안성

(4) 스마트홈 생태계 4대 요소

① 유무선 네트워크 인프라(홈 IoT 통신 포함) 구축 → ② 주거형 스마트 디바이스 → ③ 스마트 디바이스 운용 플랫폼 → ④ 이용자 가치 제공 스마트 콘텐츠

스마트홈 산업은 다양한 세부 산업군이 존재하는 대표적인 융복합 산업으로 기존의 수직적인 사업 형태가 아닌 수직 · 수평적인 형태가 공존하는 산업

(5) 스마트홈 국내 현황

① SK텔레콤의 Smart [Home]

다양한 가전제품 제조사와 함께 스마트홈 생태계를 구축하였고, 제조사와 사용자에게 API를 제공하여 스마트폰과 유무선 공유기만 있으면 사용자 필요나 취향에 따라 스마트홈 기기를 구성할 수 있다.

SKT가 지향하는 스마트홈은 편의성, 안전성, 에너지 절약으로 사용자의 생활 패턴을 분석하는 '인텔리전트' 기능을 강화하여 개별 사용자에게 맞는 최적화 서비스 제공을 목표로 한다.

② LG U+ IoT@Home

소비자에게 직접 접근하는 B2C 비즈니스 모델이다. IoT@home의 대표적인 서비스는 열림 감지 센서, 가스락, 스위치, 에너지미터, 플러그, IoT허브로 총 6개로 구성된다.

③ KT의 Giga IoT Manager

- 고객들이 가정에서 IoT를 통해 건강(Health Care), 안전(Family Care), 편리함(House Care)을 누릴 수 있는 전략을 가지고 사업을 추진하고 있다.
- 기가IoT매니저(도어락, 가스 감지기, 동작 감지기) · 홈캠 · 헬스밴드 서비스를 유료로 제공하고 있다.

Part 1. 사물인터넷 개요

(6) 스마트홈 비즈니스 전개 방향

- 스마트홈 비즈니스의 핵심은 스마트홈용 디바이스들보다는 이들이 생성해 내는 데이터를 이용해서 만드는 스마트홈 서비스에 있다.
- 국내에서도 삼성전자가 사물인터넷 플랫폼 개발사인 스마트 씽즈(Smart Things)와 콰이어트사이드(Quietside)를 인수하며 스마트홈 사업 강화를 추진하고 있다. 2015년 3월에 개최된 MWC(Mobile World Congress)에서 이케아와 무선 충전 부문 협력을 발표하는 등 향후 스마트 가구 등으로 분야를 확대해 나가고 있다.
- LG전자의 경우 모바일 메신저 서비스인 '홈챗(HomeChat)'을 통해 메시지를 보냄으로써 LG전자의 스마트 가전제품, 파트너 사의 보일러 등을 원격 제어하거나 모니터링 할 수 있다.

기출문제 풀이

04 다음 중 가정 내 사물인터넷 서비스에 대한 설명으로 가장 거리가 먼 것은?
① 주방 · 생활용품, 헬스케어 디바이스 등이 와이파이나 블루투스, 지웨이브와 같은 다양한 근거리 무선 통신을 통해 연결됨
② 메신저를 통해 보일러, 가스밸브 등을 원격에서 제어하거나 모니터링
③ 가족 모두 잠을 자게 되면 전등이나 불필요한 전원을 차단하는 대신 보안 시스템을 가동
④ 스마트폰을 활용한 음성 및 이미지 인식 기반의 상품 주문

해설

■ **스마트홈에 대한 개념 익히기**
- 스마트한 가전, 주방용품, 생활용품, 애완용품, 에너지 관련 제품, 보안 관련 제품, 엔터테인먼트 디바이스, 헬스케어 디바이스 등 다양한 디바이스들로 구성된다. 이러한 제품들은 와이파이나 블루투스, 지웨이브와 같은 다양한 근거리 무선 통신 기술을 지원하는 홈 게이트웨이를 통한 스마트홈 플랫폼 혹은 사물인터넷 플랫폼에 연결된다.
- 메신저를 통한 원격 디바이스 제어가 가능하다.

■ 인공 지능
- 지금까지는 인간의 지능으로 할 수 있는 사고, 학습, 자기계발 등을 컴퓨터가 수행하는 것을 인공 지능이라고 한다.
- 최근 인공 지능 기술의 음성 인식, 이미지 인식 기능을 활용하여 스마트홈의 모니터링 및 제어 분야에 적용하는 것을 상용화하고 있다. 해외에서는 아마존, 구글, 애플 등이 주도하고 있으며, 국내에서는 KT, SKT, LG U+ 등 통신사가 사업화하고 있다.

정답 ④

03 다음 중 괄호 안에 들어갈 용어로 가장 적절한 것은?

> 스마트홈 관련 제품들은 와이파이나 블루투스와 같은 다양한 근거리 무선 통신 기술을 지원하는 (　　　　)를 통해 스마트홈 플랫폼에 연결된다.

① 홈 게이트웨이(Home Gateway)
② 월패드(Wall Pad)
③ 회선 게이트웨이(Circuit Gateway)
④ IP 공유기(Internet Protocol Sharing Device)

해설

■ 스마트홈에 대한 개념 익히기
- 스마트홈 : 관련 제품들은 와이파이나 블루투스, 지웨이브와 같은 다양한 근거리 무선 통신 기술을 지원하는 홈 게이트웨이를 통해 스마트홈 플랫폼 혹은 사물인터넷 플랫폼에 연결된다.

정답 ①

Part 1. 사물인터넷 개요

 03 아래 설명과 가장 가까운 사물인터넷 응용 서비스 분야는?

> 가정에 있는 사물이나 환경 등에 대해 지속적으로 모니터링하여 원격에서 제어를 하거나 스스로 제어되는 시스템이 적용된 가정이라 할 수 있다. 특히 스마트 가전이나 보안 솔루션 등 가정용 디바이스들이 서로 소통함으로써 거주자에게 편리함을 제공하거나 최적화된 생활 환경을 유지하도록 한다.

① 스마트 시티　　　　② 스마트홈
③ 유통 및 마케팅　　　④ 스마트 팩토리

해설

■ 위 지문은 사물인터넷 응용 서비스 분야의 스마트홈 분야에 해당한다.

정답 ②

3 스마트 시티(Smart City)

(1) 스마트 시티

- 인적 자원과 사회 인프라, 교통수단, ICT 기술 등에 투자함으로써 지속적인 경제 발전과 삶의 질 향상을 이룰 수 있는 도시라고 정의된다.
- 물, 에너지, 교통, 네트워크 등 인프라 데이터의 수집·분석, 도시 시설물과 첨단 ICT 기술의 융합을 통해 환경적 지속 가능성, 시민들의 삶의 질 제고, 지속적인 경제 발전 등을 지원하는 것을 목표로 한다.

> 스마트 시티란 특정 서비스 또는 플랫폼을 의미하는 것이 아니라 도시 거주민 대상 또는 도시 행정의 효율을 높일 수 있는 다양한 서비스 및 기술을 포함하는 개념
> 예) 지능형 교통 관리 시스템(ITS), 스마트 그리드, 상수도 관리 시스템, 빌딩 관리 시스템, 유무선 통신 네트워크, 보안 기술 및 서비스 등

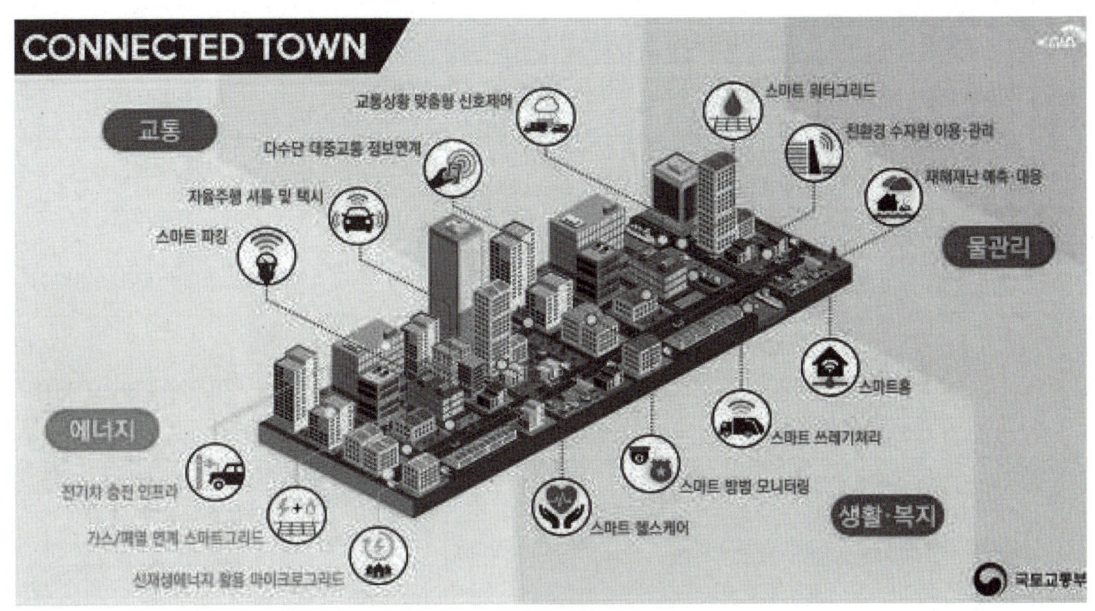

스마트 시티

자료 : 국토교통부

(2) 스마트 시티의 핵심

- 기존 도시에 ICT 기반의 서비스 플랫폼을 구축·적용하여 도시 문제를 해결하는 것이다.
- 과거 도시는 교통 체증, 전력난 등 문제 발생 시 도로 확충이나 발전소 건설 등 물리적 방식을 통해 문제를 해결하였다.
- 반면 스마트 시티는 도시 시설물에 설치된 센서, CCTV 등에서 생성된 데이터를 네트워크 인프라를 기반으로 공유·수집하고 빅데이터 등 분석 S/W 기반의 시뮬레이션을 통해 문제 해결 방안을 도출한다.
- 기존 물리적 인프라에 ICT 기술을 활용한 데이터 생성 및 수집 기반을 구축하고 해당 데이터의 분석을 통해 효율성 극대화가 가능하도록 물리적 인프라를 자동 조정·관리한다.

스마트 시티 제공 서비스 및 가치

도시 문제	Smart Service	효율성 제고	가치 창출
전력난	Smart Grid	전력 사용의 효율성 극대화를 통한 에너지 절약	자원 절약 및 환경 보호
물 부족	Smart Water	수자원의 효율적 사용 제고	자원 절약 및 환경 보호
교통 체증	Smart Transport	버스 시간, 체증 지역, 우회로 안내 등을 통한 편리성 제고, 시간 및 에너지 절감	금전적·시간적 가치
주차난	Smart Parking	주변에 주차 가능한 장소를 안내하여 시간과 에너지 낭비 방지	시간적 가치 제공

자료 : 한국 정보화 진흥원(2013.12.)

Part 1. 사물인터넷 개요

구분	기존 도시	스마트 시티		
문제 해결 방식	도시 기반 시설 확대(1:1 방식) 예 교통 체증 → 도로 건설	Smart Service 제공(1:多 방식) 예 교통 체증 → 우회로, 대중교통 증설		
대상	공급자 중심 - 정부, 건설사, 기업 중심	시민 중심 - 이용자의 수요에 맞는 서비스 제공		
구축 대상	인프라 중심 예 도로, 항만, 건물, 발전소	Service 중심 예 스마트폰, 스마트 그리드, 스마트 파킹, 스마트 조명, 스마트 카		
중심 공간	물리적인 공간 중심 - 공간적, 시간적 제약 존재	사이버 공간 중심 - 공간적, 시간적 제약 없음(Smart Govt, Smart Work, Smart Shopping)		
도시의 질 좌우 요소	지리적 위치, 물리적 기반	Smart Service		
스마트 플랫폼 존재	스마트 플랫폼 없음	스마트 플랫폼	서비스	• 데이터 수집(RFID, Sensors, CCTV 등) • 분석(Big Data Analytics) • 활용(Smart-Trans, Govt, Energy 등)
			네트워크	• P2P, P2M, M2P, M2M 등 기기·사람 간 연동

기출문제 풀이

05 다음 서비스 중 스마트 시티(Smart City) 서비스와 가장 거리가 먼 것은?
① 실시간 교통 상황 및 주차장 정보 제공
② 스마트 쓰레기통 수거
③ 하천 범람 알림
④ 운전자의 운전 정보를 보험사에 제공

해설

■ 실시간 교통 상황 및 주차장 정보 제공 : 센서 및 GPS 등을 활용해 도시 내 교통 정체, 사고 등의 정보 및 주차장 유휴 공간을 실시간으로 제공하는 서비스
■ 스마트 쓰레기통 수거 : 쓰레기통에 센서 및 압축 기능을 설치하여 쓰레기 압축을 통해 부피 최소화, 쓰레기통 상태에 따라 수거하는 기능의 서비스

■ 하천 범람 알림 : 하천 수위 센서를 통해 실시간 수위 정보 제공 및 범람 위험 알림 서비스

정답 ④

09 다음 내용은 사물인터넷 응용 분야 중 하나에 대한 설명이다. 다음 내용과 가장 가까운 분야는?

> 전력 분배의 효율화를 위한 스마트 그리드, 실시간 교통 및 주차장 정보, 하천의 수위 정보 등을 제공하기 위한 다양한 솔루션이 존재

① 스마트홈 ② 스마트 시티
③ 헬스케어 및 웰니스 ④ 유통 및 마케팅

해설

■ 스마트 시티
- 실시간 교통 상황 및 주차장 정보 제공 : 센서 및 GPS 등을 활용해 도시 내 교통 정체, 사고 등의 정보 및 주차장 유휴 공간을 실시간으로 제공하는 서비스
- 스마트 쓰레기통 수거 : 쓰레기통에 센서 및 압축 기능을 설치하여 쓰레기 압축을 통해 부피 최소화, 쓰레기통 상태에 따라 수거하는 기능의 서비스
- 하천 범람 알림 : 하천 수위 센서를 통해 실시간 수위 정보 제공 및 범람 위험 알림 서비스
- 스마트 그리드 : 전력 분배의 효율화를 위한 스마트 그리드 서비스

정답 ②

4 스마트 물류, 유통, 마케팅

(1) 물류와 유통 분야의 사물인터넷 도입

2000년대 초반부터 RFID나 NFC와 같은 기술을 적극적으로 도입하였으며, 최근에는 마케팅이나 배송, 제품의 판매 분석, 고객 관리(Customer Relationship Management, CRM) 등의 목

적으로 다양한 사물인터넷 기술을 활용하고 있다.

아마존은 물류·유통 분야에서 가장 적극적으로 사물인터넷 기술을 도입하고 있는 기업으로, 음성 및 이미지 인식 기반의 주문 장치인 Amazon Dash, Amazon Echo 등을 출시하였으며, 스마트폰으로 음성 및 이미지 인식 기반의 주문을 할 수 있도록 파이어플라이 버튼을 탑재하기도 하였다.

Amazon dash, dashbutton, echo, fire phone(왼쪽부터)

자료 : Amazon 홈페이지

(2) 아마존 물류 창고에서의 사물인터넷 적용

'Kiva' 로봇들이 배송해야 할 제품을 빠르게 찾아 주고 있으며, 번잡한 도시 내에서는 자전거를 이용해서 1시간 안에 배송을 완료하는 '프라임나우(PrimeNow)' 서비스를 제공하고 교외 지역에서는 드론 기반의 '프라임에어(Prime Air)' 서비스를 이용하여 30분 이내에 배송을 완료하고자 노력하고 있다.

Amazon kiva robot, Prime air (drone)(왼쪽부터)

자료 : Amazon 홈페이지

테스코(Tesco)는 전자 가격표(Electronic Shelf Label, ESL)를 이용해서 한꺼번에 5백만에서 천만 개의 가격표를 순식간에 바꿀 수 있도록 하고 있으며, 오큘러스(Oculus)와 함께 가상 현실 기반의 온라인 쇼핑 서비스를 제공하기 위해 준비하고 있다.

LG CNS의 전자가격표(Electronic Shelf Label, ESL)

자료 : http://www.businesskorea.co.kr

5 스마트 금융(Smart Finance)

(1) 스마트 금융에서의 IoT

모바일 결제, 간편 결제는 IT 기술을 이용한 결제 프로세스의 간소화에 더 가까우나, 자동차 보험 또는 건강 보험 분야에서는 사물인터넷 디바이스와 결합된 보험 상품들의 출시가 잇따르고 있다.

① 전 세계적으로 80개 보험사가 사용량에 따라 보험금을 적게 내는 사용량 기반의 보험(Usage-Based Insurance, UBI) 상품을 출시했거나 출시할 예정이다.

② 미국의 오스카 건강 보험은 매일 새롭게 주어지는 목표만큼 걷는 고객들에게 1달러씩 적립해 준다.

③ 미국 프로그레시브(Progressive) 사의 '스냅샷'은 주행 거리, 주행 시간대, 운전 습관, 운전 지역 등에 따라 최대 30%에 달하는 보험료를 환급해 주고 있다.

(2) UBI형 보험 상품 사례

프로그레시브의 경우 20억 마일에 대한 데이터를 바탕으로 UBI형 보험 상품이 고객 보상에 따른 수익 감소보다는 자동차 사고에 의한 손해율을 낮춤으로써 더 큰 비용 감소 효과를 가져온다.

(3) Oscar Health Insurance와 Misfit

① 미국 뉴욕을 거점으로 하는 소규모 건강 보험 회사로 2013년 설립
② 2014년 1월부터 고객 중 희망자에 한해 스마트 밴드(Misfit)를 무상으로 제공
③ Oscar 앱에서 매일 주어지는 걷기 목표 달성 시 1달러 지급, 연간 최대 240달러
④ 향후 자전거, 수영 등으로 확대 예정

(4) Progressive 사의 Snapshot

① 운행 시간, 시간대, 운전 경로, 운전 습성 등을 바탕으로 최대 30%까지 보험료 할인
② 30일간 모니터링 후 할인 부여
③ 20억 마일에 대한 운전 데이터를 분석한 후 2011년 3월 상품 출시
④ 2013년까지 누적 2백만 건 판매 전체 보험료의 10% 차지
⑤ 비가입자 대비 19% 이상 보험 유지 기간이 늘어남

기출문제 풀이

07 다음 중 사물인터넷 디바이스를 이용하여 사용량에 따라 보험료를 다르게 내는 자동차 보험을 지칭하는 용어는 무엇인가?

① UBI(Usage-Based Insurance)   ② OBD(On-Board Diagnostics)
③ ESL(Electronic Shelf Label)   ④ O2O(Online-to-Offline)

해설

■ OBD(On-Board Diagnostics)
 • 스마트폰에서 자동차의 상태를 측정할 수 있는 자가 진단 장치를 의미함
 • 자가 진단 장치는 주기적으로 자동차 이용에 대한 정보를 보험사에 전달
■ ESL(Electronic Shelf Label) : 전자 가격 표시기
■ O2O(Online-to-Offline) : 온라인과 오프라인을 유기적으로 통합해 통합일 채널로 연결해 주는 옴니채널(Omni-channel)을 의미

정답 ①

6 스마트 공장

(1) 스마트 공장(Connected Smart Factory, CSF)

① 정의 : 기획 · 설계, 생산, 유통 · 판매 등 전 과정을 IoT · AI · 빅데이터 등으로 통합하여 자동화 · 디지털화를 구현하여 최소 비용과 시간으로 고객 맞춤형 제품을 생산하는 것을 말한다.

② 스마트 공장은 제품 개발부터 양산까지, 시장 수요 예측 및 모기업의 주문에서부터 완제품 출하까지의 모든 제조 관련 과정을 포함한다.

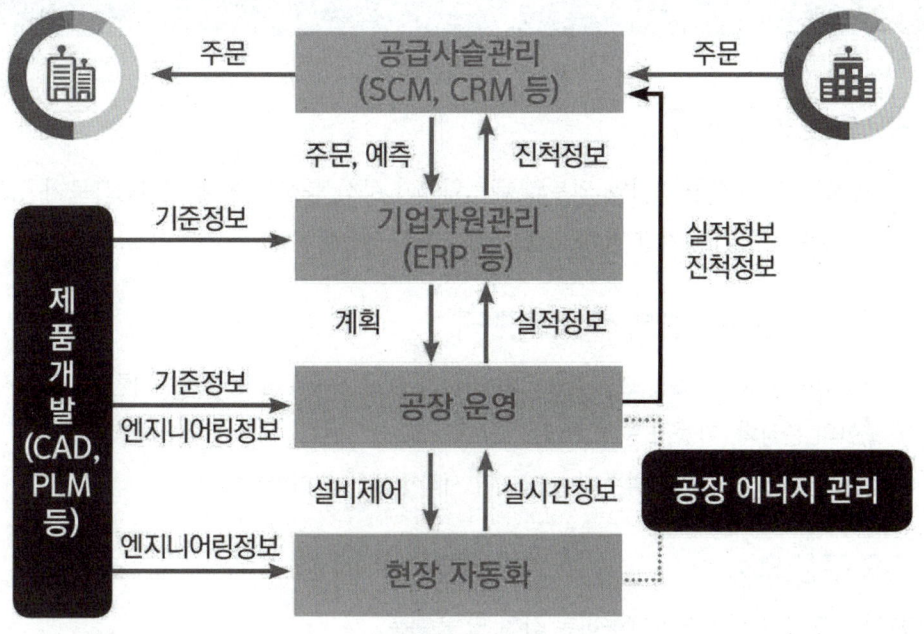

스마트 팩토리 프로세스
자료 : 스마트 공장 추진단 홈페이지(https://www.smart-factory.kr/)

(2) 생산 공정의 변화

업무 · 계획을 관리하는 시스템, 제조 · 실행 시스템, 제어 시스템 등이 독립적인 시스템으로 운용된다. 컴퓨터 네트워크와 데이터베이스 그리고 실시간 모니터링 시스템의 발전으로 인해 점차 생산 활동을 총괄적으로 제어 · 관리하는 컴퓨터 통합 생산(Computer Integrated Manufacturing, CIM) 시스템으로 진화하고 있다.

- 스마트 공장의 제조 단계별 모습

기획·설계	제품 성능 시뮬레이션 ⇨ 제작 기간 단축, 맞춤형 제품 개발
생산	설비–자재–시스템 간 통신 ⇨ 다품종 대량 생산, 에너지, 설비 효율 제고
유통·판매	모기업–협력사 간 실시간 연동 ⇨ 재고 비용 감소, 품질, 물류 등 전 분야 협력

7 커넥티드 카(Connected Car)

(1) 커넥티드 카의 정의

자동차 내부의 각종 기기와 외부의 네트워크가 무선 통신을 통해 연결됨으로써 정보 연결성과 접근성이 제공되어 차량 자체를 정보 기기처럼 활용할 수 있는 자동차를 의미한다.

(2) 자동차–IT 융합 기술의 주요 트렌드

① 연결성(Connectivity), 웨어러블 디바이스, 친환경, 자율 주행 기술, 차량용 앱과 자체 앱 스토어의 본격화, 자동차 운영 체제 기술 등으로 요약된다.
② 자동차가 전자 제품의 범주에 들어오기 시작했음을 의미한다.

(3) 주요 구성 요소

① 각종 정보와 서비스를 제공하는 장치 및 플랫폼
② 자동차 내부의 각종 장치나 외부 네트워크에 접속할 수 있도록 하는 네트워크 지원 장치

③ 서비스 및 콘텐츠

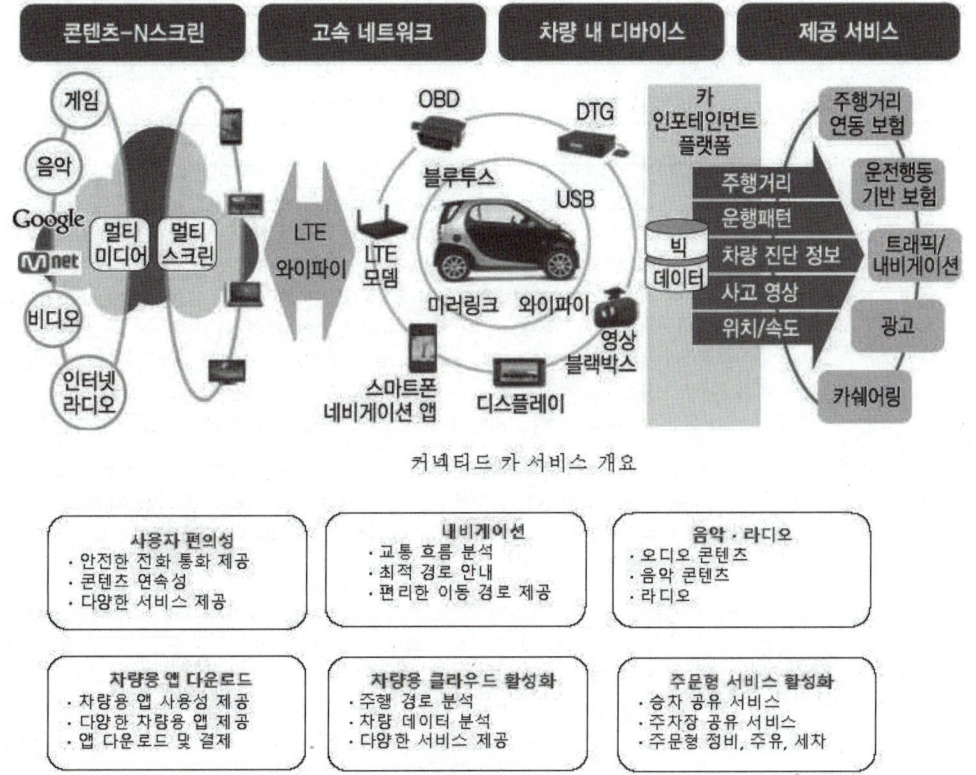

커넥티드 카 서비스 개요

자료 : http://maketimemoney.tistory.com/720

(4) 커넥티드 카의 연결성

웨어러블 또는 Vehicle to Everything(V2X) 통신 환경에서 제공된다.
- 주요 서비스 : 자율 주행, 클라우드 접속, 운전자 인터랙션, 차세대 텔레매틱스 등

(5) 커넥티드 카를 바라보는 대표적 관점

구분	특징	주요 서비스
텔레매틱스 관점	• 정보 연결성과 데이터 접근성을 제공하는 편의 측면 강조	• 각종 정보 송수신, 개인 맞춤형 정보 제공, 부품 상태 원격 모니터링, 교통사고 응급 신호 발신 서비스 등
첨단 교통 시스템 관점	• DSRC, WAVE 등의 표준 방식의 V2X를 이용한 안전과 보안 측면 강조	• 안전 운전 정보·경보 제공, 도로 인프라 제어로 신호등 또는 도로 인프라와 연동한 교통 흐름 개선 기술 등
지능형 자동차 관점	• 반 자율 주행, 완전 자율 주행 상태에서 안전하게 정보를 제공하는 측면 강조	• 증강 현실, 음성, 제스처 상호 작용으로 정보 제공 • 자율 주행, 자동 주차 및 인출

Part 1. 사물인터넷 개요

통신 관점	• 이동 통신 서비스 통신 방식과 인터넷 접근성 강조	• 미러링크(MirrorLink), Wi-Fi 핫스팟 기능
정보 접근성 관점	• 고객 맞춤형 정보 제공 • 개인 정보 보안과 자동차 제어 시스템 보호 등의 안전 측면을 고려해야 함	• 라디오 채널, 음악, 비디오 등의 콘텐츠, 자주 찾는 지역 또는 도로, 실내 온도 등의 고객 밀착형 서비스

업체명	주요 내용
Android (Google)	• Google은 Android 플랫폼을 자동차 정보 기기로 확산시키기 위해 2014년 1월에 Open Automative Alliance(OAA)를 결성하였고, 2014년 6월에는 구글 개발자 회의에서 Android Auto를 공개 • OAA에는 GM, Ford, Honda, BMW, Audi, 기아와 현대자동차 등 28개의 자동차 제조사와 더불어 Delphi, LG, Clarion, Freescale, Nvidia 등 16개의 기술 회사들이 참여 • Android 공통 플랫폼과 Google Software as a Service(SaaS)가 중심에 있는 오픈 개발 모델을 바탕으로 하지만, 다른 회사의 SaaS 앱도 클라우드 서비스 제공을 위해 사용될 수 있으므로, 자동차 회사의 전략에 맞는 독자적인 클라우드 서비스 플랫폼을 쉽게 개발할 수 있다는 장점이 있음
Carplay (Apple)	• Apple은 2013년에 열린 개발자 컨퍼런스 WWDC에서 발표한 'iOS 7 in the car' 계획을 통해 Carplay 플랫폼을 개발하였으며 GM, Audi, Ford, 현대자동차 등 16개 자동차 제조사와 협력 • iOS 7 이후의 운영 체계에서는 다양한 Bluetooth 프로파일로 다양한 연결성을 제공하면서, 궁극적으로는 iOS가 향후 개발되는 자동차 클라우드 서비스의 플랫폼이 되도록 유도하는 것이 Apple의 전략
Window in the car(MS)	• Microsoft는 Ford, Fiat, Nissan, 기아자동차 등과 협력하여 Embedded Automotive 운영 체계를 자동차에 적용하고 있음. 자동차 제조사들이 쉽게 접근 가능한 개발 환경, 스마트폰과 자동차의 정보 단말을 Bluetooth 프로토콜로 연결하여 이메일이나 SNS 등을 확인할 수 있는 유연한 연결성 멀티 터치 제스처나 음성 인식을 이용한 사용자 인터페이스를 제공하는 것이 강점 • 차량의 위치와 현황을 쉽게 관리할 수 있도록 하는 Autolib 카셰어링 서비스도 제공하고 있으며 스마트폰과의 연결성은 미러링크(MirrorLink) 기술을 적용
GENIVI (GENIVI Alliance)	• GENIVI Alliance는 Volvo, GM, Honda, Nissan, 현대자동차 등 자동차 제조사들의 적극 참여로 2010년에 오픈소스 기반의 Meego 플랫폼을 개발하는 성과를 올렸지만, 핵심 참여 기업 중의 하나인 Nokia의 몰락과 기술 기업 및 통신 기업이 주도하는 플랫폼과의 경쟁에서 밀려나는 중이라고 할 수 있음
AGL(Tizen)	• 리눅스 파운데이션이 추진하는 오픈소스 프로젝트인 Automotive Grade Linux(AGL) 플랫폼은 Tizen-IVI 프로젝트를 기반으로 날씨, 지도, 대시보드 디스플레이, 미디어 재생, 스마트폰 연결 등 각종 차량 내 소프트웨어를 포함하고 있음. 또한 AGL은 기존 차량의 인포테인먼트 플랫폼의 업계 표준으로 개발되던 GENIVI와 더불어 오픈소스를 활용한 플랫폼과 미들웨어 개발을 추진하고 있으며, 자동차 관련 회사뿐만 아니라 반도체, 통신 등 다양한 업체가 개발에 참여 • 커넥티드 카 플랫폼인 AGL은 오픈소스 기반으로 개발하여 자동차 회사들이 직접 핵심 모듈을 수정할 수 있는 개발자용 시스템을 제공하는 것을 목표로 함

기출문제 풀이

04 산업 혁명에 대한 설명으로 옳지 않은 것은?

① 1차 산업 혁명 : 증기 기관을 동력으로 사용하는 기계 장치를 통한 생산
② 2차 산업 혁명 : 화학 에너지를 동력으로 사용하여 분업에 기반한 소량 생산
③ 3차 산업 혁명 : 전자 장치 및 IT를 이용한 한 차원 높은 생산 자동화
④ 4차 산업 혁명 : 가상 공간-현실

해설

■ 2차 산업 혁명 : 화학, 전기, 석유 및 철강 분야에서 기술 혁신이 진행되었다.
■ 소비재를 대량 생산하는 구조적 측면의 발전이 이루어졌다.

정답 ②

Chapter 3 사물인터넷 표준화

1 표준화 개념 및 표준화 기구 개요

(1) 표준의 정의

어떤 양을 재는 기준으로 쓰기 위하여 어떤 단위나 어떤 양의 한 값 이상을 정의 · 현시 · 보존 하거나 또는 재현하기 위한 물적 척도, 측정 기기, 기준 물질이나 측정 시스템을 말한다[한국 표준 과학 연구원(www.kriss.re.kr)].

(2) 정보 통신 기술(ICT) 분야 표준의 정의

정보 통신망과 정보 통신 서비스를 제공하거나 이용하는 주체끼리 합의된 규약의 집합으로 공통성, 호환성, 통일성 등을 갖춰야 한다.

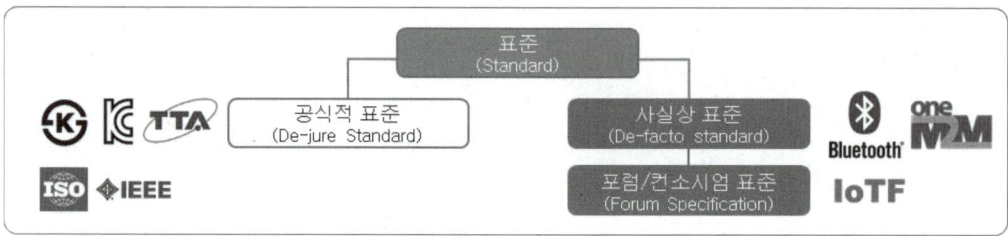

(3) 표준의 구분

구분	내용	특징
공식적 표준 (De-jure Standard)	• 공신력 있는 표준화 기구에서 일정한 절차와 심의를 거쳐 제정하는 표준 • 표준화 기구	• 표준화 절차상 국제 표준화 기구 간 수직 관계가 형성되어 있으나, 최근 기술의 경계가 흐려짐에 따라 국제 표준화 기구 간 공동 표준화 활동이 활발히 이루어지고 있음 • 국가나 지역의 표준화 활동 결과를 국제 표준화 활동에 반영하거나(상향식), 국제 표준을 국가 표준화 활동과 산업체에 반영함(하향식) • 국제 표준 제정에 약 3~6년이 소요됨(표준화가 느림)
사실상 표준 (De-facto Standard)	• 기업(제품) 간 치열한 경쟁을 통해 시장에서 결정되는 시장 표준 • 1990년대 이래 약 100여 개가 생성·소멸되었으며, 최근 사실상 표준의 확산을 위해 공식적 표준화 기구와 협력을 추진하고 있음	• 사실상 표준은 시장 원리에 따라 시장 지배 기능을 가짐 • 특정 기술과 이해관계가 있는 통신 사업자, 방송 업체, 제조 및 솔루션 업체 등이 사실상 표준화에 참여함 • 표준 제정 속도가 빠르며, 사업화 우선의 표준화를 추진함
포럼 / 컨소시엄 표준 (Forum Specification)	• 몇몇의 복수 기업이 자주적으로 결합해 포럼 또는 컨소시엄을 구성하여 제정한 표준 • 사실상 표준과 경쟁하여 지배적 표준이 될 경우, 사실상 표준이 되거나 공식적 표준으로 제정되기도 하여 잠정적인 표준이라고 할 수 있음	• 사실상 표준에서 낙오된 기업들이 연합해 승자인 선두 기업에 대항하는 수단으로 이용되는 경우도 있음 • 아직 어느 표준이 시장을 지배하지 못한 경우, 동일 분야에서 복수의 포럼이 서로 패권을 경쟁하기도 함

기출문제 풀이

06 다음 중 사물인터넷 디바이스들을 연결하기 위한 요구 사항 및 상호 운용성을 보장하기 위한 기업들 간의 표준화 단체는 무엇인가?

① OIC(Open Interconnect Consortium)
② oneM2M
③ AllSeen Alliance
④ ISO/IEC JTC 1

해설

■ OIC(Open Interconnect Consortium)
- 사물인터넷 디바이스들을 연결하기 위한 요구 사항 및 상호 운용성을 보장하기 위한 기업들 간의 컨소시엄 표준화 단체
- Intel이 주도하고 삼성, Atmel, 윈드리버 등의 기업들이 멤버사로 활동하고 있음
- 2016년 10월에 MS, Qualcomm 등의 합류로 단체명을 OCF(Open Connectivity Foundation)로 변경함

정답 ①

---

04 정보 통신 분야의 표준은 정보 통신망과 정보 통신 서비스를 제공하거나 이용하는 주체끼리 합의된 규약의 집합으로 정의된다. 표준에 대한 설명으로 가장 거리가 먼 것은?

① 표준은 공통성, 호환성, 통일성 등을 갖춰야 한다.
② 공식적 표준은 공신력 있는 표준화 기구에서 일정한 절차와 심의를 거쳐 제정하는 표준이다.
③ 공식적 표준화 기구들은 각 기구의 고유한 업무 경계가 있어 공동으로 작업하지는 않는다.
④ 사실상 표준은 보통 기업 간 치열한 경쟁을 통해 시장에서 결정되는 시장 표준이라고 할 수 있다.

해설

■ 정보 통신 분야의 표준
- 표준은 공통성, 호환성, 통일성 등을 갖춰야 함
- 공식적 표준은 공신력 있는 표준화 기구에서 일정한 절차와 심의를 거쳐 제정
- 사실상 표준은 보통 기업 간 치열한 경쟁을 통해 시장에서 결정되는 시장 표준
■ 표준의 구분 : 공식적 표준, 사실적 표준, 포럼/컨소시엄 표준

정답 ③

 06 사물인터넷의 공식적 표준과 사실상 표준의 비교로 옳지 않은 것은?

	구분	공식적 표준	사실상 표준
①	표준화와 사업화	사업화 우선	표준화 우선
②	표준화 열쇠	표준화 기관이 강제	시장 점유율, 참여 기업 수
③	단일 표준 제공 여부	원칙적 단일 표준	시장 경쟁에 위임
④	표준 제정 속도	느림	빠름

해설

■ 공식적 표준은 표준화 우선이고, 사실상 표준은 사업화가 우선되는 표준이다.

정답 ①

2 사물인터넷 표준화 기구

(1) 사물인터넷 표준화 기구

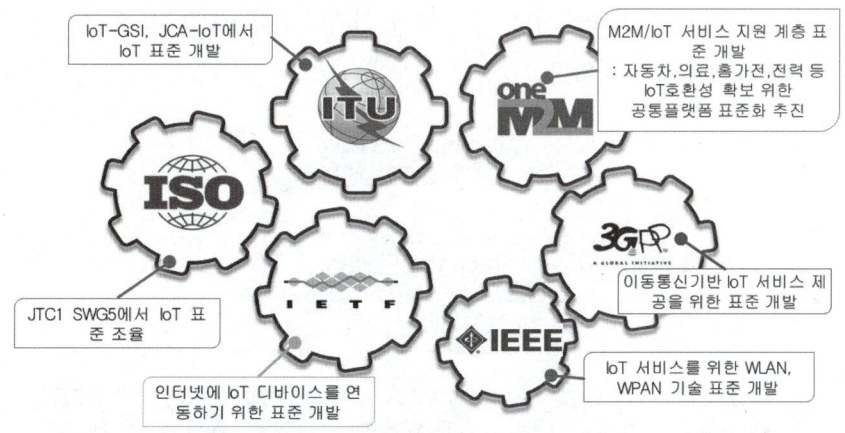

사물인터넷 표준화 기구

Chapter 3. 사물인터넷 표준화 · 47

(2) oneM2M

① oneM2M은 에너지, 교통, 국방, 공공 서비스 등 산업별로 종속적이고 폐쇄적으로 운영되는, 파편화된 서비스 플랫폼 개발 구조를 벗어나 응용 서비스 인프라(플랫폼) 환경을 통합하고 공유하기 위한 사물인터넷 공동 서비스 플랫폼 개발을 위해 발족된 사실상 표준화 단체이다.

② 전 세계 지역별 표준 개발 기구인 TTA(한국), ETSI(유럽), ATIS/TIA(북미), CCSA(중국), ARIB/TTC(일본) 등 7개의 SDO(Standard Development Organization)가 공동으로 설립하였다.

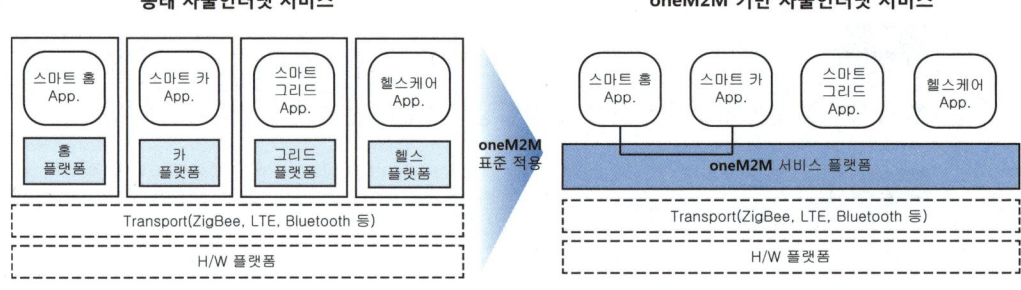

사물인터넷 서비스 플랫폼

③ oneM2M의 기술 워킹 그룹(6개)은 요구 사항을 다루는 Requirement(WG1), 시스템 구조를 다루는 Architecture(WG2), 프로토콜과 관련한 Protocols(WG3), 보안 관련 Security(WG4), 장치 관리 및 추상화, 시맨틱과 관련된 Management, Abstraction and Semantics(WG5), 테스킹 규격을 위한 Test(WG6)로 구성되어 있다.

④ oneM2M은 2015년 1월 요구 사항, 용어 정의, 아키텍처 등 10개의 표준 규격을 포함하는 1차 규격(Release 1)을 발표하였다.

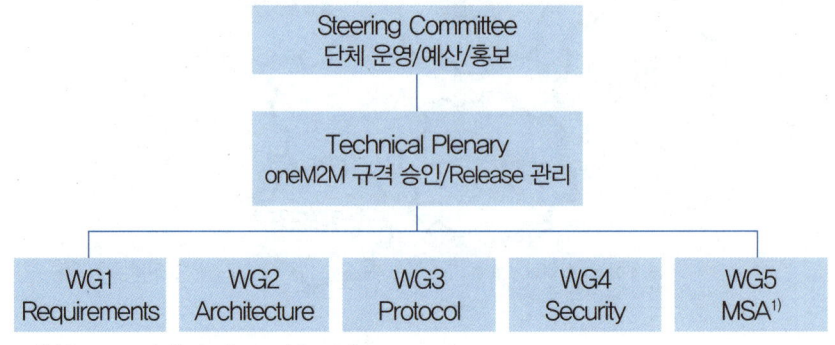

1) Management, Abstraction and Semantics

㉠ oneM2M Release 1
- oneM2M 플랫폼이 제공하는 기능을 공통 서비스 기능(Common Services Function, CSF)으로 정의한다.
- 공통 기능은 사물인터넷 서비스 애플리케이션에서 자주 사용되는 기능을 정의한 것으로 데이터 저장/공유, 장치 관리, 그룹 관리, 구독/통지(Subscription/Notification), 위치 정보, 과금 등의 기능을 포함한다. 보안 기능은 인증, 접근 제어 등의 기능을 제공한다.
- oneM2M 코어 프로토콜 메시지(Primitive)는 CoAP, HTTP 및 MQTT 프로토콜 메시지를 통해 전송된다. oneM2M의 코어 프로토콜은 향후 추가 프로토콜 바인딩(Binding)을 지원할 수 있도록 특정 메시지 프로토콜에 종속성을 가지지 않도록 개발되었다.

㉡ oneM2M Release 2
- 다양한 인더스트리 사물인터넷 플랫폼 및 네트워크 연동이 주 목적이다.
- 사물인터넷 연동으로는 OCF(Open Connectivity Foundation) 및 Lightweight M2M 기술과의 연동 규격을 제공한다.
- 네트워크 연동으로는 3GPP Rel-13 네트워크와 연동을 위한 트래픽 패턴 설정(Traffic Pattern Configuration) 기능을 정의하고 있으며 릴리즈 3에 모니터링 등의 연동 기능을 추가하기 위한 기술 보고서 작업을 지속하고 있다.
- 높은 디바이스 및 애플리케이션의 호환성을 보장하기 위해 우선적으로 가전 디바이스에 대한 데이터 모델을 정의한다.
    * 릴리즈 1에서는 가전 제어 및 센싱 정보를 교환하기 위해 사전에 애플리케이션 간 정의한 데이터 모델로 container 및 contentInstance 자원 타입을 이용했다. 이에 비해 릴리즈 2에서는 oneM2M 플랫폼을 이용하는 모든 애플리케이션이 표준에 정의된 가전 디바이스 데이터 모델을 사용함으로써 가전 제조사 및 애플리케이션 개발자 간에 별도의 데이터 모델을 정의하는 번거로움을 없애고 제품과 애플리케이션 간의 호환성을 보장한다.
- 프로토콜 바인딩은 동시 송수신(Full-duplex)을 지원하는 WebSocket이 추가되었다.

(3) OCF

① 표준 기술 구성

- 다양한 사물인터넷 유무선 연결 기술을 활용하여 논리적인 상호 연동성을 보장하는 아키텍처를 구축하여 스마트홈, 자동차, 물류, 헬스케어 등 다양한 사물인터넷 서비스(Profiles)를 개발할 수 있도록 구성되었다.
- OCF 아키텍처는 클라이언트-서버의 방식으로 현재 사용자들이 폭넓게 사용하는 Internet/Web 구조인 RESTful 방식을 채용하였다.

OCF 서비스 구조도

자료 : https://openconnectivity.org/resources/iotivity

- 사물인터넷 디바이스의 제한된 성능을 고려하여 CoAP(Constrained Application Protocol)을 활용하여 경량 기기에서의 작동도 고려하였다.
  - Client-server 모델로 각 server는 자신들이 제공 가능한 다양한 IoT service를 resource 형태로 정의한다.
  - IoT 특성상 경량 device 수의 증가를 예상하여 OCF는 CoAP(Constrained Application Protocol) specification을 채택하여 OCF device를 탐색하고, 발견하고 제어하는 protocol을 사용해 경량 device로의 IoT program 탑재 및 동작을 지원한다.

② REST(Representational State Transfer)

- World Wide Web과 같은 분산 Hyper Media System을 위한 Software Architecture의 한 형식이다.
- Resource를 정의하고 Resource에 대한 주소를 지정하는 방법 전반을 일컫는 말이다. 간단한 의미로는 웹상의 자료를 HTTP 위에서 SOAP나 cookie를 통한 Session tracking 같은 별도의 전송 계층 없이 전송하기 위한 아주 간단한 인터페이스이다.
- 이러한 REST 원리를 따르는 system을 RESTful system이라고 지칭한다.

③ CoAP(Constrained Application Protocol)
- Internet에서 IoT Device처럼 제한된 Computing 성능을 갖는 Device들의 통신을 위해 IETF의 CoRE(Constrained RESTful Environment) Working-group에서 표준화한 Protocol이다.
- 신뢰성 있는 동기 수송 방식의 TCP와 그 위의 HTTP는 많은 Resource 제약을 가진 IoT 환경에서는 적합하지 않아 비동기 수송 방식의 UDP상에서 UDP의 단점을 보완하는 개념을 포함한 통신 Protocol이다.

(4) 비면허 대역(LPWA) 광역 IoT 표준화

① 2014년 9월에 완료되었으며, LTN 001 유스케이스, LTN 002 기능 구조, LTN 003 프로토콜 및 인터페이스 표준으로 구성된다.
② 이 표준에는 크게 대역 확산에 의한 협대역 펄스에 의한 Ultra Narrow Band(UNB) 표준과 Direct Sequence Spread Spectrum(DSSS) 표준이 있다.
③ SigFox와 LoRa의 멤버가 의장과 부의장을 맡아서 작성된 표준으로서 이들 표준에 준하여 작성된 대표적인 표준은 2014년 9월에 완성된 UNB 기반의 SigFox라는 전용(Proprietary) 표준과 IEEE 802.15.4g 기반의 DSSS 방식으로 LoRa Alliance에서 2015년 6월에 완성된 개방형 LoRa 표준이 있다.
④ LoRa는 2015년 초에 결성된 IBM, Semtech, Actility, Microchip 등을 멤버로 구성된 LoRa Alliance에서 2015년 6월 16일에 발표한 LoRaWAN R1.0 개방형 표준이고, IEEE 802.15.4g 기반의 표준이며 비동기식 저전력 원거리 통신망이다.

구분	전용 NB-IoT		셀룰러 기반 NB-IoT				
	SigFox 솔루션	LoRa 솔루션	LTE-MTC (Cat 0)	LTE-eMTC (Cat-M)	NB-IoT		5G NB-IoT mIoT, cIoT
					NB-LTE	NB-CIoT	
표준	SigFox 자체 규격	LoRa Alliance v1.0	3GPP Rel.12	3GPP Rel. 13~14	3GPP Rel. 13~14	3GPP Rel. 13~14	3GPP Rel.15 & Beyond
채널 대역폭	200kHz	500/250/ 125kHz	1.4MHz	1.4MHz	0.2MHz	0.2MHz	0.2MHz~
사용 대역	ISM Bands	ISM Bands	LTE 대역 내	LTE 대역 내	LTE 대역 내, 보호 대역, 전용 대역	전용 대역	-

(5) 셀룰러 기반 광역 IoT 표준화

① 셀룰러 기반의 광역 IoT 기술에 대한 표준은 3GPP의 LTE-M 표준의 진화
- Rel.12 : M2M/IoT를 위한 LTE 표준의 개발은 가격과 전력 소모 중심으로 개발되었다.
- Rel.13 : LTE-M이 2015년 9월 Radio Access Network(RAN) 69차 미팅에서 WI로 선정되어(RP-151621) 통신 거리와 저가 구현에 맞춘 표준화가 진행 중이다.
  - 대역폭 200㎑ 기반의 협대역(Narrowband) Narrow Band IoT(NB-IoT)와 1.4㎒ 대역의 LTE-M 표준을 개발하였다.
  - 두 표준 모두 전송 속도를 유연하게 가변으로 조정할 수 있다. NB-IoT는 GSM EDGE Radio Access Network(GERAN)에서 화웨이/Nuel 및 퀄컴 주도로 진행돼 오던 표준이 상향 링크는 화웨이/Neul의 UL M2M, 하향 링크는 퀄컴의 DL OFDM으로 단일 통합된 NB-Cellular IoT(CIoT) 표준(초기에는 Cleanstate IoT로 불림)이 GERAN에서 진행되다가, 표준화 창구가 3GPP RAN으로 통합되어, RAN 69차 회의에서 NB-IoT라는 이름의 표준에 통합되어 WI로 진행되게 되었다.

② NB-IoT는 3개의 모드 지원(2016년 표준화)
- 단독 모드(Stand Alone Mode) : 기존 GSM을 대치하는 모드이다.
- 보호 대역 모드(Guard Band Mode) : LTE 캐리어의 보호 대역 내의 미사용 RB들을 이용하는 모드이다.
- 대역 내 모드(In-Band Mode) : 보통 LTE 캐리어 내의 RB들을 이용하는 모드이다.

(6) IEEE(전기 전자 공학자 협회)

① IEEE는 1980년에 대학과 기업이 함께 발족한 단체로, 데이터 통신 부분에서 물리 계층 및 링크 계층 표준을 규정하는 표준화 기구이며, 사물인터넷 관련 표준화는 IEEE Standard Association(IEEE-SA)에서 이루어지고 있다.

② IEEE는 2014년 7월 IEEE P2413 프로젝트 그룹을 결성하여 IoT/M2M 전반적인 프로토콜, 아키텍처 구조 등에 대해 표준 개발 작업에 착수하였으며, oneM2M과 협력하고 있다.

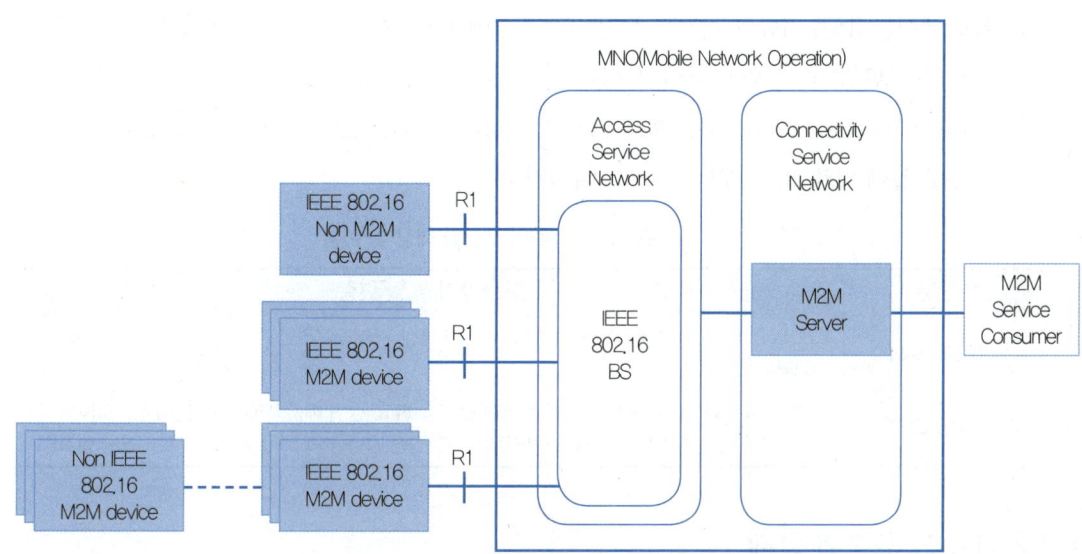

IEEE 802.16p 기본 M2M 서비스 시스템 구조도
자료 : IEEE에서의 사물인터넷 기술 표준화 현황(2014년 송재승 교수)

(7) 3GPP(3rd Generation Partnership Project)

① 이동 통신과 관련된 사실상 표준을 제정하고 있으며, oneM2M과 마찬가지로 7개의 SDO (Standard Development Organization)들 간의 합의에 의해서 결성되고 표준을 개발해 온 표준 단체이다.

② 3GPP에서는 사람의 개입이 꼭 필요하지 않은 하나 혹은 그 이상의 객체가 관여하는 데이터 통신 기술을 M2M 또는 MTC(Machine Type Communication)라 정의하고, 이러한 디바이스에 필요한 이동 통신 네트워크 중심 기술 표준을 진행하고 있다.

③ MTC에서는 기존에 디바이스들이 네트워크를 통해 애플리케이션 서버에 접속하는 것을 시작으로 응용이 수행되는 것과 달리, 애플리케이션 서버가 먼저 MTC 기기를 Triggering 하여 응용의 시작 및 정보의 수집 등을 요구할 수 있는 통신 모델 요구 사항을 만족시키기 위해 Triggering 요구의 중계를 위한 네트워크 노드 추가, 프로토콜 정의, MTC 디바이스의 주소 및 식별자 정의에 대해 표준화를 진행하고 있다.

(8) IETF(국제 인터넷 표준화 기구)

① IETF(Internet Engineering Task Force)는 인터넷의 운영, 관리, 개발에 대해 협의하고 프로토콜 표준을 개발하고 있으며, 사물인터넷의 다양한 인터넷 프로토콜들에 대한 표준을 개발하고 있다.

② IEEE에서는 IPv6 기반의 저전력 무선 네트워크에 대한 표준을 6LoWPAN을 통해 추진하였으며, 6LoWPAN의 상위 애플리케이션 계층 프로토콜의 표준화를 CoAP에서 추진하였다.
③ 2014년 7월 IEEE P2413 프로젝트 그룹을 결성하여 IoT/M2M 전반적인 프로토콜, 아키텍처 구조 등에 대해 표준 개발 작업에 착수하였다.

6LoWPAN과 CoAP의 표준화 대상 및 현황

구분	표준화 대상 및 현황
6LoWPAN	IEEE 802.15.4, Bluetooth, Z-wave, NFC 기반의 무선 기술도 고려한 IPv6 전송에 대한 표준 개발이 진행되고 있음
CoAP	CoAP의 표준화 영역은 전송 계층으로 UDP를 고려하고, 상위 애플리케이션 계층에서 디바이스 간 서버/클라이언트 방식으로 리소스 이벤트에 대한 전송 방법을 RESTful 기반의 프로토콜을 설계함

(9) 기타 주요 표준화 단체

사물인터넷 주요 표준화 단체

구분	개요	표준화 대상 및 현황
ISO/IEC JTC 1	• ISO/IEC JTC 1은 정보 처리 시스템에 대한 국제 표준화 위원회(ISO/TC97)와 정보 기기에 대한 국제 표준화 위원회(IEC/TC83)를 통합하여 공동 기술 위원회를 설립함(1987) • ISO/IEC JTC 1은 사물인터넷 특별 워킹 그룹5(SWG5 : Special Working Group on Internet of Things)를 2012년에 설립함	• SWG5는 사물인터넷을 "사물, 사람, 시스템 및 정보 자원이 서로 지능형 서비스로 연결되어 실세계 및 가상계의 정보를 처리하고 그에 따라 반응이 가능한 기반 구조"로 정의함 • 2014년 사물인터넷 표준화를 위한 워킹 그룹 10(WG on IoT)을 설립하고, SWG5에서 진행된 사물인터넷 참조 구조 표준 개발을 담당함
ITU-T	• ITU-T(International Telecommunication Union Telecommunication Standardization Sector)는 국제 전기 통신 연합 부문의 하나로 통신 분야의 표준을 개발하며, 1956년에 설립됨 • 2011년부터 JCA-IoT 및 IoT-GSI를 구성하여 사물인터넷 관련 표준 활동의 조율 및 표준화 로드맵 작성 및 표준화 계획 수립·관리를 추진함	• 2012년 사물인터넷 표준인 Y-2060 : Overview of the Internet of Things를 개발함 • 사물인터넷을 ICT를 기반으로 한 물리적 및 가상의 사물들을 연결하는 글로벌 서비스 인프라로 정의하고, 응용 서비스 및 응용 지원/네트워크/디바이스의 4개 계층과 각 계층에 적용되는 관리 및 보안 기능으로 구성된 사물인터넷 참조 모델을 표준화함
Thread Group	• 구글이 주도하고 네스트랩스, 실리콘랩스, 프리스케일, ARM, 예일 시큐리티, 삼성전자가 참여하여 사물인터넷을 위한 새로운 IP 기반 무선 통신망 프로토콜 개발을 통해 상호 호환이 가능한 사물인터넷을 구현하기 위해 설립된 컨소시엄 표준화 단체로, 2014년 1월 설립됨	• 스레드란 이름은 저전력 기반의 IEEE 802.15.4 메시지 네트워크를 위해 설계된 IPv6 네트워킹 프로토콜을 의미하며, 저전력 무선 프로토콜인 6LoWPAN 사용을 통해 저전력으로 가정용 디바이스 간 연결을 제공하고 있음

기출문제 풀이

05 2014년 이후로 정부는 ICT 분야의 패러다임으로 스마트폰 시대를 넘어서 진행될 사물인터넷 생태계 구조를 SPNDSe 관점에서 접근을 시도하고 있다. 다음 중 SPNDSe는 무엇을 의미하는가?

① 네트워크(Network), 디바이스(Device), 서비스(Service)와 보안(Security)이 별도로 상호 호환성만을 강조하는 글로벌 생태계

② 네트워크(Network)만이 아니라 디바이스(Device)로부터 서비스(Service)에 이르기까지 전체가 보안(Security)을 기반으로 서로 유기적으로 연결되어, 상호 호환성을 전제로 진화하는 글로벌 생태계

③ 네트워크(Network), 디바이스(Device), 서비스(Service)와 보안(Security)의 상호 호환성을 강조하는 로컬 생태계

④ 네트워크(Network), 디바이스(Device), 서비스(Service)와 보안(Security)의 상호 호환성이 배제된 시스템

해설

■ S-P-N-D-Se 구조

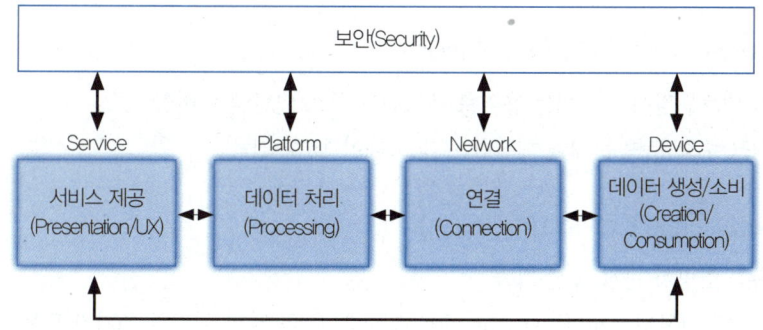

정답 ②

16 다음 중 보기의 설명에 해당하는 것은 무엇인가?

> 127byte의 MTU를 가지는 IEEE 802.4 프레임 안에서 IPv6 패킷을 수용하기 위해 IPv6 헤더를 압축하는 것이다.

① NAT ② TCP
③ 6LoWPAN ④ NFC

해설

■ **6LoWPAN(IPv6 over Low power Wireless Personal Area Networks)**
- 127byte의 MTU(Maximum Transmission Unit)를 가지는 IEEE 802.4 프레임 안에서 IPv6 패킷을 수용하기 위해 IPv6 헤더를 압축
- IPv6 프로토콜 기반의 저전력 무선 네트워크에 대한 표준 기술
- 2005년 IETF(Internet Engineering Task Force) 산하 6LoWPAN(IPv6 over Low power Wireless Personal Area Networks) 워킹 그룹에서 표준화 시작
- IEEE 802.15.4에서 IPv6 패킷 전송 방안을 정의

■ **MTU(Maximum Transmission Unit)**
- 해당 레이어가 전송할 수 있는 최대 프로토콜 데이터 단위

■ **NAT(Network Address Translation)**
- 컴퓨터 네트워킹에 이용되는 용어로 네트워크 주소 변환을 의미함
- 네트워크 주소 부족 문제를 해결하는 데 도움이 될 수 있음

■ **NFC(Near Field Communication)**
- 비접촉식 양방향 근접 통신 기술
- 즉, 기존의 RFID(Radio Frequency Identification)와 달리 읽기와 쓰기가 모두 가능함
- 10cm 안의 근접 거리 통신 기술이며 0.1초 내외의 단말기 인식 시간 등으로 인해 통신을 위한 준비 설정 시간이 거의 없는 것이 큰 장점
- 보안성을 증대해 다른 통신 기술에 필요한 설정 정보(인증, 보안키 공유, 페어링) 교환에 사용됨

정답 ③

05 다음 중 보기의 설명에 해당하는 조직은 무엇인가?

> • 1980년에 대학과 기업이 함께 발족한 단체로, 데이터 통신 부분에서 물리 계층 및 링크 계층 등에 대한 표준을 규정
> • 사물인터넷 환경에서 작동할 수 있는 센서 및 저사양 디바이스를 위한 저전력 통신 프로토콜 규격을 개발

① IETF(Internet Engineering Task Force)
② oneM2M
③ 3GPP(3rd Generation Partnership Project)
④ IEEE(Institute of Electrical & Electronics Engineers)

해설

■ IEEE : 1980년에 대학과 기업이 함께 발족한 단체로, 데이터 통신 부분에서 물리 계층(Layer 1) 및 링크 계층(Layer 2) 등에 대한 표준을 규정하는 조직

정답 ④

06 다음 중 IETF에서 표준화가 시작되었으며 저전력, 저비용, 적은 대역폭 기반의 장치들을 기존 인터넷에 바로 연결하기 위해 IPv6 주소를 적용하는 단거리 무선망 기술은 무엇인가?

① 6LoWPAN(IPv6 over Low power WPAN)
② CoAP(Constrained Application Protocol)
③ M2M(Machine to Machine)
④ DTLS(Datagram Transport Layer Security)

해설

■ 6LoWPAN
• 6LoWPAN은 IPv6 프로토콜 기반의 저전력 무선 네트워크에 대한 표준 기술
• 6LoWPAN 워킹 그룹에서 표준화가 시작됨

Chapter 3. 사물인터넷 표준화 · 57

- IEEE 802.15.4에서 IPv6 패킷 전송 방안을 정의하고 있음

■ CoAP
- CoAP의 표준화 영역은 전송 계층으로 UDP를 고려하고 상위 애플리케이션 계층에서 디바이스 간 서버/클라이언트 방식으로 리소스 이벤트에 대한 전송 방법으로 RESTful 기반의 프로토콜을 설계함

■ M2M은 기계 간 네트워크 통신 용어로 사물인터넷보다는 협의의 용어이거나 동의어로 활용됨

■ DTLS는 TLS(Transport Layer Security) 프로토콜을 기반으로 암호화된 데이터를 전송할 수 있도록 해 주는 보안 프로토콜의 종류

정답 ①

09 다음 중 사물인터넷의 공적 표준화 단체로서 2012년 'Overview of the Internet of Things'라는 제목의 아키텍처 모델 표준(Y.2060)을 제정한 단체는 무엇인가?

① ITU-T
② AllSeen Alliance
③ oneM2M
④ OCF(Open Connectivity Foundation)

해설

■ ITU-T는 시기적으로 사물인터넷의 국제 표준화에 가장 앞서 나가고 있는 공적 표준화 단체이다. 2011년 JCA-IoT 및 IoT-GSI를 구성하여 사물인터넷 관련 표준화 활동을 조율·추진하였다. 그 결과로 2012년 공적 표준화 단체 중에서는 처음으로 'Overview of the Internet of Things'라는 제목의 아키텍처 모델 표준(Y.2060)을 제정하였다.

정답 ①

 07 다음 내용에 해당하는 사물인터넷 표준화 기구는?

- 2014년 삼성, 인텔 등을 중심으로 시작해서 2015년 스마트홈 표준 단체 UPnP 포럼을 통합·흡수하고, 2016년 AllSeen Alliance와 합병을 진행한 표준 단체
- 사물인터넷 유무선 연결 기술을 활용하여 논리적인 상호 연동성을 보장하는 아키텍처를 구축

① oneM2M
② OCF(Open Connectivity Foundation)
③ LoRa Alliance
④ Thread Group

해설

■ **OCF(Open Connectivity Foundation)**
- 다양한 사물인터넷 유무선 연결 기술을 활용하여 논리적인 상호 연동성을 보장하는 아키텍처를 구축하여 스마트홈, 자동차, 물류, 헬스케어 등 다양한 사물인터넷 서비스(Profiles)를 개발할 수 있도록 구성됨
- OCF 아키텍처는 클라이언트/서버의 방식으로 RESTful 아키텍처를 기반으로 리소스를 관리하는 모델
- 사물인터넷 디바이스의 제한된 성능을 고려하여 CoAP(Constrained Application Protocol)을 활용하여 경량 기기에서의 작동도 고려함

정답 ②

Part 1. 사물인터넷 개요

05 사물인터넷 표준화 기구/단체에 대한 설명으로 옳지 않은 것은?
① ITU-T : SG13, SG17, SG20 등 IoT 서비스/네트워크/통신/보안 분야 표준 논의
② IEEE : 무선 LAN/PAN 기술 관련 사실상의 표준화 기구로서, 스마트 미터링, 옥외 저전력 근거리/중장거리 통신 등의 표준 개발
③ IETF : 인터넷 프로토콜 관련 사실상의 표준화 기구로서, 저전력 유무선 네트워크를 위한 적응 계층 및 CoAP 등의 표준 개발
④ 3GPP : 사물인터넷 구현 시 REST 구조 기반으로 경량형 CoAP 프로토콜로 사물인터넷 장치들을 연결하고, 장치에 존재하는 자원들을 상호 제어할 수 있게 하는 표준 개발

해설

■ 3GPP(3rd Generation Partnership Project)
- oneM2M과 마찬가지로 7개의 SDO(Standard Development Organization)들 간의 합의에 의해서 결성되고 표준을 개발해 온 표준 단체이다.
- 3GPP에서는 사람의 개입이 꼭 필요하지 않은 하나 혹은 그 이상의 객체가 관여하는 데이터 통신 기술을 M2M 또는 MTC(Machine Type Communication)라 정의하고, 이러한 디바이스에 필요한 이동 통신 네트워크 중심 기술 표준을 진행하고 있다.

정답 ④

07 사물인터넷 아키텍처 중 oneM2M의 계층 모델이 아닌 것은?
① Application Layer   ② Session Layer
③ Common Services Layer   ④ Network Services Layer

해설

■ oneM2M 레퍼런스 아키텍처의 모든 엔티티는 AE, CSE, NSE 세 가지 계층으로 구분된다.

정답 ②

08 아래 설명 중 괄호 안에 들어갈 알맞은 용어는?

> OCF 표준을 따르는 S/W 플랫폼인 IoTivity의 필수 메시징 프로토콜은 ( )이며, 향후 선택적인 메시징 프로토콜로 HTTP, MQTT도 지원 예정이다. IoTivity 서비스 부분은 IoTivity 기반의 확장 기능과 스마트폰 앱/서비스 개발 시 빠른 개발을 지원하는 프레임워크 기능들로 구성된다.

① CRUDN(Create, Read, Update, Delete and Notify)
② 3GPP(3rd Generation Partnership Project)
③ Thread
④ IETF CoAP

해설

■ IETF CoAP
- 인터넷 프로토콜 관련 사실상의 표준화 기구로서, 저전력 유무선 네트워크를 위한 적응 계층 및 CoAP 등의 표준을 개발한다.
- CoAP의 표준화 영역은 전송 계층으로 UDP를 고려하고 상위 애플리케이션 계층에서 디바이스 간 서버/클라이언트 방식으로 리소스 이벤트에 대한 전송 방법으로 RESTful 기반의 프로토콜을 설계한다.

정답 ④

Chapter 4 사물인터넷 아키텍처

1 사물인터넷 아키텍처의 개요

(1) 사물인터넷 아키텍처의 이해(SPNDSe)

SPNDSe 관점에서의 사물인터넷의 기능에 따른 구조는 아래 그림과 같이 표현할 수 있다.

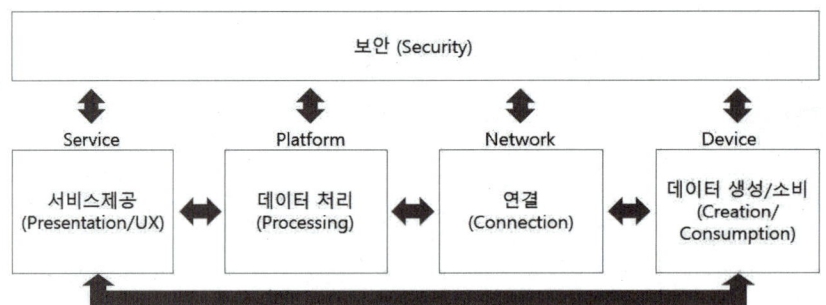

사물인터넷 아키텍처

- Device에서는 주로 데이터의 생성/소비가 발생하며, 제공 서비스들에 의해 생성된 데이터의 소비도 포함된다.
- Network는 연결 기능을 의미한다.
- Platform은 데이터의 처리를 통해 Intelligence를 담당하게 된다.
- 이 모두를 아울러 고객에게 사물인터넷의 핵심 가치인 서비스(Service)가 제공된다.
- 데이터의 유통이 기하급수적으로 늘어나는 만큼 그에 상응하는 보안(Security)도 매우 중요한 구성 요소이다.

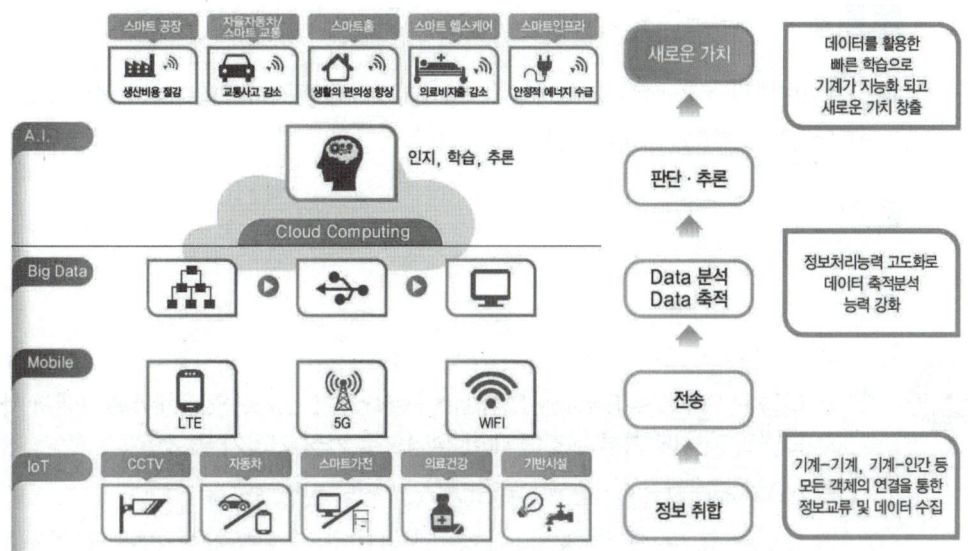

사물인터넷(Internet of Things, IoT)

자료 : 과학기술정보통신부

기출문제 풀이

2회 07 다음 그림은 SPNDSe 관점에서의 사물인터넷 구조이다. 다음 중 괄호 안에 들어갈 적절한 용어는 무엇인가?

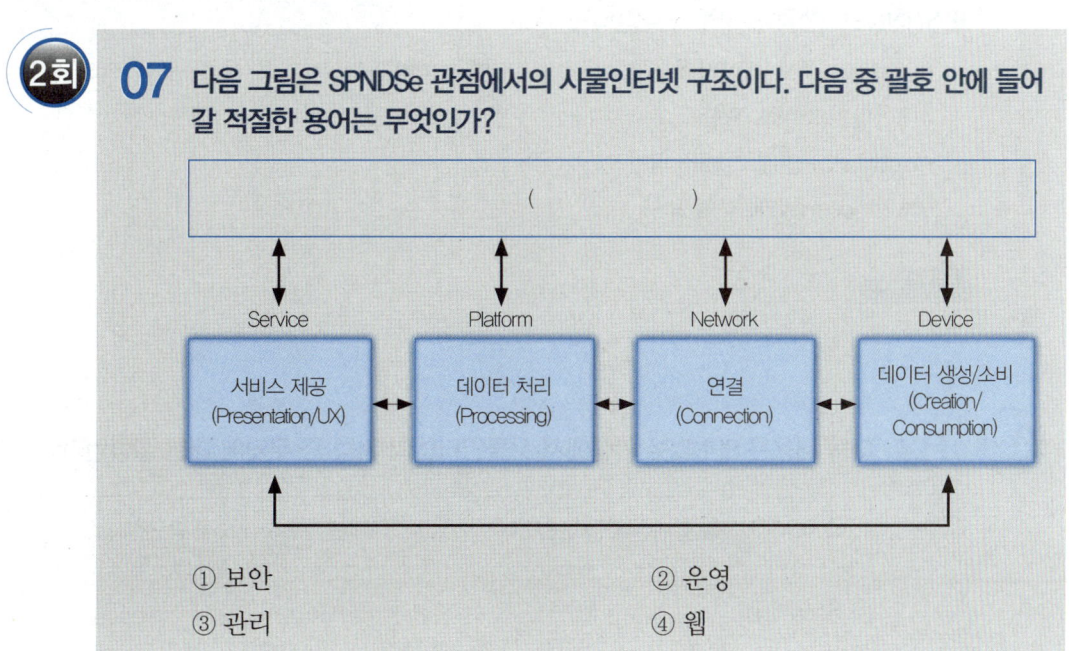

① 보안 ② 운영
③ 관리 ④ 웹

해설

■ 사물인터넷의 모든 구성 요소에서 유통되는 데이터가 기하급수적으로 늘어나는 만큼 그에 상응한 '보안(Security)'은 매우 중요하다.

정답 ①

10 다음 중 SPNDSe(Service, Platform, Network, Device, Security) 관점에서 사물인터넷의 기능에 따른 구조에 대한 설명으로 가장 거리가 먼 것은?

① Device에서는 주로 데이터의 생성과 소비가 발생한다.
② Service는 데이터의 처리를 통해 사물인터넷의 핵심 가치 중 하나인 지능(Intelligence)을 담당한다.
③ Network는 연결 기능을 의미한다.
④ 데이터 유통의 기하급수적인 증가로 인해 보안(Security)에 강한 요구가 있다.

해설

■ **SPNDSe 관점에서의 사물인터넷 구조**
- Device : 주로 데이터의 생성/소비가 발생함. '소비'라 함은 제공 서비스들에 의해 생성된 데이터의 소비도 포함
- Network : 연결 기능을 의미
- 보안(Security)에 강한 요구

정답 ②

03 다음 내용은 SPNDSe 관점에서 사물인터넷의 기능 중 무엇에 대한 설명인가?

데이터의 처리를 통해 사물인터넷의 핵심 가치 중의 하나인 Intelligence를 담당한다.

① Security ② Platform
③ Network ④ Device

해설

■ Platform
- 데이터의 처리를 통해 사물인터넷의 핵심 가치 중의 하나인 Intelligence를 담당
- SPNDSe 관점에서의 사물인터넷 구조의 구성 요소

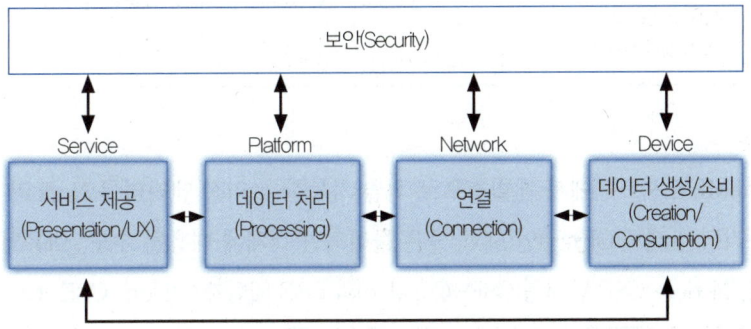

정답 ②

2 사물인터넷 아키텍처 레퍼런스 모델

(1) oneM2M Architecture Reference Model

oneM2M 워킹 그룹 2에서는 oneM2M의 네트워크 아키텍처와 아키텍처를 구성하는 엔티티(Entity) 및 공통 서비스 기능(Common Service Function, CSF)과 이를 제공하기 위한 공통 서비스 계층에서의 레퍼런스 포인트(Reference Point)를 정의한다.

oneM2M에서 지원하는 네트워크 아키텍처는 애플리케이션 전용 노드(Application Dedicated Node, ADN), 애플리케이션 서비스 노드(Application Service Node, ASN), 중간 노드(Middle Node, MN) 및 인프라스트럭처 노드(Infrastructure Node, IN)로 구성된다[Release 1 규격 TS 0001(2015년 2월)].

oneM2M 레퍼런스 아키텍처의 모든 엔티티(AE, CSE, NSE)는 세 가지 계층으로 분화되며, 각 엔티티의 기능은 다음과 같이 정의한다.

구분	내용
애플리케이션 엔티티 (Application Entity)	애플리케이션 엔티티는 End-to-End 사물인터넷 솔루션을 위한 애플리케이션 로직을 제공함 - 화물 추적, 원격 모니터링, 원격 검침 및 제어 등
공통 서비스 엔티티 (Common Service Entity)	공통 서비스 엔티티는 사물인터넷의 다양한 애플리케이션 엔티티들이 공통적으로 사용할 수 있는 기능들로 이루어진 플랫폼임
네트워크 서비스 엔티티 (Network Service Entity)	네트워크 서비스 엔티티는 공통 서비스 엔티티에 네트워크 서비스를 제공함. 3GPP 네트워크 연동 중심임 - 장치 관리, 위치 서비스, 장치 트리거링 등

① Node

- oneM2M 시스템에서 개별적으로 식별 가능한 논리적 엔티티를 Node라 한다.
- 논리적인 객체(Object)인 Node들은 물리적인 객체에 대응될 수도, 대응되지 않을 수도 있으며, Node는 CSE 탑재형(CSE-Capable)과 CSE 비탑재형(Non-CSE-Capable)이 있다.

구분	내용
CSE 탑재형 (CSE-Capable)	하나 이상의 oneM2M CSE를 포함하는 논리적 엔티티이며, oneM2M AE는 없거나 복수 개를 포함할 수 있음 - 애플리케이션 서비스 노드(ASN), 인프라스트럭처 노드(IN), 중간 노드(MIN)
CSE 비탑재형 (Non-CSE-Capable)	oneM2M CSE를 하나도 포함하지 않는 논리적 엔티티이며, 복수 개의 oneM2M AE를 포함하거나 가지지 않을 수 있음 - 애플리케이션 전용 노드(ADN), Non-oneM2M Node

② 애플리케이션 서비스 노드(Application Service Node, ASN)

M2M Application뿐만 아니라 공통의 서비스 기능을 포함하는 일반 노드이다.

③ 애플리케이션 전용 노드(Application Dedicated Node, ADN)

- M2M Application을 포함하는 M2M 디바이스로 M2M 서비스 로직만을 포함하는 제한된 기능을 가지는 제한적 디바이스 중간 노드(Middle Node, MN)이다.
- 디바이스 노드들과 네트워크 인프라스트럭처를 연결해 주는 게이트웨이 역할을 하는 인프라스트럭처 노드(Infrastructure Node, IN)이다.
- 네트워크 인프라스트럭처에 위치해 M2M 서비스를 제공해 주는 노드이다.

④ NoDN(Non-oneM2M Device Node)

NoDN은 oneM2M 엔티티를 AE도 CSE도 가지지 않는 Node이며, 관리 등을 포함하여 상호 연동할 목적을 위해 oneM2M 시스템에 붙어 있는 노드를 나타낸다.

공통 서비스 엔티티에 포함되는 다양한 공통 서비스 기능들은 다음과 같다. 이러한 기능들은 자원(Resource)을 통해 Mcc, Mca 및 Mcn 레퍼런스 포인트들을 통해 노출(Exposed)된다.

oneM2M 공통 서비스 기능

Common Services Entity(CSE)		
DMR[1]	CMDH[2]	Sub/Noti
Registration	Group Mgmt.	Security
Discovery	Network Interworking	Location
Dev. Mgmt.	Charging	

(서비스 플랫폼)

자료 : oneM2M 사물인터넷 서비스 플랫폼 표준화 현황

Common Services Function(CSF)

DMR[1]	데이터 저장 및 관리, 데이터 분석 기능
CMDH[2]	데이터 저장 및 관리, 데이터 분석 기능
Subscription/Notification	메시지 전달 관리 및 정책에 기반한 전송 QoS[3] 제어
Registration	정보 변경에 대한 구독/통지 기능
Group Mgmt.	플랫폼에 애플리케이션 및 장치 등록
Security	단대단 보안 연결 제공, 인증/권한 설정 기능
Discovery	특정 정보 탐색, 특정 정보에 대한 통지
Network Interworking	액세스 네트워크(3GPP) 연동 기술
Location	장치에 위치 정보 제공 및 관리
Dev. Mgmt.	OMA DM[4], OMA Lightweight M2M, BBF TR-069 연동을 통한 장치 관리 기능 제공
Charging	서비스 계층 과금

1) Data Management and Repository
2) Communication Management and Delivery Handling
3) Quality of Service
4) Device Management

(2) ISO/IEC JTC 1 IoT RA(Reference Architecture)(ISO/IEC WD 30141)

① IoT RA(Reference Architecture) 표준인 ISO/IEC 30141은 JTC 1 총회(2014년 11월)에서 사물인터넷을 위해 신설된 WG10에서 추진되고 있다.

② oneM2M이 두 개의 영역으로 M2M/IoT 시스템을 정의한 것과 달리, ISO/IEC는 여섯 개의 영역(Domain)으로 정의한다.
- User Domain(UrD)
- Object Domain(ObD)
- Sensing & Actuation Domain(SAD)
- Service Provider Domain(SPD)
- Operation & Management Domain(OMD)
- Resource Interchange Domain(RID)

(3) ITU-T Reference Model Y.2060

ITU-T는 2012년 공적 표준화 단체 중 처음으로 'Overview of the Internet of Things'라는 제목의 아키텍처 모델 표준(Y.2060)을 제정하였다.

사물인터넷을 '현존하거나 진화하는 ICT 기술을 바탕으로 물리적이거나 가상의 사물을 연결하여 진일보된 서비스가 가능한 정보 사회를 위한 글로벌한 인프라'로 정의한다.

(4) FP7 IoT-A

① 독일, 영국, 프랑스 등 8개국 17개 기관이 공동 진행한 유럽의 FP7의 단위 프로젝트이다(활동 기간 : 2010년 9월~2013년 11월). 각각 별도로 개발되고 있는 이질적인 IoT 기술들을 통일성 있는 아키텍처로 통합하기 위한 아키텍처를 개발한다.

② IoT-A는 RM(Reference Model)을 제시하고 이를 바탕으로 RA(Reference Architecture)를 구체화한다. 각각의 구성 요소의 고려 사항이나 전개 방향 등을 세분화하여 특정 사물인터넷 시스템을 위한 아키텍처를 완성해 나가는 단계까지 상세하게 가이드하고 있다.

기출문제 풀이

1회 06 다음 중 2012년 결성된 단체로 사물인터넷 공통 서비스 플랫폼 개발을 위해서 발족된 사실상 표준화 국제 표준 단체는 무엇인가?
① ISO/IEC JTC 1 IoT
② ITU-T Reference Model(Y.2060)
③ oneM2M
④ International M2M

해설

■ **ISO/IEC JTC 1(정보 기술)**
- 21개의 하위 위원회(Sub Committee, SC)를 거느린 정보 기술 분야 국제 표준화를 총괄하는 기술 위원회
- JTC 1 "정보 기술"은 1987년 ISO(International Organization For Standardization)와 IEC(International Electro-technical Commission)가 공동으로 구성·운영하는 IT 분야 전반의 국제 표준을 개발하고 있음

■ **ITU-T(International Telecommunication Union - Telecommunication Standardization Sector)**
- 국제 전기 통신 표준화 부문으로 ITU(국제 전기 통신 연합)의 산하 기관

■ **oneM2M**
- 사물인터넷 공통 서비스 플랫폼 개발을 위한 사실상 표준화 단체
- 글로벌 표준화 기관인 한국 정보 통신 기술 협회(TTA), 통신 산업 협회(TIA), 유럽 전기 통신 협회(ETSI), 미국 통신 정보 표준 협회(ATIS), 중국 통신 표준 협회(CCSA), 일본 전파 산업 협회(ARIB) 중심으로 다양한 연구 기관 및 대학이 참여

■ IMC(International M2M Council)는 M2M 서비스 활성화를 지원하고, 표준화된 인터페이스 개발을 위해서 결성된 M2M 연합체

정답 ③

Chapter 4. 사물인터넷 아키텍처 • 69

08 oneM2M의 레퍼런스 아키텍처 모델의 기본 계층 모델에서는 모든 엔티티를 세 가지 계층에서 분화하여 언급하고 있다. 세 가지 계층과 거리가 먼 것은?

① 애플리케이션 계층(Application Layer)
② 공통 서비스 계층(Common Services Layer)
③ 네트워크 서비스 계층(Network Services Layer)
④ 데이터 링크 계층(Data Link Layer)

해설

■ **Application Entity**
- 애플리케이션 엔티티는 단대단(End-to-End) 사물인터넷 솔루션을 위한 애플리케이션 로직을 제공함
- 예로는 화물 추적, 원격 혈당 모니터링, 원격 전력 측정 및 제어 애플리케이션 등

■ **Common Service Entity**
- 서비스 엔티티는 사물인터넷의 다양한 애플리케이션 엔티티들이 공통적으로 사용 가능한 공통 서비스 기능들로 이루어진 플랫폼
- 공통 서비스 엔티티가 제공하는 공통 서비스 기능들은 Mcc, Mca 레퍼런스 포인트를 통해 제공되어 애플리케이션 엔티티와 타 공통 서비스 엔티티에 의해 사용됨

■ **Network Service Entity**
- 네트워크 서비스 엔티티는 공통 서비스 엔티티에 네트워크 서비스를 제공하는데, 이러한 서비스의 예로는 장치 관리, 위치 서비스, 장치 트리거링(Device Triggering) 등이 있음
- 주로 3GPP 네트워크 연동을 고려하고 있음

정답 ④

 04 다음 표준화 단체 중 사물인터넷 아키텍처 레퍼런스 모델(Architecture Reference Model) 표준화와 가장 거리가 먼 것은?

① FP7 IoT-A ② ISO/IEC JTC 1
③ ITU-T ④ W3C

해설

■ **FP7 IoT-A**
- IoT-A는 2010년 9월부터 2013년 11월까지 독일, 영국, 프랑스, 덴마크, 이탈리아 등 8개 국 17개 기관이 공동 진행한 유럽의 FP7의 단위 프로젝트
- 미래의 사물인터넷의 아키텍처적인 기반(Foundation)을 창조하는 것이 종합적인 기술적 목적
- RM(Reference Model)을 제시하고 이를 바탕으로 RA(Reference Architecture)를 구체화 한 뒤에 각각의 구성 요소의 고려 사항이나 전개 방향 등을 세분화하여 특정 사물인터넷 시 스템을 위한 아키텍처를 완성해 나가는 단계까지 상세하게 가이드 제공

■ **ISO/IEC JTC 1(정보 기술)**
- 21개의 하위 위원회(Sub Committee, SC)를 거느린 정보 기술 분야 국제 표준화를 총괄하 는 기술 위원회
- 대한민국은 2016년 11월 10일 ISO/IEC JTC 1 총회(2016.11.07~11.11. 노르웨이)에서 새롭게 만들어진 SC 41(IoT 및 관련 기술 : Internet of Things and related technologies) 에 간사 국가로 진출

■ ITU-T : 국제 전기 통신 표준화 부문으로 ITU(국제 전기 통신 연합)의 산하 기관

정답 ④

08 다음 중 oneM2M 기능 아키텍처에서의 엔티티(Entity)에 대한 설명으로 가장 거리가 먼 것은?

① 애플리케이션 엔티티(Application Entity)는 단대단(End-to-End) 사물인터넷 솔루션을 위한 애플리케이션 로직을 제공한다.
② 공통 서비스 엔티티(Common Service Entity)는 다양한 애플리케이션 엔티티들이 공통적으로 사용 가능한 공통 서비스 기능들로 이루어진 플랫폼이다.
③ 네트워크 서비스 엔티티(Network Service Entity)는 공통 서비스 엔티티에 네트워크 서비스를 제공한다.
④ 라우터 엔티티(Router Entity)는 앱(App)들 사이의 통신 기능을 제공한다.

해설

■ oneM2M의 레퍼런스 아키텍처 모델의 기본이 되는 계층 모델은 애플리케이션 엔티티(Application Entity, AE), 공통 서비스 엔티티(Common Service Entity, CSE), 네트워크 서비스 엔티티(Network Service Entity, NSE)이다.

■ 애플리케이션 엔티티(Application Entity, AE)
- 애플리케이션 엔티티는 단대단(End-to-End) 사물인터넷 솔루션을 위한 애플리케이션 로직을 제공한다.
- 예로는 화물 추적, 원격 혈당 모니터링, 원격 전력 측정 및 제어 애플리케이션 등이 있다.

■ 공통 서비스 엔티티(Common Service Entity, CSE)
- 공통 서비스 엔티티는 사물인터넷의 다양한 애플리케이션 엔티티들이 공통적으로 사용 가능한 공통 서비스 기능들로 이루어진 플랫폼이다.
- 레퍼런스 포인트 Mcn은 네트워크 서비스를 사용하는 데 쓰인다.

■ 네트워크 서비스 엔티티(Network Service Entity, NSE)
- 네트워크 서비스 엔티티는 공통 서비스 엔티티에 네트워크 서비스를 제공한다.
- 서비스의 예로는 장치 관리, 위치 서비스, 장치 트리거링(Device Triggering) 등이 있다.
- 주로 3GPP 네트워크 연동을 고려한다.

정답 ④

 05 oneM2M 기능 아키텍처에서 CSE(Common Service Entity)에 대한 설명으로 옳은 것은?

① 단대단 사물인터넷 솔루션을 위한 애플리케이션 로직을 제공
② 사물인터넷의 다양한 애플리케이션 엔티티들이 공통적으로 사용 가능한 공통 서비스 기능들로 이루어진 플랫폼
③ 공통 서비스 엔티티에 네트워크 서비스를 제공
④ 장치 관리, 위치 서비스, 장치 트리거링 등의 서비스를 제공

해설

■ **CSE(Common Service Entity)**
- 사물인터넷의 다양한 애플리케이션 엔티티들이 공통적으로 사용 가능한 공통 서비스 기능들로 이루어진 플랫폼이다.
- 레퍼런스 포인트 Mcn은 네트워크 서비스를 사용하는 데 쓰인다.

■ oneM2M의 레퍼런스 아키텍처 모델의 기본이 되는 계층 모델은 애플리케이션 엔티티(Application Entity, AE), 공통 서비스 엔티티(Common Service Entity, CSE), 네트워크 서비스 엔티티(Network Service Entity, NSE)이다.

정답 ②

 08 oneM2M의 아키텍처 레퍼런스 모델의 기본이 되는 계층 모델에 해당하지 않는 것은?

① Application Layer   ② Common Services Layer
③ Network Services Layer   ④ Device Services Layer

해설

■ **oneM2M의 아키텍처 레퍼런스 모델**
- 애플리케이션 엔티티(Application Entity, AE)
- 공통 서비스 엔티티(Common Service Entity, CSE)

• 네트워크 서비스 엔티티(Network Service Entity, NSE)

정답

3 사물인터넷 적용

(1) AllSeen Alliance의 AllJoyn

① AllJoyn은 퀄컴, 마이크로소프트, LG, 소니, 파나소닉, 샤프 등이 멤버로 참여하고 있으며, LG는 HDTV 등 AllJoyn을 채택한 상용 제품을 출시하였다.

② AllJoyn의 네트워크 아키텍처에서 '앱(App)'들은 '라우터(Router)'와 물리적 통신을 하며, 앱들은 라우터를 통해서만 다른 앱들과 통신이 가능하다.

③ 이들은 한 물리적 디바이스 내부에 같이 있을 수도 있고 다른 디바이스에 있을 수도 있다.

④ AllJoyn의 네트워크 아키텍처는 세 가지의 토폴로지가 존재할 수 있다.
  • 하나, '앱'은 자기만의 '라우터'를 가진다.
    – 이때의 '라우터'는 '앱'에 묶여 있으므로, '번들 라우터'라 불리며, 안드로이드나 iOS와 같은 모바일 OS에 설치되는 AllJoyn 앱들이 이런 경우이다.
  • 둘, 하나의 디바이스에 있는 복수의 앱은 하나의 라우터를 사용한다.
    – '라우터'를 '독립형 라우터'라고 한다. 전형적인 백그라운드 프로세스로 실행된다.
    – 리눅스 시스템에서는 데몬 프로세스로 가동되며 AllJoyn 앱들은 이 하나의 '독립형 라우터'에 연결된다('번들 라우터'에 비해 리소스가 절약됨).
  • 셋, 하나의 앱은 다른 디바이스에 존재하는 라우터를 사용한다.
    – 대체적으로 제한된 리소스(CPU 능력, 메모리 등)를 가지는 임베디드 디바이스에 적용된다.

(2) OCF IoTivity

① IoTivity는 오픈소스 커뮤니티의 자발적인 참여를 통해 수십 억 개의 IoT 기기를 연결하는 데 쓰이는 프레임워크 표준을 개발한다.

  IoTivity라고 불리는 RA는 디바이스 제조자와 애플리케이션 제작자가 OCF 표준 호환 제품 및 서비스와 상호 운영되는 제품과 서비스를 제작할 수 있도록 하는 출발점으로 사용된다.

② IoTivity 아키텍처는 여러 기능들을 세분화하지 않고 일반화하여 AllJoyn에 비해서는 간단하다.

- 중앙에 표현된 프레임워크 빌딩 블록은 oneM2M 기준으로 보면 CSE와 대응된다.
- 현재는 프레임워크에 4개의 기능 빌딩 블록을 정의했는데, 이는 oneM2M의 CSE 내부에 정의되어 있는 열두 가지 기능들 중에 네 가지와 그대로 일대일 대응된다.
- IoTivity는 리소스 기반 RESTful 아키텍처 모델을 기반으로 하고, 따라서 모든 사물을 리소스로 표현하고 CRUDN(Create, Read, Update, Delete and Notify) 오퍼레이션을 제공한다.
- 데몬(Deamon) 없이 CoAP(Constrained Application Protocol) 기반으로 설계되어 저사양, 저전력 기기 지원이 용이한 장점이 있다.
- IoTivity 프레임워크는 크게 IoTivity 서비스와 관련된 기본 서비스(Basic Service) 블록과 추가 서비스(Additional Service) 블록 그리고 OCF 표준 기반 구현 부분인 자원(Resource) 블록으로 구성된다.
- 자원 블록은 OCF 표준에 기반한 부분으로 일반 리소스 모델, 리소스 발견, 메시징, 식별자 및 주소 표현, CRUDN 오퍼레이션, 보안 등 IoTivity 프레임워크의 근간을 이루는 핵심적인 부분이다.

IoTivity의 프레임워크 구성 요소

구분	내용
Common Solution	최종 소비자, 회사, 산업계, 자동차 및 헬스 분야 같은 여러 수직적인 상품 시장들을 아우르고 OS, 플랫폼, 통신 모드 전송 기술 그리고 유스케이스 등 수평적인 기술 요소들을 아우르는 상호 호환 솔루션을 정의함
Established Protocols	여러 전송 기술에 걸친 탐색과 연결을 위한 새로운 공통의 통신 프로토콜에 대해 기존의 것들을 재사용하거나 새로운 것을 확립함
Common Approaches	보안과 식별성을 위해 공통적인 접근을 적용함
Defined Commonalities	공통적인 프로파일, 객체 모델 그리고 개발자 API를 정의함
Interoperability	여러 시장과 유스케이스를 아우르는 디바이스와 응용의 상호 호환성을 정의함
Innovation Opportunity	혁신을 위한 기회를 제공하고 차별화를 지원함
Necessary Connectivity	최소의 웨어러블 기기부터 가장 큰 차까지 모든 것을 연결함

(3) Thread Group

① Google의 네스트랩스가 주도한 Thread Group이 개발한 아키텍처의 링크 계층은 IEEE 802.15.4를 전제로 하여 기존의 관련 칩을 그대로 사용할 수 있도록 하였다.

② 기존 지그비 해당 계층 프로토콜과의 주요 차이점은 UDP와 IPv6 사이의 라우팅 프로토콜을 Distance Vector 기법을 기반으로 문제 복원성의 요구 사항을 반영하였다. 보안 표준인 DTLS를 UDP에 적용하였다.

③ Thread Group의 IoT 실현을 위한 아키텍처 요구 사항
- 저전력성 실현
- 문제 복원성이 있는 메시 네트워크 실현
  - 단일 장애 문제 배제, 자동 복구 가능
  - 간섭에 강함, 자가 확장 가능
  - 중요 인프라에 적용 가능한 신뢰성 보장
- IP 프로토콜 기반이어야 함
- 사용하기 편하고 공개되어야 함
- 기존의 무선 칩을 활용
- 보안이 보장되어야 함

기출문제 풀이

09 다음 그림은 IoTivity의 프레임워크 API이다. 괄호 안에 들어갈 적절한 용어는 무엇인가?

Discovery	Data Transmission	( )	Data Management
	Security, Identify & Permissions		

① Communication ② Device Management
③ Data Action   ④ Data Interface

해설

■ IoTivity 아키텍처의 프레임워크 API
- 여러 기능들을 세분화하지 않고 일반화하여 AllJoyn에 비해서는 간단하다.
- 중앙에 표현된 프레임워크 빌딩 블록(Building Block : IoTivity에서는 엔티티란 용어 대신에 이것을 사용)은 oneM2M 기준으로 보면 CSE와 대응된다.

- 현재는 프레임워크에 4개의 기능 빌딩 블록을 정의했는데 이는 oneM2M의 CSE 내부에 정의되어 있는 열두 가지 기능(Common Services Functions, CSF) 중에 네 가지와 그대로 일대일 대응이 될 수 있다.
- Discovery, Device Management, Data Management는 oneM2M의 해당 기능들과 이름이 동일하다.
- IoTivity의 Data Transmission은 그 기능으로 볼 때 oneM2M의 Communication Management/Delivery Handling에 대응이 가능하다.
- Data Interface : IoTivity 아키텍처의 프레임워크 API 구성 요소이다.

정답 ②

12 다음 중 오픈소스 P2P 기술 프레임워크인 AllJoyn의 네트워크 아키텍처를 구성하는 엔티티인 앱(App)과 라우터(Router)의 토폴로지에 대한 설명으로 가장 거리가 먼 것은?

① 하나의 디바이스 내에 있는 앱들은 단대단(End-to-End) 직접 통신한다.
② 하나의 앱은 자기만의 번들 라우터(Bundled Router)를 가진다.
③ 하나의 디바이스에 있는 복수의 앱은 하나의 라우터를 사용한다.
④ 하나의 앱은 다른 디바이스에 존재하는 라우터를 사용한다.

해 설

■ 오픈소스 P2P 기술 프레임워크인 AllJoyn의 네트워크 아키텍처를 구성하는 엔티티인 앱(App)과 라우터(Router)의 토폴로지는 다음 세 가지가 존재한다.

■ 하나의 '앱'은 자기만의 '라우터'를 가짐
- 이때의 '라우터'는 '앱'에 묶여 있으므로 '번들 라우터(Bundled Router)'라 정의한다.
- 안드로이드나 iOS 같은 모바일 OS에 설치되는 AllJoyn '앱'들이 이런 경우이다.

■ 하나의 디바이스에 있는 복수의 '앱'은 하나의 '라우터'를 사용함
- 이때의 '라우터'를 '독립형 라우터(Standalone Router)'라 한다.
- 당연히 '번들 라우터'에 비해 리소스가 절약된다.

■ 하나의 '앱'은 다른 디바이스에 존재하는 '라우터'를 사용함
  • 대체적으로 제한된 리소스(CPU 능력, 메모리 등)를 가지는 임베디드 디바이스의 경우에 적용된다.

정답 ①

09 아래 내용에서 설명하는 것은 무엇인가?

> IoTivity에서 지원하지 못하는 추가적인 프로토콜이 필요한 경우, 정형화된 플러그인 기반 프로토콜로 확장하여 사용할 수 있는 기능을 지원

① 프로토콜 플러그인 관리자(PPM)
② 소프트웨어 센서 관리자(SSM)
③ 사물 관리자(TM)
④ 알림 관리자(NM)

해설

■ IoTivity 서비스 부분은 IoTivity 기반의 확장 기능과 스마트폰 앱/서비스 개발 시 빠른 개발을 지원하는 프레임워크 기능들로 구성된다.
■ 프로토콜 플러그인 관리자(Protocol Plugin Manager)는 IoTivity 프레임워크에서 지원하지 않는 특정 프로토콜을 추가할 수 있는 기능이다.
■ 소프트웨어 센서 관리자(Software Sensor Manager)는 센서들을 조합하여 새로운 가상 센서를 만들 수 있는 유연한 기능을 지원한다.
■ 사물 관리자(Things Manager)는 여러 사물들을 그룹화하여 한 번에 제어할 수 있는 기능을 지원한다.
■ 알림 관리자(Notification Manager)는 사물의 특정 상황에 대한 알림 기능을 지원한다.

정답 ①

Chapter 5. 사물인터넷 보안

1. 사물인터넷 보안 개요

(1) 사물인터넷의 확장(Metcalfe's Law)과 문제점

① 네트워크의 유용성 또는 실용성은 사용자 수의 제곱과 같다(로버트 메칼프). 사물인터넷 시대에 더 많은 사물들이 연결될수록 우리들의 일상은 더욱 편리해지고 사물인터넷의 가치는 그만큼 커질 것을 의미한다.

② 다양한 사물들의 연결은 동시에 잠재적인 보안 및 프라이버시의 우려를 야기하기도 한다. 사물을 연결하고 사물들이 생성해 낸 데이터를 처리하는 요소 기술들 자체의 보안 취약성뿐만 아니라 연동 과정에서 새로운 보안 취약성이 발생할 수 있다.

(2) 사물인터넷 보안 및 프라이버시 문제

① 다양한 사물들을 다양한 요소 기술(센싱, 통신 및 네트워킹, OS 및 임베디드 시스템, 플랫폼 기술, 빅데이터 및 데이터마이닝, 웹 및 응용 서비스 기술 등)을 이용하여 사물인터넷으로 연결하는 과정에서 보안 취약성이 발생할 가능성이 있다.

- 사물인터넷 적용 대상은 다양한 사물과 물리적인 공간, 가상 시스템까지 확대해 나간다.
- 사이버 공간에서의 해킹은 그대로 물리적인 공간의 위험으로 전이될 수 있다.

② 사물인터넷 서비스는 처음부터 끝까지 일관된 방식으로 보안 및 프라이버시를 보장하는 것이 어렵다.

- 사물인터넷은 서비스의 주체가 공존하는 수평적 시장(Horizontal Market)으로, 보안 및 프라이버시 이슈에 소극적으로 대응하는 기업에 의해 문제가 발생할 수 있다.

③ 대부분의 사물인터넷 장치들이 아무런 암호화 과정 없이 정보를 수집하고 있어 프라이버시 문제 및 보안 사고가 발생할 가능성이 있다.
- 사용자 행동 패턴 데이터를 활용하여 언제 집이 비어 있는지를 손쉽게 알 수 있다.

④ 사물인터넷 디바이스는 제한적인 요소가 많아 강력한 보안 체계를 갖추기 어렵다.
- 디바이스의 물리적 크기가 작아 높은 컴퓨팅 파워 등을 이용할 수 없다.
- 사물인터넷 데이터의 전송용 경량형 암호 알고리즘 및 매시업 보안 기술이 부재한다.
- 강력한 보안 체계를 갖출 수 있어도 제품 및 서비스의 가격적인 이점이 사라진다.

⑤ IoT 기반 융합 서비스가 활성화될수록 기하급수로 증가하게 될 IoT 연결 장치(Connected Devices)들은 작게는 데이터를 수집하는 센서와 간단한 제어가 가능한 액추에이터를 포함하여, 복수 개의 센서와 액추에이터를 갖는 이종 복합 시스템들까지 다양해진다. 따라서 기존 시스템 중심으로 설계된 인터넷 보안 기술로 안전과 프라이버시 보호를 수행하기에는 무리가 따른다.
- IoT 장치 및 서비스의 '설계-개발' 단계부터 보안과 프라이버시 보호 체계를 고려해야 한다.

⑥ IoT 장치를 '배포, 설치'하는 단계에서도 사전에 잠재적 보안 위협을 차단할 수 있도록 해야 하며, 실사용이 이루어지는 '설정-운영-실행-폐기' 단계에서는 이 전 단계를 모두 고려하여 전 주기적 침해 요소의 분석 및 대응 방안을 마련해야 한다.
- 보안의 잠재적 위협 요소와 취약점을 전 주기 단계에서 점검할 수 있는 기본적인 공통 보안 요구 사항과 사용 주체별로 고려해야 하는 최소한의 보안 점검 항목이 필요하다.

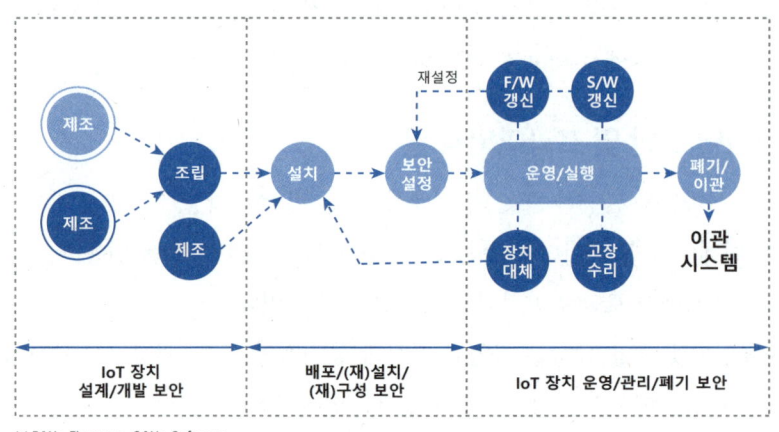

※ F/W : Firmware, S/W : Software

IoT 장치의 전 주기 단계별 보안 고려 사항

자료 : 한국 인터넷 진흥원

2 사물인터넷 보안 7대 원칙

(1) 사물인터넷 공통 보안 7대 원칙

단계별 보안 요구 사항	IoT 공통 보안 7대 원칙
IoT 장치의 설계·개발 단계의 보안 요구 사항	(1) 정보 보호와 프라이버시 강화를 고려한 IoT 제품·서비스 설계 (2) 안전한 소프트웨어 및 하드웨어 개발 기술 적용 및 검증
IoT 장치 배포·설치(재설치)·구성(재구성) 단계의 보안 요구 사항	(3) 안전한 초기 보안 설정 방안 제공 (4) 보안 프로토콜 준수 및 안전한 파라미터 설정
IoT 장치 및 서비스 운영·관리·폐기 단계의 보안 요구 사항	(5) IoT 제품·서비스의 취약점 보안 패치 및 업데이트 지속 이행 (6) 안전한 운영·관리를 위한 정보 보호 및 프라이버시 관리 체계 마련 (7) IoT 침해 사고 대응 체계 및 책임 추적성 확보 방안 마련

(2) 정보 보호와 프라이버시 강화를 고려한 IoT 제품·서비스 설계 I

① "Security by Design" 및 "Privacy by Design" 기본 원칙 준수
- Security by Design : IoT 제품 및 서비스의 설계 단계부터 보안을 내재화하고, 지속적인 대응을 수행하여 서비스 사용자 및 사업자의 자원 및 정보를 보호한다는 개념으로 다음을 포함한다.
  - IoT 장치가 갖는 저전력/저성능 특성을 고려하여 기밀성, 무결성/인증, 가용성 등 정보 및 기기의 오용을 최소화하면서 경량화할 수 있는 방안을 고려한다.
  - IoT 서비스에서는 IoT 장치 및 정보에 대하여 서비스 운용 환경에 맞는 장치의 접근 권한 관리, 종단 간 통신 보안, 무결성/인증 제공 등의 방안을 제공한다.
  - 소프트웨어 보안 기술과 하드웨어 보안 기술의 적용을 적극 검토하고, 안전성이 검증된 표준 보안 기술을 활용한다.
- Privacy by Design : IoT 제품 및 서비스의 설계 단계에서부터 프라이버시 침해 위협 요소를 분석하여 지속적으로 점검하고 침해가 발생하기 전에 선제적인 대응을 한다는 프라이버시 보호 개념이다. 프라이버시 강화는 IoT 서비스 제공에 필요한 최소한의 정보만을 취득하고, 사용자가 동의한 기간과 서비스 범위 내에서만 정보를 사용하여 개인의 민감한 정보를 보호하는 방안으로 다음의 고려 사항들을 포함한다.
  - IoT 장치와 IoT 서비스 운영 정책에 사용자의 프라이버시 보호 방법론을 기본으로 적용한다.
  - IoT 장치가 수집하는 프라이버시 정보에 대하여 암호화 전송, 익명 저장 및 무결성/인증 방안 등을 포함한다.

- IoT 서비스는 수집된 프라이버시 정보에 대한 비식별화, 접근 관리/인증, 기밀성, 안전한 저장 등에 대한 방안을 포함한다.
- IoT 서비스 제공자는 사용자에게 프라이버시 정보의 사용 범위 및 기간 등을 포함한 운영 정책을 가시화하여 투명성을 최대한 보장한다.

(3) 정보 보호와 프라이버시 강화를 고려한 IoT 제품·서비스 설계 II

시큐어 코딩, 소프트웨어, 애플리케이션 및 소프트웨어 보안성 검증 및 시큐어 하드웨어 장치 활용

① 시큐어 코딩 적용(1)

유형	내용
입력 데이터 검증 및 표현	입력 데이터에 대한 검증 누락 또는 부적절한 검증, 데이터의 잘못된 형식 지정으로 인해 발생할 수 있는 보안 취약점 예 SQL 삽입, 자원 삽입, 크로스사이트 스크립트, 운영 체제 명령어 삽입, LDAP 삽입, 디렉터리 경로 조작 등
보안 기능	보안 기능(인증, 접근 제어, 기밀성, 암호화, 권한 관리 등)을 부적절하게 구현할 시 발생할 수 있는 보안 약점 예 부적절한 인가, 중요한 자원에 대한 잘못된 권한 설정, 취약한 암호화 알고리즘 사용, 사용자 중요 정보 평문 저장(또는 전송)
시간 및 상태	동시 또는 거의 동시 수행을 지원하는 병렬 시스템, 하나 이상의 프로세스가 작동하는 환경에서 시간 및 상태를 부적절하게 관리하여 발생할 수 있는 보안 약점 예 검사 시점과 사용 시점, 제어문을 사용하지 않는 재귀함수 등
에러 처리	에러를 처리하지 않거나 불충분하게 처리하여 에러 정보에 중요 정보(시스템 등)가 포함될 때 발생할 수 있는 보안 약점 예 오류 메시지를 통한 정보 누출, 오류 상황 대응 부재 등

② 시큐어 코딩 적용(2)

유형	내용
코드 오류	타입 변환 오류, 자원(메모리 등)의 부적절한 반환 등과 같이 개발자가 범할 수 있는 코딩 오류로 인해 유발되는 보안 약점 예 널(Null) 포인터 역참조, 부적절한 자원 해제, 무한 자원 할당 등
캡슐화	중요한 데이터 또는 기능성을 불충분하게 캡슐화하였을 때, 인가되지 않은 사용자에게 데이터 누출이 가능해지는 보안 약점 예 제거되지 않고 남은 디버그 코드, 시스템 데이터 정보 노출
API 오용	의도된 사용에 반하는 방법으로 API를 사용하거나 보안에 취약한 API를 사용하여 발생할 수 있는 보안 약점 예 DNS lookup에 의존한 보안 결정

※ 보안은 오작동 또는 결함이 나타날 때에 추가할 수 있는 것이 아니다. 따라서 개발자는 장치와 관계없이 소스코드 구현 단계부터 내재될 수 있는 보안 취약점을 사전에 예방하기 위해 시큐어 코딩을 적용해야 한다.

③ **소프트웨어 보안성 검증**
- IoT 제품·서비스 개발 시, 제품 및 서비스의 생산성을 높이고 품질을 향상시키기 위해 다양한 S/W를 활용할 경우, 현재까지 알려진 보안 취약점에 대한 보안성 검증을 수행하고 보안 패치를 반드시 적용해야 한다.
- 알려진 보안 취약점에 대한 보안성을 검증하기 위해 다음의 가이드라인 절차를 수행하며, 참조 사이트를 통해 알려진 취약점을 검색하고 이에 대응한다.

유형	내용
의존 S/W 열거	사용한 오픈소스 S/W를 포함하여 의존성을 가지는 S/W를 확인하고 열거해야 함 예) 오픈소스 프레임워크인 AllJoyn을 사용한다면, AllJoyn과 OpenSSL 등과 같이 AllJoyn을 사용하기 위해서 필요한 추가적인 S/W 및 library 등을 리스트로 열거해야 함
취약점 검색	열거된 의존 S/W에 대한 취약점을 검색해야 함 예) 의존 S/W 열거 단계에서 열거된 모든 S/W 및 library에 대한 취약점을 CVE, CWE, OWASP 등을 통해서 검색 수행
취약점 · 대응 방법 열거	S/W별로 알려진 취약점을 열거 예) 열거된 S/W에 대한 CVE, CWE, OWASP 등에서 검색된 취약점 및 대응 방법을 항목별로 리스트에 열거
대응 방법 반영	알려진 취약점에 대한 대응 절차에 따라 오픈소스 S/W에 반영하여 보완해야 함

④ **시큐어 하드웨어 장치 활용**

IoT 장치는 응용 서비스 종류에 따라 다양한 수준의 보안 강도를 필요로 한다. IoT 장치는 공격자에게 쉽게 노출될 수 있는 환경에 주로 설치되기 때문에 부채널 공격이나 펌웨어 코드 추출, 키 값 추출 등 다양한 하드웨어 보안 취약성을 갖는다. 이 때문에 하드웨어 보안성을 강화하기 위해 펌웨어/코드 암호화, 실행 코드 영역 제어, 역공학 방지 기법 등 다양한 하드웨어 보안 기법이 존재하며 이를 IoT 장치의 응용 환경에 따라 적절히 적용할 필요가 있다.

⑤ **소프트웨어 보안 기술과 하드웨어 보안 기술 융합**

소프트웨어 보안 기술과 하드웨어 보안 기술이 융합되는 경우, 소프트웨어 보안 기술과 하드웨어 보안 기술 간에 반드시 신뢰하는 접근 방법(단방향 및 양방향 인증) 기반의 안전한 보안 채널을 구성하여 전송 데이터에 대한 기밀성과 무결성 기능을 제공해야 한다.

(4) 안전한 초기 보안 설정 방안 제공

① Secure by Default 기본 원칙 준수

대부분의 경량화 장치들은 사용자 입출력 인터페이스(예 디스플레이 장치나 입력 키패드 등)가 부재하거나 제한적이므로 설정 방안을 제공하는 것이 중요하다.

- 제조사와 설치자가 IoT 장치의 초기 설정을 수행할 때, 보안 모듈과 파라미터는 안전하게 설정되어야 함
  (예 국내외를 사업 대상으로 하는 장치나 서비스의 경우 국제 표준 권고 기준인 AES-128 이상의 보안 강도 준수)
- 서비스에서 강력한 암호와 무결성을 요구하는 경우 옵션 중 강한 암호를 기본으로 설정[예 AE(Authenticated Encryption) 암호 모드 적용]
- 제조 시 기본으로 설정된 계정 이름과 패스워드를 설치 시 변경
- 특정 기간이 지나면 응용 프로그램이 암호 키와 인증 패스워드의 만료를 권고할 수 있는 옵션을 활성화하여 설정
- 장치 간, 장치와 인터넷 간에 암호화 통신을 사용하도록 기본 설정
- 다중 요소 인증이 옵션으로 제공될 경우 필요 시 활성화하여 설정
- 다중 사용자로 구성되는 서비스 환경에서는 최소한의 권한으로 초기 설정

(5) 보안 프로토콜 준수 및 안전한 파라미터 설정

① 통신 및 플랫폼에서 검증된 보안 프로토콜 사용(암호/인증/인가 기술)

- 사물인터넷의 경우, 경량 장치들 간 및 경량 장치와 플랫폼 간의 정보 공유 시 적용 환경을 고려한 경량화 보안 프로토콜의 사용이 고려되어야 한다.
- 이러한 데이터 전송 보안 기술과 더불어 사용자의 인증 및 인증된 사용자의 접근 권한을 안전하게 관리하는 방식에서도 검증된 보안 프로토콜의 적용과 경량화를 고려해야 한다.

유형	내용
네트워크	• 사물인터넷 서비스에서 주로 사용되는 통신/네트워크 접속 프로토콜에 적합한 보안 요구 사항 만족
사물인터넷 전용 프로토콜	• 사물인터넷 표준 기구에서 표준화한 데이터 전송 프로토콜에서 권고하는 보안 요구 사항 만족 • 프로토콜 간 연동 시 보안 취약성 해소 필요
사물인터넷 플랫폼	• 검증된 표준 기구에서 정의하고 있는 사물인터넷 플랫폼에서 요구하는 보안 요구 사항 만족
서비스 모델	• 서비스별로 다양한 보안 요구 사항 및 보안 관련 법/규제가 있을 수 있으며, 이를 만족시켜야 함 • 응용 서비스별 특성을 고려하여 맞춤형 보안 요구 사항을 만족해야 함

(6) IoT 제품 · 서비스의 취약점 보안 패치 및 업데이트 지속 이행

IoT 제품 제조사와 서비스 제공자는 IoT 제품 · 서비스에서 보안 취약점이 발견되면 이에 대한 분석을 수행하고, 보안 요구 사항을 반영한 보안 패치를 신속히 배포할 수 있도록 사후 조치 방안을 마련해야 한다.

- 보안 패치 및 업데이트 파일의 배포 과정에서 발생 가능한 위 · 변조 문제를 사전에 예방할 수 있도록 무결성 검증 기술을 적용해야 한다.
- 통신 채널을 활용한 업데이트 S/W의 전송 시 다음의 보안 서비스는 반드시 제공되어야 한다.

유형	내용
네트워크	• 업데이트 서버와 IoT 장치 사이에 상호 인증 기능을 제공하여 위장 서버나 중간자 공격 등의 취약점에 대응할 수 있도록 함
사물인터넷 전용 프로토콜	• 저장 데이터(업데이트 설정 정보 파일 : 예 conf, xml, ini 등)와 처리 데이터(주요 파라미터 관련 정보의 임시 폴더나 설치 공간) 및 전송 데이터(업데이트 전송 정보)에 대하여 해커의 공격에 대비하여 암호화하여 저장 · 처리 · 전송해야 함 • IoT 제품 · 서비스의 보안 패치에 대한 코드 서명(Code Signing) 기법의 적용을 고려해야 함
사물인터넷 플랫폼	• 저장 데이터(업데이트 정보 파일), 처리 데이터(실행 파일) 및 전송 데이터(업데이트 전송 정보)에 대해 무결성 검사를 수행해야 함

(7) 안전한 운영 · 관리를 위한 정보 보호 및 프라이버시 관리 체계 마련

① 사용자 정보 취득-사용-폐기의 전 주기 정보의 보호 및 프라이버시 관리

- IoT 장치를 통해 다량의 개인 정보가 수집 · 저장 · 전송될 수 있으며, 개인 정보가 유출될 경우 심각한 프라이버시 침해 문제가 발생할 수 있다. 최소한의 개인 정보만 수집 · 활용될 수 있도록 개인 정보 보호 정책을 수립한다.
- IoT 제품 · 서비스의 설계 및 개발이 완료되었다면 설계 시 수립된 보안 위험 분석을 기반으로 안전한 운영과 관리를 위한 보안 대책과 기술적 방안을 마련한다.
- IoT 서비스의 운영 과정에 대한 안전한 정보 보호 및 프라이버시 관리 체계와 기술적 방안이 마련되어야 한다.
- 정보 보호 관리 체계는 IoT 서비스를 위한 유 · 무형 자산과 이에 대한 위험 식별, IoT 장치의 비인가 접근 및 도난 · 분실을 방지하기 위한 물리적 접근 통제, 침해 사고 발생 시 서비스 연속성이 유지될 수 있도록 백업 및 복구 절차 수립 등을 포함한다.
- 설치 · 배포된 IoT 장치의 주기적인 보안 업데이트, 패치 적용, 폐기 절차 등 사후 관리 방안 등이 포함되어야 한다.

(8) IoT 침해 사고 대응 체계 및 책임 추적성 확보 방안 마련

① 보안 사고에 대비한 침입 탐지와 사고 시 분석 및 책임 추적성 확보

IoT 서비스는 다양한 유형의 IoT 장치, 유·무선 네트워크 장비, 플랫폼 등으로 구성되며, 각 영역에서 발생 가능한 보안 침해 사고에 대비하여 침입 탐지 및 모니터링이 수행되어야 한다.

- 침해 사고 발생 이후 원인 분석 및 책임 추적성 확보를 위해 로그 기록을 주기적으로 안전하게 저장·관리해야 한다.
- 단, 저전력·경량형 하드웨어 사양 및 운영 체제가 탑재된 IoT 장치의 경우, 그 특성상 로그 기록의 생성·보관이 어려울 수 있으므로, 이런 경우에는 서비스 운영·관리 시스템에서 IoT 장치의 상태 정보를 주기적으로 안전하게 기록·저장한다.

3 사물인터넷 분야별 보안 위협

(1) 칩벤더

① 일반적으로 보안 시스템은 OS 및 펌웨어와 같은 상위 계층에서 작동하므로 하위 계층의 마이크로칩과 같은 경우는 하드웨어 자체에서의 보안 시스템이 따로 구현되어 있어야만 한다.
② 이러한 하위 계층인 칩의 경우 물리적인 접근으로 인한 공격을 통해 칩 내부의 회로 단계에서 보안 취약점이 발생할 수 있다.

명칭	공격 유형	보안 위협
부채널 공격	• 칩이 작동할 때, 변화하는 전력 소모, 열, 연산 소모 시간, 전자기파 등 부가적인 정보를 이용 • 부채널의 정보에 따라 시차 공격, 전력 분석 공격, 전자기파 분석 공격, 오류 주입 공격 등으로 분류	• 비밀 데이터 및 키 등의 주요 보안 정보 추출 가능 • 공격 시 칩의 외부에서 접근 가능한 인터페이스만을 이용하기 때문에 상대적으로 적은 시간과 비용을 가지므로 빠른 피해 확산 가능
메모리 공격	• 메모리 내용을 추출하거나 복제·변경 • 급속 냉각, 메모리 연결 버스의 데이터 관찰 삽입 및 추출	• 메모리 내의 정보를 획득할 수 있으며, 공격자의 악의적인 코드가 담긴 메모리로 교체하는 공격이 가능하고 전원이 차단된 비휘발성 메모리뿐만이 아닌 휘발성 메모리에도 공격 가능
역공학을 통한 버스 프루핑 공격	• 칩의 패키지를 제거하고 칩의 각 층을 하나씩 제거한 후, 칩 내부의 레이아웃을 통해 신호를 관찰하여 데이터 확인	• 메모리나 코어 등의 데이터를 획득하거나 연결된 버스의 회로 데이터를 분석하여, 지나는 데이터를 수집 및 분석하여 내부 코드를 추출할 수 있음

(2) 모듈/디바이스

모듈/디바이스의 경우 무선 송수신칩 + 마이크로컨트롤러 및 일정의 프로세스를 갖추고 있기 때문에 데이터의 저장, 처리, 판단 기능 및 네트워크 접속 능력을 가진 기기에 대하여 공격을 진행할 수 있어, 모듈/디바이스 자체의 오작동과 정보 유출이 가능하다.

명칭	공격 유형	보안 위협
악성코드, 바이러스	악성코드, 바이러스 삽입을 통한 정보 위·변조	기기 제어 흐름에 대한 정보 추출로 기기의 오작동을 일으킬 수 있으며, 내부에 저장된 정보 노출 피해 발생 가능
코드 삽입 및 재사용 공격	비인증 관리 단말에 물리 혹은 논리적으로 접속하여 공격자의 코드를 시스템 내에 삽입	기기의 Root 권한 탈취 및 악의적 코드 실행으로 인하여 기기의 오작동 발생 가능
제로데이 취약점	임베디드OS 및 미들웨어 기기 자체의 알려지지 않은 취약점을 통해 공격 진행	기기의 인증 정보, 개인 정보 및 기타 저장 정보에 대한 노출 피해 발생 가능

(3) 플랫폼/솔루션, 네트워크/서비스

플랫폼/솔루션과 네트워크/서비스에 대한 보안 위협은 유무선 네트워크가 연결된 시스템 혹은 서버, 소프트웨어로 이루어지므로 상호 복합적인 보안 위협이 발생될 수 있다.

명칭	공격 유형	보안 위협
비인가 접근	ID/PW 대입 공격 및 탈취로 인한 접근 이후 주변 장치 스캔 및 악성코드 삽입, 관리 시스템 해킹	연결된 여러 사물의 상태 변경, 관리 시스템에서의 내부 정보 변경을 이용한 상태 이상 발생
개인 정보 탈취 및 정보 유출	서버 및 통신 기기의 취약점을 이용한 관리 권한 획득 및 백도어 설치	개인 정보 유출로 인한 2차 피해 발생 가능 정보 자산에 대한 노출 위험
서비스 거부 공격 및 네트워크 공격	MITM, 스니핑, DDoS와 같은 일반 네트워크 취약점이 IoT 환경에 그대로 전이	정보 유출 및 정상적 서비스를 방해하여 상태 이상 발생

기출문제 풀이

10 사물인터넷 구성 요소별 보안 위협의 종류 중 장치/센서와 관련된 보안 위협에 해당하는 것은?

① 복제 공격
② 데이터 위·변조
③ 서비스 거부
④ 프라이버시 침해

해설

- 장치/센서(모듈/디바이스) : 보안 위협으로 악성코드, 바이러스, 코드 삽입 및 재사용 공격, 제로데이 취약점 등
- 데이터 위조 및 변조 공격 : 서비스 및 네트워크와 관련된 보안 위협에 해당
- 서비스 거부 공격 : 네트워크와 관련된 보안 위협에 해당
- 프라이버시 침해 : 개인 정보 유출에 따라 발생하는 결과에 해당

정답 ①

10 사물인터넷의 구성 요소별 보안 위협의 종류 중 서비스와 관련된 보안 위협으로 거리가 먼 것은?

① 데이터의 기밀성/무결성
② 프라이버시 침해
③ 복제 공격
④ 데이터 위·변조

해설

- 서비스 : 보안 위협(데이터 위·변조, 데이터의 기밀성/무결성, 프라이버시 침해, 비인가된 애플리케이션 및 사용자의 접근)
- 네트워크 : 보안 위협[데이터 위·변조, 인증 방해, 신호 데이터의 기밀성/무결성 침해, 정보 유출, 서비스 거부(DoS)]

정답 ③

 11 다음 중 강력한 보안 체계를 갖추기 때문에 발생할 수 있는 사물인터넷 디바이스의 제한적인 요소로 가장 거리가 먼 것은?

① 저용량 배터리나 낮은 컴퓨팅 파워를 이용할 수 없음
② 데이터 전송과 관련한 경량 암호 알고리즘의 부재
③ 매시업 보안 기술의 부재로 인해 프라이버시 보호가 어려움
④ 일관된 방식으로 보안 및 프라이버시 보장이 어려움

해 설

- 디바이스의 물리적 크기가 작기 때문에 충분한 배터리나 높은 컴퓨팅 파워 등을 이용할 수 없는 경우가 많다.
- 데이터의 전송과 관련한 경량 암호 알고리즘의 부재도 문제이며, 매시업 보안 기술의 부재로 인해 프라이버시 보호도 쉽지 않다.
- 강력한 보안 체계를 갖출 수 있다 하더라도 가격적인 측면에서의 이득은 사라질 것이며, 더 큰 문제는 아직까지 요소 기술들을 연동하는 과정에 대한 보안 및 프라이버시 관련 이슈들이 제대로 규명되거나 연구되지 못하고 있다는 점이다.
- 센서 디바이스 공급자, 통신/네트워크 공급자, 플랫폼 공급자, 서비스 개발자 등 다양한 주체가 존재하기 때문에 처음부터 끝까지 일관된 방식으로 보안 및 프라이버시를 보장하는 것이 어려워지고 있다.

정답 ①

 12 사물인터넷 보안 공격 중 다음에서 설명하는 것은 무엇인가?

악의적인 공격자가 대량의 접속 신호를 한꺼번에 발생시켜 센서나 소형 장치의 요청을 처리하는 데 필요한 자원을 소모시키거나 이들과 관련된 서비스가 생성되고 제공되는 것을 마비시키거나 지연시킴

① 서비스 거부 ② 비인가 접근
③ 프라이버시 침해 ④ 데이터 위·변조

> **해설**

- 보안 공격 유형 : 비인가 접근, 정보 유출, 데이터 위조 및 변조, 프라이버시 침해, 서비스 거부 공격 등이 있다.

■ 비인가 접근

특정한 장치나 자원, 서비스에 권한이 없는 공격자는 다양한 형태의 보안 위협을 가하기 위해 비인가된 접근을 시도한 후 그것들을 조작하거나 물리적인 손상을 가한다.
- 특히 원격으로 제어되는 기기들의 경우 이러한 위협에 더 많이 노출될 수 있다.
- 비인가 접근을 막기 위해서는 RBAC(Role-Based Access Control)나 ABAC(Attribute-Based Access Control) 등과 같은 접근 제어 기법을 사용하는 것이 가능하다.

■ 정보 유출

- 사물인터넷 서비스 환경에서의 정보 유출은 기존 정보 통신 서비스 환경에서 이루어지던 정보 유출과 거의 동일한 형태로 나타날 수 있다.
- 유·무선 통신 구간에서의 도청, 스니핑(Sniffing), 비인가 접근에 의한 유출 등이 이에 해당한다.
- 만약 이러한 위협으로 인해 유출된 정보가 개인 정보에 해당한다면, 이는 곧바로 프라이버시 침해로 이어질 수 있는 위험이 존재한다.

■ 데이터 위·변조

- 악의적인 공격자는 인가되지 않은 장치나 센서를 마치 정상적으로 인가된 정당한 장치나 센서인 것처럼 가장하여 데이터를 전송하거나 가로채어 위조 또는 변조하는 것이 가능하다.
- 위·변조된 데이터는 다시 정상적인 데이터인 것처럼 전송되어 잘못된 인증이 이루어지거나 서비스의 결과에 영향을 미친다.

■ 프라이버시 침해

- 사물인터넷 서비스는 사람과 사람을 둘러싸고 있는 다양한 대상들 사이의 정보 교환 과정에서 다양한 개인 정보를 탈취 및 조작한다.
- 프라이버시 침해를 막기 위해서는 사물을 다른 사물과 구별하고 식별하기 위한 식별자(Identifier)에 대한 철저한 관리가 필요하다.

정답 ①

 11 다음 중 사물인터넷 구성 요소별 보안 위협으로 잘못 짝지어진 것은?

　　〈구성 요소〉　　〈보안 위협〉
① 서비스　　　－　장치의 기밀성/무결성 침해
② 네트워크　　－　인증 방해
③ 장치/센서　　－　비인가 접근
④ 네트워크　　－　서비스 거부(DoS)

해 설

■ 서비스 보안 위협 : 데이터 위·변조, 데이터의 기밀성/무결성, 프라이버시 침해, 비인가된 애플리케이션 및 사용자의 접근

정답 ①

 13 다음 중 사물인터넷의 보안 위협 중 "정보 유출"과 가장 거리가 먼 것은?
① 스니핑(Sniffing)
② 데이터 위·변조
③ 유·무선 통신 구간에서의 도청
④ 비인가 접근에 의한 유출

해 설

■ 사물인터넷 서비스 환경에서의 정보 유출은 기존 정보 통신 서비스 환경에서 이루어지던 정보 유출과 거의 동일한 형태로 나타날 수 있다. 즉, 유·무선 통신 구간에서의 도청, 스니핑(Sniffing), 비인가 접근에 의한 유출 등이 이에 해당한다.

정답 ②

28 IoT를 구성하는 분야별로 칩벤더, 모듈/디바이스, 플랫폼/솔루션, 네트워크/서비스로 보안 위협을 분류할 수 있다. "칩벤더" 보안 위협과 가장 거리가 먼 것은?

① 부채널 공격
② 메모리 공격
③ 악성코드 및 바이러스
④ 역공학을 통한 버스 프루핑 공격

해설

■ 칩벤더
- 일반적으로 보안 시스템은 OS 및 펌웨어와 같은 상위 계층에서 작동한다.
- 하위 계층의 마이크로칩과 같은 경우는 하드웨어 자체 보안이 필요하다.
- 하위 계층인 칩의 경우 물리적인 접근으로 인한 공격을 통해 칩 내부의 회로 단계에서 보안 취약점이 발생된다.
- 보안 위협 유형 : 부채널 공격, 메모리 공격, 역공학을 통한 버스 프루핑 공격

정답 ③

34 사물인터넷의 보안에 대한 설명으로 가장 거리가 먼 것은?

① 사물인터넷 시대의 보안 및 프라이버시 이슈는 다양한 사물들에 대해 다양한 요소 기술을 이용하여 연결하는 과정에서 발생한다.
② 사물인터넷은 다양한 요소 기술들이 통합되어 서비스를 구성하므로 각 요소 기술 자체의 보안 취약성과 이러한 요소 기술들을 연동하는 과정에서 보안 취약성이 발생할 수 있다.
③ 사물인터넷 서비스는 기존의 응용 서비스와 같은 수직적 시장(Vertical Market)의 특성을 가지기 때문에 단일 기업이 보안 취약성과 프라이버시 침해 문제에 대한 관리 및 사고 대응을 할 수 있다.
④ 사물인터넷의 적용 대상을 단순히 사람뿐만이 아닌 다양한 사물, 물리적 공간 및 가상의 시스템에까지 확대하면서 사이버 공간에서의 해킹은 그대로 물리적인 공간의 위험으로 전이될 수 있다.

해설

■ 사물인터넷의 보안 위협
- 사물인터넷 서비스 환경에서의 정보 유출은 기존 정보 통신 서비스 환경에서 이루어지던 정보 유출과 거의 동일한 형태로 나타난다.
- 유·무선 통신 구간에서의 도청, 스니핑(Sniffing), 비인가 접근에 의한 유출 등이 이에 해당한다.
- 사이버 공간에서의 해킹은 그대로 물리적인 공간의 위험으로 전이된다.
- 다양한 사물들에 대해 다양한 요소 기술을 이용하여 연결하는 과정에서 발생한다.

정답 ③

12 아래 내용에서 설명하는 사물인터넷 보안 위협은?

> 임베디드 OS 및 미들웨어 기기 자체의 알려지지 않은 취약점을 통해 공격을 진행하고 이를 통해 기기의 인증 정보, 개인 정보 및 기타 저장 정보에 대한 노출 피해를 발생시킬 수 있다.

① 부채널 공격
② 제로데이 취약점
③ 개인 정보 탈취 및 정보 유출
④ 서비스 거부 공격 및 네트워크 공격

해설

■ 제로데이 취약점
- 임베디드 OS 및 미들웨어 기기 자체의 알려지지 않은 취약점을 통해 공격을 하여 성능 저하 또는 개인 정보 유출을 시도하는 해킹 공격 형태이다.

정답 ②

4 사물인터넷 보안 요구 사항 및 대응 방안

(1) 칩벤더

칩벤더의 보안 취약점은 마이크로컨트롤러 자체에 존재하므로 IoT 기기의 칩 생산 시 이를 원천적으로 봉쇄하여야 한다.

명칭	보안 요구 사항 및 대응 방안
부채널 공격	• 마스킹-연산 중간 과정에서 연산 값을 랜덤하게 만드는 방식으로 입력값과 출력값의 연관 관계를 최대한 줄임 • 하이딩-연산 중간의 전력 소모량을 통일하거나 랜덤하게 만들어 전력 변화에 대한 데이터를 측정하지 못하게 함
메모리 공격	• PUF(Physical Unclonable Function) : 하나 이상의 키는 예측 불가능한 랜덤 값으로 생성하고 키를 메모리상에 저장하지 않으며, 추가적으로 키가 필요한 경우 이를 이용하여 암호화 후 메모리에 저장
역공학을 통한 버스 프루핑 공격	• 내부 구성 변경 : 키 생성 모듈이 암호 모듈 내부에 존재하도록 하여 키들이 버스를 통해 이동하지 않도록 구성

(2) 모듈/디바이스

모듈/디바이스는 임베디드 OS, 미들웨어 등 모듈/디바이스에 대한 상시 취약점 점검 및 제품의 지속적 업데이트 체계가 반드시 필요하다.

명칭	보안 요구 사항 및 대응 방안
악성코드, 바이러스	• 지속적 정적 분석(바이너리/바이트코드 분석) 및 동적 분석(로깅 분석) • 정보의 암호화 관리 및 제품·단말의 상시 진단 • 외부로부터 유입되는 데이터로 인한 단말의 운영 체제, 하드웨어 등이 영향을 받지 않도록 운영 체제와 데이터를 논리적으로 격리
코드 삽입 및 재사용 공격	• 기기의 개발 단계에서 시큐어 코딩을 적용하여 소스코드 등에 존재할 수 있는 잠재적인 보안 취약점을 제거하고, 보안을 고려하여 기능을 설계·구현함
제로데이 취약점	• 제품·단말의 지속적인 업데이트 지원 및 단말 상태 및 이벤트 관리 • 보안 정책에 맞추어 리소스와 서비스를 제공

(3) 플랫폼/솔루션, 네트워크/서비스

모듈/디바이스는 임베디드 OS, 미들웨어 등 모듈/디바이스에 대한 상시 취약점 점검 및 제품의 지속적 업데이트 체계가 반드시 필요하다.

명칭	보안 요구 사항 및 대응 방안
비인가 접근	• 위장 사물, 기능이 변조된 사물 등의 서비스 비인가 접속 차단, 기기 간 인증, 키 관리 및 접근 제어 사용
개인 정보 탈취 및 정보 유출	• 표준화된 암호화 기법을 사용하여 안전한 데이터 관리 • 망 분리를 통한 데이터 영역과 통신 영역 분리
서비스 거부 공격 및 네트워크 공격	• IoT 게이트웨이 및 서버에 방화벽 및 보안 시스템을 구축하여 내부 기기 및 서비스에 영향을 미칠 수 없도록 함

기출문제 풀이

08 다음 중 사물인터넷 디바이스들이 보안에 취약하게 만드는 요소로 거리가 먼 것은?

① 제한된 배터리 용량 및 컴퓨팅 파워
② 데이터 전송과 관련된 경량 알고리즘의 부재
③ 매시업(Mash-up) 보안 기술의 부재
④ 짧은 통신 거리

해설

■ 사물인터넷 디바이스의 보안 체계 장애 요소

• 작은 사이즈로 내장된 배터리 양이 적어 강력한 컴퓨팅 파워 한계
• 데이터 전송 관련 경량 암호화 알고리즘이 부재
• 매시업(Mash-up) 보안 기술 부재로 인한 이용자의 프라이버시 보호가 어려움

정답 ④

11 사물인터넷의 보안 공격의 유형 중 다음에서 설명하고 있는 것은 무엇인가?

> 특별한 장치나 자원, 서비스에 권한이 없는 사용자나 장치가 접근을 시도한 후, 그것들을 조작하거나 물리적인 손상을 입히도록 하는 보안 위협

① 프라이버시 침해
② 서비스 거부
③ 데이터 위·변조
④ 비인가 접근

해설

■ 보안 공격 유형 : 비인가 접근, 정보 유출, 데이터 위조 및 변조, 프라이버시 침해, 서비스 거부 공격 등

■ 비인가 접근
- 특정한 장치나 자원, 서비스에 권한이 없는 공격자는 다양한 형태의 보안 위협을 가하기 위해 비인가된 접근을 시도한 후 그것들을 조작하거나 물리적인 손상을 가한다.
- 비인가 접근을 막기 위해서는 RBAC(Role-Based Access Control)나 ABAC(Attribute-Based Access Control) 등과 같은 접근 제어 기법을 사용할 수 있다.

■ 정보 유출
- 정보 유출은 기존 정보 통신 서비스 환경에서 이루어지던 정보 유출과 거의 동일한 형태로 나타난다.
- 유·무선 통신 구간에서의 도청, 스니핑(Sniffing), 비인가 접근에 의한 유출 등이 이에 해당한다.

정답 ④

 14 다음 중 괄호 안에 들어갈 용어로 가장 적절한 것은?

> 악의적인 공격자는 대량의 접속 신호를 한꺼번에 발생시킴으로써 센서나 소형 장치의 요청을 처리하는 데 필요한 자원을 소모시키거나 이들과 관련된 서비스가 생성되고 제공되는 것을 마비시키거나 지연시킬 수 있다. 이러한 보안 공격 유형을 (   ) 공격이라고 한다.

① 비인가 접근
② 정보 유출
③ 데이터 위·변조
④ 서비스 거부(DoS)

해설

■ 서비스 거부(DoS)
- 사람 또는 사물에 부착된 센서나 소형 장치들은 사물인터넷 서비스 제공을 위해 게이트웨이를 통해 수시로 연결 요청을 하게 된다.
- 악의적인 공격자는 대량의 접속 신호를 한꺼번에 발생시킴으로써 센서나 소형 장치의 요청을 처리하는 데 필요한 자원을 소모시키거나 이들과 관련된 서비스가 생성되고 제공되는 것을 마비시키거나 지연시킬 수 있다.

정답 ④

38 IoT 공통 보안 7대 원칙 중 "IoT 장치 및 서비스 운영/관리/폐기 단계"의 보안 요구 사항과 가장 거리가 먼 것은?

① IoT 제품/서비스의 취약점 보안 패치 및 업데이트 지속 이행
② 안전한 운영 관리를 위한 정보 보호 관리 체계 마련
③ 안전한 소프트웨어 및 하드웨어 개발 기술 적용 및 검증
④ IoT 침해 사고 대응 체계 및 책임 추적성 확보 방안 마련

해설

■ IoT 장치 및 서비스 운영/관리/폐기 단계의 보안 요구 사항
- IoT 제품/서비스의 취약점 보안 패치 및 업데이트 지속 이행
- 안전한 운영 관리를 위한 정보 보호 관리 체계 마련
- IoT 침해 사고 대응 체계 및 책임 추적성 확보 방안 마련

정답 ③

11 사물인터넷 공통 보안 7대 원칙 중 안전한 초기 보안 설정 방안 제공에 대한 내용으로 옳지 않은 것은?

① 제조 시 기본으로 설정된 계정 이름과 패스워드를 설치 시 변경해야 한다.
② 서비스에서 강력한 암호와 무결성을 요구하는 경우 옵션 중 강한 암호를 기본으로 설정해야 한다.
③ 다중 사용자로 구성되는 서비스 환경에서는 최대한의 권한으로 초기 설정해야 한다.
④ 다중 요소 인증이 옵션으로 제공될 경우 필요시 활성화하여 설정해야 한다.

해설

■ 공통 보안 7대 원칙에 대한 문제로 최대한의 권한으로 초기 설정하는 부분은 해당 사항이 없다.

정답 ③

13 사물인터넷 기술의 활성화 및 확대는 기존의 정보 보호 체계에 영향을 주고 있다. 정보 보호 패러다임의 변화로 옳지 않은 것은?

① 보호 대상 : (PC, 모바일) →
　　　　　　(가전, 자동차, 의료 기기 등 모든 사물)
② 보안 주체 : (ISP, 보안 전문 업체, 이용자) →
　　　　　　(ISP, 보안 전문 업체, 이용자 + 제조사, 서비스 제공자)
③ 피해 범위 : (정보 유출, 금전 피해) →
　　　　　　(정보 유출, 금전 피해 + 시스템 정지, 생명 위협)
④ 대상의 특징 : (고성능, 고가용성) →
　　　　　　(고성능, 고가용성 + 고전력, 초경량)

해설

■ 정보 보호 패러다임의 변화로 대상의 특징은 고성능, 고가용 + 저전력, 초경량의 대상에까지 확대되고 있다.

정답 ④

학습법

- 실세계의 사물들을 네트워크로 상호 연결하여 사람-사물, 사물-사물 간에 언제 어디서나 서로 소통할 수 있도록 사물들로부터 데이터를 수집하거나 사물에 대한 제어 방법을 제공한다.
- 사물들이 지능적으로 서비스를 제공하기 위해 특정 서비스에 종속적이지 않으면서 데이터의 수집·제공, 사물 기기의 관리, 연결 기능 등을 제공하는 공통 시스템이 요구된다.
- 사물인터넷 플랫폼 개요 및 구조, 발전 방향(플랫폼의 정의, 역할, 변화, 특징)에 대한 개념과 개인, 산업, 사회에 미치는 영향 등을 익힌다.
- 사물인터넷 플랫폼 기술(식별 기술, 검색 기술, 장치 관리 기술, 가상화 기술, 컴포지션 기술, 시맨틱 기술)의 구성 요소와 특징을 이해한다.
- 사물인터넷 플랫폼 사례를 국내 기술, 국외 기술 측면에서 살펴보고 이해한다.

시험 문제 출제 동향

매 시험 문제의 12%에 해당되는 5~6문항이 Part 2에서 출제되고 있다. 각 챕터의 비중은 다음과 같다.

- Chapter 1. 사물인터넷 플랫폼 개요 및 구조 : **2문항**
- Chapter 2. 사물인터넷 플랫폼 기술 : **4문항**

Part 2

사물인터넷 플랫폼

Chapter 1 사물인터넷 플랫폼 개요 및 구조

Chapter 2 사물인터넷 플랫폼 기술

Chapter 3 사물인터넷 플랫폼 사례

Chapter 1 사물인터넷 플랫폼 개요 및 구조

 1 사물인터넷 플랫폼의 발전 방향

(1) 사물인터넷 플랫폼의 정의 : 다양한 기기를 인터넷 등으로 상호 연동하는 초연결 서비스 프레임워크 기술

① 실세계의 사물들을 네트워크로 상호 연결하여 사람-사물, 사물-사물 간에 언제 어디서나 서로 소통할 수 있도록 사물들로부터 데이터를 수집하거나 사물에 대한 제어 방법을 제공한다.
② 사물들이 지능적으로 서비스를 제공하기 위해 특정 서비스에 종속적이지 않으면서 데이터의 수집·제공, 사물 기기의 관리·연결 기능 등을 제공하는 공통 시스템이다.

(2) 사물인터넷 플랫폼의 역할

사물인터넷 플랫폼은 서비스를 구성하기 위해 필요한 공통 요구 기능들을 포함하고 있으며, 개별 사물과 서비스에서 독립적으로 작동할 수 있어야 한다.

플랫폼은 서버나 클라우드 형태로 제공될 수 있으며, 디바이스에 직접 위치할 수도 있다.

(3) 수직적 플랫폼에서 수평적 플랫폼으로 변화

수직적 플랫폼
- 응용 서비스 도메인 분야별로 별도의 플랫폼 구축, 서비스 추진(수직적이고 파편화됨)
- 수직적 플랫폼의 문제점
  - 독립된 플랫폼 구축에 시간 및 비용, 서비스 운용을 위한 유지 보수 비용 부담이 큼
  - 융합 서비스 제공을 위해 플랫폼 간 연동 및 통합 이슈가 발생함

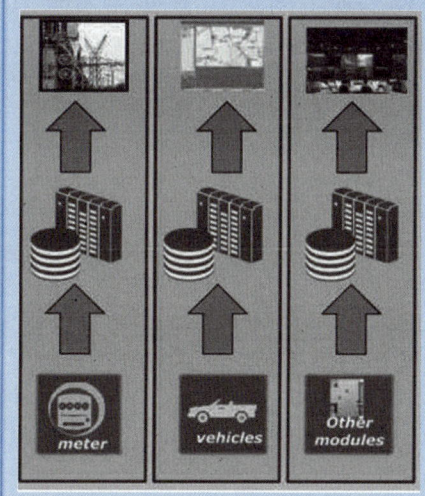

수평적 플랫폼
- 사물과 서비스에 독립적으로 작동할 수 있도록 개발되어, 다양한 디바이스 수용이 가능하며 여러 서비스의 공통 요구 기능을 제공함
- 수평적 플랫폼의 장점
  - 특정 디바이스 및 서비스에 종속적이지 않아 유지 비용이 저렴함
  - 공통 인터페이스 활용으로 서비스 간 융합 및 연계가 용이함

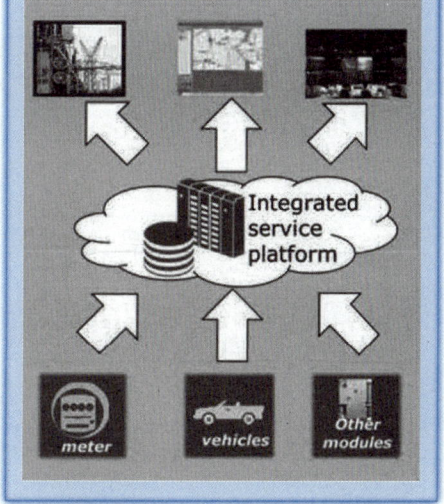

(4) 사물인터넷 플랫폼 기술 특징의 현재와 미래

구분	센서 네트워크	초기 IoT	미래 IoT
개념도		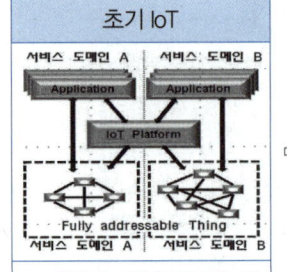	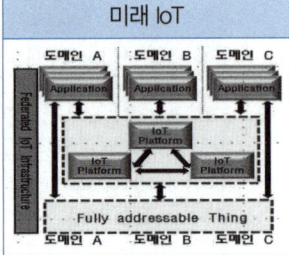
서비스 방식	• 서비스별 단말, 플랫폼, 애플리케이션 개발·구축	• 개방형 사물인터넷 플랫폼 기반 멀티 도메인 서비스 개발·공유	• 개방형 사물인터넷 인프라 상에서 자유로운 디바이스 및 서비스 공유·연동
특징	• 폐쇄형(개별 플랫폼) • 수직(Vertical) 구조 • 호환성 없음 • 센서 모니터링 중심 • B2B 중심	• 플랫폼 기반 개방 구조 • 수평적(Horizontal) 통합 • 플랫폼 간 호환성 없음 • 센서·액추에이터·데이터 중심 • B2B, B2C, C2C 지원	• 개방형 인프라 구조 • 수평적(Horizontal) 통합 • 플랫폼 간 호환성 지원 • 데이터·프로세스·지능 중심 • B2B, B2C, C2C 지원
규모	• 근거리·이통망 서비스 규모(수만 개 미만 수준)	• 인터넷 기반 서비스 도메인 규모(수백만 수준)	• 인터넷 기반 글로벌 규모 (수백억 개 이상 수용)
생태계	• 개발·구축·운영·유지 비용 과다 • 도메인 중심 생태계	• 개발·구축 비용 적음 (규모의 경제) • 플랫폼 중심 생태계	• 개발·구축 비용 최소화 (규모의 경제) • 제품 및 서비스 중심 생태계

기출문제 풀이

 16 다음 중 사물인터넷 플랫폼에 대한 설명으로 가장 거리가 먼 것은?

① 사물인터넷 서비스를 제공하기 위해 사물 데이터의 수집·제공, 사물 기기의 관리·연결 기능 등을 제공하는 공통 시스템이다.
② 특정 사물인터넷 서비스에 종속적으로 작동하며 응용 서비스를 구성하기에 필요한 요구 기능들을 포함한다.
③ 일반적으로 서버나 클라우드 형태로 제공될 수 있으며, 또한 사물인터넷 디바이스에 직접 위치할 수도 있다.
④ 사물인터넷 플랫폼을 현실화하기 위해 일부 표준화 기관들은 플랫폼을 표준화하기 위해 노력하고 있다.

해설

■ **사물인터넷 플랫폼**

특정 서비스에 종속적이지 않으면서 사물인터넷을 기반으로 다양한 서비스를 제공하기 위해 사물 데이터의 수집·제공, 사물 기기의 관리·연결 기능 등을 제공하는 공통 시스템을 의미한다. 사물인터넷 플랫폼은 서버나 클라우드 형태로 제공될 수 있으며, 또한 사물인터넷 디바이스에 직접 위치할 수도 있다. 서비스 분야별로 독립된 플랫폼을 구축하는 것은 유지 보수 비용도 많은 부담을 주게 되어 새로운 서비스를 제공하는 데 걸림돌이 되었다. 새로운 융합 서비스 제공이 요구되는 경우, 독립적으로 구축된 플랫폼 간의 연동 및 통합 이슈가 발생한다. 수직적으로 파편화된 사물인터넷 플랫폼의 문제점을 극복하고 사물인터넷 생태계를 활성화하기 위하여 수평적으로 통합된 표준화된 사물인터넷 플랫폼의 개발이 추진되고 있다.

정답 ②

10 사물인터넷 플랫폼 기술 특징의 변화로 옳지 않은 것은?

〈초기 IoT〉		〈미래 IoT〉
① 플랫폼 기반 개방 구조	⇨	개방형 인프라 구조
② 수평적 통합	⇨	수직적 통합
③ 플랫폼 간 호환성 없음	⇨	플랫폼 간 호환성 지원
④ 센서/액추에이터/데이터 중심	⇨	데이터/프로세스/지능 중심

해설

■ **사물인터넷 플랫폼**

사물인터넷 생태계를 활성화하기 위해 수평적으로 통합된 표준화된 사물인터넷 플랫폼의 개발이 추진되고 있다.

정답 ②

10 사물인터넷 생태계의 경우 이용 기관 및 기업별 개별적·폐쇄적 생태계에서 개방형 서비스 생태계로 전환되고 있는 상황이다. 센서 네트워크와 비교하여 '미래 IoT' 관점에서 사물인터넷 플랫폼 기술에 대한 설명으로 옳지 않은 것은?

① 서비스 방식 : 개방형 사물인터넷 인프라상에서 자유로운 디바이스 및 서비스 공유·연동
② 특징 : 개방형 인프라 구조, 수평적 통합, 플랫폼 간 호환성 지원, 데이터/프로세스/지능 중심, B2B/B2C/C2C 지원
③ 규모 : 인터넷 기반 글로벌 규모(수백억 개 이상 수용)
④ 생태계 : 개발·구축·운영·유지 비용 과다, 도메인 중심 생태계

해설

■ 사물인터넷 생태계
• 개발·구축·운영·유지 비용이 최소화되고, 디바이스나 리소스 중심으로 변화하고 있다.

정답 ④

2 사물인터넷 플랫폼의 기본 구조

(1) 사물인터넷 플랫폼의 요건

사물인터넷 서비스 구조상에서 사물과 서비스가 요구하는 공통 기능을 제공하여 다양한 사업자들이 쉽게 서비스를 생산·관리할 수 있고 그 서비스를 사용할 고객(개발자, 서비스 이용자)에 대한 편의가 제공되어야 한다.

① 개발자들이 필요로 하는 기능을 사용하기 쉽게 제공해야 하며, 또한 서비스 활성화를 위해 적은 비용으로 다양한 서비스를 만들 수 있도록 편의를 제공할 수 있어야 한다.
② 개발된 다양한 서비스를 고객이 쉽게 활용할 수 있도록 지원해야 한다.

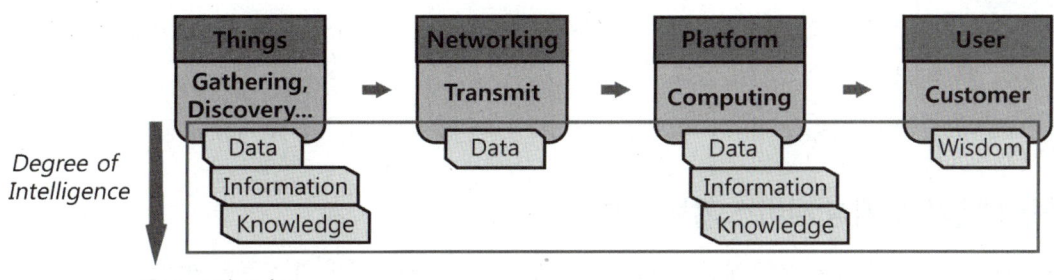

ISO/IEC JTC 1에서의 사물인터넷 서비스 구조

(2) 사물인터넷 플랫폼 주요 기능 블록도

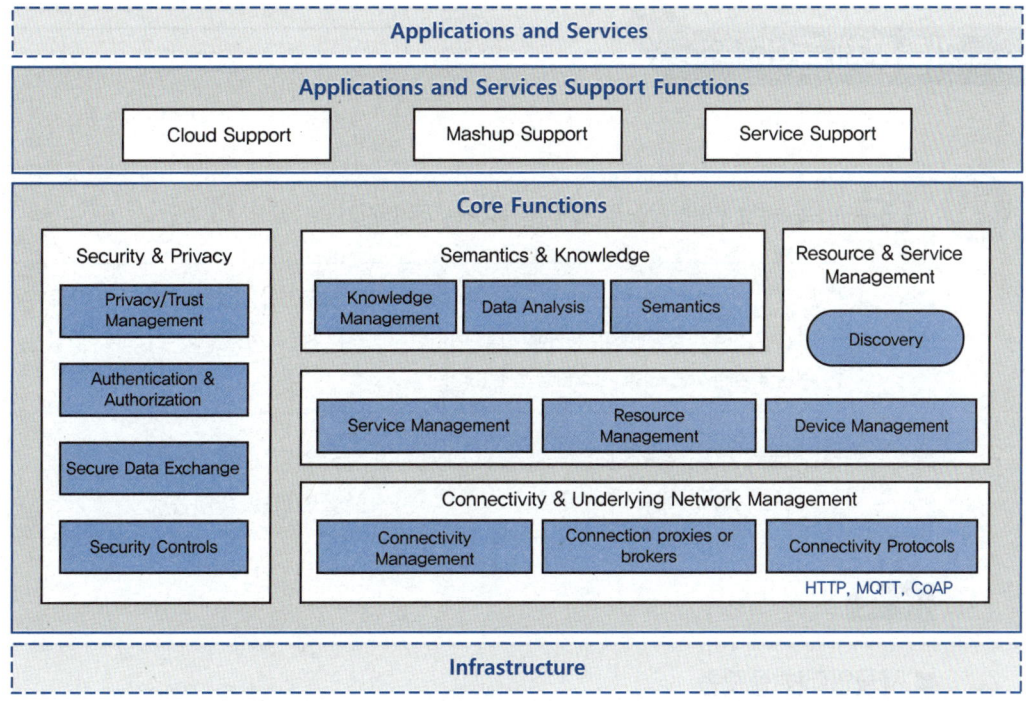

* 사물인터넷 플랫폼의 가장 기본이 되는 기능은 사물들 및 서비스와의 연결성을 보장해 주기 위하여 커넥티비티(Connectivity)를 제공해야 한다는 것

(3) 리소스 및 서비스 관리 기능 블록

① 디바이스 관리 기능 : 사물 디바이스의 등록, 설정, 모니터링, 펌웨어 다운로드 등
② 리소스 관리 기능 : 사물의 리소스(프로파일, 위치 정보, 수집 데이터, 제어 기능 등)에 대한 생성, 제공, 갱신, 삭제 등의 기능 제공

③ 서비스 관리 기능 : 상위 응용 및 시맨틱 계층으로부터의 요구에 따라서 서비스를 생성, 구성, 관리
④ 디스커버리 기능 : 다양한 디바이스, 리소스, 서비스들에 대한 검색 기능 제공

(4) 시맨틱 및 지식 서비스 기능 블록
① 시맨틱 기능 : 시맨틱 엔진 및 저장소를 제공하고 시맨틱 검색 기능 등을 제공
② 데이터 분석 기능 : 데이터에 대한 고차원적 분석을 통한 서비스 제공
③ 지식 관리 기능 : 지능적인 사물인터넷 서비스를 제공하기 위하여 지속적인 지식 습득 및 제공

기출문제 풀이

09 다음 괄호 안에 들어갈 알맞은 용어는 무엇인가?

> (　　　　　)은(는) 특정 서비스에 종속적이지 않으면서 사물인터넷을 기반으로 다양한 서비스를 제공하기 위해 사물 데이터의 수집·제공, 사물 기기의 관리·연결 기능을 제공하는 공통 시스템을 일컫는다.

① 사물인터넷 디바이스　　② 사물인터넷 네트워크
③ 사물인터넷 애플리케이션　④ 사물인터넷 플랫폼

해설

■ **사물인터넷 플랫폼**
- 사물 데이터의 수집·제공, 사물 기기의 관리·연결 기능 등을 제공하는 공통 시스템
- 특정 서비스에 종속적이지 않으면서 사물인터넷을 기반으로 다양한 서비스를 제공함

■ **사물인터넷 디바이스**
- 사물인터넷 서비스를 이용하기 위한 장비
- 예) 구글 글래스(Google glass), 갤럭시 기어(Galaxy gear), 핏빗(Fitbit), 네스트랩스(Nest-Labs)의 자동 온도 조절기, 필립스(Philips)의 휴(Hue) 등

정답 ④

12 사물인터넷 플랫폼은 초기의 응용 서비스 도메인 분야별로 별도의 플랫폼을 구축하고 서비스를 추진하였으나 최근에는 기존의 서비스들 간의 융합 서비스 확산 및 생태계 활성화를 위해 수평적 통합 플랫폼 구조를 지향하고 있다. 미래의 사물인터넷 플랫폼의 모습과 가장 거리가 먼 것은?

① 개방형 구조 기반 디바이스 및 서비스 연동
② 수평적 통합, 개방형 인프라 구조
③ 인터넷 기반 글로벌 규모
④ 도메인 중심 생태계 형성

해설

- '도메인 중심 생태계 형성'은 센서 네트워크의 전형적인 특징이다.

정답 ④

13 다음 중 사물인터넷 플랫폼의 대표적인 기능 블록 중 리소스 및 서비스 관리 기능 블록에 대한 설명과 거리가 먼 것은?

① 사물 디바이스의 등록, 설정, 모니터링, 펌웨어 다운로드 등의 디바이스 관리 기능
② 사물의 리소스(프로파일, 위치 정보, 수집 데이터, 제어 기능 등)에 대한 생성, 제공, 갱신, 삭제 등의 리소스 관리 기능
③ 다양한 디바이스, 리소스, 서비스들에 대한 검색 기능을 제공하는 디스커버리 기능
④ 데이터에 대한 고차원적 분석을 통해 서비스를 제공하기 위한 데이터 분석 기능

해설

- 사물인터넷 플랫폼의 가장 기본이 되는 기능은 사물들 및 서비스와의 연결성을 보장해 주기 위하여 커넥티비티를 제공해야 한다는 것이다. 다양한 커넥티비티 프로토콜을 제공해 주어야 한다. 이러한 커넥티비티 서비스 위에는 리소스 및 서비스 관리 기능 블록이 있다.

■ **리소스 및 서비스 관리 기능 블록**
  • 리소스 관리 기능 : 사물 디바이스의 등록, 설정, 모니터링, 펌웨어 다운로드 등의 디바이스 관리 기능과 사물의 리소스(프로파일, 위치 정보, 수집 데이터, 제어 기능 등)에 대한 생성, 제공, 갱신, 삭제 등의 기능을 제공

- 서비스 관리 기능 : 상위 응용 및 시맨틱 계층으로부터의 요구에 따라서 서비스 생성, 구성, 관리 기능 제공
- 디스커버리 기능 : 다양한 디바이스, 리소스, 서비스들에 대한 검색 기능 제공

정답 ④

14 다음 중 사물인터넷 플랫폼을 구성하는 데 반드시 필요한 핵심 기능(Core Functions)에 해당되지 않는 것은?

① 클라우드 지원 기능 ② 시맨틱 및 지식 기능
③ 보안 및 프라이버시 기능 ④ 커넥티비티 관리 기능

해설

■ **커넥티비티 서비스**
- 사물인터넷 플랫폼의 가장 기본이 되는 기능은 사물들 및 서비스와의 연결성을 보장
- HTTP, MQTT, CoAP와 같은 다양한 커넥티비티 프로토콜 제공

■ **리소스 및 서비스 관리**
- 사물 디바이스의 등록, 설정, 모니터링, 펌웨어 다운로드 등의 디바이스 관리 기능
- 사물의 리소스에 대한 생성, 제공, 갱신, 삭제 등의 기능을 제공하는 리소스 관리 기능
- 상위 응용 및 시맨틱 계층으로부터의 요구에 따라서 서비스를 생성, 구성, 관리하는 기능
- 마지막으로 다양한 디바이스, 리소스, 서비스들에 대한 검색 기능을 제공하는 디스커버리 기능

■ **시맨틱 및 지식 서비스 기능 블록**
- 데이터 간의 호환성 및 데이터 분석, 지능적인 서비스를 제공
- 시맨틱 엔진 및 저장소를 제공하고 시맨틱 검색 기능 등을 제공하는 시맨틱 기능
- 데이터에 대한 고차원적 분석을 통해 서비스를 제공하기 위한 데이터 분석 기능
- 지능적인 사물인터넷 서비스를 제공하기 위하여 지속적인 지식 습득 및 제공을 위한 지식 관리 기능

■ **보안 및 프라이버시 기능 블록**

프라이버시 관리, 권한/인증 관리, 데이터 교환 보안, 보안 통제 등의 기능을 포함

정답 ①

15 사물인터넷 플랫폼의 대표적인 기능 중 디바이스의 등록, 설정, 모니터링, 펌웨어 다운로드 등의 디바이스 관리 기능을 포함하는 것은?

① 커넥티비티 관리 기능
② 시맨틱 및 지식 서비스 기능
③ 리소스 및 서비스 관리 기능
④ 보안 및 프라이버시 기능

해설

- **리소스 및 서비스 관리 기능** : 디바이스, 리소스, 서비스, 디스커버리 기능
- **커넥티비티 관리 기능** : 사물들 및 서비스와의 연결성을 보장
- **시맨틱 및 지식 서비스 기능** : 데이터 간의 호환성 및 데이터 분석, 지능적인 서비스를 제공

정답 ③

11 ISO/IEC JTC 1에서의 사물인터넷 서비스 구조에 포함되지 않는 것은?

① 사물(Things)
② 네트워킹(Networking)
③ 플랫폼(Platform)
④ 정보(Information)

해설

- ISO/IEC JTC 1에서의 사물인터넷 서비스 구조는 사물(Things), 네트워킹(Networking), 플랫폼(Platform), 사용자(User) 등으로 구성된다.

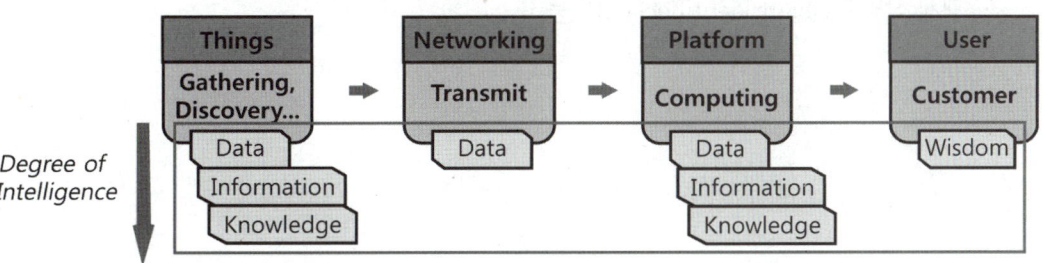

ISO/IEC JTC 1에서의 사물인터넷 서비스 구조

정답 ④

Chapter 2 사물인터넷 플랫폼 기술

1 식별 체계 기술

(1) 식별 체계 기술 : 어떤 대상을 유일하게 식별할 수 있는 방법을 제공하는 기술

① 학생번호, 주민등록번호, 자동차번호, 사원번호
② 인터넷 자원 식별자(Uniform Resource Identifier, URI)
③ 국제 표준 도서 번호(International Standard Book Number, ISBN)
④ 전화번호(Mobile Station International Subscriber Directory Number, MSISDN)
⑤ IP 주소(Internet Protocol Address)
⑥ 객체 식별자(Object Identifier, OID) 등

기출문제 풀이

17 다음 중 인터넷 서비스를 전제로 한 인터넷상의 통일된 정보 자원의 식별 체계는 무엇인가?

① OID(Object Identifier)
② MSISDN(Mobile Station International Subscriber Directory Number)
③ URI(Uniform Resource Identifier)
④ ISBN(International Standard Book Number)

해설

■ **URI(Uniform Resource Identifier)** : 인터넷 서비스를 전제로 한 인터넷상의 통일된 정보 자원의 식별 체계

■ **대표적인 식별 체계 예시**
- 학번, 주민등록번호
- 인터넷 자원 식별자(Uniform Resource Identifier, URI)
- 국제 표준 도서 번호(International Standard Book Number, ISBN)
- IP 주소(Internet Protocol Address)
- 전화번호(Mobile Station International Subscriber Directory Number, MSISDN)
- 객체 식별자(Object Identifier, OID) 등

 ③

Part 2. 사물인터넷 플랫폼

 ## 2 검색 기술

(1) 검색 기술

사용자가 원하는 서비스를 제공받기 위하여 정보 또는 리소스 등을 찾고 그 결과를 쉽게 활용할 수 있도록 제공하는 기술

검색 기술 구분	내용
클라이언트 – 서버	• 클라이언트의 검색 요청에 대해 서버는 자신의 저장소에 존재하는 디렉토리로부터 검색 결과를 알려줌 • 일반적으로 글로벌 환경에서의 검색 서비스를 제공할 수 있음 • 대표적으로 oneM2M과 같은 표준이 이러한 방식을 채택함
P2P (Peer-to-Peer)	• 리소스를 찾고자 하는 장치가 네트워크에 검색 요청을 보내고, 검색 요청을 받은 장치가 자신이 해당 리소스를 가지고 있을 경우 응답하거나, 모든 디바이스가 자신이 가지고 있는 리소스 정보를 주기적으로 광고함 • 네트워크상에서 리소스를 찾고자 하는 장치는 원하는 리소스에 대한 광고를 수신하여 리소스를 검색함 • 대표적인 P2P 검색 방식으로 Alljoyn의 검색 서비스를 들 수 있음

기출문제 풀이

 15 사물인터넷 플랫폼 기술 중 다음 보기에서 설명하고 있는 것으로 가장 적절한 것은?

> • 사용자가 원하는 서비스를 제공받기 위하여 정보나 리소스 등을 찾고 그 결과를 쉽게 활용할 수 있도록 제공하는 기술
> • 이 기술은 기본적으로 클라이언트-서버 방식과 P2P(Peer-to-Peer) 방식으로 구분
> • 사물인터넷 플랫폼은 기본적으로 이 기술을 제공

① 사물 가상화 기술　　　　② 검색 기술
③ 장치 관리 기술　　　　　④ 식별 체계 기술

> **해설**

■ **검색 기술**
- 서비스를 제공받기 위하여 정보나 리소스 등을 찾고 결과를 제공하는 기술
- 검색 기술은 기본적으로 클라이언트-서버 방식과 P2P(Peer-to-Peer) 방식으로 구분됨

> **정답** ②

17 다음 중 괄호 안에 들어갈 용어로 가장 적절한 것은?

> 사물인터넷 플랫폼에서의 검색 기술로 (　　　)는(은) 클라이언트의 검색 요청에 대하여 서버가 자신의 저장소 내에 존재하는 디렉토리로부터 리소스 검색을 통해서 결과를 알려 주는 방식으로, 대표적으로 oneM2M과 같은 표준이 이러한 방식으로 작동한다.

① 클라이언트-서버 방식의 디스커버리
② P2P(Peer-to-Peer) 방식의 디스커버리
③ 웹 크롤러 방식
④ 프록시미티 검색(Proximity Discovery) 방식

> **해설**

■ **클라이언트-서버 방식의 디스커버리**

클라이언트의 검색 요청에 대하여 서버가 자신의 저장소 내에 존재하는 디렉토리로부터 리소스 검색을 통해서 결과를 알려 주는 방식(대표적으로 oneM2M)

■ **P2P 방식의 디스커버리**
- 리소스를 찾고자 하는 장치가 네트워크에 검색 요청을 보내고 검색 요청을 받은 장치가 자신이 해당 리소스를 가지고 있을 경우 응답하거나, 또는 모든 디바이스가 자신이 가지고 있는 리소스 정보를 주기적으로 광고하고 네트워크상에서 리소스를 찾고자 하는 장치가 원하는 리소스에 대한 광고를 수신함으로써 원하는 리소스를 검색하는 방법이 사용된다(Alljoyn의 검색 서비스).
- P2P 방식의 검색은 일반적으로 주변의 리소스 및 서비스를 검색(Proximity discovery)하는 데 사용된다.

> **정답** ①

Part 2. 사물인터넷 플랫폼

 3 장치 관리 기술

(1) 장치 관리 기술

① 사물인터넷 디바이스의 초기 설정, 소프트웨어/펌웨어 다운로드, 디바이스의 고장 진단 및 배터리·메모리 등 하드웨어 모니터링, 디바이스 주변 장치(USB, 카메라 등) 컨트롤, 시스템 리부팅, 시스템 로깅 등을 위한 기술이다.

② 대표적 기술로 OMA(Open Mobile Alliance) DM(Device Management), OMA LWM-2M(Lightweight M2M), BBF(Broadband Forum) TR-069 기술을 활용하거나 별도의 장치 관련 프로토콜을 개발·사용한다.

기출문제 풀이

 14 사물인터넷 장치 관리 기술 중 자원 제약적인 디바이스(수십 KB RAM, 수백 KB 플래시 메모리)를 관리하기 위한 목적으로 개발된 것은?
① BBF TR-069　　　　　　② OMA LWM2M
③ OMA DM　　　　　　　④ BBF WT-131

해설

■ OMA DM 기술
- 이동 통신사에서 휴대폰을 원격 제어·관리하고자 하는 목적에서 개발되었다.
- MO(Management Object) 기반 자원으로 구현되어 HTTP를 이용한 REST 기반의 프로토콜로 작동한다.
- 2012년 기준으로 14억 통신 기기에 탑재되어 있을 만큼 디바이스 관리 분야에서 널리 사용된다.

■ BBF(Broadband Forum) TR-069
- 셋톱박스 및 홈 게이트웨이와 같은 디바이스와 유선으로 연결된 장치 관리 서버와의 장치 관리 프로토콜이다.
- SOAP/HTTP 기반으로 RPC(Remote Procedure Call)를 통해서 장치 관리를 수행한다.

■ OMA LWM2M 기술
- 가장 최근에 개발된 디바이스 관리 기술이다.
- 자원 제약적인 사물인터넷 디바이스(8~16비트 MCU, 수십 KB RAM, 수백 KB 플래시 메모리 탑재) 기술이다.
- 디바이스 장치 관리 목적으로 개발되어 단순하게 설계된 프로토콜이 특징이다.

정답 ②

16 사물인터넷 장치 관리 기술 중 이동 통신사에서 휴대폰을 원격 제어·관리하고자 하는 목적에서 개발된 것으로, 장치 관리 기능이 MO(Management Objet) 기반 자원으로 구현되어 HTTP를 이용한 REST 기반의 프로토콜로 작동하는 것은?

① BBF(Broadband Forum)의 TR-069
② BBF(Broadband Forum)의 WT-131
③ OMA(Open Mobile Alliance)의 LWM2M(Lightweight M2M)
④ OMA(Open Mobile Alliance)의 DM(Device Management)

해설

■ OMA DM 기술
- 이동 통신사에서 휴대폰을 원격 제어·관리하고자 하는 목적에서 개발했으며, MO(Management Object) 기반 자원으로 구현되어 HTTP를 이용한 REST 기반의 프로토콜로 작동한다.

정답 ④

Part 2. 사물인터넷 플랫폼

18 사물인터넷 플랫폼 기술 중 장치 관리 기술로, 이동 통신사에서 휴대폰을 원격 제어·관리하고자 하는 목적에서 개발되었으며 장치 관리 기능이 MO(Management Object) 기반 자원으로 구현되어 HTTP를 이용한 REST 기반의 프로토콜로 작동하는 기술은 무엇인가?

① OMA(Open Mobile Alliance) LWM2M(Lightweight M2M)
② BBF(Broadband Forum) TR-069
③ OMA(Open Mobile Alliance) DM(Device Management)
④ CoAP(Constrained Application Protocol)

해설

■ CoAP(Constrained Application Protocol)

- 전송 지연과 패킷 손실률이 높은 네트워크 환경에서 저사양의 하드웨어로 작동되는 센서 디바이스의 RESTful 웹 서비스를 지원하기 위한 경량 프로토콜로서 개발되었다.
- Request/Response 형태의 메시지 트랜잭션마다 각각 토큰 ID를 두어 트랜잭션을 구분하고 있다.

 ③

16 사물인터넷 플랫폼 기술 중 장치 관리 기술에 해당하지 않는 것은?

① OMA(Open Mobile Alliance) DM(Device Management)
② OMA LWM2M(Lightweight M2M)
③ BBF(Broadband Forum) TR-069
④ LoRa(Long Range)

해설

■ 장치 관리 기술

OMA(Open Mobile Alliance) DM(Device Management), OMA LWM2M(Lightweight M2M), BBF(Broadband Forum) TR-069 등이 있다.

＊ LoRa(Long Range) : IoT에 최적화된 네트워크 기술이며, 대규모 저전력 장거리 무선 기술로 소량의 데이터를 전송한다.

정답 ④

15 이동 통신사에서 휴대폰을 원격 제어/관리하고자 하는 목적에서 개발하였으며 장치 관리 기능이 MO(Management Object) 기반 자원으로 구현되어 HTTP를 이용한 REST 기반의 프로토콜로 작동하는 기술은?

① OMA LWM2M(Lightweight M2M)
② BBF(Broadband Forum) TR-069
③ OID(Object Identifier)
④ OMA(Open Mobile Alliance) DM(Device Management)

해설

■ 장치 관리 기술
- 사물인터넷 디바이스의 초기 설정, 소프트웨어/펌웨어 다운로드, 디바이스의 고장 진단 및 배터리/메모리 등 하드웨어 모니터링, 디바이스 주변 장치(USB, 카메라 등) 컨트롤, 시스템 리부팅, 시스템 로깅 등을 위한 기술이다.

■ OMA DM 기술
- 이동 통신사에서 휴대폰을 원격 제어/관리하고자 하는 목적에서 개발하였다.
- MO(Management Object) 기반 자원으로 구현되어 HTTP를 이용한 REST 기반의 프로토콜로 작동한다.

정답 ④

Part 2. 사물인터넷 플랫폼

4 사물 가상화 기술

(1) 사물 가상화 기술의 이해

사물 가상화 기술은 물리적 환경에 존재하는 다양한 사물의 정보를 플랫폼 또는 디바이스에 표현하기 위해 추상화된 형태로 리소스를 생성하는 기술이다.

① 추상화된 리소스는 실제 물리적 환경에 존재하는 사물을 대신하는 형태로 존재하며, 실제 물리적 환경에 존재하는 사물을 모니터링하거나 제어할 수 있다.

② 사물 가상화를 통해 실세계에 존재하는 사물이 지원하는 네트워크, 정보 체계 등에 관계없이 가상화된 리소스를 손쉽게 서비스와 연결하거나 매시업 서비스를 구성할 수 있다.

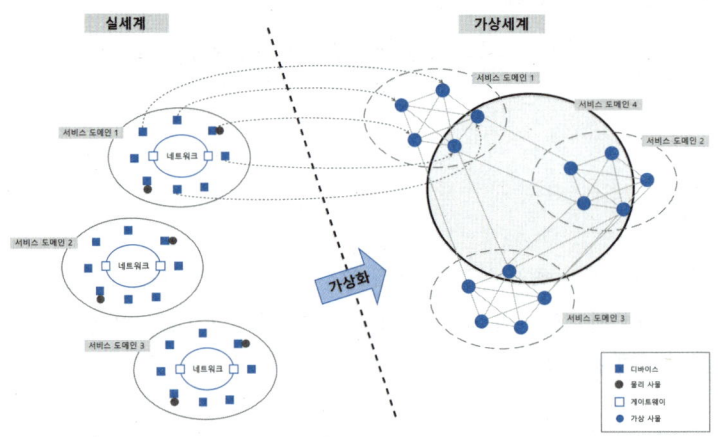

기출문제 풀이

3회 19 사물인터넷 플랫폼 기술 중 물리적 환경에 존재하는 다양한 사물의 정보를 플랫폼 또는 디바이스에 표현하기 위해 추상화된 리소스를 생성하는 기술은 무엇인가?

① 시맨틱 기술
② 장치 관리 기술
③ 서비스 컴포지션 기술
④ 사물 가상화 기술

> 해설

- **시맨틱 기술** : 인터넷과 같은 분산 환경에서 리소스(웹 문서, 파일, 서비스 등)에 대한 정보와 리소스들의 관계-의미 정보를 기계가 처리할 수 있도록 온톨로지(Ontology) 형태로 표현

- **서비스 오케스트레이션**
  - 서비스 지향 구조(Service-Oriented Architecture, SOA)에서 다양한 서비스를 연동하기 위한 개념
  - 서비스 컴포지션 기술은 주로 Service Orchestration 기술 또는 Service Choreography 기술의 하부 기술로 사용됨
- **사물 가상화 기술** : 다양한 사물의 정보를 플랫폼 또는 디바이스에 표현하기 위해 추상화된 리소스를 생성하는 기술

> 정답 ④

14 사물인터넷 플랫폼 기술 중 물리적 환경에 존재하는 다양한 사물의 정보를 플랫폼 또는 디바이스에 표현하기 위해 추상화된 리소스를 생성하는 것은?
① 장치 관리 기술　　　　　② 사물 가상화 기술
③ 서비스 컴포지션 기술　　④ 시맨틱 기술

> 해설

- **사물 가상화 기술** : 다양한 사물의 정보를 플랫폼 또는 디바이스에 표현하기 위해 추상화된 리소스를 생성하는 기술

> 정답 ②

Part 2. 사물인터넷 플랫폼

5 서비스 컴포지션 기술

(1) 서비스 컴포지션 기술의 이해

서비스 컴포지션 기술은 서비스 지향 구조(Service-Oriented Architecture, SOA)에서 다양한 서비스를 연동하기 위한 개념에서 출발했으며, Service Oriented 또는 Service Choreography 기술의 하부 기술로 사용된다.

① **Service Orchestration** : 사용자 또는 애플리케이션으로부터 특정 서비스를 요청받았을 때 사물인터넷 플랫폼의 오케스트레이터가 해당 서비스를 검색하고 이와 관련된 서비스를 찾아 제공해 주는 기술
② **Service Choreography** : Service Orchestration으로부터 특정 서비스를 요청받았을 때 정의한 순서 및 명시된 서비스에 따라 서비스를 검색하고 이를 기반으로 서비스를 제공해 주는 기술

기출문제 풀이

 13 사물인터넷 플랫폼 기술 중 사용자 또는 애플리케이션으로부터 특정 서비스를 요청받았을 때 정의한 순서 및 명시된 서비스에 따라 서비스를 검색하고 이를 기반으로 서비스를 제공해 주는 기술은?
① Object Profiling ② Service Choreography
③ Semantic Annotation ④ Trustworthiness Management

해설

■ **Service Orchestration**
- Service Orchestration으로부터 특정 서비스를 요청받았을 때 정의한 순서 및 명시된 서비스에 따라 서비스를 검색하고 이를 기반으로 서비스를 제공해 주는 기술

■ 서비스 컴포지션 기술
- 서비스 컴포지션 기술은 서비스 지향 구조(Service-Oriented Architecture, SOA)에서 다양한 서비스를 연동하기 위한 개념에서 출발했으며, Service Oriented 또는 Service Choreography 기술의 하부 기술로 사용된다.

구분	내용
Service Orchestration	사용자 또는 애플리케이션으로부터 특정 서비스를 요청받았을 때 사물인터넷 플랫폼의 오케스트레이터가 해당 서비스를 검색하고 이와 관련된 서비스를 찾아 제공해 주는 기술
Service Choreography	Service Orchestration으로부터 특정 서비스를 요청받았을 때 정의한 순서 및 명시된 서비스에 따라 서비스를 검색하고 이를 기반으로 서비스를 제공해 주는 기술

정답 ②

16 아래 설명 중 각 괄호 안에 들어갈 알맞은 용어는?

> (㉮) 기술은 서비스 지향 구조에서 다양한 서비스를 연동하기 위한 개념으로 처음 소개되었다. (㉮) 기술은 주로 (㉯) 기술 또는 (㉰) 기술의 하부 기술로 사용된다. (㉯) 기술은 사용자 또는 애플리케이션으로부터 특정 서비스를 요청받았을 때 사물인터넷 플랫폼의 오케스트레이터가 해당 서비스를 검색하고 이와 관련된 서비스를 제공해 주는 기술을 말한다.

① ㉮ 가상 컴포지션
  ㉯ Service Orchestration
  ㉰ Service Choreography
② ㉮ 서비스 컴포지션
  ㉯ Service Orchestration
  ㉰ Service Choreography
③ ㉮ 서비스 컴포지션
  ㉯ Service Choreography
  ㉰ Service Orchestration
④ ㉮ 가상 컴포지션
  ㉯ Service Choreography
  ㉰ Service Orchestration

해설

■ 서비스 컴포지션
- 서비스 지향 구조(Service-Oriented Architecture, SOA)에서 다양한 서비스를 연동하기 위한 개념에서 출발했으며, Service Oriented 또는 Service Choreography 기술의 하부 기술로 사용된다.

정답 ②

Part 2. 사물인터넷 플랫폼

6 시맨틱 기술

(1) 시맨틱 기술의 이해

현재의 인터넷과 같은 분산 환경에서 리소스(웹 문서, 파일, 서비스 등)에 대한 정보와 리소스들의 관계 – 의미 정보를 기계가 처리할 수 있도록 온톨로지(Ontology) 형태로 표현하고 이를 자동화된 기계가 처리하도록 하는 프레임워크 기술이다.

시맨틱 기술은 주로 웹 기반의 애플리케이션 또는 서비스에서 의미적 상호 운용을 위하여 사용되어 왔으며, 이후 웹뿐만 아니라 사물인터넷, 빅데이터 등 다양한 시스템까지 확장되어 사용된다.

기출문제 풀이

15 사물인터넷에서 시맨틱 기술은 주로 물리적 환경에 존재하는 다양한 사물들 간의 상호 연동을 하기 위하여 의미 기반의 정보 이해와 사물로부터 수집된 데이터의 의미를 분석하여 지능형 서비스를 제공하기 위한 목적으로 사용되고 있다. 이러한 시맨틱 기술에서 리소스(웹 문서, 파일, 서비스 등)의 관계-의미 정보를 처리할 수 있는 형태로 표현하는 기술을 무엇이라 하는가?

① 온톨로지 ② 서비스 컴포지션
③ 사물 가상화 ④ 객체 식별자

해설

- **서비스 컴포지션** : SOA(Service-Oriented Architecture)에서 다양한 서비스를 연동하기 위한 개념
- **사물 가상화** : 물리적 환경에 존재하는 다양한 사물의 정보를 플랫폼 또는 디바이스에 표현하기 위해 추상화된 리소스를 생성하는 기술
- **객체 식별자(Object Identifier, OID)** : 특정 영역 내에서 유일하게 특정 대상을 식별할 수 있는 개념

정답 ①

27 다음 중 사물인터넷 플랫폼을 기반으로 사물에 대한 가상화를 통해서 손쉽게 사물 기반의 서비스를 생성하고 다양한 데이터 표현 방식을 사용하더라도 상호 의미를 이해하며 지능적인 서비스를 제공하기 위해 필요한 기능은 무엇인가?

① 시맨틱(Semantic)   ② 커넥티비티(Connectivity)
③ 프라이버시(Privacy)   ④ 디바이스 관리(Device Management)

해설

■ **시맨틱 기술** : 버너스 리(Berners-Lee)에 의해 1998년 처음 소개되었으며, 이후 W3C(World Wide Web Consortium)에서 표준화 작업을 진행하였다.
- 현재의 인터넷과 같은 분산 환경에서 리소스(웹 문서, 파일, 서비스 등)에 대한 정보와 리소스들의 관계-의미 정보를 기계가 처리할 수 있도록 온톨로지(Ontology) 형태로 표현하고 이를 자동화된 기계가 처리하도록 하는 프레임워크 기술이다.
- 주로 웹 기반의 애플리케이션 또는 서비스에서 의미적 상호 운용을 위하여 사용되어 왔으며, 이후 사물인터넷, 빅데이터 등 다양한 시스템에까지 확장되어 사용되고 있다.

정답 ①

17 다음 중 사물인터넷 플랫폼 기술의 하나인 시맨틱 기술을 구현하는 데 필요한 기술과 거리가 먼 것은?

① 온톨로지 표현 기술   ② 시맨틱 주석화 기술
③ 데이터 표현 기술   ④ 서비스 오케스트레이션 기술

해설

■ **시맨틱 기술** : 인터넷과 같은 분산 환경에서 리소스(웹 문서, 파일, 서비스 등)에 대한 정보와 리소스들의 관계-의미 정보를 기계가 처리할 수 있도록 온톨로지(Ontology) 형태로 표현하고 이를 자동화된 기계가 처리하도록 하는 프레임워크 기술이다.

■ **서비스 오케스트레이션**
- 서비스 지향 구조(Service-Oriented Architecture, SOA)에서 다양한 서비스를 연동하기 위한 개념이다.

• 서비스 컴포지션 기술은 주로 Service Orchestration 기술 또는 Service Choreography 기술의 하부 기술로 사용된다.

정답 ④

---

17 사물인터넷 플랫폼 기술에 대한 설명이 옳게 연결된 것은?

> (가) OMA(Open Mobile Alliance) DM(Device Management), OMA LWM2M(Lightweight M2M) 등의 기술 활용
> (나) 실제 물리적 환경에 존재하는 사물을 모니터링하거나 제어할 수 있는 리소스 제공
> (다) 사용자가 원하는 서비스를 제공받기 위하여 정보나 리소스 등을 찾고 결과를 쉽게 활용할 수 있도록 제공

① (가) : 장치 관리 기술
　(나) : 식별 체계 기술
　(다) : 검색 기술

② (가) : 사물 가상화 기술
　(나) : 식별 체계 기술
　(다) : 시맨틱 기술

③ (가) : 장치 관리 기술
　(나) : 사물 가상화 기술
　(다) : 검색 기술

④ (가) : 사물 가상화 기술
　(나) : 장치 관리 기술
　(다) : 식별 체계 기술

해설

- 장치 관리 기술 : OMA(Open Mobile Alliance) DM(Device Management)
- 사물 가상화 기술 : 실제 물리적 환경에 존재하는 사물을 모니터링하거나 제어할 수 있는 리소스 제공
- 검색 기술 : 다양한 서비스를 위한 정보나 리소스 등을 찾고 결과를 쉽게 활용할 수 있도록 제공

정답 ③

18 사물인터넷 플랫폼의 기능 블록 중 '시맨틱 및 지식 서비스 기능 블록'의 경우 데이터 간의 호환성 및 데이터 분석, 지능적인 서비스를 제공한다. 시맨틱 및 지식 서비스 기능 블록이 제공하지 않는 기능은?

① 지능적 사물인터넷 서비스를 제공하기 위하여 지속적인 지식 습득 및 제공을 위한 지식 관리 기능
② 데이터에 대한 고차원적 분석을 통한 서비스를 제공하기 위한 데이터 분석 기능
③ 다양한 디바이스, 리소스, 서비스들에 대한 검색 기능을 제공하는 디스커버리 기능
④ 시맨틱 엔진 및 저장소를 제공하고 시맨틱 검색 기능 등을 제공하는 시맨틱 기능

해 설

■ 다양한 디바이스, 리소스, 서비스들에 대한 검색 기능을 제공하는 디스커버리 기능은 제공하지 않는다.

정 답 ③

Chapter 3 사물인터넷 플랫폼 사례

1 국내 사례

(1) 모비우스 및 앤큐브 플랫폼

모비우스(Mobius) 및 앤큐브(&Cube) 플랫폼은 oneM2M 표준에서 제시하는 기본 기능에 사물 및 응용 서비스에 대한 검색 기능을 강화하고 사물인터넷의 앱 생태계를 활성화하기 위한 앱 거래 기능이 추가된 개방형 사물인터넷 플랫폼으로 전자부품연구원(KETI)을 주축으로 개발되어 2014년 주요 기능들이 표준 기반 사물인터넷 오픈소스 연합체인 OCEAN(Open Alliance for IoT Standard)에 오픈소스로 공개되었다.

① 모비우스(Mobius)
- 서버 및 클라우드 형태의 사물인터넷 플랫폼 기능을 수행
- GTTP, MQTT, CoAP 프로토콜에 대한 바인딩을 지원
- RESTful Open API를 통하여 기능을 활용할 수 있도록 제공

② 앤큐브(&Cube)
- 사물인터넷 디바이스 및 게이트웨이 등에 탑재되는 사물인터넷 플랫폼
- 적용하기 위한 하드웨어 및 시나리오에 따라 여러 타입을 제공

(2) 씽플러스(Thing+)

클라우드에 연동되어 있는 하드웨어와 포털을 활용하여 누구나 쉽고 빠르게 자신만의 IoT 서비스를 구축하는 것이 가능하며, 클라우드 환경을 통한 안정적이고 확장성 높은 서비스를 제공한다.

위젯을 활용하여 대시 보드를 꾸밀 수 있고, 실시간 알림과 디바이스 제어, 그래프 기반 센서 데이터 분석을 통해 시스템의 실시간 모니터링 및 제어·분석을 지원한다.

(3) COMUS

한국전자통신연구원(ETRI)이 주축이 되어 사용자의 요구에 맞는 다양한 센서 자원을 동적으로 구성하여 서비스를 제공하고, 서비스 완료 후 다른 서비스 사용자에 의해 활용 가능하게 하는 개방형 센서 자원 커뮤니티 기술이다.

센서 자원 상호 운용을 위한 동적 관리 기술, 시맨틱 지식 콘텐츠 생성 기술, 모바일 저전력 통신 응용 기술, 지능형 센서 기술 등을 제공한다.

(4) ThingPlug

SK텔레콤이 전자 부품 연구원, 엔텔스와 함께 개발한 개방형 IoT 플랫폼인 모비우스를 기반으로 만든 'oneM2M' release 1과 자체 규격인 GMMP를 기반으로 한 IoT 통합 플랫폼이다.

① 주요 특징으로는 클라우드 기반의 애자일(Agile) 개발 환경, 서비스 부여 기능 강화, DIY 개발 환경, 주요 이벤트 처리 및 보고 등이 있다.
② ThingPlug 외부에서 oneM2M 표준 기반 RESTful API에 접근하기 위해서는 HTTP 와 MQTT를 사용한다.
③ oneM2M 표준에는 CoAP 프로토콜 기반으로 API를 호출하는 방식을 정의하였지만, 저사양 장치 및 근거리 통신에 적합한 CoAP 프로토콜 방식은 제공하지 않는다.
④ ThingPlug에서는 저사양 장치를 위해 SK텔레콤이 독자적으로 개발한 TCP 기반 API를 제공한다.

(5) IoT@홈

LG유플러스는 'IoT@홈' 플랫폼의 개방을 통해 국내 최초로 음성 인식 기능을 적용한 IoT 전용 플랫폼을 발표하였다. 다른 제조사나 앱 개발사 등에 개방하고 있으며, 2016년 5월 oneM2M에 대한 호환성에 대해 검증을 받았다.

(6) GiGA IoT Makers

KT는 개방형 IoT 사업 협력 연합체인 'GiGA IoT Alliance'를 출범시키고, IoT 서비스 플랫폼인 'IoT Makers'를 삼성전자의 'Artik'과 연계해 제품 개발에 소요되는 비용과 기간을 축소하였다.

Biz Domain의 IoT 서비스를 이해해서, 컨트롤에 필수적인 Core Data 관리 및 Event Process를 제공하고, 대용량 IoT 데이터 관리를 위한 분산 처리 빅데이터 관리 및 Rule Set 관리를 제공하는 등의 관제 핵심 프로세스를 구현한다.

기출문제 풀이

2회 18 다음은 국내에서 개발된 사물인터넷 플랫폼 사례 중 하나에 대한 설명이다. 다음에서 설명하고 있는 플랫폼은 무엇인가?

> 이 플랫폼은 서버 및 클라우드 형태의 사물인터넷 플랫폼 기능을 수행하며, HTTP, MQTT, CoAP 프로토콜에 대한 바인딩을 지원하며 RESTful Open API를 통하여 기능을 활용할 수 있도록 제공한다.

① 모비우스(Mobius) ② 앤큐브(&Cube)
③ 씽플러스(Thing+) ④ 코뮤스(Comus)

■ 모비우스(Mobius)
- 서버 및 클라우드 형태의 사물인터넷 플랫폼 기능을 수행한다.
- GTTP, MQTT, CoAP 프로토콜에 대한 바인딩을 지원한다.
- RESTful Open API를 통하여 기능을 활용할 수 있도록 제공한다.

■ 앤큐브(&Cube)
- 전자 부품 연구원(KETI)이 개발하고 있는 사물인터넷 디바이스와 게이트웨이를 위한 S/W 플랫폼이다.

- KETI가 동시에 개발하고 있는 개방형 사물인터넷 서버 플랫폼인 모비우스(Mobius)와 연동된다.
- 코어는 총 6개의 모듈로 구성되며 각각의 모듈 간 통신을 통해 사물과 모비우스 간의 연동을 수행한다.

■ 씽플러스(Thing+)

- 달리웍스는 IoT 클라우드 서비스를 제공함으로써 누구나 쉽고 빠르게 사물인터넷 서비스를 개발할 수 있는 씽플러스(Thing+)를 개발하여 서비스하고 있다.
- Thing+ 클라우드에 연동되어 있는 하드웨어와 Thing+ 포털을 활용한다.
- 클라우드 환경을 통해 안정적이고 확장성이 높은 서비스를 제공한다.

■ Comus

- ETRI, 핸디소프트, KT, 다음커뮤니케이션즈는 시맨틱 IoT 서비스 플랫폼 기술 연구(CO-MUS, 2010~2014)를 통해 사용자의 요구에 맞는 다양한 센서 자원을 동적으로 구성하여 서비스를 제공한다.

정답 ①

---

15 모비우스(Mobius), 앤큐브(&Cube), 씽플러스(Thing+) 및 EVRYTHING 등 국내외 사물인터넷 플랫폼에서 주로 사용하고 있는 Open API 방식은?
① XML-RPC ② SOAP
③ RESTful ④ Open Cloud Computing Interface

해설

■ RESTful Open API

- 모비우스(Mobius), 앤큐브(&Cube), 씽플러스(Thing+) 및 EVRYTHING 등 국내외 사물인터넷 플랫폼에서 주로 사용하고 있는 Open API이다.
- 2000년 로이 필딩(Roy Fielding)이 박사 학위 청구 논문에서 REST(Representational State Transfer)를 소프트웨어 아키텍처 스타일로 제안한 후 Open API를 개발하는 기본으로 급속도로 확산되었다.
- 자원 지향 구조(Resource Oriented Architecture, ROA)로 웹 사이트의 콘텐츠(Text, 이미지,

동영상), DB의 내용 등을 전부 하나의 자원으로 파악하여 각 자원에 고유한 URI(Uniform Resource Indentifier)를 부여하고 해당 자원에 대한 CRUD(Create, Read, Update, Delete) 작업을 HTTP의 기본 명령어인 POST, GET, PUT, DELETE을 통해서 처리한다.

정답 ③

2 국외 사례

(1) 애플의 사물인터넷 플랫폼

① **홈킷** : 블루투스나 와이파이로 연결된 가전제품을 iOS 8에 통합시키거나 시리(Siri)의 음성 인식 기능을 통하여 스마트 플러그, 스위치, 가전 등을 제어할 수 있도록 한다.
② **헬스킷** : 건강 및 피트니스 앱들을 서로 쉽게 연동할 수 있도록 해 주고 헬스 앱을 통해 다양한 건강 관리 기능을 제공하는 헬스케어 서비스 플랫폼이다.
③ **카플레이** : 자동차의 정보 기기와 아이폰의 연결을 통해서 메시지 확인, 인터넷 검색, 음성 인식 서비스 등을 제공한다.

(2) 구글의 사물인터넷 플랫폼

Google Nest 플랫폼을 기반으로 하는 'Works with Nest'라는 생태계 확산 프로그램을 통해 다양한 사물인터넷 디바이스 제조사들과 파트너십을 맺고 확산을 추진하고 있다. 학습 기능을 내장한 스마트 온도 제어기인 'Nest Thermostat'과 연기 감지를 통해서 알람을 주는 'Nest Protect'를 개발하여 상용화한 네스트랩스(Nest Labs)를 32억 달러에 인수하였다.

Google은 가정용 CCTV 전문 업체인 드롭캠을 인수하여 화상 모니터링 분야의 기술력까지 확보하였다. 웹에서의 글로벌 경쟁력을 다시 사물인터넷 글로벌 시장으로 확대하기 위한 전략을 추진하고 있다.

(3) Xively

Xively(자이블리)는 사용자와 사물 간의 인터랙티브 환경에서 사물 센서들로부터 들어오는 실시간 데이터들을 관리할 목적으로 개발을 추진하여, 서비스 플랫폼인 Pachube를 공개하였다.

Xively는 웹 기반 서비스를 통해 전 세계의 데이터를 실시간으로 관리할 수 있으며, 등록한 사람들에게 전 세계로부터 수집한 정보를 공유하고 협업할 수 있는 환경을 제공한다.

Pachube는 수집한 데이터를 실시간 서버로 전송하고, 수집한 데이터를 누구나 이용할 수 있도록 Open API를 제공한다.

전 세계에 등록된 센서, 기기를 활용하여 실시간 정보의 이력을 관리하는 기능이 있다.

(4) EVRYTHING

EVRYTHING은 기존의 제품을 웹으로 연결하여 사물 간 정보 공유를 통해 스마트 환경을 제공하는 서비스 플랫폼으로 RESTful 방식의 웹 API를 통해서 애플리케이션을 개발할 수 있다.

① 웹에서 식별할 수 있는 유일하고 영구적인 ID를 URI 형식을 통해 사물 기기에 제공하고, 이를 통해서 유일하게 식별된 사물과 통신을 가능하게 한다.

② 생산자와 소비자, 파트너를 직접 웹으로 연결시켜 주는 서비스를 제공하며, 제품의 생산, 판매 및 사용에 관련된 실시간 정보를 얻을 수 있다.

(5) ThingSpeak

ThingSpeak는 데이터 저장, 데이터 프로세싱 및 전달, 위치 기반 서비스, 상태 업데이트, 소셜 네트워크 통합 플러그인을 지원하는 웹 기반의 오픈소스 IoT 서비스 플랫폼이다.

① 웹 기반으로 HTTP 메시지를 통해서 데이터의 송수신이 가능하며, 데이터 필터링을 통해 평균, 합계 등과 같은 데이터 처리 옵션을 둘 수 있다.

② Twitter 기반의 API를 제공하여 ThingSpeak 채널에 저장된 데이터를 Twitter로 보낼 수 있고, 데이터 공개 여부 및 데이터 접근 권한 설정 등을 할 수 있다.

(6) ThingWorx

ThingWorx는 폭발적으로 증가하고 있는 센서, 디바이스의 연결을 위해서 고안된 IoT 서비스 플랫폼으로 디바이스, 센서와 시스템으로부터 데이터 획득, 제어, 통신이 가능하며 웹 기반 검색, 소셜 서비스를 위한 중요 기능을 포함하고 있다.

① 코드를 작성하지 않고도 드래그 앤 드롭과 같은 쉬운 인터페이스를 제공하여, IoT 매시업 서비스를 빠르게 개발할 수 있다.

② 디바이스의 위치에 상관없이 빠르고 안전한 접근 제어 및 상시 연결을 지원한다.

③ 데이터 스토리지를 통해 10만 개 이상의 디바이스 데이터 저장, 분석, 실행, 협동 기능을 제공한다.

기출문제 풀이

 14 아래 내용이 설명하는 사물인터넷 플랫폼 사례는?

> 학습 기능을 내장한 스마트 온도 제어기인 'Nest Thermostat'과 연기 감지를 통해서 알람을 해 주는 'Nest Protect'를 개발하여 상용화한 네스트랩스(Nest Labs)를 인수한 후, 이 플랫폼을 기반으로 'Works with Nest'라는 생태계 확산 프로그램을 통해 다양한 사물인터넷 디바이스 제조사를 끌어들이고 있음

① 모비우스 및 앤큐브 사물인터넷 플랫폼
② 애플의 사물인터넷 플랫폼
③ 구글의 사물인터넷 플랫폼
④ 제너럴 일렉트릭의 사물인터넷 플랫폼

해설

■ **구글의 사물인터넷 플랫폼**
- 구글은 네스트랩스(Nest Labs)를 인수한 후, 이 플랫폼을 기반으로 'Works with Nest'라는 생태계 확산 프로그램을 통해 다양한 사물인터넷 디바이스 제조사를 끌어들이고 있다.

정답 ③

MEMO

학습법

- Part 3 사물인터넷 네트워크는 개요, 사물인터넷 근거리 통신 기술, 사물인터넷 전용망 통신 기술, 사물인터넷 응용 계층 프로토콜의 총 4개의 챕터로 구성되어 있다.
- 사물인터넷의 근간을 이루는 네트워크 환경 및 관련 표준 등을 학습함으로써 사물인터넷의 전체적인 구성 요소 중 네트워크의 전반적인 구성과 그 발전 방향을 이해한다.
- 사물인터넷 네트워크의 개요를 이해하고, 사물인터넷 근거리 통신 기술과 사물인터넷 응용 계층 프로토콜의 종류와 각 기술의 특징을 집중적으로 학습한다.
- 빠르게 발전하고 있는 사물인터넷 환경을 고려하여 사물인터넷 네트워크의 최신 기술 동향을 지속적으로 파악한다.

시험 문제 출제 동향

- 1회 11문항(22%), 2회 15문항(30%), 3회 13문항(26%), 4회 12문항(24%), 5회 12문항(24%)이 출제되었던 매우 중요한 영역이다.
- 지금까지 출제되었던 총 63문항 중 각 하위 챕터별 출제 비중은 다음과 같다.
  - Chapter 1. 사물인터넷 네트워크 개요 : **7문항**
  - Chapter 2. 사물인터넷 근거리 통신 기술 : **42문항**
  - Chapter 3. 사물인터넷 전용망 통신 기술 : **3문항**
  - Chapter 4. 사물인터넷 응용 계층 프로토콜 : **11문항**
- 매번 출제 비중이 가장 높은 부문으로서 네트워크 기술에 집중해서 학습해야 할 영역이다.

Part 3

사물인터넷 네트워크

Chapter 1 사물인터넷 네트워크 개요

Chapter 2 사물인터넷 근거리 통신 기술

Chapter 3 사물인터넷 전용망 통신 기술

Chapter 4 사물인터넷 응용 계층 프로토콜

Chapter 1 사물인터넷 네트워크 개요

1 WSN의 네트워크 구성

사물인터넷 네트워크는 OSI 7계층 모형의 1계층(물리), 2계층(데이터 링크), 3계층(네트워크), 4계층(수송)을 이용해 통신이 이루어진다.

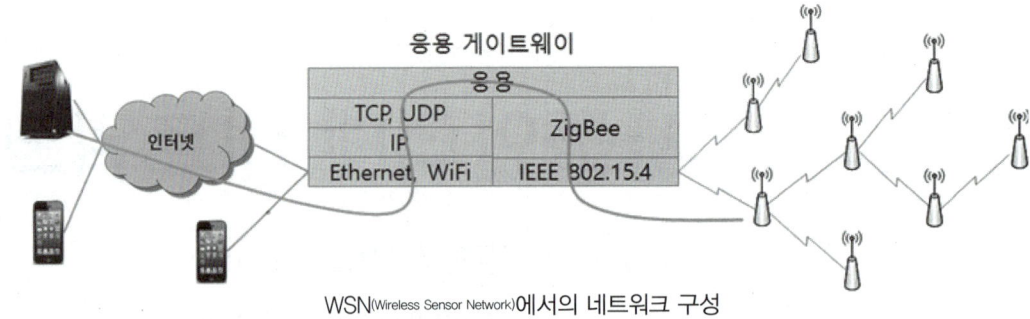

WSN(Wireless Sensor Network)에서의 네트워크 구성

※ WSN은 대부분 IP 네트워크를 전제로 하지 않음

센서노드 사이의 1, 2계층은 IEEE 802.15.4를 사용하며, 3계층 이상은 지그비 사용이 일반적이다.
① 노드는 센서 노드와 통신 관점에서 단대단 통신의 단말이 된다.
② 노드와 센서 노드 간의 정보 교환을 위해 노드는 응용 레벨에서 데이터를 수신한다.
③ 노드가 수신한 정보는 다시 반대편 네트워크로 데이터를 송신하는 응용 게이트웨이가 된다.

2 사물인터넷 네트워크 구성

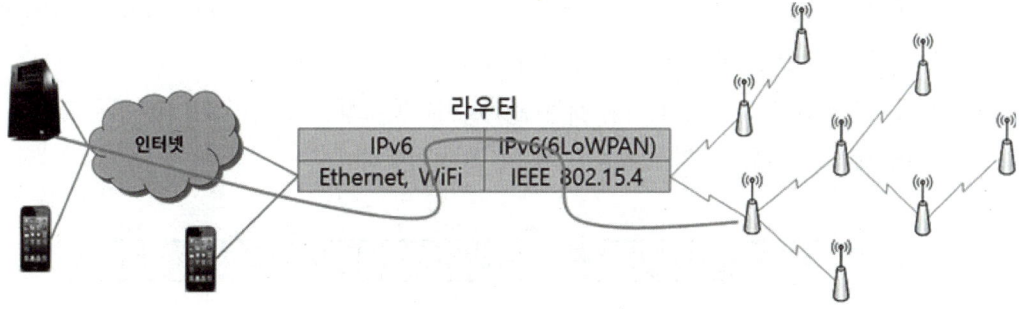

센서 노드 간 IP 네트워크를 위해 IPv6의 도입 필요

(1) 사물인터넷에서 디바이스 사이의 네트워크는 대부분 IP 통신을 수용하는 추세이다.
현재 모든 사물인터넷의 디바이스 네트워크가 IP 네트워크를 수용하는 것은 아니나 대부분의 표준과 오픈소스 개발 단체들이 점차 IP 네트워크를 수용하고 있다.

(2) WSN에서 응용 게이트웨이 역할을 하는 노드는 단말의 기능이 없는 네트워크 장비(라우터)가 된다.
① 디바이스의 네트워크는 인터넷의 서브 네트워크가 된다.
② 센서 디바이스인 ASN(또는 ADN)이 직접 IN의 CSE와 통신한다.

(3) 현재의 IPv4(32비트 체계)는 약 43억 개의 주소밖에 가지지 못해 IPv6의 도입이 필요하다.
IPv6는 128bit의 주소 체계로 3.4×10^{38}개의 무제한에 가까운 주소를 가질 수 있다.

3 사물인터넷과 IPv6

(1) 사물인터넷 디바이스들은 제한적 환경에서 통신을 위해 저전력 무선 통신 기술을 적용한다. 통신 범위, 대역폭(Bandwidth), 비용, 전력 소비 등을 고려해 IEEE 802.15.4, Bluetooth LE, NFC 등의 저전력 무선 근거리 통신 기술을 적용하고 있다.

Part 3. 사물인터넷 네트워크

(2) 저전력 무선 통신 기술에 IPv6를 적용하기 위해 6LoWPAN에서는 127bytes의 MTU(Maximum Transmission Unit)를 가지는 IEEE 802.4 프레임 안에서 IPv6 패킷을 수용하기 위한 기술을 개발하였다.

① IPv6 헤더 가운데 여러 패킷들이 공동으로 사용하는 필드인 Version, Traffic Class, Flow Label은 고정된 값이므로 전송할 필요가 없다.

② 디바이스 네트워크 안에서 복수 개의 홉(Hop)을 통해 IP 라우팅이 일어날 경우 기본적으로 40byte의 IPv6 헤드는 7bytes로 압축하는 것이 가능하다.

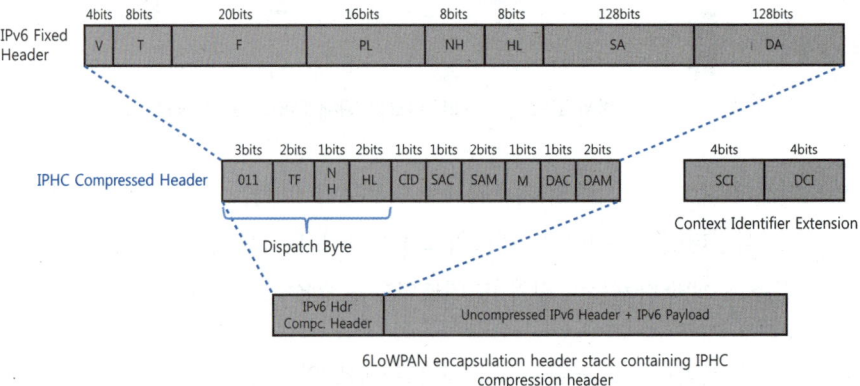

6LoWPAN에서의 IPv6 헤더의 압축

기출문제 풀이

33 다음 중 아래 내용에 해당되는 것은 무엇인가?

> 사물인터넷의 발전으로 인해 인터넷 연결 기기가 기하급수적으로 늘어날 전망이며 이를 위해 128bit의 주소 체계로 3.4×10^{38}개라는 거의 무제한에 가까운 주소를 가질 수 있는 프로토콜이 사물인터넷의 필수 조건으로 등장

① IPv4(Internet Protocol version 4)   ② IPv6(Internet Protocol version 6)
③ Wi-Fi(Wireless Fidelity)   ④ NFC(Near Field Communication)

해설

■ IPv6 프로토콜의 등장 배경 및 필요성

- IPv4의 한계
  - 인터넷 핵심 3계층(네트워크 계층) 프로토콜이다.
  - 32비트 주소 체계로서 최대 43억 개의 주소밖에 가지지 못하는 단점이 있다.
  - 현재는 사설 주소와 NAT(Network Address Translation)를 통해 임시적으로 해결하고 있다.
  - 실질적인 Peer-to-Peer 통신이 어려운 문제점을 내포하고 있다.
- IPv6의 필요성
  - WSN에서 사물인터넷으로 발전하는 과정에서 IPv6 프로토콜이 필요하다.
  - 가트너에 따르면 2020년에는 인터넷 연결 기기가 250억 대까지 늘어날 전망이다.
  - 128bit 주소 체계로 3.4×10^{38}개라는 거의 무제한에 가까운 주소를 가질 수 있다.

정답 ②

19 다음 중 사물인터넷 디바이스의 주소 체계로 사용될 IPv6에 대한 설명으로 가장 적절한 것은?

① 32비트 주소 체계를 사용하므로 약 43억 개 주소를 가진다.
② OSI 7계층 중 전송 계층에 속하는 프로토콜이다.
③ IPv6의 주소 체계 부족의 근본적인 해결책은 사설 주소와 NAT의 적극 활용이다.
④ 저전력 무선 근거리 통신 기술의 무선 프레임 안에 수용하는 노력을 수행 중이다.

해설

- 사물인터넷의 발전으로 인해 기하급수적으로 늘어나는 인터넷 연결 기기를 위한 주소 체계
  - 기존 WSN(Wireless Sensor Network)에서 센서 네트워크는 IP 네트워크를 전제하지 않았다. oneM2M 아키텍처에서 중간 노드(MN)에 대응하는 노드는 센서 노드들과 인터넷 사이에서 정보 교환을 위한 응용 게이트웨이 역할을 담당해 왔다.
  - 사물인터넷에서 대부분의 디바이스들은 IP 통신을 수용하는 흐름이 대세이다. 저전력 무선 근거리 통신 프레임 안에 IPv6를 수용할 수 있는 기술로서 6LoWPAN을 적용한다.

참고

OSI 7계층별 전송 단위, 프로토콜, 장비 구분 및 TCP/IP 4계층

Layer	Layer Name	Data Unit	Protocol	Device	TCP/IP	
7	응용 계층	-	HTTP, FTP, SMTP	-	L4	응용 계층
6	표현 계층	-	JPG, MPEG, AFP	-		
5	세션 계층	-	NetBIOS, SSH	-		
4	전송 계층	TCP - segment UDP - datagram	TCP, UDP	게이트웨이	L3	전송 계층
3	네트워크 계층	Packet	IP, RIP, ARP, ICMP	라우터	L2	인터넷 계층
2	데이터 링크 계층	Frame	Ethernet, PPP, HDLC	브릿지, 스위치	L1	네트워크 액세스 계층
1	물리 계층	Bit	RS-232, RS-449	허브, 리피터		

정답 ④

---

20 다음 중 사물인터넷 네트워크에 대한 설명으로 거리가 먼 것은?

① 사물인터넷에서는 대부분의 디바이스들 사이의 네트워크는 IP 통신을 수용하는 흐름으로 진행하고 있다.
② 사설 주소와 NAT(Network Address Translation)를 통해 IP 네트워크를 통한 사물인터넷 통신 문제는 완전히 해결된 상태이다.
③ 사물인터넷의 디바이스들은 제한적인 환경에서 통신을 수행해야 하기 때문에 저전력 무선 근거리 통신 기술이 적용된다.
④ 사물인터넷의 발전으로 인터넷 연결 기기는 늘어날 전망이므로 IPv6 프로토콜은 사물인터넷의 필수 조건이라 할 수 있다.

해설

■ 현재는 사설 주소와 NAT를 통해 임시적으로 해결하고 있다.

정답 ②

21 다음 중 사물인터넷을 위한 저전력 무선 근거리 통신 기술인 6LoWPAN에 대한 설명으로 거리가 먼 것은?

① MAC Layer는 IEEE 802.15.4 표준을 사용한다.
② IPv6 주소 체계를 사용한다.
③ IPv6 헤더를 압축하여 사용한다.
④ 대역폭이 크고 고속 통신이 가능하다.

해설

- 저전력 무선 근거리 통신 프레임 안에 IPv6를 수용할 수 있는 기술로서 6LoWPAN을 적용한다.
  - 6LoWPAN의 필요성
    - 2005년 3월 IETF에서 IEEE 802.15.4를 위한 6LoWPAN WG를 만들어서 IPv6를 WSN에 적용하기 위한 연구를 시작했다.
    - 사물인터넷 디바이스들은 제한적인 환경에서 통신을 수행해야 하기 때문에, 네트워크 계층 아래의 데이터 링크 계층과 물리 계층에는 기존의 Wi-Fi나 셀룰러(Cellular)보다는 통신 범위, 대역폭, 비용, 전력 소비 등이 작은 IEEE 802.15.4, BLE, NFC 등의 저전력 무선 근거리 통신 기술을 적용한다.
  - 6LoWPAN의 핵심 내용
    - 127byte의 MTU(Maximum Transmission Unit)를 가지는 IEEE 802.4 프레임 안에서 IPv6 패킷을 수용하기 위해 IPv6의 헤더를 압축하여 사용한다.
    - IPHC(IP Header Compression)는 RFC 4944에서 업데이트된 RFC 6282에서 명시한 헤더 포맷으로서, IPv6에서는 여러 패킷에서 공동으로 사용하는 필드인 Version, Traffic Class, Flow Label은 고정된 값으로서 전송할 필요가 없기 때문에, 4bit Version 항목은 무시하고 Traffic Class와 Flow Label은 TF의 2bit로 압축한다.
    - 이러한 규격에 따라서 디바이스 네트워크 안에서 복수 개의 홉(Hop)을 통해 IP 라우팅이 일어날 경우, 40byte의 IPv6 헤드는 7byte로 압축된다.
    - 7byte IPv6 헤드는 dispatch(1byte), LOWPAN_IPHC(1byte), Hop Limit(1byte), Source Address(2byte), Destination Address(2byte)로 구성된다.
  - IPv6/6LoWPAN은 Bluetooth와 NFC 등 디바이스 네트워크에도 적용하려는 움직임이 강화되고 있다.

정답 ④

12 사물인터넷과 WSN(Wireless Sensor Network)을 비교한 내용으로 옳지 않은 것은?

① WSN에서 센서 네트워크는 대부분 IP 네트워크를 전제로 하지 않는다.
② WSN에서 센서 네트워크의 센서 노드 사이의 1, 2계층은 지그비가, 3계층 이상은 IEEE 802.15.4가 대표적이다.
③ 사물인터넷에서 디바이스들 사이의 네트워크는 IP 통신을 수용하는 흐름으로 진행한다.
④ WSN의 응용 게이트웨이는 사물인터넷에서 더 이상 단말의 기능이 없는 네트워크 장비가 된다.

해설

■ 사물인터넷과 WSN(Wireless Sensor Network) 네트워크의 특성 비교
- WSN(Wireless Sensor Network) 네트워크
  - 기존 WSN에서 센서 네트워크는 IP 네트워크를 전제하지 않았다.
  - 센서 노드 간의 1, 2계층은 IEEE 802.15.4, 3계층과 그 이상의 계층은 지그비가 대표적이다.
  - oneM2M 아키텍처에서 중간 노드(MN)에 대응하는 노드는 센서 노드들과 인터넷 사이에서 정보 교환을 위한 응용 게이트웨이 역할을 담당해 왔다.
- 사물인터넷에서 네트워크
  - 대부분의 디바이스들은 IP 통신을 수용하는 흐름이 대세이다.
  - 기존 응용 게이트웨이는 더 이상 단말 기능이 없는 네트워크 장비가 된다.
  - 즉, 디바이스의 네트워크도 완벽히 인터넷의 서브 네트워크가 된다는 것을 의미한다.
  - oneM2M 아키텍처에서 더 이상 중간 노드(MN)가 존재하지 않고, 센서 디바이스인 애플리케이션 서비스 노드(ASN 또는 ADN)가 직접 인프라스트럭처 노드(IN)의 CSE와 통신하는 형태로 구성된다.
  - 대부분의 표준과 오픈소스 개발 단체들은 이와 같이 IP 네트워크를 수용하는 움직임이 대세이다.

 ②

 17 사물인터넷의 디바이스들이 통신을 수행함에 있어 제한적인 환경과 가장 거리가 먼 것은?
① 계측 방식　　　② 대역폭
③ 비용　　　　　④ 전력 소비

해설

■ **사물인터넷 디바이스들은 제한적 환경에서 통신을 위해 적용한 기술**
- 저전력 무선 통신 기술 적용 : 통신 범위, 대역폭(Bandwidth), 비용, 전력 소비 등을 고려해 IEEE 802.15.4, Bluetooth LE, NFC 등의 저전력 무선 근거리 통신 기술을 적용하고 있다.
- 저전력 무선 통신 기술에 IPv6 적용 : 6LoWPAN에서는 127bytes의 MTU(Maximum Transmission Unit)를 가지는 IEEE 802.4 프레임 안에서 IPv6 패킷을 수용하기 위한 기술을 개발하였다.

정답 ①

 19 다음 중 WSN(Wireless Sensor Network)에서 사물인터넷으로 발전되는 입장에서의 네트워크 이슈 가운데 가장 중심이 되는 부분이라고 볼 수 있는 것은?
① IPv4 프로토콜 수용　　　② NFC 프로토콜 수용
③ IPv6 프로토콜 수용　　　④ ZigBee 프로토콜 수용

해설

■ NFC(Near Field Communication)는 13.56㎒대의 RFID 기술을 발전시킨 것으로 비접촉식 양방향 근접 통신 기술이다.

■ ZigBee는 사물인터넷 디바이스들 사이의 통신에 필요한 특수한 요구 사항들을 고려하여 발전된 표준 기술로서, 소형/저전력/저비용/근거리 통신을 지향하며 IEEE 802.15.4 기반으로 구성된다.

정답 ③

Chapter 2 사물인터넷 근거리 통신 기술

1 와이파이(Wi-Fi)

(1) Wi-Fi 개요

① Wi-Fi는 사무실처럼 특정한 지역에 존재하는 장치들에 고품질의 무선 통신 네트워크를 구성해 주는 기술로, AP(Access Point) 혹은 핫스팟(Hot Spot)을 통해서 인터넷에 접속한다. Wi-Fi는 IEEE 802.11b, IEEE 802.11g, IEEE 802.11n 표준을 준용하며, 2.4GHz 또는 5GHz ISM 대역을 이용한다. 최근 3.6GHz나 60GHz 대역을 사용하는 표준도 개발 중이다.

② 사물인터넷 통신에 Wi-Fi 기술이 많이 이용되는 것은 다른 근거리 무선 통신 기술들보다 더 빠른 통신 속도를 제공하고, 다양한 Wi-Fi 표준이 존재해서 다양한 통신 환경을 지원할 수 있기 때문이다.

(2) Wi-Fi 연결

① 인프라스트럭처 모드(Infrastructure Mode)
- 2.4GHz ISM 대역은 2.400~2.483GHz로, 83MHz 대역에 한 개의 채널폭이 20 혹은 22MHz인 채널들을 5MHz 간격으로 배치할 수 있다(13개의 채널 이용).
- Wi-Fi AP는 13개의 채널을 살핀 후에 간섭(Interference)이 가장 적은 채널 중의 하나를 선택한다.

- 주변에 와이파이 신호가 거의 없다면, 일반적으로 1번, 6번, 11번 채널 중에 하나를 선택한다.

② 애드혹 모드(Ad-Hoc Mode)
- Wi-Fi AP 없이 디바이스들이 직접 연결되는 경우이다.
- 와이파이 디바이스 중 한 대가 와이파이 AP 역할을 하도록 설정한다.

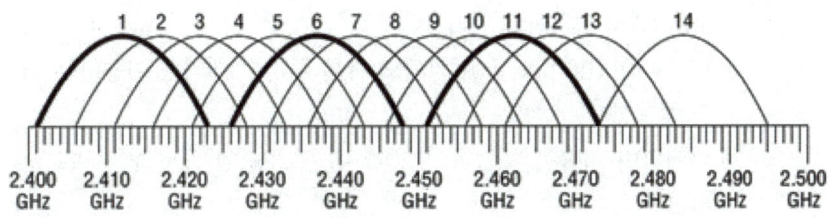

2.4㎓ ISM 대역의 채널 플랜

(3) Wi-Fi 표준

구분	내용
IEEE 802.11-1997	• 1997년에 발표된 IEEE 802.11 표준의 최초 버전 • 무선 데이터 통신 환경에서 1Mbps 혹은 2Mbps의 전송 속도와 데이터 전송 시 발생하는 에러를 제어하기 위한 FEC(Forward Error Correction)를 정의함 • 물리 계층을 위해 발산 적외선(Diffuse Infrared), 주파수 호핑 스프레드 스펙트럼(Frequency-Hopping Spread Spectrum), 그리고 다이렉트 시퀀스 스프레드 스펙트럼(Direct-Sequency Spread Spectrum) 기술을 규정함
IEEE 802.11a	• 5㎓ 대역에서 최대 54Mbps의 데이터 전송 속도를 제공 • 혼잡한 2.4㎓ 대역 대비 간섭이 적고 기존 표준에 비해 최대 전송 속도가 매우 빠름 • 높은 캐리어 주파수로 인해 장애물이 많은 환경에서는 서비스 영역이 상대적으로 좁아짐
IEEE 802.11b	• 최초의 표준에서 정의된 것과 동일한 매체 접근 방법(Direct-Sequency Spread Spectrum)을 사용함에도 11Mbps의 최대 데이터 전송 속도를 제공 • 관련 제품의 급격한 가격 하락은 802.11b를 사실상 무선랜 표준으로 받아들여지게 만듦
IEEE 802.11g	• 2.4㎓ 대역에서 최대 54Mbps의 속도로 작동 • 물리 계층에서 OFDM에 기반한 전송 방식을 이용하고 있으며, FEC 기술을 이용해 802.11b 하드웨어와 호환 • 2.4㎓의 간섭 이슈 등 기존의 문제는 상존함
IEEE 802.11n	• 기존의 802.11 표준에 MIMO 기술을 더해 성능을 개선한 표준임 • 2.4㎓ 및 5㎓ 대역 모두에서 작동하며, 빔포밍(Beam-Forming), 채널 결합(Channel Bonding) 등의 기술을 함께 적용함 • 최대 600Mbps의 전송 속도를 제공
IEEE 802.11ac	• 802.11 표준을 개정한 것으로 802.11n을 기반으로 함 • 40㎒를 사용하는 802.11n에 비해 더 넓은 채널들을 이용하며, 5㎓ 대역에서 작동 • 최대 8개까지의 공간 스트림(Spatial Streams)과 256-QAM에 이르는 고차 변조 기술 등을 이용함 • 6.93Gbps의 최대 전송 속도를 지원
IEEE 802.11ad	• 802.11 표준에 대한 새로운 물리 계층을 정의한 표준임 • WiGig(Wireless Gigabit Alliance)라는 이름으로도 불리는 표준임 • 60㎓ 주파수 대역을 활용하며, 최대 전송 속도는 7Gbps임

Part 3. 사물인터넷 네트워크

기출문제 풀이

18 다음 중 와이파이(Wi-Fi) 기술과 관련된 설명과 거리가 먼 것은?

① 와이파이는 이더넷이라 불리는 유선랜 기술을 무선화한 것이다.
② 와이파이와 관련된 구체적인 기술 스펙은 와이파이 얼라이언스(Wi-Fi Alliance)에서 정의하고 있다.
③ ISM 대역인 2.4GHz, 5GHz 외에도 다른 주파수 대역을 이용하는 와이파이 기술도 존재한다.
④ 와이파이 기술은 채널폭이 20MHz 혹은 22MHz인 채널들을 5MHz 간격으로 배치한다.

해설

■ 와이파이(Wi-Fi) 개념

- Wireless Fidelity의 약자이다.
- 집이나 사무실처럼 특정한 지역에 존재하는 디바이스에 고품질의 무선 통신 네트워크를 구성해 주는 기술이다.
- 이더넷(Ethernet)이라 불리는 유선랜을 무선화했다는 의미에서 무선랜(Wireless LAN)으로도 통칭한다.
- 엄밀한 의미에서 와이파이는 와이파이 얼라이언스(Wi-Fi Alliance)의 상표명이다.

■ 와이파이 지원 장치

- 초기에는 노트북이나 일부 산업용 및 의료용 장비들에서만 지원했으나, 최근에 출시되는 개인용 휴대 장치들은 대부분 와이파이를 기본으로 지원한다.
- 와이파이 지원 장치들은 와이파이 AP(Access Point) 혹은 와이파이 핫스팟(Hot Spot)을 통해서 인터넷에 접속한다.

■ 와이파이 AP의 서비스 영역

- 일반적으로 실내에서는 20~30m, 실외에서는 50~100m 영역 내에서 서비스한다.
- 실제로는 와이파이 AP가 전송하는 신호의 세기, 안테나의 유형 및 감도, 와이파이 AP가 설치된 환경 등에 따라서 통신 가능 영역이 크게 달라질 수 있다.

■ 와이파이 서비스 대역
- 일반적으로 많이 사용하는 와이파이 표준들(IEEE 802.11b, IEEE 802.11g, IEEE 802.11n)은 2.4㎓ 대역 또는 5㎓ 대역을 사용한다.
- 1997년에 발표된 IEEE 802.11-1997 표준은 2.4㎓ 대역만을 사용했다.
- 최근에는 3.6㎓나 60㎓ 대역을 사용하는 와이파이 표준들도 개발되고 있다.

■ 와이파이 서비스 채널
- 주로 이용하는 2.4㎓ ISM 대역은 2.400~2.483㎓이다.
- 83㎒의 대역에 한 개의 채널폭이 20~22㎒인 채널을 5㎒ 간격으로 배치하여 13개의 채널을 구성할 수 있다.
- 일본의 경우, 예외적으로 14번째 채널까지 허용한다.
- 미국 및 일부 중남미 국가들은 1~11번까지 11개 채널만 허용한다.

정답 ②

28 동일한 와이파이 공유기(Wi-Fi AP)에 여러 대의 노트북이나 스마트폰을 연결하여 이용하면 통신 속도가 떨어진다. 다음 중 그 이유를 설명하는 것은?

① 동일 채널에 의한 간섭(Co-Channel Interference)
② 인접 채널에 의한 간섭(Adjacent-Channel Interference)
③ 애드혹 모드(Ad-Hoc Mode)
④ MIMO(Multiple-Input Multiple-Output)

해설

■ 와이파이 채널 간 간섭
- 간섭(Interference)이란 두 대 이상의 디바이스가 동시에 동일한 주파수를 이용하여 신호를 전송할 때, 신호들 사이에 충돌이 발생하여 제대로 전송되지 않는 현상이다.
- 와이파이 AP에 전원을 연결하면, 와이파이 AP는 13개 채널 중 간섭이 가장 적은 채널 하나를 선택하게 된다.

- 동일 채널에 의한 간섭(Co-Channel Interference)
  - 예를 들어, 특정 와이파이 AP가 6번 채널로 설정되어 있고, 여러 대의 와이파이 디바이스가 IEEE 802.11g 표준을 이용하여 연결되어 있는 경우, IEEE 802.11g 표준에 따르면, 최대 54Mbps의 통신 속도를 지원할 수 있지만, 실제로 54Mbps로 통신되는 경우는 거의 없다. 왜냐하면 동일한 와이파이 AP에 연결된 여러 디바이스들 사이에 간섭이 발생하기 때문에, 디바이스들은 패킷을 재전송하게 되고 그만큼 통신 속도가 떨어지게 되기 때문이다.
- 인접 채널에 의한 간섭(Adjacent-Channel Interference)
  - 예를 들어, 동일한 장소에 존재하는 와이파이 AP들이 각각 1번, 4번, 6번 채널을 이용하는 경우, 1번과 6번을 이용하는 와이파이 디바이스들 사이에는 간섭이 발생하지 않지만, 4번 채널을 이용하는 디바이스로 인해 1번 및 6번 채널을 이용하는 디바이스도 간섭의 영향을 받는다.

■ 와이파이 채널 간섭 회피 전략

- 여러 대의 와이파이 AP와 디바이스가 사용되는 경우, 동일 채널에 의한 간섭이나 인접 채널에 의한 간섭은 피하기 쉽지 않다. 따라서 간섭의 영향이 적은 환경을 구축하는 것이 중요하다. 동일한 지역에서 여러 대의 와이파이 AP를 이용하는 경우, 특히 서로 다른 네트워크 서브넷을 구성하는 경우 서로 중첩되지 않는 채널을 이용하도록 설정하는 전략이 필요하다.
- 국내 이동 통신사들이 설치하는 와이파이 핫스팟의 경우 모두 1번, 5번, 9번, 13번 채널 중의 하나를 이용한다.
  - 2012년 방송통신위원회와 국내 이동 통신 3사가 공동으로 연구한 결과에 따르면, 인접 채널에 의한 간섭보다 동일 채널에 의한 간섭의 효과가 더 적었다.
  - 1번과 5번, 5번과 9번, 9번과 13번 채널의 끝부분이 약간씩 겹치지만, 신호 감쇠에 의해 중첩되지 않는 채널인 것처럼 서비스할 수 있기 때문이다.

정답 ①

 20 다음 중 사물인터넷 통신 기술로 와이파이가 많이 사용되는 이유로 가장 거리가 먼 것은?

① 저전력으로 작동하므로 전력 공급이 어려운 장소에 설치되는 비콘 등에 널리 사용될 수 있다.
② 여러 표준을 제공하여 다양한 통신 환경을 지원한다.
③ 다양한 개인 휴대 장치에서 기본으로 지원하여 디바이스들이 인터넷에 접속하는 데 필요한 AP가 널리 퍼져 있다.
④ 다른 근거리 무선 통신 기술들보다 더 빠른 통신 속도를 제공한다.

해설

■ 와이파이 기술이 많이 사용되는 이유
- 여러 표준을 제공하여 다양한 통신 환경을 지원한다.
- 다른 근거리 무선 통신 기술들보다 더 빠른 통신 속도를 제공한다.

정답 ①

 28 다음 와이파이(Wi-Fi) 관련 표준 중에서 가장 빠른 통신 속도를 제공하는 것은?

① IEEE 802.11ad   ② IEEE 802.11b
③ IEEE 802.11g   ④ IEEE 802.11n

해설

■ Chapter 2의 1절 (3) Wi-Fi 표준 표 참조

■ **IEEE 802.11ad 표준 스펙**
- 802.11 표준에 대한 새로운 물리 계층을 정의한 표준이다.
- WiGig(Wireless Gigabit Alliance)라는 이름으로도 불리는 표준이다.
- 60㎓ 주파수 대역을 활용하며, 최대 전송 속도는 7Gbps이다.

정답 ①

3회 07 Wi-Fi 기술이 주로 이용하는 2.4GHz ISM 대역은 2.400~2.483GHz이며, 83MHz의 대역에 한 개의 채널폭이 20MHz 혹은 22MHz인 채널들을 5MHz 간격으로 배치하면 13개의 채널을 이용할 수 있다. 다음 중 국내 이동 통신사들이 설치하는 Wi-Fi 핫스팟에 사용되는 채널이 아닌 것은?

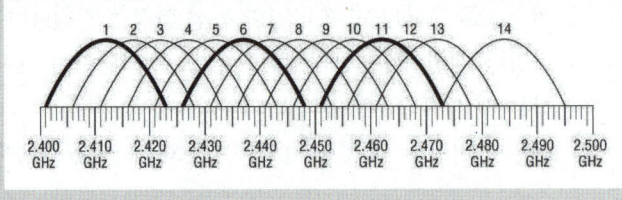

① 1번 ② 5번
③ 8번 ④ 13번

해설

■ 1회 28번 해설 참조

정답 ③

4회 19 Wi-Fi 표준 중 다음 내용에 해당하는 것은?

- 최대 8개까지의 공간 스트림을 사용하며, 256-QAM에 이르는 고차 변조 기술 등을 이용
- 5GHz 대역에서 작동하며, 6.93Gbps의 최대 전송 속도를 지원할 수 있음

① IEEE 802.11a ② IEEE 802.11ac
③ IEEE 802.11ad ④ IEEE 802.11b

해설

■ Chapter 2의 1절 (3) Wi-Fi 표준 표 참조

■ IEEE 802.11ac 표준 스펙
- 802.11 표준을 개정한 것으로 802.11n을 기반으로 한다.
- 40㎒를 사용하는 802.11n에 비해 더 넓은 채널들을 이용하며, 5㎓ 대역에서 작동한다.
- 최대 8개까지의 공간 스트림(spatial streams)과 256-QAM에 이르는 고차 변조 기술 등을 이용한다.
- 6.93Gbps의 최대 전송 속도를 지원한다.

정답 ②

25 Wi-Fi 표준 중 다음 내용에 해당하는 것은?

- 기존의 802.11 표준에 MIMO(Multiple-Input Multiple-Output) 기술을 더해 성능을 개선한 표준
- 2.4㎓ 및 5㎓ 대역 모두에서 작동하며 최대 600Mbps의 전송 속도 제공

① IEEE 802.11g
② IEEE 802.11n
③ IEEE 802.11v
④ IEEE 802.11-1997

해 설

■ Chapter 2의 1절 (3) Wi-Fi 표준 표 참조

■ IEEE 802.11n 표준 스펙
- 기존의 802.11 표준에 MIMO 기술을 더해 성능을 개선한 표준이다.
- 2.4㎓ 및 5㎓ 대역 모두에서 작동하며, 빔 포밍(Beam-Forming), 채널 결합(Channel Bonding) 등의 기술을 함께 적용한다.
- 최대 600Mbps의 전송 속도를 제공한다.

정답 ②

20 Wi-Fi 표준 중 아래 내용에 해당하는 것은?

- 넓은 채널들(40MHz, 80MHz 혹은 160MHz)을 이용하며, 5GHz 대역에서 작동
- 최대 8개까지의 공간 스트림(Spatial Streams)을 사용
- 256-QAM에 이르는 고차 변조 기술 등을 이용하며, 이를 통해 6.93Gbps의 최대 전송 속도를 지원

① IEEE 802.11a ② IEEE 802.11g
③ IEEE 802.11ad ④ IEEE 802.11ac

해설

■ Chapter 2의 1절 (3) Wi-Fi 표준 표 참조

■ **IEEE 802.11ac 표준 스펙**
- 802.11 표준을 개정한 것으로 802.11n을 기반으로 한다.
- 40MHz를 사용하는 802.11n에 비해 더 넓은 채널들을 이용하며, 5GHz 대역에서 작동한다.
- 최대 8개까지의 공간 스트림(Spatial Streams)과 256-QAM에 이르는 고차 변조 기술 등을 이용한다.
- 6.93Gbps의 최대 전송 속도를 지원한다.

정답 ④

 ## 블루투스와 비콘 기술

(1) 블루투스(Bluetooth) 개요

① 블루투스는 가까운 거리에서 데이터나 음성, 영상 등을 교환할 때 사용하는 무선 기술(2.4GHz)로 1994년 에릭슨이 개발하였으며, 스마트폰, 노트북, PC 주변 장치, 이어폰 등에 널리 이용되고 있다.

② 저전력의 블루투스 스마트(Bluetooth Smart) 기술 개발과 함께 사물인터넷에 적합한 통신 기술로 주목을 받고 있다.

블루투스(Bluetooth)의 발전

(2) 저전력 블루투스(Bluetooth Low Energy, BLE)

① 모바일 디바이스 시장의 성장에 따라, 무선 기술의 저전력화 요구가 증가되어 왔으며, 2012년에 블루투스 4.0 LE(BLE)가 발표되어 사물인터넷의 확대·확산을 촉진시켰으며, 2017년에 블루투스 5가 발표되었다.

② BLE의 핵심적인 기능
- BLE are targeted to be run with coin cell batteries(630mA)
- GFSK(Gaussian Frequency Shift Keying) modulation for low energy consumption
- Transmit power between 10~20dBm
- Range 10~30M
- 3 Advertising CH, 37 Data CH
- Power consumption 0.01~0.5W

(3) 블루투스 기술 비교

① 블루투스 스마트 레디(Bluetooth Smart Ready)는 하나의 칩에 전통적인 블루투스(Classic Bluetooth)와 블루투스 스마트를 결합한 것으로, 양쪽 모두에서 데이터를 받을 수 있다.

② 블루투스 기술 표준 특성

구분	Smart	Classic
security	broken key exchange	secure pairing protocol(ECDH)
throughput	0.2 Mbit/s	2-3 Mbit/s
range	10 - 30m	50 - 300m
power consumption	0.01 to 0.5W	1W
faster connection	0.1s	5s
smaller size	very small	small
lower cost	~$2 @ 5000	~$7 @ 5000

(4) 블루투스 4.2

① 블루투스 SIG는 2014년 12월 블루투스 4.2 스펙을 공식적으로 채택하였다.

② 블루투스 4.2 주요 특징
- 블루투스 4.0 규격 대비 전송 속도가 2.5배 증가
- 전송 패킷 용량 10배 증가
- 전송 시 발생하는 전송 오류 및 배터리 소비량 감소
- 인터넷 프로토콜(IP) 지원
- 인터넷 프로토콜 지원 프로파일(IPSP)
- 블루투스 지원 센서 또는 디바이스가 직접 인터넷에 접속 가능
- IPv6 지원으로 개별 센서 및 디바이스 모니터링 가능
- Wi-Fi와 같은 수준의 128bit AES 암호화 기술 적용으로 보안 강화

(5) 블루투스 메시 네트워크

① 메시 네트워크 기술
- 인터넷망을 이용하지 않고 기기들을 직접 연결해 지역적인 그물망을 형성하는 기술
- 메시 노드를 기기에 넣으면 각 노드가 데이터를 읽어 무선으로 서로에게 전달하여 이동이 자유롭고 노드와 노드 사이를 잇는 식으로 네트워크를 확장할 수 있어 센서나 전구 등 많은 기기를 한꺼번에 연결하는 응용 분야에 적합함

② '허브앤스포크' 방식의 블루투스 네트워크
- 중앙 데이터 허브를 통해 연결하는 네트워크 기술로, 중앙 허브의 커버리지를 벗어나면 통신이 되지 않음

- 블루투스가 사물인터넷에 적합한 여러 특성이 있으나, 서비스 커버리지 문제가 상존함
- 블루투스 SIG는 2014년 '블루투스 스마트 메시 네트워킹 그룹'을 신설하고, 메시 네트워킹 기술의 상용화를 추진함(2017년 블루투스 5에서 구현됨)

(6) 블루투스 비콘

① '비콘'은 선박이나 기차, 비행기의 위치를 확인하거나 특정 목적의 신호를 전달하기 위해 주기적으로 신호를 보내는 장치를 말한다.

② 블루투스 비콘 특징
- 블루투스 4.0의 BLE 기술 도입으로 전력 문제 해결
- 블루투스 모듈을 아주 작게 만들 수 있음
- 1~2달러 수준의 저렴한 모듈 가격
- 비콘의 위치 정보 또는 특정 목적의 신호 전달(애플리케이션 실행, 브라우저에 특정 화면 표시)

③ 블루투스 비콘 활용 사례
- 마케팅, 결제, 고객 관리 등 다양한 방식으로 활용
- 애플 '아이비콘', 구글 '니어바이', 페이팔 '페이팔비콘'
- SK플래닛 '시럽 비콘', SK텔레콤 '위즈턴', 퀀텟시스템즈 '인페이버'

④ RFID 또는 NFC와의 차이점
- 서비스 영역이 훨씬 넓고 계층화된 서비스를 제공하는 것이 용이함
- UUID, major, minor 값을 이용하거나 수신 신호 세기를 이용해서 계층화된 서비스 제공 가능
- 애플의 아이비콘은 UUID 앞에 프리픽스를 두고 있음(일반적인 BLE 비콘과의 차이점)
- 구글 안드로이드 4.4 이전에서는 아이비콘 신호를 수신하는 것만 가능
- 구글 안드로이드 5.0 Lollipop부터 애플의 아이비콘 신호의 수신 및 송신도 가능

(7) 블루투스 5

① **전송 속도 2배 향상** : 전송 속도의 증가로 응답 속도 성능 향상, 동시에 더 많은 기기와 연결 가능. 실질적으로 데이터를 전송하는 플랫폼으로 영역을 확장할 전망임

② **전송 거리 4배 확장** : 저전력 모드에서 약 40m의 전송 거리를 지원함. 개인용 액세서리 외에 다양한 O2O(Online-to-Offline) 서비스에서 블루투스의 활용폭이 넓어질 것으로 기대

③ **브로드캐스트 용량 8배 확장** : 다양한 비콘 서비스 활용 가능

위치 정보(GPS 활용이 불가능한 건물 내)나 URL 등 더 많은 데이터를 전송할 수 있어 쇼핑이나 무인 자동차 같은 부문에서 새로운 서비스의 등장이 예고됨

④ **기타 제공 기능**
- 기기와 인터넷 클라우드를 연결하는 게이트웨이 역할 : 블루투스 게이트웨이 아키텍처는 블루투스 기기와 클라우드를 직접 연결해 스마트폰이나 태블릿 없이도 사물인터넷(IoT) 기기들을 원격으로 제어할 수 있는 기능 제공
- 메시 네트워크 지원 : 전력 소모를 줄이고 벽과 같은 장애물의 방해를 덜 받을 수 있는데, 블루투스 SIG에서 2017년 7월에 블루투스 메시 네트워킹 표준 1.0을 발표함

기출문제 풀이

19 다음 중 블루투스 기술과 관련된 설명과 거리가 먼 것은?

① 블루투스는 넓은 공간에 설치된 여러 장치들 사이의 통신을 제공할 목적으로 개발된 메시 네트워킹(Mesh Networking) 기술이다.
② 블루투스는 와이파이와 동일하게 2.4㎓ ISM 대역을 이용한다.
③ 블루투스 클래식이 79개의 1㎒ 채널을 이용하는 반면, 블루투스 스마트는 40개의 2㎒ 채널을 이용한다.
④ 일반 속성 프로파일(GATT)은 두 저전력 블루투스(BLE) 장치들 사이의 데이터 교환 방법을 정의하고 있다.

해설

■ **블루투스(Bluetooth) 개념**
- 저전력 디바이스들의 출시가 잇따르면서 가장 주목받는 근거리 무선 통신 기술이다.
- 1994년 에릭슨에 의해 개인 근거리 무선 통신을 위해 처음 개발된 기술이다.
- 1999년 5월 블루투스 SIG(Bluetooth Special Interest Group)에 의해 공식적으로 발표되었다.

- 와이파이가 이더넷 기반의 유선랜을 대체한다면, 블루투스는 유선 USB를 대체하는 기술이다.

■ 블루투스 기술 스펙
- ISM 대역인 2.4㎓ 대역을 사용한다.
- 버전 4.0에서는 클래식 블루투스, 블루투스 하이스피드(최대 24Mbps 지원), 저전력 블루투스(Bluetooth Low Energy, BLE) 세 가지를 모두 포함하는 스펙을 지원한다.

■ 사물인터넷 관점에서 주목해야 할 세 가지 블루투스 기술
- 저전력 기능, IPv6 지원, 메시 네트워크 지원

■ 저전력 블루투스(Bluetooth Low Energy)
- 블루투스 4.0 표준에 포함된 스펙 중 하나이다.
- 구현 모드
  - 싱글 모드 : BLE가 단독으로 구현된 경우로, 상업적으로 블루투스 스마트(Bluetooth Smart)라고 한다.
  - 듀얼 모드 : 기존의 블루투스 컨트롤러와 함께 구현된 경우로, 상업적 브랜드 네임은 블루투스 스마트 레디(Bluetooth Smart Ready)이다.

■ 블루투스 스마트 제품의 특징
- BLE 기능만을 구현하고 있기 때문에, 기존의 블루투스 클래식 프로토콜과는 호환되지 않는다.
- 그러나, 블루투스 클래식과 동일한 주파수를 이용하기 때문에 하나의 무선 안테나를 듀얼 모드 디바이스와 공유할 수 있다.
- 전력 소모를 줄이기 위해 최대 전력 소모량을 15mA로 제한하고 있다.
- 따라서, 블루투스 스마트 지원 디바이스들의 신호 전달 거리가 짧다(블루투스 클래식 또는 블루투스 스마트 레디를 지원하는 디바이스들의 신호 전달 거리는 통상 100m이다).
- 패킷 전송 시간을 줄이기 위해 블루투스 클래식보다 훨씬 작은 크기의 패킷을 이용한다.
- 또한 전력 효율을 높이기 위해, 패킷을 수신하기 위해 대기하지 않고, 대신에 주기적으로 패킷을 전송하는 방식을 사용한다.

■ 블루투스 스마트(BLE 싱글 모드) 기술 상세 스펙
- 2.400~2.483㎓의 ISM 대역에서 작동한다(블루투스 클래식과 동일한 주파수).
- 40개의 2㎒ 채널을 사용한다(블루투스 클래식은 79개의 1㎒ 채널 사용).
- 데이터 전송 속도(Bitrate)는 1Mbps이며, 최대 전송 파워는 10mW이다.

- 실제 애플리케이션 데이터 처리량(Application Throughput)은 0.27Mbps이다.
- 따라서 음성이나 대용량 파일을 전송하는 데는 부적합하다.

■ 블루투스 4.2 표준

- 2014년 12월 블루투스 SIG는 블루투스 4.2 스펙을 공식적으로 채택했다.
- 기존 블루투스 4.1에 비해 2.5배 빠른 전송 속도를 지원한다.
- 인터넷 프로토콜 지원 프로파일(Internet Protocol Support Profile, IPSP)은 디바이스 간의 근거리 무선 통신 및 블루투스를 지원하는 센서나 디바이스들이 직접 인터넷에 접속할 수 있다.
- 이를 위해, IPSP는 블루투스에서 무제한 인터넷 주소 체계인 IPv6와 저전력 무선 통신 기술인 6LoWPAN을 적용할 수 있게 한다.
- 따라서 원격에서 개별 디바이스를 구분하는 것이 가능하게 되어 별도의 플랫폼 없이도 해당 디바이스의 상태를 확인하고 제어하는 것이 가능하다.
- 또한, 디바이스들이 직접 인터넷에 연결되기 때문에 와이파이 수준의 128bit AES 암호화 기술을 적용하여 보안성을 높였다.

■ 블루투스 메시 네트워크

- 블루투스는 모든 것을 중앙의 데이터 허브를 통해 연결하는 '허브앤스포크(Hub-and-Spoke)' 방식의 네트워크 기술이다.
- 따라서 어떤 디바이스가 중앙의 허브가 커버하는 영역을 벗어나면 통신이 되지 않는 서비스 커버리지 관점에서의 한계를 가지고 있다.
- 이러한 한계를 극복하기 위한 블루투스 SIG는 2014년 '블루투스 스마트 메시 네트워킹 그룹(Bluetooth Smart Mesh Networking Group)'을 신설했다(2017년 7월 메시 네트워킹 표준 1.0 발표)
- 메시 네트워크 기술을 적용하여 인터넷망을 이용하지 않고 기기들을 직접 연결해 지역적인 그물망을 형성하는 기술이다. 따라서 메시 노드를 기기에 넣으면 각 노드들이 데이터를 읽어 들여 무선으로 서로에게 전달한다.

정답 ①

20 일정한 간격으로 정해진 신호를 방송하는 장치를 비콘(Beacon)이라고 한다. 다음 중 사물인터넷에서 상시 전원이 필요 없고 50m 반경 내에서도 서비스를 구동시킬 수가 있어 비콘용 통신 기술로 가장 많이 사용되는 것은?

① 와이파이(Wi-Fi)
② 저전력 블루투스(Bluetooth Low Energy)
③ RFID와 NFC
④ 지웨이브(Z-Wave)

해설

■ 비콘의 개념
- 비콘(Beacon)은 배 또는 기차, 비행기의 위치를 확인하거나 특정한 목적의 신호를 전달하기 위해 주기적으로 신호를 보내는 장치를 의미한다.
- 역사적으로 비콘은 횃불을 피우거나 전등을 점멸하는 방식을 이용하였으나, 지금은 동일한 목적을 위해 전파나 음파, 또는 전자기장을 주기적으로 송출하는 장치들에까지 그 의미를 확대하여 사용하고 있다.

■ 저전력 블루투스 비콘이 주목을 받기 시작한 주된 이유
- 2013년 애플이 '아이비콘(iBeacon)'을 발표하면서 비콘이 주목받게 되었다.
- 블루투스 4.0의 블루투스 저전력(BLE) 기술을 도입함으로써 비콘 디바이스의 전력 문제를 해결할 수 있다.
  - 블루투스 비콘 이전의 와이파이(Wi-Fi)나 음파(Ultrasonic) 기반의 비콘은 상시 전원이 필요하기 때문에, 전력 공급이 어려운 장소나 이동하는 사물 등에는 사용할 수 없었다.
  - 반면, BLE 비콘의 경우 용량이 620mAh인 CR2450 수은전지 하나로 최대 2년 이상 작동할 수 있는 전력 문제를 해결했다.
- 블루투스 모듈을 아주 작게 만들 수 있다.
- 모듈의 가격이 1~2달러 수준으로 저렴하다.

■ 비콘의 작동 방식
- BLE 비콘은 기본적으로 RFID나 NFC와 동일한 방식으로 작동한다.
  - BLE 신호를 이용해서 근처의 스마트폰이나 태블릿 같은 휴대 장치에 자신의 존재를 알려준다.

- 스마트폰에 설치된 애플리케이션은 비콘이 전송한 UUID, major, minor 값을 수신하고, 비콘의 위치 정보를 이용하거나 그 비콘에 대해 사전에 정의된 일을 수행한다. 예 특정한 애플리케이션을 수행하도록 할 수도 있고 브라우저에 특정한 화면을 표시할 수 있다.
- 반면, BLE 비콘은 RFID나 NFC와의 차이점이 있다.
  - 서비스 영역이 훨씬 넓고 계층화된 서비스를 제공하는 것이 훨씬 용이하다.
  - RFID나 NFC는 보통 수 미터(m) 또는 수 센티미터(cm) 내의 영역에서 서비스한다.
  - BLE는 50m 반경 내에서 서비스를 구동할 수 있으며, 필요에 따라서는 서비스 영역을 제한할 수도 있다.
  - 또한 BLE 비콘의 경우 UUID, major, minor 값을 이용하거나 수신 신호 세기(Received Signal Strength Index, RSSI)를 이용해서 계층화된 서비스를 제공할 수 있다.

■ 애플의 아이비콘의 작동 방식

- 일반 비콘과 동일하게 BLE 기술을 이용한다.
- 하지만 아이비콘은 UUID 앞에 아이비콘 프리픽스(iBeacon Prefix)를 두고 있다는 점에서 일반적인 BLE 비콘과의 차이가 있다.
  - 따라서, 안드로이드 4.4 이전의 안드로이드 운영 체계를 이용하는 스마트폰에서는 신호를 수신하는 것만 가능했으나, 안드로이드 5.0 Lollipop을 지원하는 스마트폰부터는 아이비콘 신호의 수신 및 송신이 가능해졌다.

 정답 ②

1회 21 다음 중 저전력 블루투스(Bluetooth Low Energy, BLE)에 대한 설명으로 옳지 않은 것은?

① BLE 단독으로 구현될 때의 브랜드 이름은 블루투스 스마트(Bluetooth Smart)이다.
② 40개의 2㎒ 채널을 사용한다.
③ 전력 소모를 줄이기 위해 신호 전달 거리는 훨씬 짧으나 패킷 크기는 블루투스 클래식과 동일하다.
④ 애플의 아이비콘은 BLE를 적용한 것이다.

해설

- 1회 19번 해설의 '블루투스 스마트 제품의 특징'과 '블루투스 스마트(BLE 싱글 모드) 기술 상세 스펙' 참조
- 1회 20번 해설의 '애플의 아이비콘의 작동 방식' 참조

정답 ③

---

 21 다음 중 블루투스 기술에 대한 설명으로 거리가 먼 것은?

① 블루투스 4.1에 비해 블루투스 4.2의 전송 속도가 최대 2.5배 빠르다.
② 블루투스 4.0의 저전력 기술(BLE)을 도입하여 비콘 디바이스의 전력 문제를 해결할 수 있다.
③ 블루투스는 메시 네트워크를 기반으로 개발되었고, 최근에 중앙의 데이터 허브를 통해 연결하는 네트워크 기술을 표준화하고 있다.
④ 블루투스 4.2부터 인터넷 프로토콜(IP)을 지원하고 이를 통해 블루투스를 지원하는 센서나 디바이스가 직접 인터넷에 접속할 수 있다.

해설

- 1회 19번 해설 참조

정답 ③

Part 3. 사물인터넷 네트워크

 22 다음 중 BLE 비콘에 대한 설명으로 가장 거리가 먼 것은?

① RFID 또는 NFC와 비교하여 서비스 영역은 짧지만 계층화된 서비스 제공이 용이하다.
② UUID, major, minor 값을 이용하거나 수신 신호 세기(RSSI)를 이용하여 계층화된 서비스가 가능하다.
③ 애플의 아이비콘의 경우 안드로이드 5.0(Lollipop)을 지원하는 스마트폰부터는 아이비콘 신호의 수신과 송신이 가능하다.
④ 용량이 620mAh인 CR2450 수은전지 하나만으로 최대 2년 이상 작동할 수 있다.

해설

■ 1회 20번 해설 참조

정답 ①

 29 다음은 저전력 블루투스(BLE)에 대한 설명이다. 괄호 안에 들어갈 내용으로 적절한 것은?

> 블루투스 스마트는 40개의 2MHz 채널을 사용한다. 데이터 전송 속도(bitrate)는 1Mbps이며, 최대 전송 파워는 (   )이다.

① 10mW ② 1mW
③ 50mW ④ 100mW

해설

■ 1회 19번 해설의 '블루투스 스마트(BLE 싱글 모드) 기술 상세 스펙' 참조

정답 ①

 32 최근 마케팅 분야에서 사물인터넷 서비스의 대표적인 사례인 비콘을 활용하여 프로모션 정보 제공, 할인 쿠폰 제공, 매장 내 길 안내, 제품 정보 제공 등 스마트 쇼핑 서비스를 제공하고 있다. 다음 중 비콘의 기반 통신 기술은 무엇인가?

① 지그비(ZigBee)   ② 지웨이브(Z-Wave)
③ 저전력 블루투스(BLE)   ④ 와이파이(Wi-Fi)

해설

- 1회 20번 해설 참조
  - 블루투스 4.0의 블루투스 저전력(BLE) 기술을 도입함으로써 비콘 디바이스의 전력 문제를 해결할 수 있다.

■ 비콘의 활용 분야
- 마케팅, 결제, 고객 관리 등 다양한 방식으로 활용될 수 있다.
- 유통 분야에서 비콘 활용 시나리오 예시
  - 매장 주변을 지나가는 사람들을 대상으로 할인 쿠폰을 제공함으로써 모객을 하거나 제품 프로모션을 실시할 수 있다.
  - 매장 내에서는 제품에 대한 설명이나 이용법 소개, 가격 비교 등의 서비스를 제공할 수 있다.
  - 매장주들은 제품별로 고객의 관심도나 체류 시간 등을 측정하여 제품의 진열이나 이동 경로를 분석하고 설계하는 데 활용할 수 있다.
  - 대형 매장이나 쇼핑몰의 경우, 특정한 제품 혹은 상점의 위치를 안내하기 위한 실내 위치 측위 및 길 안내 서비스를 제공할 수도 있다.
  - 모바일 결제 서비스와 연동하여 간편 결제 및 포인트 적립 등 고객 관리 목적으로도 활용할 수 있다.

■ 비콘 활용 사례
- 소지품이나 애완동물의 분실 방지나 미아 방지 목적으로도 이용 가능
- 스마트 도어락(Smart Doorlock)과 연동시켜 출입 관제 용도로 이용 가능
- 야구장이나 박물관 같은 대규모 시설에서의 안내 서비스나 재난 시 비상 탈출 경로를 안내하는 목적으로 이용 가능
■ 애플의 아이비콘 사례 – 미국 내 모든 애플스토어에서 비콘 서비스를 시작하여, 주요 슈퍼마켓 및 메이저리그 야구장 등에서 이벤트 안내, 상품 할인 정보, 고객 정보 및 구매 이력 확인 등의 서비스를 제공

Part 3. 사물인터넷 네트워크

- 구글의 '니어바이(Nearby)' 사례
- 페이팔의 '페이팔 비콘(Paypal Beacon)' 사례 – 결제 서비스와 연계된 서비스
- 페이스북 – 비콘을 활용한 위치 기반 정보 제공 서비스를 제공할 예정

■ **국내 기업의 비콘 서비스 사례**
- SK플래닛의 '시럽 비콘' 서비스
- SK텔레콤의 '위즈턴' 서비스 – 비콘을 이용한 실내 위치 서비스
- 퀀텟시스템즈의 '인페이버' – 마케팅 및 CRM 서비스

정답 ③

23 다음 중 사물인터넷 통신 기술인 블루투스(Bluetooth)에 대한 설명으로 가장 거리가 먼 것은?

① 개인 근거리 무선 통신을 위해 에릭슨이 처음 개발한 기술이다.
② 유선 USB를 대체하는 기술로 ISM 대역인 2.4㎓를 사용한다.
③ 저전력 블루투스(Bluetooth Low Energy)는 블루투스 4.0 표준에 포함된 스펙 중 하나이다.
④ 저전력 블루투스는 단독으로 구현할 수 없으며, 기존의 블루투스 컨트롤러와 함께 구현된다.

해설

- 1회 19번 해설 참조

정답 ④

24 블루투스 기술이 다른 무선 WPAN 기술보다 널리 보급되고 전력 소모량이 적은 것 등 사물인터넷 환경에 적합한 여러 특성을 제공하고 있지만 서비스 커버리지 측면에서는 한계성을 갖고 있다. 다음 중 이러한 한계를 극복할 수 있는 기술로 적절한 것은?

① 허브앤스포크(Hub-and-Spoke) ② 메시 네트워크(Mesh Network)
③ 스위치 네트워크(Switch Network) ④ 브리지 네트워크(Bridge Network)

해설

■ 1회 19번 해설의 '블루투스 메시 네트워크' 참조

정답 ②

32 다음 중 괄호 안에 들어갈 용어로 가장 적절한 것은?

저전력 블루투스 기반의 (　　　)은(는) 블루투스 4.0 이상을 지원하는 스마트폰을 대상으로 최대 50m 이내의 범위에서 서비스를 제공할 수 있다.
블루투스 기반의 (　　　)이(가) 마케팅에 많이 사용되는 이유는 설치 및 서비스 운영이 간편하기 때문이다.

① 지그비(ZigBee)   ② 지웨이브(Z-Wave)
③ 비콘(Beacon)   ④ RFID(Radio Frequency Identification)

해설

■ 1회 20번 해설의 '저전력 블루투스 비콘이 주목을 받기 시작한 주된 이유' 참조

정답 ③

Part 3. 사물인터넷 네트워크

 20 저전력 블루투스(Bluetooth Low Energy, BLE)에 대한 설명으로 가장 거리가 먼 것은?

① 블루투스 스마트는 싱글 모드로 구현된 제품을 상업적으로 구분하기 위해 사용하는 일종의 브랜드 네임이다.
② 블루투스 스마트 지원 제품은 BLE 기능만을 구현하고 있어서 블루투스 클래식이라 불리는 기존의 블루투스 프로토콜과 호환되지 않는다.
③ BLE만을 지원하는 블루투스 스마트 지원 디바이스들의 신호 전달 거리는 100m 이상이다.
④ 블루투스 스마트 지원 디바이스들은 전력 소모를 줄이기 위해 최대 전력 소모량을 15mA로 제한한다.

해설

■ 1회 19번 해설의 '블루투스 스마트 제품의 특징' 참조

정답 ③

 21 블루투스 4.2 표준에 대한 설명으로 옳지 않은 것은?

① 기존 블루투스 4.1에 비해 2.5배 빠른 전송 속도를 지원한다.
② 인터넷 프로토콜(IP)을 지원한다.
③ 무제한 인터넷 주소 체계인 IPv6와 저전력 무선 통신 기술인 6LoWPAN을 적용할 수 있다.
④ 디바이스들이 직접 인터넷에 연결되긴 하지만 와이파이와 같은 수준의 128bit AES 암호화 기술을 적용할 수는 없다.

해설

■ 1회 19번 해설의 '블루투스 4.2 표준' 참조

정답 ④

 21 아래 내용에 해당하는 것은?

> - 기본적으로 RFID 또는 NFC와 동일한 방식으로 작동
> - 저전력 블루투스(BLE) 신호를 이용해서 근처의 스마트폰이나 태블릿 같은 휴대 장치에 자신의 존재 여부를 알려주는 데 사용
> - UUID, major, minor 값을 이용하거나 수신 신호 세기를 이용해서 계층화된 서비스 제공

① 블루투스 비콘 ② 블루투스 1.0
③ 블루투스 2.0 ④ 블루투스 3.0

해설

■ 1회 20번 해설 참조

정답 ①

 23 아래 내용에서 괄호 안에 들어갈 알맞은 내용은?

> 블루투스는 개인 근거리 무선 통신을 위해 개발한 기술로 블루투스 SIG(Bluetooth Special Interest Group)에 의해 공식적으로 발표되었다. 와이파이가 이더넷 기반의 유선랜을 대체한다면, 블루투스는 유선 USB를 대체하는 기술로 ISM 대역인 ( )를 사용한다.

① 13.56MHz ② 433MHz
③ 900MHz ④ 2.4GHz

해설

■ 1회 19번 해설 참조
■ 블루투스는 가까운 거리에서 데이터나 음성, 영상 등을 교환할 때 사용하는 무선 기술(2.4GHz)로 1994년 에릭슨이 개발하였으며, 스마트폰, 노트북, PC 주변 장치, 이어폰 등에 널리 이용되고 있다.

정답 ④

3. RFID 및 NFC

(1) RFID

① RFID 기술의 핵심
- 리더가 전파를 방사하면 태그는 수신한 에너지를 이용하여 칩에 저장된 데이터를 리더로 반환하여 정보를 전달한다(수동형).
- RFID 시스템은 리더, 태그, 미들웨어로 구성된다.
- 에너지의 보유 및 이용 방법에 따라 수동형, 반능동형, 능동형으로 나뉜다.
- 반능동형은 데이터를 보낼 때 자체 배터리를 이용해 데이터 전송 거리를 늘린다.
- 능동형은 배터리가 내장되어 있어 센서를 통한 센싱이 가능하며, 데이터 수신 요청이 없이도 능동적으로 데이터를 보낼 수 있다.

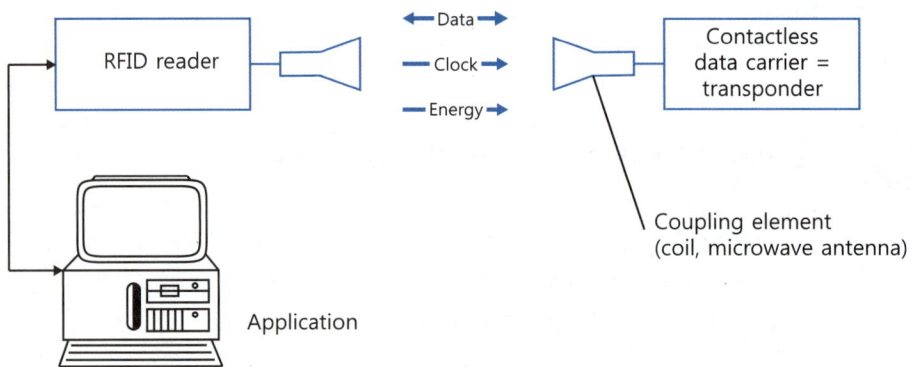

② RFID 주파수별 특징

주파수	135KHz 이하	13.56MHz	433MHz	860MHz~960MHz	2.45GHz
주 응용 분야	보안/동물 관리	교통카드/도서 관리	컨테이너/자동차	유통/물류	여권/ID카드
능동/수동	수동형	수동형	능동형	수동형	수동/능동
표준 규격	ISO 18000-2	ISO 18000-3	ISO 18000-7	ISO 18000-6	ISO 18000-4

(2) NFC

① NFC는 13.56MHz대의 RFID 기술을 발전시킨 것으로 비접촉식 양방향 근접 통신 기술이다.
- 읽기와 쓰기 모두 가능하며, 10cm 안의 근접 거리 통신을 위한 준비 없이 빠르게 통신이 가능하다.

- 2002년 일본 Sony와 네덜란드 NXP 반도체가 공동으로 개발했으며, 2004년 NFC Forum이 설립된 후 기술 개발 및 상용화가 본격화되었다(스마트폰에 NFC가 탑재되면서 대중화됨).

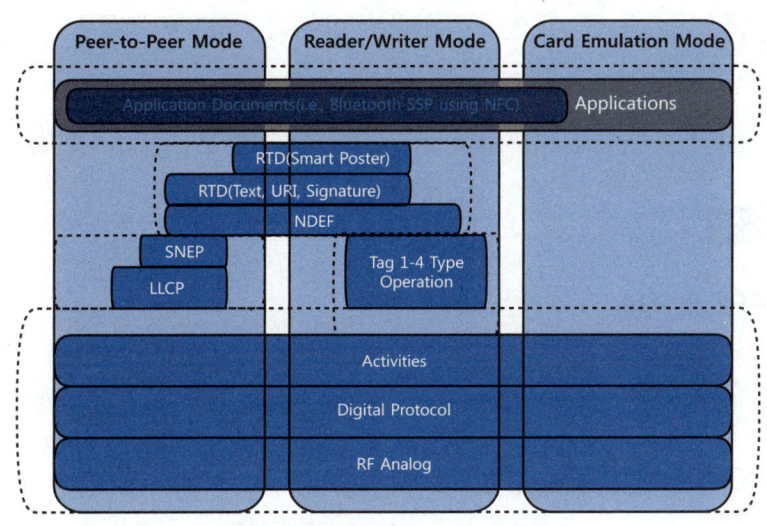

NFC Forum Specification 아키텍처

② NFC 작동 모드

모드	내용
피어 투 피어 모드 (Peer-to-Peer)	• 두 대의 NFC 디바이스가 상호 데이터 송수신이 가능 • 각각 독자적인 RF 필드를 생성해야 하므로 전력 소모량 큼 예) 명함 교환, 개인 송금 등의 응용
리더/라이터 모드 (Reader/Writer)	• RFID 태그를 인식하기 위한 리더 • RFID 태그를 인식하기 위한 전력 필요 예) 광고 관심 보너스를 태그에 주는 옥외 광고 등의 응용
카드 에뮬레이션 모드 (Card Emulation)	• 기존의 RFID 카드처럼 작동 • 전력 공급이 필요 없음 예) 신용카드, 교통카드, 신분증 등의 응용

Part 3. 사물인터넷 네트워크

기출문제 풀이

22 다음 중 RFID에 많이 적용되는 주파수와 거리가 먼 것은?
　① 433MHz　　　　　　　　② 2.4GHz
　③ 5GHz　　　　　　　　　 ④ 13.56MHz

해설

■ **RFID의 개념**
- 기술의 핵심은 전파를 이용해서 먼 거리의 칩에 있는 정보를 인식하는 기술이다.
- 사물인터넷 디바이스 통신 기술 중 비교적 초기에 적용되어 정착된 기술 중 하나이다.

■ **RFID 시스템의 필수 구성 요소**

리더(Interrogator), 태그(Transponder), 미들웨어(Middleware)

■ **에너지 보유 및 이용 방법에 따른 분류 및 작동 방식**
- 수동형(Passive)
  - 리더가 전파를 방사한다.
  - 태그는 수신한 에너지를 이용하여 가지고 있는 데이터를 리더로 반환한다.
- 반 능동형(Semi-active)
  - 수신하는 전파의 에너지에만 의존하지 않고 데이터를 보낼 때 자체 배터리를 가져 데이터 전송 구간을 확대할 수 있다.
- 능동형(Active)
  - 배터리를 가질 뿐만 아니라 센서 등 환경을 감지하여 변화하는 데이터를 처리하여, 수신 요청의 기능을 하는 전파 수신이 없더라도 능동적으로 데이터를 보낼 수 있다.

■ **주로 사용되는 주파수 대역과 활용 분야**

주파수	주 응용 분야	능동 / 수동	표준 규격
135KHz 이하	이력 관리/보안/동물 관리	수동형	ISO/IEC 18000-2
13.56MHz	교통카드/도서/재고 관리	수동형	ISO/IEC 18000-3
433MHz	컨테이너/자동차	능동형	ISO/IEC 18000-7
860MHz~960MHz	유통/물류	수동형	ISO/IEC 18000-6

| 2.45GHz | 여권/ID카드 | 수동/능동 | ISO/IEC 18000-4 |

■ 능동형 RFID 기술의 특징

- 433㎒에 주로 적용되며 ISO/IEC 18000-7의 표준으로 주로 해운 물류의 컨테이너 추적 장치에 많이 적용되고 있다.
- 능동형의 성격상 센서 네트워크 통신 기술과 그 적용 영역이 유사하다.
  - DASH7 얼라이언스에서 ISO/IEC 18000-7을 발전시켜 저전력성, 저간섭성 등을 강조하며, BLE, ZigBee와 경쟁하기 위해 DASH7 mode 2 규격을 거쳐 DASH7 Alliance Protocol을 개발했다.
  - 주로 거친 환경의 아웃도어 사물인터넷 디바이스의 통신에 적용하려는 활동을 진행하고 있다.
  - DASH7 mode 2에서는 IPv6 어드레스를 적용하고 TCP/UDP 전송 계층을 고려했다.

정답 ③

23 다음 중 NFC에 대한 설명으로 가장 거리가 먼 것은?

① 주파수대는 13.56㎒를 적용하였다.
② 100m 안의 원거리 통신 기술로 기존의 RFID와 달리 읽기와 쓰기가 모두 가능하다.
③ NFC가 대중화되는 중요한 사건 중의 하나는 안드로이드 OS 기반의 스마트폰에 NFC를 적용한 것이다.
④ 피어 투 피어(Peer-to-Peer), 리더/라이터(Reader/Writer), 카드 에뮬레이션(Card Emulation)의 세 가지 모드가 있다.

해설

■ NFC(Near Field Communication)의 개념

주파수 13.56㎒대의 RFID 기술을 발전시킨 비접촉식 양방향 근접 통신 기술이다.

■ NFC의 특징(장점)

- 기존의 RFID와 달리 읽기와 쓰기가 모두 가능하다.
- 10cm 안의 근접 거리 통신 기술이다.

- 표준에서의 전송 속도는 최대 424Kbps이다.
- 0.1초 내외의 단말기 인식 시간 등으로 인해 통신을 위한 준비 설정 시간이 거의 없다.

■ NFC의 활용

위의 특징으로 보안성이 좋아서 다른 통신 기술에 필요한 설정 정보(인증, 보안키 공유, 페어링) 교환에 많이 사용한다.

■ NFC의 개발 및 대중화

- 2002년 일본 소니와 네덜란드 NXP 반도체가 공동으로 개발했다.
- 2004년 NFC Forum이 설립되면서 본격화되었다.
- 이후 노키아, 삼성전자 등이 안드로이드 OS 기반의 스마트폰에 NFC를 탑재하면서 점점 대중화되었다.

■ NFC의 세 가지 모드

- 피어 투 피어(Peer-to-Peer) 모드
  - 두 대의 NFC 디바이스가 상호 데이터 송수신이 가능하다.
  - 각각 독자적인 RF 필드를 생성해야 하므로 전력 소모량이 크다.
  - 명함 교환, 개인 송금 등의 응용이 가능하다.
  - 사물인터넷 디바이스를 고려할 때 주목해야 할 모드이다. 즉, 인터넷의 표준화 단체인 IETF의 6Lo WG에 2015년 3월 한국 주도로 'Transmission of IPv6 Packets over NFC'란 초안이 제출되어, IPv6 통신을 수용하기 위한 표준화가 진행되고 있다.
- 리더/라이터(Reader/Writer) 모드
  - RFID 태그를 인식하기 위한 리더로 작동한다.
  - RFID 태그를 인식하기 위한 전력이 필요하다.
  - 광고 관심 보너스를 태그에 주는 옥외 광고 등의 응용이 가능하다.
- 카드 에뮬레이션(Card Emulation) 모드
  - 기존의 RFID 카드처럼 작동한다.
  - 전력 공급은 리더에 의해 공급되므로 전력 공급이 필요 없다.
  - 신용카드, 교통카드, 신분증 등의 응용이 가능하다.

정답 ②

 23 RFID 기술 중 센서 네트워크 통신 기술과 적용 영역이 유사한 기술은 무엇인가?

① ISO/IEC 18000-6(860~960㎒)
② ISO/IEC 18000-7(433㎒)
③ ISO/IEC 18000-3(13.56㎒)
④ ISO/IEC 18000-4(2.45㎓)

해 설

■ 1회 22번 해설의 '능동형 RFID 기술의 특징' 참조

정답 ②

 24 다음 중 NFC에서 지원하는 모드에 대한 설명으로 거리가 먼 것은?

① 두 대의 NFC 디바이스가 상호 데이터 송수신이 가능하다.
② RFID 태그를 인식하기 위한 리더로 작동한다.
③ 기존의 RFID 카드처럼 작동한다.
④ 센서 네트워크의 게이트웨이 역할을 수행한다.

해 설

■ 1회 23번 해설의 'NFC의 세 가지 모드' 참조

정답 ④

Part 3. 사물인터넷 네트워크

22 다음 내용에 해당하는 사물인터넷 통신 기술은 무엇인가?

- 13.56MHz대의 RFID 기술을 발전시킨 비접촉식 양방향 근접 통신 기술
- 기존의 RFID와 달리 읽기와 쓰기 모두 가능
- 10cm 안의 근접 거리 통신 기술

① Z-Wave　　　　② Wi-Fi
③ NFC　　　　　 ④ Bluetooth

해설

■ 1회 23번 해설 참조

정답 ③

25 RFID 시스템은 전파를 이용해서 칩에 있는 정보를 인식하는 것이다. 다음 중 RFID 시스템의 필수 구성 요소가 아닌 것은?

① 리더(Reader)　　　　② 태그(Tag)
③ 지그비(ZigBee)　　　 ④ 미들웨어(Middleware)

해설

■ 1회 22번 해설 'RFID 시스템의 필수 구성 요소' 참조

정답 ③

 22 NFC(Near Field Communication) 통신 기술에 대한 설명으로 옳지 않은 것은?

① 13.56MHz대의 RFID(Radio Frequency Identification) 기술을 발전시킨 접촉식 단방향 근접 통신 기술이다.
② 기존의 RFID와 달리 읽기와 쓰기가 가능하다.
③ 10cm 안의 근접 거리 통신 기술이며 통신을 위한 준비 설정 시간이 거의 없다.
④ 표준에서는 최대 424Kbps 전송 속도를 가진다.

해설

- 1회 23번 해설 'NFC(Near Field Communication)의 개념'과 'NFC의 특징(장점)' 참조
- NFC는 13.56MHz대의 RFID 기술을 발전시킨 비접촉식 양방향 근접 통신 기술

정답 ①

 25 RFID 주파수 대역별 주 응용 분야로 가장 거리가 먼 것은?

① 135kHz 이하 : 이력 관리/보안/동물 관리 등
② 13.56MHz : 교통 카드, 도서/재고 관리 등
③ 433MHz : 여권, ID 카드 등
④ 900MHz : 유통, 물류 등

해설

■ RFID 주파수 대역별 특징

주파수	주 응용 분야	능동 / 수동	표준 규격
135KHz 이하	이력 관리/보안/동물 관리	수동형	ISO/IEC 18000-2
13.56MHz	교통 카드/도서/재고 관리	수동형	ISO/IEC 18000-3
433MHz	컨테이너/자동차	능동형	ISO/IEC 18000-7
860MHz ~ 960MHz	유통/물류	수동형	ISO/IEC 18000-6
2.45GHz	여권/ID 카드	수동/능동	ISO/IEC 18000-4

정답 ③

26 RFID 시스템의 필수 구성 요소로 옳지 않은 것은?

① 미들웨어(MiddleWare) ② 바코드(BarCode)
③ 리더(Interrogator) ④ 태그(Transponder)

해설

- 1회 22번 해설 참조
- **RFID 시스템의 필수 구성 요소**
  - 리더(Interrogator), 태그(Transponder), 미들웨어(Middleware)

정답 ②

4 지그비(ZigBee)

(1) 기술 개요

사물인터넷 디바이스들 사이의 통신에 필요한 특수한 요구 사항들을 고려하여, 초기부터 꾸준히 발전된 표준 기술로, 소형·저전력·저비용·근거리 통신을 지향하며 IEEE 802.15.4 기반으로 구성된다.

① 모토로라, 하니웰 등이 중심이 되어 1998년부터 기술 개발, 2002년에 지그비 얼라이언스 설립
② 2000년에 저가, 저전력, 소형 네트워크에 관한 표준이 물리 계층과 데이터 링크 계층을 위해 IEEE 802.15 워크 그룹에 제안됨
③ 2005년 지그비 1.0 표준 완성(IEEE 802.15.4-2006)

	RF4CE	PRO	IPv6
Application Profile	ZRC 1.x / ZID	ZLL / ZHA / ZBA / ZGP / ZTS / ZRS / ZHC / ZSE 1.x	ZSE 2.0
Network Layer	ZigBee RF4CE	ZigBee PRO	ZigBee IP
Media Acces Layer(MAC)	IEEE 802.15.4 - MAC		IEEE 802.15.4 (or Wi-Fi/HomePlug)
Physical Layer (PHY - Radio)	IEEE 802.15.4 - sub·GHz (specified per region)	IEEE 802.15.4 - 2.4GHz (worldwide)	IEEE 802.15.4 - 2.4GHz (or Wi-Fi/HomePlug)

Legend
- ZRC : ZigBee Remote Control
- ZID : ZigBee Input Devices
- ZGP : ZigBee Green Power(optional)
- ZigBee IP : Internet Protocol
- MAC : Media Access Control
- PHY : Physical Layer
- RF4CE : RF for Consumer Electronics
- ZSE : ZigBee Smart Energy
- ZHA : ZigBee Home Automation
- ZBA : ZigBee Building Automation
- ZTS : ZigBee Telecom Services
- ZRS : ZigBee Retail Services
- ZHC : ZigBee Health Care
- ZLL : ZigBee Light Link

지그비 프로토콜 스택

(2) 지그비 통신 기술 비교

모드	내용
ZigBee Pro	• 지그비 스택의 발전 • 2006년에 '지그비 2006 규격' 발표 후, 2007년 '지그비 프로 규격' 발표 • 지그비 프로는 지그비 2006 디바이스들과 완전히 호환 • 첫 응용 프로파일 ZHA(ZigBee Home Automation)
ZigBee RF4CE	• 2009년 지그비 얼라이언스와 RF4CE 컨소시엄이 협력 가전제품의 원격 제어를 위한 규격으로서 스타토폴로지를 위한 간단한 스택을 정의 • 2.4㎓ 주파수 대역을 사용하고, 128bit AES 암호화 기술을 이용한 보안 적용 • 이 스택 위에는 ZRC, ZID 두 개의 프로파일이 존재
ZigBee IP	• 에너지 관리용 응용 프로파일인 Smart Energy Profile 2.0을 수용하기 위해 2013년 발표된 스택 • IPv6 기반 완전한 무선 메시 네트워킹 솔루션으로 발표된 개방형 표준으로 저전력 디바이스들을 인터넷에 직접 연결시켜줌 • IETF의 관련 표준화 결과, 6LoWPAN, RPL, TLS, DTLS 포함

Part 3. 사물인터넷 네트워크

기출문제 풀이

34 다음 중 소형, 저전력, 저비용, 근거리 무선 통신을 지향하며 IEEE 802.15.4 기반으로 사물인터넷 디바이스들 사이의 통신에 필요한 특수한 요구 사항들을 고려하여 초기부터 꾸준히 발전되어 온 표준 기술은 무엇인가?

① 지그비(ZigBee)
② 지웨이브(Z-Wave)
③ 블루투스(Bluetooth)
④ RFID(Radio Frequency Identification)

해설

■ 지그비의 개념
- 사물인터넷을 위한 표준 기술로서 소형, 저전력, 저비용, 근거리 무선 통신을 지향한다.
- IEEE 802.15.4 기반으로 구성된다.

■ 지그비의 발전
- 1998년부터 모토로라와 하니웰 등의 회사가 중심이 되어 기술 개발이 시작된다.
- 2000년에 저가, 저전력, 소형 네트워크에 관한 표준이 물리 계층과 데이터 링크 계층을 위해 IEEE 802.15 워크 그룹에 제안되었다.
- 2002년 지그비 얼라이언스가 설립되었다. 설립 목적은 IEEE 802.15.4 표준의 상위 계층(네트워크 계층부터 응용 계층)의 표준까지 제정하여 전체 계층의 표준화를 커버함으로써 전 세계가 공통으로 사용하는 로우 레이트(Low Rate) WPAN(Wireless Personal Area Network) 기술을 완성하여 제공하기 위함이다.
- 2004년 말 IEEE 802.15 워크 그룹은 IEEE 802.15.4-2003 표준을 만들었고, 이후 IEEE 802.15.4-2006 표준으로 발전하였다.

주파수 대역과 채널별 속도

주파수 대역	2.4GHz	915MHz(미국)	868MHz(유럽)
채널과 속도	16채널/250Kbps	10채널/40Kbps	1채널/20Kbps

- 2005년 지그비 얼라이언스는 지그비 1.0 표준('지그비 2004 규격')을 완성했다.

■ 여러 규격이 개발되었고 지금은 용도에 따라 크게 세 가지 통신 기술을 공개하고 있다.

- ZigBee Pro
  - 처음 개발된 지그비 스택을 발전시킨 것이다.
  - 2006년에 '지그비 2006 규격'이 발표된 후 이어서 2007년 '지그비 프로 규격'이 발표되었다.
  - 지그비 프로는 지그비 2006 디바이스들과 완전히 호환된다.
  - 이 규격 위에 발표된 첫 응용 프로파일은 ZHA(ZigBee Home Automation)이다.
- ZigBee RF4CE
  - 2009년 지그비 얼라이언스와 RF4CE 컨소시엄이 협력 가전제품의 원격 제어를 위해 메시 네트워크가 아닌 스타토폴로지를 위한 규격으로서 간단한 스택을 정의한다.
  - 2.4㎓ 주파수 대역을 사용하고 AES-128을 이용한 보안이 적용된다.
  - 이 규격 위에 발표된 응용 프로파일은 ZRC(ZigBee Remote Control)와 ZID(ZigBee Input Device) 두 개가 존재한다.
- ZigBee IP
  - 스마트 그리드와 같은 에너지계에서 가장 주목을 받는 에너지 관리용 응용 프로파일인 Smart Energy Profile 2.0을 수용하기 위해 2013년 발표된 스택이다.
  - IPv6 기반의 완전한 무선 메시 네트워킹 솔루션으로 발표된 개방형 표준이다.
  - 저전력 디바이스들을 인터넷에 직접 연결시켜 준다.
  - IETF 관련 표준화 결과를 대부분 수용하여 6LoWPAN과 RPL 라우팅 메커니즘을 포함한다.
  - 또한 TCP, UDP의 전송 계층에서의 보안 메커니즘 TLS, DTLS를 포함한다.

정답 ①

25 다음 중 ZigBee IP에 대한 설명으로 가장 거리가 먼 것은?
① 에너지 관리용 응용 프로파일을 수용하기 위해 발표된 프로토콜 스택이다.
② 6LoWPAN과 RPL 라우팅 메커니즘을 포함한다.
③ IPv4 기반 무선 메시 네트워킹을 지원한다.
④ 인터넷 수송 계층의 보안 메커니즘인 TLS, DTLS를 포함한다.

해설

■ 1회 34번 해설 참조

정답 ③

26 다음 중 지그비(ZigBee)에 대한 설명으로 가장 거리가 먼 것은?

① 대형, 고전력, 저비용 및 원거리 무선 통신을 지향한다.
② ZigBee Pro는 처음 개발된 지그비 스택을 발전시킨 것이다.
③ 지그비 얼라이언스는 용도에 따라 ZigBee Pro, ZigBee RF4CE, ZigBee IP 의 세 가지 통신 기술을 공개하고 있다.
④ IEEE 802.15.4 기반으로 구성된다.

해설

■ 1회 34번 해설 참조

정답 ①

23 지그비(ZigBee) 통신 기술에 대한 설명으로 옳지 않은 것은?

① 소형, 저전력, 저비용, 근거리 무선 통신을 지향하며 IEEE 802.15.4 기반으로 구성된다.
② ZigBee Pro, ZigBee RF4CE, ZigBee IP의 세 가지 통신 기술을 공개하고 있다.
③ ZigBee Pro는 ZigBee 2006 디바이스들과 호환되지 않는다.
④ ZigBee RF4CE는 협력 가전제품의 원격 제어를 위한 규격으로서 스타토폴로 지를 위한 간단한 스택을 정의한다.

해설

■ 1회 34번 해설 참조

정답 ③

22 지그비(ZigBee) 통신 기술 중 아래 내용에 해당하는 것은?

- 스마트그리드와 같은 에너지계에서 가장 주목을 받는 에너지 관리용 응용 프로파일인 Smart Energy Profile 2.0을 수용하기 위해 2013년 발표된 스택이다.
- IPv6 기반 완전한 무선 메시 네트워킹 솔루션으로 발표된 개방형 표준으로 저전력 디바이스를 인터넷에 직접 연결시켜 준다.

① ZigBee RF4CE ② ZigBee Advance
③ ZigBee Pro   ④ ZigBee IP

해 설

■ 1회 34번 해설 참조

■ ZigBee IP
- 스마트그리드와 같은 에너지계에서 가장 주목을 받는 에너지 관리용 응용 프로파일인 Smart Energy Profile 2.0을 수용하기 위해 2013년 발표된 스택이다.
- IPv6 기반의 완전 무선 메시 네트워킹 솔루션으로 발표된 개방형 표준이다.
- 저전력 디바이스들을 인터넷에 직접 연결시켜 준다.
- IETF 관련 표준화 결과를 대부분 수용하여 6LoWPAN과 RPL 라우팅 메커니즘을 포함한다.
- 또한 TCP, UDP의 전송 계층에서의 보안 메커니즘 TLS, DTLS를 포함한다.

정답 ④

5 Z-Wave

(1) 기술 개요

① ZenSys가 주축이 되어 2005년에 만들어진 Z-Wave 얼라이언스에서 개발한 홈 오토메이션의 모니터링과 컨트롤을 위한 저전력 통신 기술이다.
② 908.42㎒(미국) 및 주변의 주파수 밴드에서 작동하며, ITU-T에서 Sub 1㎓ 협대역 무선 디바이스를 위한 1, 2계층 표준(G.9959)으로 등록되어 있다.

- 국내에서는 919.7MHz, 921.7MHz, 923.1MHz가 Z-Wave 용도로 승인됨(2013년 12월)
- 혼잡한 2.4GHz 주파수 기반의 통신 기술에 비해 간섭이 없음
- 9,600bps~100Kbps의 전송 속도

③ Z-Wave 기기들은 같은 네트워크에 있으면 다른 벤더의 제품과도 호환성이 뛰어나며, 투과성이 좋아 벽이 있어도 30m 정도의 거리에서 통신이 가능하다.

기출문제 풀이

26 다음 중 Z-Wave에 대한 설명으로 가장 거리가 먼 것은?

① 네트워크 토폴로지 측면에서 마스터 노드를 기반으로 232대의 디바이스가 연결될 수 있다.
② 투과성이 좋아 벽이 하나 있어도 30m 정도의 거리에서 통신이 가능하다.
③ Wi-Fi, Bluetooth, ZigBee 등이 사용하는 2.4GHz 주파수와 다른 주파수를 사용하여 간섭에서 자유롭다.
④ 홈 오토메이션의 모니터링과 컨트롤을 위한 저전력 통신 기술이다.

해설

■ Z-Wave의 개념
- 2005년 덴마크 회사 ZenSys가 주축이 되어 Z-Wave 얼라이언스를 설립하였다.
- 홈 오토메이션의 모니터링과 컨트롤을 위한 저전력 통신 기술이다.

■ Z-Wave의 주파수 대역
- 908.42MHz(미국) 및 주변의 주파수 밴드에서 작동한다.
- ITU-T에서 Sub 1GHz 협대역 무선 디바이스를 위한 1, 2계층 표준(G.9959)으로 등록되어 있다.
- 한국에서는 2013년 12월 Z-Wave 용도로 919.7MHz, 921.7MHz, 923.1MHz의 주파수가 승인되었다.

■ Z-Wave의 특징
- 혼잡하지 않은 주파수 대역으로서 간섭에서 자유로운 점이 장점이다.
- 초기의 9,600bps를 넘어 100Kbps의 속도를 가진다.
- 소스 라우팅 기반의 메시 네트워크 토폴로지가 적용되어 네트워크를 구성하고, 마스터 노드를 가지지 않으며, 232개의 디바이스가 연결될 수 있다.
- Z-Wave 통신 기기들은 같은 네트워크에 있으면 다른 벤더의 제품이라도 호환성이 제공된다.
- 투과성이 좋으므로 벽이 하나 있어도 30m 정도 거리에서 통신이 가능하다.

정답 ①

27 다음 중 저전력 통신 기술인 Z-Wave에 대한 설명으로 가장 거리가 먼 것은?

① 홈 오토메이션의 모니터링과 컨트롤을 위한 저전력 통신 기술이다.
② 소스 라우팅 기반의 메시 네트워크 토폴로지가 적용되어 네트워크를 구성하고 마스터 노드를 갖지 않는다.
③ Wi-Fi, Bluetooth, ZigBee 등 2.4㎓ 주파수 기반의 통신 기술에 비해 간섭 현상이 높은 것이 단점이다.
④ Z-Wave 통신 기기들은 같은 네트워크에 있으면 다른 벤더의 제품이라도 호환성이 좋은 장점이 있다.

해설

■ 2회 26번 해설 참조

정답 ③

Part 3. 사물인터넷 네트워크

18 사물인터넷 통신 기술 중 Z-Wave에 대한 설명으로 옳지 않은 것은?

① 2005년 만들어진 Z-Wave 얼라이언스에서 개발한 홈 오토메이션의 모니터링과 컨트롤을 위한 저전력 통신 기술이다.
② Wi-Fi, Bluetooth, ZigBee처럼 혼잡한 2.4㎓ 주파수 기반의 통신 기술로, 간섭에서 자유롭지 못하다.
③ 소스 라우팅 기반의 메시 네트워크 토폴로지가 적용되어 네트워크를 구성한다.
④ 투과성이 좋으므로 벽이 하나 있어도 통신이 가능하다.

해설

- 2회 26번 해설 참조
- Z-Wave의 특징은 혼잡하지 않은 주파수 대역으로서 간섭에서 자유로운 점이 장점이다.

정답 ②

24 Z-Wave 통신 기술에 대한 설명으로 옳지 않은 것은?

① 소형, 저전력, 저비용, 근거리 무선 통신을 지향하며 IEEE 802.15.4 기반으로 구성된다.
② 혼잡한 2.4㎓ 주파수 기반의 통신 기술에 비해 간섭에 자유로운 점이 장점이다.
③ 소스 라우팅 기반의 메시 네트워크 토폴로지가 적용되어 네트워크를 구성한다.
④ Z-Wave 얼라이언스에서 개발한 홈 오토메이션의 모니터링과 컨트롤을 위한 저전력 통신 기술이다.

해설

- Z-Wave 통신 기술의 개념과 특징은 2회 26번 해설 참조
- ZigBee는 사물인터넷 디바이스들 사이의 통신에 필요한 특수한 요구 사항들을 고려하여 발전된 표준 기술로서, 소형/저전력/저비용/근거리 통신을 지향하며 IEEE 802.15.4 기반으로 구성됨

정답 ①

6 기타 통신 기술

(1) WPAN

① 개인이 활동하는 영역에 있는 다양한 장비를 무선으로 연결하는 네트워크
- 기존의 무선 랜보다 복잡도가 낮고 저전력을 사용하며 개인 사무실 또는 가정 내 등의 POS에서 무선 접속이 가능하도록 하는 기술
- 미국 전기전자학회에서 IEEE 802.15로 표준화를 추진함

② WPAN의 특징
- 저가 저전력 소모에 초점을 맞추어 단거리 무선 연결을 제공
- 사람의 몸에 지니거나 휴대할 수 있는 웨어러블 디바이스에 채용하여 사용

(2) UWB(Ultra WideBand)

① UWB는 군사용 레이더 및 원격 탐지용 주파수에 대한 상업적 이용을 허용하면서, 근거리 광대역 통신용 기술로 표준화됨

② UWB의 특징
- 초당 400~500Mbit까지 전송이 가능한 저전력 고속 무선 통신 기술
- 매우 짧은 데이터 펄스를 극저전력 라디오 신호로 데이터를 전달
- 초광대역을 활용하면서 동시에 출력이 상대적으로 낮음
- 주파수 대역 3.1~4.8㎓, 7.22~10.2㎓, 허용 출력 -41.3dBm/㎒
- 임펄스 라디오(Impulse Radio), 타임 도메인(Time Domain), 캐리어 프리(Carrier Free)로도 불림

③ FCC
- UWB 기술의 상용화를 허용하면서 UWB 중심 주파수의 20% 이상의 점유 대역폭을 가지거나 또는 500㎒ 이상의 대역폭을 차지하는 무선 전송 기술
- UWB 기술을 사용하면 송수신기의 소형화, 저전력화, 저가격화가 가능
- 실시간 위치 인식 시스템 용도로 많이 활용

(3) WSN(Wireless Sensor Network)

① 사물인터넷 분야에서도 센서를 활용한 네트워크로, 자동화된 원격 정보 수집을 기본 목적으로 하며 과학적, 의학적, 군사적, 상업적 용도로 다양한 응용 개발에 활용되는 기술

② 센서로 수집된 정보를 가공하여 이를 전송하는 소형 무선 송수신 장치와 센서 노드, 이를 수집하여 외부로 내보내는 싱크 노드로 구성된 네트워크로 RFID 등의 내용을 포함하고 있으며, 모든 사물에 적용되는 임베디드 무선 네트워크 기술

③ 산업용 사물인터넷 기술로서 WSN을 통해 수집된 실제 데이터를 활용하여 효율을 향상시키고 업무 절차를 간소화할 수 있음

(4) WirelessHART 및 ISA100a

① WirelessHART
- 공정 계측 및 제어를 위한 무선 통신 규격
- IEEE 802.15.4 기반 2.4GHz ISM 밴드 대역에서 작동
- 128bit AES 암호화 키를 사용하여 암호화
- Mesh Network Topology 지원
- 기존 HART 장치의 소프트웨어 · 하드웨어와 호환

② ISA100
- IEEE 802.15.4를 기반으로 하며, 2.4GHz ISM 밴드 대역에서 작동
- ISA는 다양한 산업용 네트워크 규약(HART, Profibus, Modus & Foundation Fieldbus)과 호환이 가능한 범용 네트워크 구축을 목표로 1945년에 설립된 비영리 단체임

③ WirelessHART 표준과 ISA100.11A 표준 비교
- 동일한 성능을 보장
- 두 표준의 차이점은 기존의 인프라 통합 시 나타남
- 대규모 무선 인프라를 설치해야 함
- 송파 전력이 10mW로 한정됨

IEEE 802.15.4 기반의 WirelessHART, ISA100.11a 비교

구분	WirelessHART	ISA100.11a
응용층	HART 기반	개방형
트랜스포트 계층	TCP 기반의 블록 전송	UDP
네트워크 계층	HART 기반 주소 체계 + 메시 라우팅(이중화 지원)	IPv6 + 메시 라우팅
데이터 링크	Prioritized-TDMA, C-hopping	CSMA/CA, C-hopping
물리 계층	IEEE 802.15.4 + FHSS/AFH	IEEE 802.15.4
주파수 대역	2.4GHz ISM/20-250Kbps	2.4GHz ISM/20-250Kbps

기출문제 풀이

 27 다음 중 근거리 통신망 기술로서 초당 400~500Mbit까지 전송이 가능한 저전력 고속 무선 통신 기술로서 IEEE 801.15.3에서 표준화를 진행하고 있는 기술은 무엇인가?

① WirelessHART ② ISA100a
③ ZigBee ④ UWB

해설

■ WPAN(Wireless Personal Area Network)

㉠ 개인 영역 무선 통신망으로서 개인이 활동하는 영역에 있는 다양한 장비를 무선으로 연결하는 통신망이다.

㉡ WPAN은 기존 무선 랜(WLAN)보다 복잡도가 낮고 저전력을 사용하여 개인 사무실 또는 가정 내 등의 POS에서 무선 접속이 가능하도록 하는 기술이다.

㉢ 미국 전기전자학회(IEEE)에서 IEEE 802.15로 표준화를 추진하고 있다.
 • IEEE 802.15 산하에는 7개의 태스크 그룹이 있다.
 • 대표적인 그룹으로는 15.1 블루투스, 15.3 초광대역 무선(UWB), 15.4 지그비, 15.6 인체 통신(BAN) 등이 있다.

㉣ 특징
 • 저가 저전력 소모에 초점을 맞추어 단거리 무선 연결을 제공하는 기술이다.
 • 저가, 저전력 기술을 활용하여 사람의 몸에 지니거나 휴대할 수 있는 디바이스에 채용하여 사용되는 사물인터넷 분야에서 중요한 역할을 하는 통신 방식들이다.

㉤ UWB(Ultra Wide Band)
 • WPAN의 Wi-Fi, Bluetooth, ZigBee, Z-Wave, RFID 외에 사용 가능한 통신 방법 중 하나이다.
 • 초고속 근거리 통신망으로서 군사용 레이더 및 원격 탐지용 주파수에 대한 상업적 이용을 허용하면서 근거리 광대역 통신용 기술로 표준화되었다.
 • 초당 400~500Mbit까지의 전송이 가능한 저전력 고속 무선 통신 기술이다.
 • 매우 짧은 데이터 펄스(Pico Second)를 극저전력(Ultra-low Power) 라디오 신호로 데이터를 전달하는 기술이다.

- UWB의 별칭으로는 임펄스 라디오(Impulse Radio), 타임 도메인(Time Domain), 캐리어프리(Carrier Free)가 있다.
- FCC(Federal Communications Commission, 연방통신위원회)가 UWB 기술의 상용화를 허용하면서 UWB 신호를 "중심 주파수의 20% 이상의 점유 대역폭을 가지거나 500㎒ 이상의 대역폭을 차지하는 무선 전송 기술"로 정의하였다.
  - 일반적으로 주파수 대역폭 3.1~10.2㎓ 대역에서 100Mbps 이상 속도로 기존의 스펙트럼에 비해 매우 넓은 대역에 걸쳐 FCC 파트 15의 EIRP(Effective Isotropical Radiated Power) 기준(-41.3dBm/㎒)의 낮은 전력으로 초고속 통신을 실현하는 근거리 무선 통신 기술로 규정하고 있으며, IEEE 802.15 3a 실무 그룹에서 탐구하고 있는 MAC 프로토콜의 물리적 계층(PHY)이다.
- UWB의 특징
  - 초광대역을 활용하면서 동시에 출력이 상대적으로 낮다.
  - 즉, 광대역을 사용함으로써 다른 통신망의 간섭에서 자유로울 수 있다.
  - 출력이 낮다는 것은 저전력 시스템 구축이 가능하다는 의미이다.
  - UWB 기술을 통해서 송수신기의 소형화, 저전력화, 저가격화가 가능하다.

정답 ④

---

  28 다음 중 WirelessHart에 대한 설명으로 가장 거리가 먼 것은?

① 공정 계측 및 제어를 위한 무선 통신 규격이다.
② IEEE 802.15.4를 기반으로 하며 2.4㎓ ISM 밴드 대역에서 작동한다.
③ 공정 측정값을 관측하고 메시 네트워크로 통신하여 데이터를 기존 호스트 시스템과 통합하기 위해 고안된 기술이다.
④ 대규모 무선 인프라 및 무선 게이트웨이를 이용하지 않고도 통신이 가능하다.

해설

■ WSN(Wireless Sensor Network)

- 사물인터넷 분야에서 센서를 활용한 무선 네트워크이다.
- 인간 중심의 WPAN과 달리 인간 중심 지향적이면서 장소에 구애받지 않고 언제 어디서나 컴퓨팅 환경에 접속할 수 있는 사물인터넷 패러다임이 확대되면서 전 세계적으로 활발하게 연구되고 있는 기술 중 하나이다.

- WSN은 센서로 센싱이 가능하고 수집된 정보를 가공하여 이를 전송하는 소형 무선 송수신 장치와 센서 노드(Sensor Node)와 이를 수집하여 외부로 내보내는 싱크 노드(Sink Node)로 구성된 네트워크이다.
- WSN 관련 표준으로는 IETF의 6LoWPAN, ROLL, CoRE, ZigBee, WirelessHART, ISA100 등이 있다.
- 특징
  - 기존의 네트워크와 다르게 의사소통의 수단이 아니라 자동화된 원격 정보 수집을 기본 목적으로 하며 과학적, 의학적, 군사적, 상업적 용도로 다양한 응용 개발에 활용되는 기술이다.
  - WSN에 대한 수요는 건물, 도심 거리, 산업 플랜트, 터널, 교량, 주행하는 자동차, 송유관, 기상 관측소와 같은 원격지 위치를 비롯한 모든 영역에서 센서들이 설치·운영되고 있는 기술이며 주로 스마트 미터링 부분이다.
- WirelessHART
  - 공정 계측 및 제어를 위한 무선 통신 규격이다.
  - 이 프로토콜은 IEEE 802.15.4를 기반으로 하며 2.4㎓ ISM 밴드 대역에서 작동한다.
  - AES-128 암호화 키를 사용하여 암호화한다.
  - 사용이 간단한 Mesh Network Topology를 지원한다.
  - 전 세계적으로 기존에 사용되는 HART 장치의 소프트웨어/하드웨어와 호환된다.
  - WirelessHART 특징 : 공정 측정값을 관측하고 메시 네트워크로 통신하여 데이터를 기존 호스트 시스템과 통합하기 위해 고안한 기술이다.
- ISA100
  - IEEE 802.15.4에 근간을 둔 표준이다.
  - ISA(Instrumentation, Systems and Automation Society)는 1945년에 설립된 비영리 단체로 계측기 또는 자동화 분야에서 일하는 전문가 회원들로 구성되어 있다.
  - ISA의 목표는 ISA100을 현재 시장에 출현한 다양한 산업용 네트워크 규약인 "HART, Profibus, Modus & Foundation Fieldbus"와 호환이 가능한 범용 네트워크로 만드는 것이다.
- WirelessHART와 ISA100의 비교
  - WirelessHART 표준과 ISA100.11A 표준은 서로 동일한 성능을 보장한다.
  - WirelessHART 또는 ISA100 기술을 이용하려면 대규모 무선 인프라를 구성해야 한다.
  - WirelessHART 및 ISA100.11A 기술의 송파 전력이 10mW로 한정되는 범위 제약의 단점이 있다.

정답 ④

Chapter 3 사물인터넷 전용망 통신 기술

1 사물인터넷 전용망 개요

(1) IoT 서비스는 네트워크 연결이 반드시 필요한데, 어떤 기기가 한 달에 한 번 10KB 이하의 데이터를 주고받는다고 가정하면, LTE와 같이 전송 속도가 빠르고 가격이 비싼 네트워크를 사용하는 것은 낭비이므로, IoT 응용 분야에 적합한 네트워크를 사용해야 한다는 점에 착안하여 개발된 기술

(2) 속도를 늦추면 출력이 낮아지고, 또한 배터리 수명이 늘어남

(3) 두 가지 기술 모두 공통적으로 다음과 같은 핵심 요구 사항을 가짐
  ① 저전력 소모 설계
  ② 안정적인 장거리 커버리지 제공
  ③ 단말기의 저가 공급을 통한 낮은 구축 비용
  ④ 대규모의 단말기 접속 구현

(4) 사물 간의 통신을 위해 여러 가지 기술들이 개발되고 있으며, 대표적인 기술로 LoRa와 NB IoT, LTE-M Cat.1 등이 있음

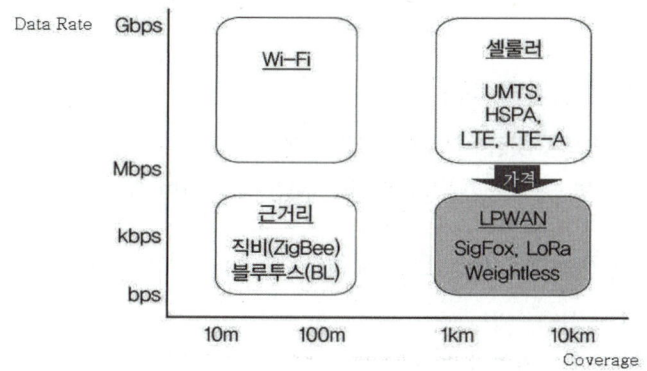

자료 : IoT Connectivity and Solution, Marius Monton

(5) 단순한 위치 찾기와 같이 단순한 데이터 전송만을 해주되 오랜 기간 충전 없이 사용해야 하는 IoT 적용 분야에 적합

(6) 주요 응용 분야

공원 내 미아 방지 서비스, 공공 자전거 및 유휴 장비의 위치 확인 서비스, 스마트 주차 서비스, 도시가스 · 전기 · 수도 등의 원격 검침 서비스 등

(7) LoRa와 LTE-M은 모두 IoT를 지원하는 기술이지만 그 쓰임에서 약간의 차이점을 보임

① LoRa는 Long Range IoT에 특화된 저전력, 저비용, 낮은 전송 속도를 가지는 장거리 통신에 유리한 기술

② LTE-M은 LTE 네트워크 기반의 IoT 통신 기술로 실시간성과 이동성이 높은 장점을 가짐

기출문제 풀이

24 사물인터넷 전용망 통신 기술의 핵심 요구 사항으로 거리가 먼 것은?

① 고전력 소모 설계
② 대규모의 단말기 접속 구현
③ 안정적인 장거리 커버리지 제공
④ 단말기의 저가 공급을 통한 낮은 구축 비용

> 해설

■ 사물인터넷 전용망의 특징
- 빠른 통신 속도를 갖출 필요가 없다는 점에서 착안해 개발한 기술이다.
- 속도를 늦추면 출력이 낮아지고 배터리 수명이 늘어나며 칩과 디바이스 가격도 낮아진다.

■ 사물인터넷 전용망의 핵심 요구 사항
- 저전력 소모 설계
- 안정적인 장거리 커버리지 제공
- 단말기의 저가 공급을 통한 낮은 구축 비용
- 대규모의 단말기 접속 구현

■ 사물인터넷 전용망의 장점 및 응용 분야
- 장점 : 단순한 위치 찾기와 같이 단순한 데이터 전송만을 해주되 오랜 시간 충전 없이 사용해야 하는 IoT 적용 분야에 적합하다.
- 응용 분야 : 공원 내 미아 방지 서비스, 공공 자전거 및 유휴 장비의 위치 확인 서비스, 스마트 주차 서비스, 도시가스 · 전기 · 수도 등의 원격 검침 서비스 등이 있다.

> 정답 ①

---

30 사물인터넷 전용망 통신을 위한 핵심 요구 사항으로 가장 거리가 먼 것은?

① 저전력 소모 설계
② 안정적인 장거리 커버리지 제공
③ 단말기의 저가 공급을 통한 낮은 구축 비용
④ 소규모의 단말기 접속 구현

> 해설

■ 4회 24번 해설 참조

> 정답 ④

2 사물인터넷 전용망 구현 기술

(1) LoRa

① LoRa는 Long Range로부터 이름 지어졌으며, 장거리 통신에 장점을 가진다.

② LoRa는 통신 범위를 증가시키기 위해 저전력 특성의 Chirp Spread Spectrum 변조 방식을 사용한다.

③ 상위 계층에서는 Battery Lifetime과 Capacity, QoS 등을 결정짓는 Protocol과 Architecture를 가진다.

④ LoRa는 디바이스의 요구 조건에 따라 Class A, Class B, Class C로 나뉘어 각 Class에 해당되는 서비스를 제공받는다.

⑤ 각 Class는 Latency와 Battery lifetime의 트레이드오프 관계에 따라 분류되는데 Class A는 가장 높은 Battery life를 가지지만 제한적인 Uplink 전송을 가지고, Class C는 항상 Uplink와 Downlink의 전송이 가능하지만 디바이스의 Battery life는 가장 짧다.

⑥ Class B는 Battery life와 Latency가 downlink 전송에 따라 조절된다.

⑦ Class A : 디바이스의 양방향 통신이 가능하다. Uplink 전송을 하였을 때 두 개의 짧은 Downlink receive window를 활성화시켜 Downlink 전송을 하고, 서버로부터 받을 데이터가 아직 남아 있을 때에는 다음 Uplink 전송을 기다린다.

⑧ Class B : Class A에 Random receive window를 추가한 것으로 디바이스가 Downlink 전송이 필요할 경우 Extra receive window를 Open 하며, 이를 위해 디바이스는 게이트웨이로부터 시간-동기화 Beacon 신호를 받는다.

⑨ Class C는 Receive window가 전송 중이 아닐 때 항상 Open 되어 있다. 그러므로 언제든 Uplink 전송과 Downlink 전송이 가능하다.

⑩ LoRa는 기기 간 동기를 맞출 필요가 없고, 채널에 대한 모니터링이 필요 없다.

⑪ Sensitivity 특성이 좋아서 Noise에 강하고, 10km의 넓은 범위를 가진다. 전력 소모도 매우 적어 10년까지 사용할 수 있는데 원격 검침이나 화재 알림 등에 응용할 수 있다.

(2) LTE-M 기술

① IoT를 위한 LTE 기술로, LTE-M의 본 명칭은 LTE-MTC(Machine Type Communication)이며, 3GPP(3rd Generation Partnership Project, 세계이동통신표준화협회)에서 표준화한 기술이다.

② 현재 Rel.13까지 표준화를 진행하고 있으며, 커버리지를 향상시키고, 저전력 기술을 바탕으로 단말기의 복잡도를 낮추는 것을 목표로 Cat.M을 표준화하고 있다.

③ Rel.13은 LTE-M과 NB(Narrow Band) LTE-M 두 가지 표준을 포함하고 있다.
  - LTE-M(1.4MHz)
  - NB LTE-M(200kHz)

④ NB(Narrow Band) IoT는 기존 LTE 망의 좁은 대역을 이용해 150Kbps 이하의 데이터 전송 속도와 8km 이상의 장거리 서비스를 지원하기 위한 협대역 전파 전송 기술로 면허 대역이자 현재 사용 중인 LTE 망을 사용할 수 있다는 큰 장점이 있다.

⑤ LTE-M의 가장 큰 특징은 이동 통신사가 구축해 놓은 기존 LTE 네트워크를 그대로 활용할 수 있다는 것이다.

⑥ LoRa의 구축 비용이 적게 든다고 하지만 기존 네트워크를 사용하는 것과는 비교할 수 없는 부분이며, LTE 네트워크 사용 시 IoT 서비스는 매우 짧은 시간에 저용량 데이터를 송수신하기 때문에 기존 트래픽 처리에 거의 영향을 미치지 않는다.

(3) LoRa와 LTE-M 기술 비교

① LoRa는 900MHz의 비면허 대역을 사용하고, LTE-M은 7~900MHz의 면허 대역을 사용한다.

② LTE-M은 커버리지 측면에서 전국 서비스가 가능할 뿐만 아니라 면허 대역의 주파수를 사용하기 때문에 주파수 간섭으로 인한 통신 품질의 저하가 없고, 사물과 양방향 통신을 할 수 있어 LoRa에서는 불가능한 디바이스에 대한 제어가 가능하다.

③ 하지만 LTE-M의 통신 모듈 가격이 LoRa의 통신 모듈 가격보다 4배가량 높은 것으로 나타나 있다.

LPWA의 요구 사항 중 하나는 저가 단말기 공급이며, IoT 서비스는 ARPU(Average Revenue Per Unit)라고 일컫는 서비스로 얻는 가입자당 평균 수익이 매우 낮은 것으로 알려져 있어, 통신 모듈의 가격을 낮춰야 사업자의 수익을 보장할 수 있다.

(4) 국내 사물인터넷 전용망 현황

구분	LTE-M(Cat.1)	NB-bT(Cat.M2)	LoRa
표준화	3GPP Rel.8(표준화 완료)	3GPP Rel.13 (2016년 6월 표준화 완료)	비표준
상용	2016년 상반기(상용화 완료)	2017년 4월	2016년 하반기
속도	(DN) 10Mbps/(UP) 5Mbps	(DN) 200Kbps/(UP) 144Kbps	(DN) 5.5Kbps/ (UP) 300bps~5.5Kbps
양방향	불가	eDRX 지원을 통한 양방향 송신	불가
주파수 대역 (QoS 보장)	면허 대역(LTE 주파수)	면허 대역(LTE 주파수)	비면허 대역(917~923.5MHz)
Battery Life	PSM 적용 시 10년	PSM 적용 시 10년	10년
Cell 커버리지	1~2km	15KM	11km
커버리지	전국망 (LTE 커버리지)	전국망 (LTE 커버리지*1,2)	특정 지역 서비스 (16,000식, 2016년 말 기준)
서비스 성공률(품질)	99% 이상		26~88%(거리 기준)
단말 생태계	칩셋/모듈 다양한 생태계 조성		모듈 SemTech 중심 소수 업체
보안	LTE 3단계 보안성 제공 가입자 인증, NAS Security(UE~MME 무결성 체크 및 암호화), AS Security(UE~eNB 무결성 체크 및 암호화)		망 인증 없는 단말 간 통신으로 단말 제어 불가
글로벌 로밍	글로벌 표준으로 기술 진화 용이, 글로벌 로밍 수용		LoRa Alliance 대상 한정 로밍 수용
이동성	저속/초고속 모두 지원		고정 중심, 보행 이동자 지원
프로토콜	TCP-IP(HTTP)	UDP(Coap)	-
통화 기능(핸드오버)*	지원	불가	불가

① LTE-M + LoRa
- 사업자 : SK텔레콤
- 2016년 LoRa 전국망 구축 완료, 서비스 개시
- LoRa의 주파수 간섭 문제 해결 방식 : LBT(Listen Before Talk) 방식, 채널 Hopping, 전송 실패 시 자동 재전송 기능
- LoRa의 단말기 비용 경쟁력 : 통신 모듈 가격이 LTE-M 대비 1/5 수준

② LTE-M + NB-IoT
- 사업자 : KT, LG U+
- NB-IoT는 2016년 6월 표준화 완료, 2017년 NB-IoT 전국망 구축 완료 후 상용 서비스 예정
- NB-IoT는 기존 LTE 망 사용으로 구축 비용 절감 가능
- 2, 3세대 LTE 기지국은 소프트웨어 업그레이드로 NB-IoT 제공 가능(1세대는 불가)

기출문제 풀이

 27 국내 사물인터넷 전용망으로 가장 거리가 먼 것은?

① LoRa(Long Range)
② LTE-M(Long Term Evolution for Machines)
③ NB-IoT(NarrowBand-Internet of Things)
④ RFID(Radio Frequency IDentification)

해 설

■ LoRA는 SKT에서 채택하고 서비스하는 사물인터넷 전용 통신망이다.
- 로라의 경우 무선 마이크 주파수를 사용하여 서비스 제공
- 비면허 주파수 대역을 사용

■ NB-IoT는 3GPP가 정한 사물인터넷 표준 통신 기술이다.

■ LTE-M은 KT가 채택하고 서비스하는 사물인터넷 전용 통신망이다.
- 기존 LTE 망보다 저전력, 저용량, 저비용이 특징이다.
- KT는 향후 LTE-M을 협대역(NB)-IoT로 업그레이드할 계획이다.

정답 ④

Chapter 4. 사물인터넷 응용 계층 프로토콜

 HTTP

(1) 기술 개요

① Hypertext Transfer Protocol의 약자로 웹상에서 클라이언트와 서버 간 정보를 주고받을 수 있는 애플리케이션 계층 프로토콜로 클라이언트와 서버 사이의 요청/응답 기반 데이터 교환 방식이다.
② 작동 방식
  ㉠ HTTP 작동 방식
    - 클라이언트와 서버 사이의 요청/응답(Request/Response) 기반 데이터 교환 방식이다.
      - 클라이언트인 웹 브라우저가 서비스를 요구한다.
      - 먼저 서버와의 TCP 연결을 생성한다.
      - 웹 브라우저는 HTTP 표준에 따른 형식화된 요청 메시지를 보낸다.
      - 이 메시지는 클라이언트가 취하고 싶은 CRUD 오퍼레이션과 대상이 되는 자원의 주소 정보 URI(Uniform Resource Identifier)와 서버로 보낼 추가 데이터를 포함한다.
      - 웹 서버는 클라이언트의 요청을 읽고 해석한 후, HTTP 응답 메시지를 돌려보낸다.
      - 응답 메시지는 요청이 성공 또는 실패했는지 여부를 표시하며, 필요한 경우 클라이언트가 요청한 내용을 포함하게 된다.

ⓒ HTTP 2.0
- IETF를 통해서 2012년부터 개발되어 2015년 2월 표준 출판이 승인되었다.
- HTTP 2.0은 구글이 인터넷을 통해 웹 콘텐츠를 좀 더 빨리 전달하기 위해 개발한 SP-DY(SPDeedY)를 근간으로 개발되었다.
  - 메시지 데이터 포맷을 텍스트가 아닌 바이너리로 구성하여 대역폭 소모가 심한 실시간 멀티미디어 콘텐츠 전달을 위한 개선 내용을 포함하고 있다.
- HTTP 2.0은 데이터 전달 시 TCP 연결 기반에서 병렬 전송이 가능하게 하여 속도를 개선하였다.
- HTTP 2.0은 서버가 콘텐츠를 브라우저로 전송하는 Push 기능을 포함하고 있다.
- HTTP 2.0은 HTTP 1.1과의 하위 호환성과 확장성, 개방성을 고려하여 설계되었다.

(2) HTTP 2.0

① HTTP 2.0은 IETF를 통해서 2012년부터 개발되어 2015년 2월 승인되었다.

기출문제 풀이

24 다음 중 아래 내용에 해당하는 것은 무엇인가?

> 컴퓨터 정보 시스템에서 서비스가 자원으로 구현되고 해당 자원에 대한 URI 주소와 CRUD 오퍼레이션을 통해서 서비스를 제공받을 수 있는 개념의 아키텍처로, 대표적으로 HTTP 프로토콜을 통해서 구현된다.

① SOA(Service Oriented Architecture)
② REST(Representational State Transfer)
③ OSI(Open Systems Interconnection)
④ MDA(Model Driven Architecture)

해설

■ REST 아키텍처 모델에서 HTTP 프로토콜
- HTTP 프로토콜은 사물인터넷 서비스를 위한 REST(Representational State Transfer) 아키텍처 모델에서 대표적으로 사용되는 프로토콜이다.

- REST란 컴퓨터 정보 시스템에서 서비스가 자원(Resource)으로 구현되고, 해당 자원에 대한 URI 주소와 CRUD 오퍼레이션을 통해 해당 서비스를 제공받을 수 있다는 개념이다.
- 이러한 단순 명료함 때문에 다양한 웹 플랫폼, 사물인터넷 플랫폼들이 REST 아키텍처 모델을 따르고 있으며, 개발을 위한 API도 단순화되어 개발자들을 끌어들이고 있다.
- REST 기반 API를 일반적으로 RESTful API라고 한다.

정답 ②

43 다음에서 설명하는 프로토콜은 무엇인가?

> 월드 와이드 웹과 같은 분산 하이퍼 미디어 시스템을 위한 소프트웨어 아키텍처의 한 형식으로 서버는 데이터베이스 내부의 자료를 직접 전송하는 대신, 데이터베이스 레코드를 HTML, XML이나 JSON 형식으로 전송

① SOA(Service Oriented Architecture)
② SOAP(Simple Object Access Protocol)
③ REST(Representational State Transfer)
④ 하이퍼바이저(Hypervisor)

해설

■ 1회 24번 해설 참조

정답 ③

29 다음 내용에 해당하는 것은 무엇인가?

> - 웹상에서 클라이언트와 서버 간 정보를 주고받을 수 있는 애플리케이션 계층 프로토콜
> - 클라이언트와 서버 사이의 요청/응답 기반 데이터 교환 방식
> - 사물인터넷 서비스를 위한 REST(Representational State Transfer) 아키텍처 모델에서 사용되는 대표적인 프로토콜
> - 주로 HTML 문서를 주고받는 데 쓰이며 TCP와 UDP를 전송 계층으로 사용

① CoAP(Constrained Application Protocol)
② HTTP(Hypertext Transfer Protocol)
③ AMQP(Advanced Message Queing Protocol)
④ XMPP(Extensible Messaging and Presence Protocol)

해설

■ 1회 24번 해설 참조

정답 ②

 27 HTTP(Hypertext Transfer Protocol)에 대한 설명으로 옳지 않은 것은?

① 사물인터넷 서비스를 위한 REST(Representational State Transfer) 아키텍처 모델에서 대표적으로 사용되는 프로토콜이다.
② 웹상에서 클라이언트와 서버 간 정보를 주고받을 수 있는 애플리케이션 계층 프로토콜이다.
③ 클라이언트와 서버 사이의 요청/응답 기반 데이터 교환 방식을 갖는다.
④ 단순한 메시지 포맷을 바탕으로 네트워크 대역 및 배터리 소모가 작다는 것을 특징으로 해서 페이스북의 모바일 메신저 프로토콜로도 이용된다.

해설

■ 1회 24번 해설 참조
■ ④는 MQTT(Message Queueing Telemetry Transport)의 특징이다.

정답 ④

2 CoAP

(1) CoAP(Constrained Application Protocol)의 개념
① 전송 지연과 패킷 손실률이 높은 네트워크 환경에서 저사양의 하드웨어로 작동되는 센서 디바이스의 RESTful 웹 서비스를 지원하기 위한 경량 프로토콜이다.
② IETF CoRE(Constrained RESTful Environments) 워크 그룹에서 2010년부터 표준화를 진행하여 핵심 프로토콜 표준화가 마무리 단계에 있다.

(2) CoAP 프로토콜의 구조적 특징
① CoAP는 하위 프로토콜 스택으로 물리 및 링크 계층은 저전력 센서 노드를 위한 IEEE 802.15.4 표준을 기반으로 하고, 네트워크 계층은 IPv6 프로토콜을 사용한다.
② IEEE 802.15.4 표준과 IPv6 프로토콜과의 인터페이스를 위한 계층(Adaptation)으로 6LoWPAN 프로토콜이 위치하고 있다.
③ CoAP는 이러한 표준들 상위의 트랜스포트와 애플리케이션 계층을 위한 웹 기반 응용 프로토콜이다.

(3) CoAP 프로토콜의 작동 환경적 특징
① CoAP는 사물인터넷 기기들 사이에서 리소스 이벤트에 대한 요청 방식과 이벤트가 생겼을 때 어떻게 비동기적으로 리소스 이벤트를 노드에 전송할지에 대한 방법을 RESTful 기반의 URI와 CRUD 오퍼레이션을 지원하는 접근 방식으로 프로토콜이 설계되어 있다.
② CoAP 프로토콜은 저전력, 고손실 네트워크 및 소용량, 소형 노드에 사용될 수 있는 특수한 웹 전송 프로토콜로서 RESTful 기반의 접근 방식을 따르기 때문에 기존 HTTP 웹 프로토콜과도 쉽게 변환 및 연동될 수 있다.
③ CoAP의 메시지 헤더 크기는 약 10~20byte이고 HTTP보다 약 1/10 정도여서 메시지 단편화 가능성이 낮다.
④ CoAP는 UDP 환경에서 유니캐스트와 멀티캐스트를 지원한다.

(4) CoAP의 메시지 전달 방식
① 메시지 전달 타입은 확인형, 비확인형, 승인, 리셋의 네 가지로 정의된다.

② Request/Response 형태의 메시지 트랜잭션마다 각각 토큰 ID를 두어 트랜잭션을 구분한다.
③ 현재 CoRE 워크 그룹에서는 큰 데이터 전송을 위해서 블록 단위 전달 방식과 서버 리소스 변화를 통보받을 수 있는 Observe 기능을 CoAP에 추가하여 관련 표준의 개발을 진행하고 있다.

기출문제 풀이

36 다음 중 전송 지연과 패킷 손실률이 높은 네트워크 환경에서 저사양의 하드웨어로 작동되는 센서 디바이스의 RESTful 웹 서비스를 지원하기 위한 경량 프로토콜로 개발된 것은?

① HTTP(Hypertext Transfer Protocol)
② CoAP(Constrained Application Protocol)
③ MQTT(Message Queueing Telemetry Transport)
④ XMPP(Extensible Messaging and Presence Protocol)

정답 ②

31 다음 중 CoAP(Constrained Application Protocol)에 대한 설명으로 가장 거리가 먼 것은?

① 저사양 하드웨어에서 작동하는 센서 디바이스의 RESTful 웹 서비스를 지원하기 위한 경량 프로토콜로 개발되었다.
② 네트워크 계층은 IEEE 802.15.4 표준을 기반으로 하고, 물리 계층 및 링크 계층은 IPv6 프로토콜을 이용한다.
③ 저전력, 고손실 네트워크 및 소용량, 소형 노드에 사용될 수 있는 특수한 웹 전송 프로토콜이다.
④ 메시지 전달 타입은 확인형, 비확인형, 승인, 리셋으로 정의된다.

해 설

■ 물리 계층은 IEEE 802.15.4 표준을 기반으로 하고, 네트워크 계층은 IPv6 프로토콜을 이용한다.

정답 ②

 29 사물인터넷 응용 계층 프로토콜에 대한 설명으로 옳지 않은 것은?

① HTTP는 웹상에서 클라이언트와 서버 간 정보를 주고받을 수 있는 애플리케이션 계층 프로토콜이다.
② CoAP은 하위 프로토콜 스택으로 물리 및 링크 계층은 저전력 센서노드를 위한 IEEE 802.11v 표준을 기반으로 삼고 있고, 네트워크 계층은 IPv6 프로토콜을 사용한다.
③ MQTT는 지연 및 손실이 심한 네트워크 환경에서 검침기, 센서 등 작은 기기들의 신뢰성 있는 메시지 전달을 위해 개발되었다.
④ XMPP는 Publish/Subscribe 방식과 Request/Response 방식의 메시지 교환 방식을 모두 지원한다.

해설

- 1회 36번 해설 참조
- CoAP은 하위 프로토콜 스택으로 물리 및 링크 계층은 저전력 센서노드를 위한 IEEE 802.15.4 표준을 기반으로 하고, 네트워크 계층은 IPv6 프로토콜을 사용한다.

정답 ②

3 MQTT

(1) MQTT(Message Queueing Telemetry Transport)

① 지연 및 손실이 심한 네트워크 환경에서 검침기, 센서 등 작은 기기들의 신뢰성 있는 메시지 전달을 위한 프로토콜이다.
② 1999년에 IBM이 개발한 메시지 프로토콜이다.
③ 2013년에 OASIS에서 MQTT를 사물인터넷 표준 프로토콜로 선정하고 해당 스펙을 공개했다.

(2) MQTT의 특징

① 원격 장치 모니터링을 위해 데이터 수집 목적으로 개발되었다.

② 작동 시에는 브로커라는 중계 서버를 기반으로 사물인터넷 기기들 간의 Publish/Subscribe 관계를 통해서 데이터를 전달한다.
③ 기기들 사이에 전달되는 메시지는 손실 복구 기능이 지원된다.
③ MQTT는 하위 프로토콜 스택의 전송 계층으로 TCP를 이용해서 작동되며, 단순한 메시지 포맷을 바탕으로 네트워크 대역 및 배터리 소모가 작다는 특징이 있다. 그래서 페이스북의 모바일 메신저 프로토콜로도 이용되고 있다.

(3) MQTT의 구성 및 작동 방식

① 다수의 클라이언트 기기들은 MQTT 서버에 연결되어 토픽 이름에 Subscribe 한다.
② 각 MQTT 클라이언트들은 토픽 이름을 기반으로 보내려는 메시지를 Publish 한다.
③ 따라서 해당 메시지는 MQTT 서버를 거쳐 Publish 된 토픽 이름에 가입한 다수의 클라이언트들에게 메시지가 전달된다.

(4) MQTT 작동 방식의 특징

① 토픽이 데이터 전달을 위한 중요한 연결 매개체가 된다.
② 즉, MQTT 메시지는 그것이 publish 될 때 토픽 이름을 가지고, 이를 통해서 해당 토픽에 가입한 클라이언트들에게 전달될 수 있는 구조이다.
③ MQTT는 저전력으로 작동한다.
④ 데이터 전송 지연 및 손실이 발생하는 네트워크 환경을 고려하고 있기 때문에, 메시지 전달의 신뢰성을 위한 세 가지 QoS 레벨을 정의하고 있다.
- 레벨 0 : 메시지를 최대 1번 전달, 유실 가능성 있음
- 레벨 1 : 메시지를 최소 1번 전달, 중복 전달 가능성 있음
- 레벨 2 : 메시지를 단 한 번만 정확하게 전달

기출문제 풀이

30 다음 중 MQTT(Message Queueing Telemetry Transport) 프로토콜에 대한 설명으로 가장 거리가 먼 것은?

① 단순한 메시지 포맷을 바탕으로 네트워크 대역 및 배터리 소모가 크다.
② 원격 장치 모니터링을 위해 데이터 수집 목적으로 개발되었다.
③ 페이스북의 모바일 메신저 프로토콜로도 이용되고 있다.
④ 하위 프로토콜 스택의 전송 계층으로 TCP를 이용해 그 위에서 작동한다.

해설

■ 단순한 메시지 포맷을 바탕으로 네트워크 대역 및 배터리 소모가 작다.

정답 ①

30 다음 내용에 해당하는 사물인터넷 응용 계층 프로토콜은?

- 지연 및 손실이 심한 네트워크 환경에서 검침기, 센서 등 작은 기기들의 신뢰성 있는 메시지 전달을 위해서 개발한 메시지 프로토콜
- 원격 장치 모니터링을 위해 데이터 수집 목적으로 개발

① MQTT(Message Queueing Telemetry Transport)
② UDP(User Datagram Protocol)
③ CoAP(Constrained Application Protocol)
④ XMPP(Extensible Messaging and Presence Protocol)

해설

■ 3회 30번 해설 참조

정답 ①

Chapter 4. 사물인터넷 응용 계층 프로토콜 · 207

4 XMPP

(1) XMPP(Extensible Messaging and Presence Protocol)
① 1999년 Jabber라는 이름으로 개발된 XML 기반 메신저 프로토콜이다.
② 2004년 IETF를 통해서 표준화된 프로토콜이다.
③ 현재 Google, Yahoo, MSN의 메신저 프로토콜로서 사용되고 있다.

(2) XMPP의 구조 및 메시지 교환 방식
① 사물인터넷 기기들은 XMPP 프로토콜을 통해서 이메일 주소와 같은 형식을 가진 Jabber ID를 이용하여 서로 구분될 수 있다.
② 도메인 서버를 통한 서버 클라이언트 통신 및 도메인 서버 간 통신을 통해 메시지 전달이 지원되는 구조를 갖는다.
③ 메시지 교환 방식으로는 Publish/Subscribe 방식과 Request/Response 방식을 모두 지원한다.

(3) XMPP에서 세 가지 메시지 타입
① 각 기기들은 도메인 서버를 통해서 전달되는 메시지 및 상태 정보를 교환한다.
② 해당 데이터는 XML 포맷으로서 세 가지 Core Stanzas, 즉 메시지 타입을 정의하고 있다.
  - 〈/message〉: 메시지를 보내는 기기에서 받는 기기로 대화 내용을 담아서, 이메일과 같은 푸시 메커니즘의 전달 방식으로 전달한다.
  - 〈/presence〉: 기기의 통신 가능 상태 여부 또는 사용자가 설정한 상태 정보를 상태 변경 시 Subscribe 되어 있는 기기에 전달한다.
  - 〈/iq〉: Info/Query 태그로서, 요청/응답 작동을 지원하며 get, set, result, error의 네 가지 Type attribute를 지원한다. 예를 들어, 대화 참여자 목록을 요청하고 응답받는 용도이다.

(4) XMPP의 작동 방식 및 특징
① 하위 프로토콜 스택의 전송 계층으로 TCP를 이용하고 그 위에 애플리케이션 프로토콜로서 작동한다.
② XMPP 클라이언트는 도메인 서버와 통신하여 데이터를 전송하는 방식의 서버-클라이언트 방식으로 작동한다.
  - 서버 기반으로 상대 디바이스 간 인증 및 보안 프로토콜이 지원되고 있다.
  - 실시간 메시지 전달과 확정성을 고려하고 있다.

기출문제 풀이

2회 30. 다음 중 사물인터넷 프로토콜로 메시지 교환 방식으로 Publish/Subscribe 방식과 Request/Response 방식을 지원하는 것은?

① HTTP(Hypertext Transfer Protocol)
② XMPP(Extensible Messaging and Presence Protocol)
③ MQTT(Message Queueing Telemetry Transport)
④ CoAP(Constrained Application Protocol)

정답 ②

5회 28. 사물인터넷 응용 계층 프로토콜 중 아래 내용에 해당하는 것은?

- Jabber라는 이름으로 1999년 개발된 XML 기반 메시저 프로토콜이다.
- 현재 대표적으로 Google, Yahoo, MSN의 메시저 프로토콜로서 사용되고 있다.
- 하위 프로토콜 스택의 전송 계층으로 TCP를 이용하고 그 위에 애플리케이션 프로토콜로서 작동한다.

① HTTP(HyperText Transfer Protocol)
② CoAP(Constrained Application Protocol)
③ MQTT(Message Queueing Telemetry Transport)
④ XMPP(Extensible Messaging And Presence Protocol)

해설

■ 2회 30번 해설 참조

정답 ④

학습법

- Part 4 사물인터넷 디바이스는 하드웨어(H/W), 소프트웨어(S/W), 스마트 센서의 총 3개의 챕터로 구성되어 있다.
- 대표적인 오픈소스 하드웨어 플랫폼의 종류 및 각각의 특징을 이해하고 웨어러블, 플랫폼, 스마트 시티, 유통 및 마케팅 등 다양한 분야별 디바이스를 이해하고 학습한다.
- 대표적인 오픈소스 소프트웨어 플랫폼의 종류와 각각의 특징을 이해하고 학습한다.
- 사물인터넷의 다양한 목적별 스마트 센서의 종류와 활용 및 특성에 대해 이해하고 학습한다.

시험 문제 출제 동향

- 1회 5문항(10%), 2회 6문항(12%), 3회 7문항(14%), 4회 7문항(14%), 5회 7문항(14%)이 출제되었으며, 전체적인 비중은 크지 않지만 난이도 있는 문제가 출제되는 경향이 있는 영역이다.
- 지금까지 출제되었던 총 32문항 중 각 하위 챕터별 출제 비중은 다음과 같다.
  - Chapter 1. 사물인터넷 디바이스 H/W : **12문항**
  - Chapter 2. 사물인터넷 디바이스 S/W : **8문항**
  - Chapter 3. 스마트 센서 : **12문항**

Part
4

사물인터넷 디바이스

Chapter 1 사물인터넷 디바이스 H/W

Chapter 2 사물인터넷 디바이스 S/W

Chapter 3 스마트 센서

Chapter 1 사물인터넷 디바이스 H/W

1 사물인터넷 디바이스 H/W의 개요

(1) 사물인터넷의 디바이스 H/W는 오픈소스 하드웨어(Open Source Hardware, OSHW)가 주류를 이루고 있는데, OSHW는 하드웨어 설계 내용 등을 누구나 이용할 수 있도록 개방하여 다수에 의해 공유·논의되면서 발전하고 있다.

(2) OSHW는 H/W의 설계 소스 결과물[회로도, 자재 명세서(Bill of Materials, BOM), PCB 도면 등]뿐만 아니라 그것을 목적에 맞게 구동하는 S/W(Firmware, OS, 응용 프로그램 등)의 설계 소스 결과물까지도 무료로 공개하는 것을 포함한다.

기출문제 풀이

 30 다음 중 OSHW(Open Source Hardware)의 목적으로 가장 적절한 것은?

① H/W의 설계 소스 결과물(회로도, 자재 명세서, PCB 도면 등)만 무료로 공개한다.
② H/W의 설계 소스 결과물(회로도, 자재 명세서, PCB 도면 등)뿐만 아니라 그것을 목적에 맞게 구동하는 S/W(Firmware, 응용 프로그램 등)의 설계 소스 결과물까지도 무료로 공개하는 것을 포함한다.
③ H/W의 설계 소스 결과물(회로도, 자재 명세서, PCB 도면 등)뿐만 아니라 그것을 목적에 맞게 구동하는 S/W(Firmware, 응용 프로그램 등)의 설계 소스 결과물의 일부를 무료로 공개하는 것을 포함한다.
④ H/W의 설계 소스 결과물(회로도, 자재 명세서, PCB 도면 등)뿐만 아니라 그것을 목적에 맞게 구동하는 S/W(Firmware, 응용 프로그램 등)의 설계 소스 결과물까지도 유료화하는 것을 말한다.

해설

■ **OSHW(Open Source Hardware)의 개념**
- 사물인터넷의 디바이스 H/W는 OSHW(Open Source Hardware)가 대세이다.
- 물리적인 인공물에 대한 설계 내용 등을 무료로 개방함으로써 다수에 의해 공유·논의되고 발전하면서 나름대로의 생태계를 만들어 가는 오픈소스 문화의 파생 결과이다.
- H/W의 설계 소스 결과물[회로도, 자재 명세서(Bill of Materials, BOM), PCB 도면 등]뿐만 아니라 그것을 목적에 맞게 구동하는 S/W(Firmware, OS, 응용 프로그램 등)의 설계 소스 결과물까지도 무료로 공개하는 것을 포함한다.

■ **OSHW의 특징**
- 공개된 기술에 대한 특허 라이선스가 없고, 제품 개발에 필요한 리소스가 공개되어 있다는 점이 특징이다.
- 부품을 직접 구매해 조립하기 때문에 완성형 또는 표준형 제품에 비해 가격이 저렴하다.
- 형태 변경을 통해 전혀 새로운 형태의 커넥티드 기기를 탄생시킬 수도 있다.
- 제어나 조작에 필요한 소프트웨어 역시 주로 오픈소스 형태로 공개되어 용도에 맞춰 직접 프로그래밍도 가능하다.

■ OSHW의 동향
- 표준 레퍼런스 보드를 개발하고 관련 소스를 제공하여 개발에 대한 접근성이나 구현 용이성을 강조하는 OSHW 동향이 있다(실례로는 Arduino, Raspberry Pi 등의 플랫폼이 있다).
- 이를 기본으로 하면서 각종 기능을 SoC화하거나 모듈화를 강조하여 전력이나 비용을 절감하는 전략을 추가하는 OSHW 동향이 있다(대부분 칩벤더들이 주도하는 것이 특징이다).

정답 ②

---

33 다음 중 오픈소스 하드웨어의 결과물로 가장 거리가 먼 것은?

① PCB 도면
② 자재 명세서(Bill of Materials, BOM)
③ 회로도
④ 펌웨어(Firmware)

해설

■ 1회 30번 해설의 'OSHW(Open Source Hardware)의 개념' 참조

정답 ④

---

31 다음 중 일반적으로 데이터를 생성하는 센서, 그리고 다른 디바이스와 데이터를 주고받을 수 있는 통신 기능이 있는 장치들을 통틀어 무엇이라고 하는가?

① 사물인터넷 서버
② 사물인터넷 클라이언트
③ 사물인터넷 디바이스
④ 사물인터넷 서비스 플랫폼

해설

■ 사물인터넷 디바이스는 사물의 상태를 파악하여 데이터를 생성하는 센서와 그 생성된 데이터를 주고받을 수 있는 통신 기능이 있는 장치를 의미한다.

정답 ③

 36 OSHW(Open Source Hardware)의 특징으로 옳지 않은 것은?

① 기술에 대한 라이선스가 없다.
② 제품 개발에 필요한 리소스는 공개되지 않는다.
③ 부품을 직접 구매해 조립하기 때문에 완성형 또는 표준형 제품에 비해 가격이 저렴하다.
④ 형태 변경을 통해 전혀 새로운 형태의 커넥티드 기기를 탄생시킬 수도 있다.

해설

■ 1회 30번 해설의 'OSHW의 특징' 참조

정답 ②

2 사물인터넷 디바이스 H/W 플랫폼 종류

(1) 아두이노(Arduino)

① 2005년 이탈리아에서 탄생한 아두이노(Arduino)는 대표적인 오픈소스 하드웨어 플랫폼 중 하나로 Atmel 사의 AVR이나 Coretex-M3를 탑재한 마이크로컨트롤러 보드이다.
- 아두이노는 임베디드 시스템 개발 경험이 없는 사람도 쉽게 접근할 수 있도록 개발 툴, 회로도 등 개발을 위한 모든 내용을 오픈소스 형태로 제공하고 있다.
- 아두이노 보드의 가격은 저렴하며, 각종 센서/액추에이터 및 통신 모듈 등을 탑재한 다양한 호환 보드를 활용하여 쉽게 확장할 수 있다.

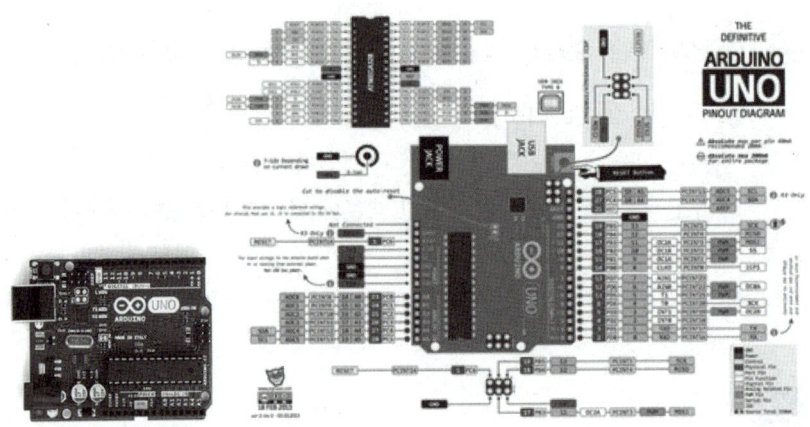

(2) 라즈베리파이(Raspberry Pi)

① 영국의 라즈베리파이 재단이 학교에서의 기초 컴퓨터 교육용 프로젝트의 일환으로 개발한 초소형/초저가 PC로, 2012년 처음 제품이 나온 이후 2013년 1월 100만 대가 판매되었다.
② 라즈베리파이는 아두이노와 달리 키보드, 마우스, 모니터만 연결하면 PC가 될 수 있으며, Linux OS를 기반으로 한다. 세부적인 설정을 제공함으로써 초보 프로그래머에 맞춤형 환경을 제공한다.

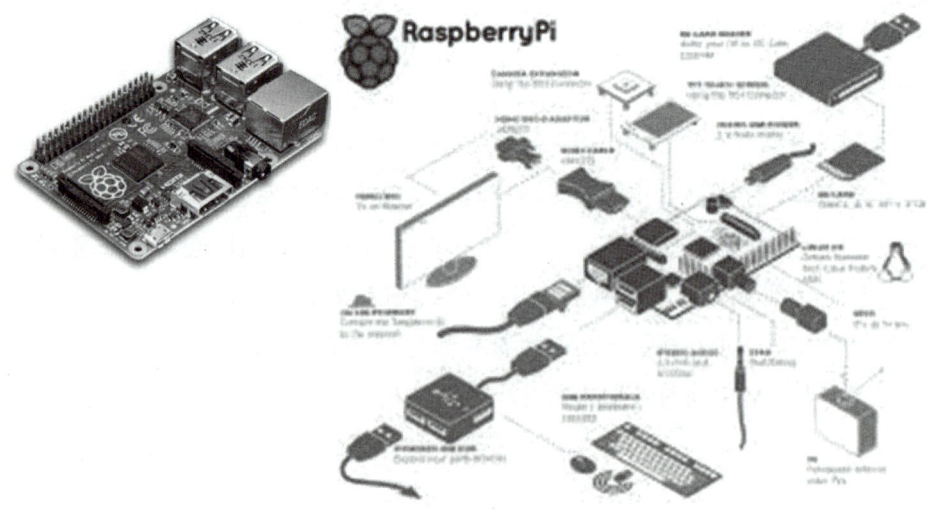

(3) 인텔 : 갈릴레오(Galileo)

① 갈릴레오 보드는 인텔 Quark SoC X1000(32 bit 팬티엄 클래스 SoC) 프로세스를 기반으로 하며, 아두이노 우노 R3용 쉴드와 호환 가능한 H/W와 S/W 아키텍처를 공유하고 있다.
- 윈도와 맥 OS에서 개발 가능하며, 아두이노의 IDE를 수정하여 제공함으로써 아두이노에 익숙한 사람들에게 친숙성을 제공한다.
- 아두이노와는 달리 Linux OS와 x86 CPU를 채택하여 아두이노보다 다양한 응용 시스템의 개발이 가능하다.
- 디스플레이를 위한 그래픽은 보드에 포함되지 않는다.

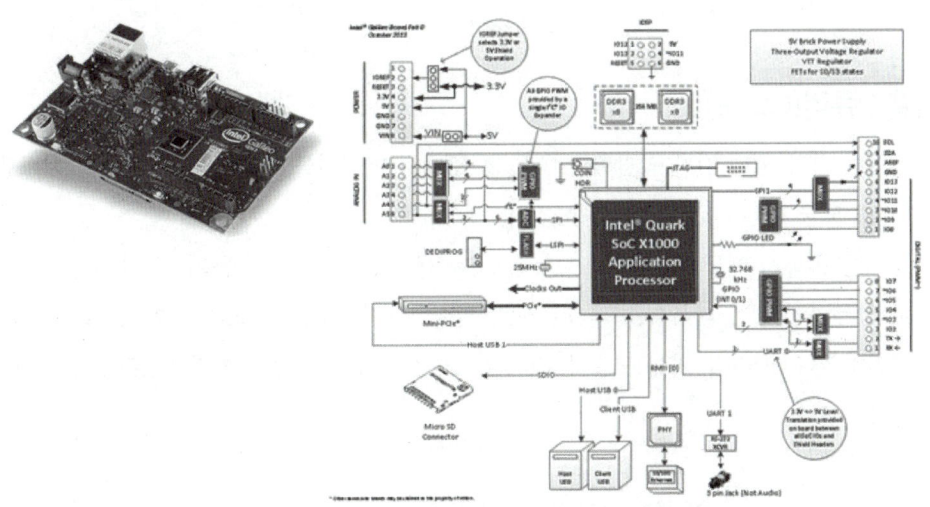

(4) 인텔 : 에디슨(Edison)

① 2014년 1월 인텔은 Atom 듀얼 코어 CPU와 Quark 마이크로컨트롤러를 포함한 SoC 칩과 Wi-Fi 및 Bluetooth를 포함한 모듈인 SD 카드 모양의 소형 컴퓨터 에디슨(Edison)을 발표하였다.

② 에디슨은 갈릴레오 보드와 마찬가지로 Linux OS가 탑재되고, 아두이노 IDE를 지원하여 아두이노와의 S/W 호환성을 유지한다.

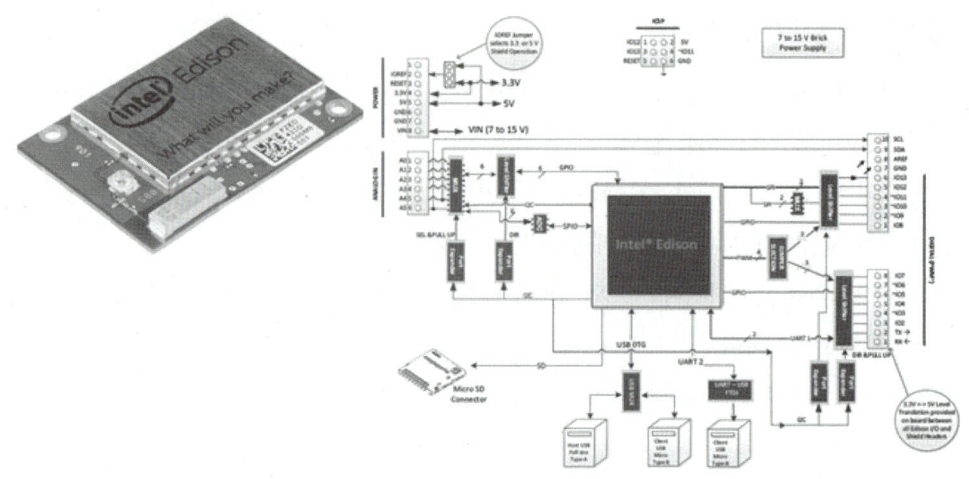

(5) 인텔 : 큐리(Curie)

① 인텔은 세계 최대 전자 박람회인 CES 2015에서 웨어러블 기기를 위한 초소형 시스템 온 칩(SoC) 모듈 '큐리(Curie)'를 공개하였다.

② 큐리는 Edison에도 포함된 Quark SE SoC를 적용하여 버튼 등의 더 작은 웨어러블 기기에 적용하기 위한 디바이스 플랫폼으로 가방, 팔찌, 단추 등 의류나 액세서리 등의 적용을 고려하였다. 배터리, 가속도 센서, 자이로스코프, Bluetooth LE, 저전력 DDSP 센서 허브 등을 포함한다.

(6) 인텔 : 줄(Joule)

① 2016년 8월, 인텔은 아톰 기반 IoT 모듈로 두 가지 버전의 '줄(Joule)'을 발표했다. 에디슨 대비 성능을 대폭 향상시켰으며, IoT 외에도 로봇, 드론 등 다양한 목적으로 확대 적용하는 것이 가능하다.

② 550X : 1.5㎓ 쿼드코어, 3GB LPDDR4, 8GB eMMC
   570X : 1.7㎓, 4GB LPDDR4, 16GB eMMC

③ 570X의 개발자 킷은 369달러로, 가격은 비싼 편이지만 성능이 뛰어나 태블릿 PC에 탑재하는 것이 가능할 정도이며, 그 자체로는 작동하지 않기 때문에 키트에 포함된 캐리어보드를 필요로 한다. 임베디드 개발 및 기업들은 줄을 이용해 임베디드 시스템을 구축하거나 프로토타입을 통해 제품 개발 및 상용화를 더 빨리할 수 있다.

④ 초소형 저전력 모듈인 줄은 하드웨어 공간이 제한적이면서 고성능 컴퓨팅 성능을 필요로 하는 애플리케이션 개발에 최적화되어 있다.

(7) 비글본 블랙(BeagleBone Black)

비글본 블랙은 라즈베리파이와 비슷한 배경에서 생겨난 오픈소스 하드웨어 플랫폼으로, 고성능 ARM CPU인 Cortex-A8을 비롯해 고속 비디오 및 오디오와 2D/3D 그래픽 처리 장치가 탑재되어 있으며, 리눅스를 비롯해 안드로이드, 우분투(Ubuntu) 등 다양한 OS를 지원한다.

Part 4. 사물인터넷 디바이스

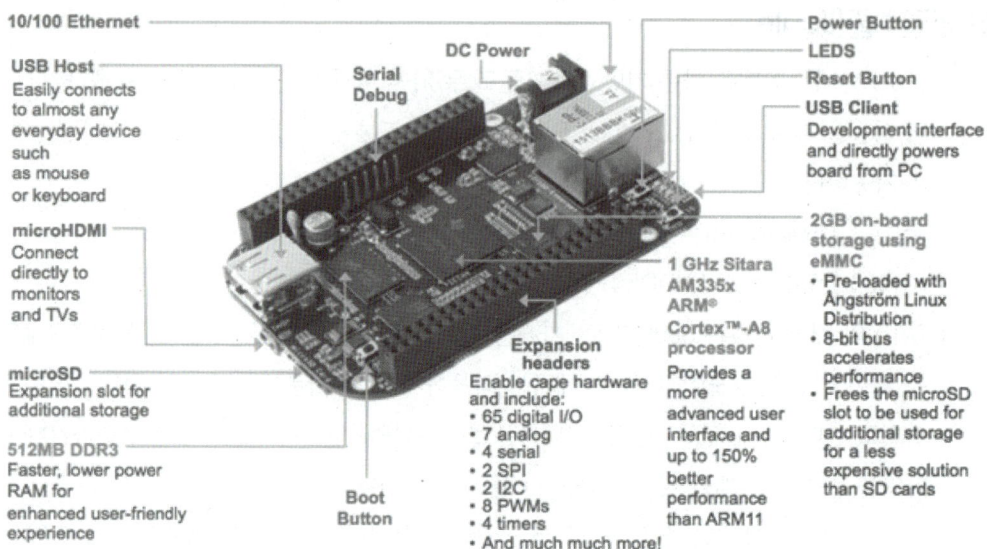

(8) 링크잇원(Linkit One)

① MediaTek labs는 모든 개발자가 웨어러블 또는 사물인터넷 장치를 만들 수 있도록 지원하는 국제적인 프로그램으로 대만의 칩벤더인 MediaTek이 2014년 9월에 시작하였으며, 여기에 포함된 OSHW가 Linkit One이다.

② Aster MT25024 메인 칩셋은 ARM7 코어를 기반으로 4MB 메모리와 4MB 스토리지를 가진다. Bluetooth 4.0을 지원하며, 아두이노와 호환되는 개발 환경을 제공한다.

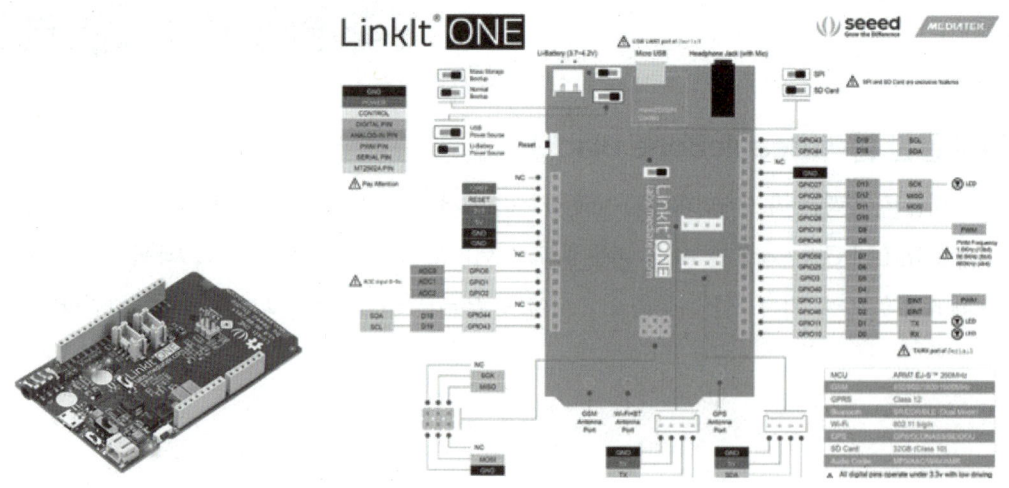

(9) 아틱(ARTIK)

① ARTIK은 삼성전자 반도체 사업부에서 개발하였고, 사이즈와 배터리의 유무에 따라 몇 가지 보드로 구분된다.

② CPU부터 메모리, 블루투스 통신과 전원 등 하드웨어 일체를 제공하고 이를 기반으로 프로그래밍 가능한 플랫폼을 제공한다. 즉, 하드웨어 개발자나 소프트웨어 개발자가 거의 필요 없이 제품 개발 시에 자사의 제품과 연결하여서 제어가 가능하다. 예를 들면 전구를 만드는 회사나 보일러를 만드는 회사에서 IoT 서비스를 시작한다고 해서 하드웨어 개발자, 통신 개발자, 보안 담당자, 서비스용 프로그램 개발자 등을 장황하게 꾸리지 않아도 되는 강점이 있다.

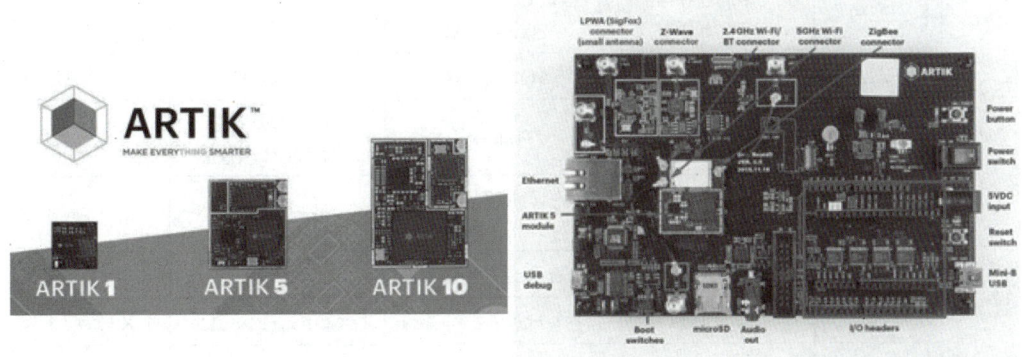

(10) 오픈소스 하드웨어 플랫폼의 비교 및 시사점

① 아두이노 보드의 역할은 간단하나 수많은 확장 보드인 쉴드가 다양한 벤더를 통해 제공되고 있는 대표적인 OSHW이며 갈릴레오, 에디슨, 링크잇원이 그 호환성을 제공한다.

② 라즈베리파이와 비글본 블랙은 비디오 인터페이스(HDMI)를 포함하고 있어 작은 컴퓨터를 지향하는 플랫폼이다.

③ 사물인터넷이 일반화되었을 때 H/W 벤더들 간의 치열한 가격 경쟁은 갈수록 심화될 것으로 예상되며, OSHW를 전제로 하는 칩(SoC) 시장도 결국 빅브라더만이 살아남는 ICT H/W 업계의 법칙이 더 강하게 적용될 것이다.

플랫폼 명칭	라즈베리파이 2 (Raspberry Pi 2)	비글본 블랙 (BeagleBone Black)	인텔 에디슨 (Intel Edison)	아두이노 윤 (Arduino YUN)
플랫폼				
프로세서	Broadcom BCM2836 1GHz ARM® Cortex-A9 Quad	TI AM3358 1GHz ARM Cortex-A8 & TI Dual 32bit 200MHz PRU	Intel 32bit dual threaded Atom 500MHz & Quark 100MHz	Atheros AR9331 & Atmel Atmega 32u4 16MHz
운영 체제	Raspbian(Debian-Wheasy) 외	Debian(BeagleBone Black) 외	Linux Yocto / Ublinux	MIPS/GNU Linux
그래픽	Dual Core VideoCore IV® (HDMI)	SGX530 3D Graphic Engine(HDMI)	×	×
RAM	1,024MB DDR2	512MB DDR3	1,024MB DDR	64MB DDR2
Ethernet	built-in	built-in	USB 연결을 통한 네트워크 지원	built-in
Boot Dev	Ext Micro SD	eMMC 4G / Ext Micro SD 외	INT eMMC 4G	INT Flash 16M
Wi-Fi	USB Type 어댑터 필요	USB Type 어댑터 필요	built-in	built-in
USB	4 × Host	1 × Host / 1 × Client	1 × OTG / 1 × Client	1 × Host / 1 × Client
특징	• 방대한 사용자 콘텐츠 • 성능 대비 저렴한 가격 • 다양한 개발 환경 지원	• 높은 부동소수점 처리 연산 능력 • 2x프로그램 실시간 처리 GPIO • 다양한 개발 환경 지원	• x86 계열의 프로세서 채택 • 매우 작은 외형과 높은 성능 • 다양한 개발 환경 지원	• 아두이노+리눅스 시스템 • OpenWrt 기반 리눅스 탑재 • 아두이노 개발 환경 사용
가격	$39	$55	$59 + Price of EXP B/D	$65
제조사	www.raspberrypi.org	beagleboard.org	www.intel.com	www.arduino.cc

기출문제 풀이

26 다음 중 스마트 커넥티드 디바이스(Smart Connected Device)라 불리는 사물인터넷 디바이스들이 본격적으로 출시된 계기에 해당하는 제품은?

① 데스크톱 PC ② 휴대용 노트북
③ PDA(Personal Digital Assistance) ④ 스마트폰

해설

■ 스마트폰이 출시되고 활성화되면서 LTE, Wi-Fi 등 다양한 통신 기술을 기반으로 사물인터넷 디바이스로서 다양한 스마트 커넥티드 디바이스들이 본격적으로 출시되었다.

정답 ④

31 다음 중 2005년 이탈리아에서 탄생하여 널리 사용되는 오픈소스 하드웨어 플랫폼 중의 하나로 Atmel 사의 AVR이나 Cortex-M3를 탑재한 마이크로컨트롤러 보드로서 임베디드 시스템 개발 경험이 전혀 없는 사람들도 쉽게 접근할 수 있도록 개발 툴, 회로도 등 관련된 모든 내용을 오픈소스 형태로 제공하고 있는 사물인터넷 디바이스 하드웨어 플랫폼은 무엇인가?

① 블랙 이글(Black Eagle) ② 아두이노(Arduino)
③ 라즈베리파이(Raspberry Pi) ④ 워터멜론(Water Melon)

해설

■ **아두이노(Arduino)**
- 2005년 이탈리아에서 탄생한 현재 가장 유명한 오픈소스 하드웨어 플랫폼 중 하나이다.
- Atmel 사의 AVR이나 Cortex-M3를 탑재한 마이크로컨트롤러 보드이다.
- 임베디드 시스템 개발 경험이 전혀 없는 사람들도 쉽게 접근할 수 있도록 개발 툴, 회로도 등 관련된 모든 내용을 오픈소스 형태로 제공하고 있다.
- 그래서 이미 다양한 변종 제품들도 많이 나와 있다.

■ 아두이노 생태계의 확산 배경
- 가격이 30달러 정도로 저렴한 점
- 쉽게 펌웨어를 만들어 탑재하도록 지원하는 통합 개발 환경(IDE)과 다양한 코드 소스를 무상으로 제공하는 점
- 각종 센서/액추에이터 및 통신 모듈 등을 탑재한 다양한 호환 보드들에 의해 쉽게 확장할 수 있다는 점
- 결국 아두이노는 물리적인 하드웨어 인터페이스, 통합 개발 환경, 스케치(아두이노 통합 개발 환경에서 작성된 프로그램), 확장 보드[쉴드(Shield)] 등이 어우러져 사용자에게 친숙한 환경을 제공함으로써 유사 제품들까지도 아두이노를 따르게 만드는 생태계를 구축하는 데 성공함

■ 아두이노의 동향 및 적용 분야
- 아두이노 측 집계에 따르면, 아두이노 공식 보드가 2012년에 70만 대를 넘어섰다.
- 호환 보드까지 포함하면 2015년 초까지 200만 대 이상 판매되었다고 추정된다.
- 산업 분야는 물론 취미 또는 예술 분야까지 그 적용 분야가 무궁무진하다.
  - 약 10만 원의 비용으로 만든 가스 감지기
  - 지그비 통신으로 정보를 전달하는 가속도계
  - 두 바퀴 위에서 넘어지지 않는 밸런싱 로봇
  - 종이컵과 나무젓가락을 비행체에 적용한 컵 드론
  - 차단되는 레이저를 이용한 레이저 하프 등

■ 아두이노의 대표 제품
- 아두이노 Uno
  - 현재 Revision 3이 나와 있으며, ATmega328 MCU를 기반으로 한다.
  - 구성은 간단하지만 마이크로컨트롤러를 이용하여 다양한 환경 감지와 제어를 할 수 있는 모든 기능을 가지고 있다.
  - 6개의 PWM(Pulse-Width Modulation) 출력을 포함한 14개의 디지털 I/O 핀, 6개의 아날로그 입력, 16㎒의 세라믹 공진기, USB 연결 포트, 전원 잭, ICSP(In-Circuit Serial Programming) 헤더, 그리고 리셋 버튼으로 구성되어 있다.
- 아두이노 Due
  - 2012년 이후 기능 및 성능의 확장을 위해 32-bit Coretex-M3 프로세서를 적용한 제품이다.
- 사물인터넷 디바이스의 특성상 멀티 태스킹 등 OS가 필요한 부분이 적어 특정한 OS를 고려하지 않고 출시되고 있다. 3rd party에서 OS가 일부 나오고 있으나 그 파급 효과는 크지 않다.

정답 ②

 34 다음 중 사물인터넷 디바이스 하드웨어로 라즈베리파이(Raspberry Pi)에 대한 설명으로 가장 거리가 먼 것은?

① 아두이노와 달리 동영상 카메라를 어려움 없이 적용할 수 있다.
② 라즈베리파이 제품군은 리눅스 OS를 장착할 수 있다.
③ 카메라 기능이 기본으로 탑재되어 있다.
④ 라즈베리파이 제품군은 센서, 액추에이터 등 다양한 디바이스 기능을 구현할 수 있다.

해설

■ 라즈베리파이(Raspberry Pi)의 개념

㉠ 영국의 라즈베리파이 재단이 학교에서의 기초 컴퓨터 과학 교육용 프로젝트의 일환으로 개발한 초소형/초저가 PC이다.
㉡ 2006년에 개념이 형성되고 재단이 만들어져 2012년 처음 제품이 나온 이후, 2013년 1월 초에 백만 대가 판매되었다.

■ 라즈베리파이의 특징

㉠ 아두이노와 달리 키보드, 마우스, 모니터만 연결하면 PC가 될 수 있다.
㉡ 일반 데스크톱과 유사하다는 것이 강조되는 제품이다.
㉢ Linux OS를 기반으로 하고 세부적인 설정을 제공함으로써 초보 프로그래머 맞춤형 환경을 제공한다.
㉣ 결국 많은 이로 하여금 열정과 취미를 통해 입문하게 한 다음 전문 프로그래머로 통하는 관문을 제공함으로써 임베디드 OS 기반의 SW 인력 품귀 현상을 줄이는 데 기여하는 또 다른 OSHW 프로젝트 결과물이다.

■ 라즈베리파이의 동향

㉠ 2015년 2월 출시된 라즈베리파이 2에는 Microsoft도 향후 출시될 윈도 10을 개발자에게 무상으로 제공하며 IoT 디바이스 대열에 합류한다.
㉡ PC를 지향하는 성격에 맞게 적용될 수 있는 다양한 OS가 열 가지 이상 나오고 있다.

■ 라즈베리파이 제품

㉠ 초기 제품
  • 브로드컴의 BCM2835 SoC를 기반으로 출시되었다.

- 이 칩은 ARM Core 11 700㎒ 프로세서, VideoCore IV GPU, 512MB(모델B/B+용 A/A+는 256MB) SDRAM을 포함하여 아두이노에 비해 그래픽 기능이 포함된 것이 특징이다.
- HDMI를 통해 모니터 연결이 가능하다.
- SD 메모리를 보조 메모리로 사용한다.
- 통신 기능은 모델B/B+만 Ethernet을 가지고 있다.
- 무선 통신을 하려면 USB를 통한 확장 Wi-Fi 모듈 등을 이용해야 한다.
- 아두이노와 같이 센서, 액추에이터 등을 연결해 다양한 기능을 구현할 수 있으나, 아두이노와 달리 동영상 카메라를 쉽게 적용할 수 있어 2013년 5월에는 전용 카메라 모듈도 발매되었다.

ⓒ 라즈베리파이 3 모델 B
- 2016년 상반기에 출시되었다.
- 그래픽과 컴퓨팅 성능을 높인 새로운 SoC, 일체형 2.4㎓ 802.11n 와이파이, 일체형 블루투스 4.1 BLE를 추가하였다.
- 특징
  - 라즈베리파이 3는 파이 2와 동일하게 쿼드 코어 프로세서를 탑재하였지만, 클록 속도가 더 높은 코어를 가지고 있어서 우수한 성능을 제공한다.
    ◦ 파이 2 : 900㎒ ARM Cortex-A7 코어
    ◦ 파이 3 : 1.2㎓ Cortex-A53 CPU
  - 또한 두 모델 모두 브로드콤 VideoCore IV 그래픽 프로세서를 탑재하였지만, 라즈베리파이 3는 그 속도가 더 향상된 프로세서를 가지고 있다.
    ◦ 파이 2 : 250㎒
    ◦ 파이 3 : 400㎒
  - 일체형 무선 와이파이 기능 지원으로 기본 권장 라즈베리 운영 체제를 이용해 즉시 장치를 이용할 수 있다.
  - 블루투스까지 추가되어 센서 등을 연결해 더 발전된 사물인터넷 프로젝트를 추진할 수 있다.

정답 ③

 33 다음 중 라즈베리파이(Raspberry Pi)에 대한 설명으로 가장 거리가 먼 것은?

① 초소형/초저가 PC 제작을 위한 H/W 디바이스
② 아두이노와 달리 그래픽 기능이 없다.
③ Linux OS를 기반으로 세부적인 설정을 제공
④ HDMI를 통해 모니터 연결 가능

해 설

■ 2회 34번 해설 참조

정 답   ②

 34 다음 중 오픈소스 하드웨어 플랫폼 중 하나로 이탈리아에서 탄생하여 가격이 저렴하고 쉽게 펌웨어를 만들어 탑재하도록 지원하는 통합 개발 환경을 제공하고 각종 센서/액추에이터 및 통신 모듈 등을 탑재한 다양한 호환 보드들에 의해 쉽게 확장할 수 있는 것은 무엇인가?

① 라즈베리파이(Raspberry Pi) ② 아두이노(Arduino)
③ 링크잇원(Linkit One) ④ 비글본 블랙(BeagleBone Black)

해 설

■ 1회 31번 해설 참조

■ TI의 비글본 블랙(BeagleBone Black)

㉠ 출시 배경
- 메이저 칩 제조 벤더인 TI(Texas Instrument) 사가 사물인터넷 디바이스 시장을 겨냥한 OSHW 전략의 결과물이다.
- 라즈베리파이와 비슷한 배경에서 출시된 오픈소스 하드웨어 플랫폼이다.
- 개발 능력에 상관없이 쉽게 접근할 수 있는 환경을 제공하며, 값싼 작은 컴퓨터에 원하는 주변 기기를 붙여 초보 개발자를 포함한 누구나 자신이 원하는 임베디드 시스템을 구성할 수 있도록 설계되어 교육용으로도 적합하다.

ⓒ 비글본 블랙
- 여러 단계를 거쳐 2013년 4월에 출시되었다.
- 탑재된 스펙
    - Cortex-A8 코어를 적용한 AM335x Sitara 프로세서
    - 512MB 메모리
    - 4GB 온보드 플래시 스토리지
    - 3D 그래픽 가속기
    - HDMI 포함
    - 92개 I/O 포트로 확장성이 뛰어남
- 2015년 3월 기준으로 비글본 블랙에 관련된 프로젝트가 163개로서 그 영향력이 지속적으로 확대되고 있다.

■ 대만 MediaTek의 링크잇원(Linkit One)

㉠ 2014년 9월, 대만의 칩벤더인 MediaTek는 아두이노와 비슷하게 MediaTek Labs(http://labs.mediatek.com)를 시작했다.

㉡ 배경이나 기술 수준에 상관없이 모든 개발자가 웨어러블 또는 사물인터넷 장치를 만들 수 있도록 지원하는 국제적인 프로그램이다.

㉢ Aster MT25024 메인 칩셋
- ARM7 코어를 기반으로 4MB 메모리와 4MB 플래시 스토리지를 가진다.
- 블루투스 4.0을 수용한다.
- 특징
    - 다른 OSHW와 가장 큰 차이점은 GSM/GPRS 모뎀을 수용하고 있다는 것이다.
    - 이 칩과 함께 있는 또 다른 칩은 Wi-Fi와 GPS를 가지고 있어서, 주로 아웃도어 쪽의 사물인터넷 디바이스에 효과적이다.
    - 역시 아두이노와 호환되는 개발 환경을 제공한다.

정답 ②

 26 다음 내용에 해당하는 사물인터넷 디바이스 H/W 플랫폼은?

- 영국에서 기초 컴퓨터 과학 교육용 프로젝트의 일환으로 개발된 초소형/초저가 PC로 키보드, 마우스, 모니터만 연결하면 PC가 될 수 있다.
- 초기에는 Linux OS를 기반으로 하였지만, 최근 버전에서는 윈도우즈 10을 개발자에게 무상으로 제공하여 IoT 시장에 대비하고 있다.

① 라즈베리파이   ② 갈릴레오
③ 링크잇원   ④ 큐리

해설

■ 2회 34번 해설의 '라즈베리파이(Raspberry Pi)의 개념'과 '라즈베리파이의 특징' 참조

정답 ①

 31 사물인터넷 디바이스 H/W 플랫폼 중 '라즈베리파이 3 모델 B'의 지원 기능으로 옳지 않은 것은?

① 일체형 무선 와이파이   ② 블루투스 4.1 BLE
③ 그래픽 프로세서(400㎒)   ④ LTE 통신 모듈

해설

■ **라즈베리파이 3 모델 B**
- 2016년 상반기에 출시되었다.
- 그래픽과 컴퓨팅 성능을 높인 새로운 SoC, 일체형 2.4㎓ 802.11n 와이파이, 일체형 블루투스 4.1 BLE를 추가하였다.
- 특징
  - 라즈베리파이 3는 파이 2와 동일하게 쿼드 코어 프로세서를 탑재하였지만, 클록 속도가 더 높은 코어를 가지고 있어서 우수한 성능을 제공한다.
    ㅇ 파이 2 : 900㎒ ARM Cortex-A7 코어
    ㅇ 파이 3 : 1.2㎓ Cortex-A53 CPU

Part 4. 사물인터넷 디바이스

- 또한 두 모델 모두 브로드컴 VideoCore IV 그래픽 프로세서를 탑재하였지만, 라즈베리 파이 3는 그 속도가 더 향상된 프로세서를 가지고 있다.
  ○ 파이 2 : 250MHz
  ○ 파이 3 : 400MHz
- 일체형 무선 와이파이 기능 지원으로 기본 권장 라즈베리 운영 체제를 이용해 즉시 장치를 이용할 수 있다.
- 블루투스까지 추가되어 센서 등을 연결해 더 발전된 사물인터넷 프로젝트를 추진할 수 있다.

정답 ④

5회 32 OSHW(Open Source Hardware) 플랫폼 중 이동 통신 모뎀 기능을 포함하고 있는 것은?
① 갈릴레오　　　　　　　② 링크잇원
③ 라즈베리파이　　　　　④ 아두이노

해설
- 3회 34번 해설 참조
- 링크잇원의 다른 OSHW와의 가장 큰 차이점은 GSM/GPRS 모뎀을 수용하고 있다는 것이다.

정답 ②

3 웨어러블 디바이스 사례

(1) 스마트 밴드

① 스마트폰이 보급되기 시작한 2010년 하반기부터 통신 서비스 산업뿐만 아니라 스마트폰용 애플리케이션 시장과 스마트폰 주변 기기(액세서리) 시장에도 커다란 영향을 주었다.
② 초기 액세서리 시장은 헬스케어 목적으로 출시된 스마트 밴드(Smart Band)가 대표적이다.
  • 스마트 밴드는 걸음 수, 소모 칼로리, 수면 시간 및 패턴 등과 같은 활동 정보 측정·관리

용 디바이스이다.
- 초기에 출시된 스마트 밴드는 만보기처럼 허리띠에 부착해서 이용하는 형태를 취하고 있었으나 지속적으로 행동 패턴을 측정하기 위해 팔찌 모양으로 바뀌었다.

(2) 스마트 의류

① 의류 전문 기업인 랄프로렌(Ralph Lauren)은 커넥티드 의류 개발 업체인 오엠시그널(OM Signal)과 함께 폴로테크셔츠(Polo Tech Shirt)라는 스마트 의류를 개발하였다(2014년 8월).

② 운동선수들의 과학적 훈련을 위해 폴로테크셔츠는 직물에 부착된 센서가 심박수, 심박변이도, 걸음 수, 칼로리 소모량 등을 측정하여 운동 시 나타나는 신체 변화를 실시간으로 기록·관리한다.

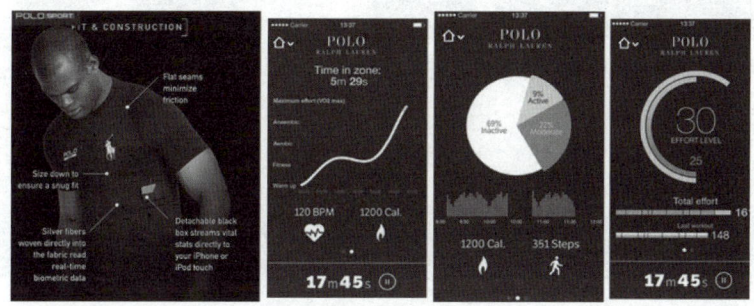

Polo Tech Shirt

(3) 웨어러블 디바이스 : 스마트 신발

① 국내 기업인 쓰리엘랩스(3L Labs)의 풋 로거(Foot Logger)는 신발 깔창에 내장된 압력 센서(8개)와 3축 가속도 센서(1개)를 통해 족적을 분석하여 자세 교정, 열량 분석, 척추 질환 조기 진단 등에 활용한다.

② 스마트 방석인 싯 로거(Seat Logger)는 방석에 내장된 압력 센서를 활용하여 자세를 모니터링하며, 일정 시간 자세가 바르지 못하면 경고를 하는 방식으로 바른 자세를 유지할 수 있도록 한다.

쓰리엘랩스 사 풋 로거(Foot Logger), 싯 로거(Seat Logger)

(4) 스마트 벨트

① 프랑스의 에미오타(Emiota) 사에서 출시한 '스마트 벨트'는 허리둘레의 변화를 측정해 당뇨의 위험을 알린다.

② 위딩스(Withings)의 스마트 체중계는 체중 및 체질량 지수의 변화를 손쉽게 관리할 수 있도록 해 준다.

에미오타(Emiota)의 스마트 벨트 　　　　　 위딩스(Withings)의 스마트 체중계

4 기타 디바이스 사례

(1) 스마트 줄넘기

① 국내 기업인 탱그램 팩토리 사는 줄넘기 횟수, 소비한 칼로리 등을 기록·관리할 수 있는 스마트 줄넘기인 스마트 로프(Smart Rope)를 출시하였다.

② 스마트 로프에 내장된 LED를 이용해 줄이 지나가는 자리에 횟수를 표시해 숫자가 허공에 표시되는 것처럼 나타나며, 전용 앱인 스마트 짐(Smart Gym)과 연동하면 다양한 운동 정보를 확인할 수 있다.

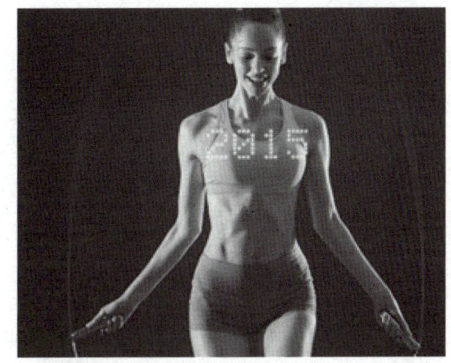

탱그램 팩토리 사 스마트 줄넘기

(2) 스마트 포크

해피랩스(HAPILABS)의 해피포크(HAPIfork)는 식습관을 개선함으로써 건강을 유지할 수 있도록 유도하는 제품으로, 너무 빠르게 포크질을 하거나 지나치게 오랜 시간 포크질을 하는 경우 알람을 주어 음식을 섭취하는 양을 조절할 수 있도록 도와준다.

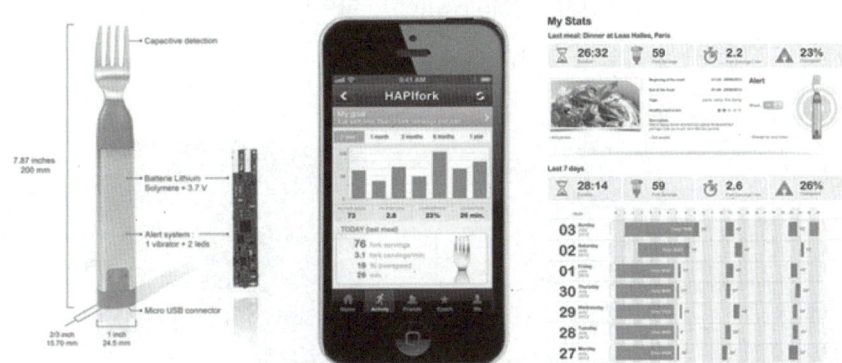

해피랩스(HAPILABS)의 해피포크(HAPIfork)

(3) 스마트 물병

① 에잇컵스(8cups) 또는 베실(Vessyl)과 같은 스마트 물병은 평상시 수분 섭취가 부족한 것에 착안하여 물을 더 많이 마시도록 돕는 디바이스이다.
② 에잇컵스(8cups)는 건강을 위해 하루 8잔의 물을 마셔야 한다는 아이디어를 제품화한 것으로, 컵에 담긴 음료의 종류를 구분하지 않고 수분을 섭취한 양을 측정한다.
③ 베실(Vessyl)은 컵에 담긴 음료의 종류를 식별하고 섭취하는 양을 측정한다.

Part 4. 사물인터넷 디바이스

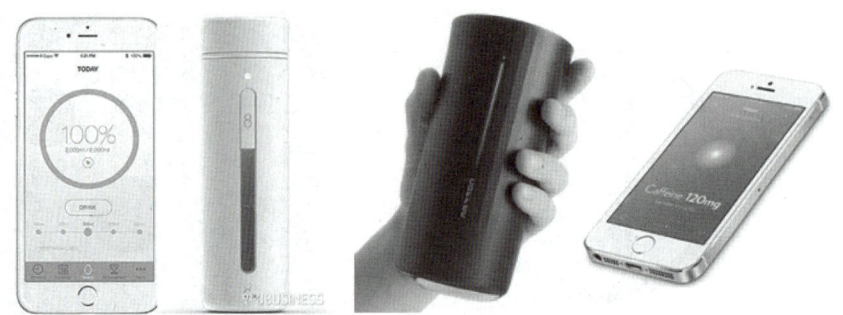

에잇컵스(8cups), 베실(Vessyl) 스마트 물병

(4) 스마트 플러그

① 스마트 플러그는 설정된 스마트 플러그 작동 조건이나 스마트폰의 접근 여부 등에 따라 플러그를 통한 전원의 공급을 ON/OFF 하거나, 전력 사용량을 모니터링할 수 있는 제품이다.
② 스마트 플러그와 연결된 전열 기구나 스탠드 등 기존의 전자제품들과 함께 사용함으로써 이들을 원격에서 제어할 수 있도록 해 준다.
③ 벨킨(Belkin)의 '위모 스위치(WeMo Switch)', 아이디바이스의(iDevice) '스위치(Switch)', 유타렉스의 '에코플러그' 등이 있다.

(5) 스마트 미터

스마트 미터는 가전제품 등의 전력 사용량을 확인하도록 하여 전력 낭비를 줄이는 제품이다. 와트코스트(WattCost)의 '와트코스트 비콘(WattCost Beacon)'은 전력 이용 패턴에 대한 빅데이터를 분석하여 어떤 제품이 더 많은 전력을 사용하는지 알 수 있도록 해 준다.

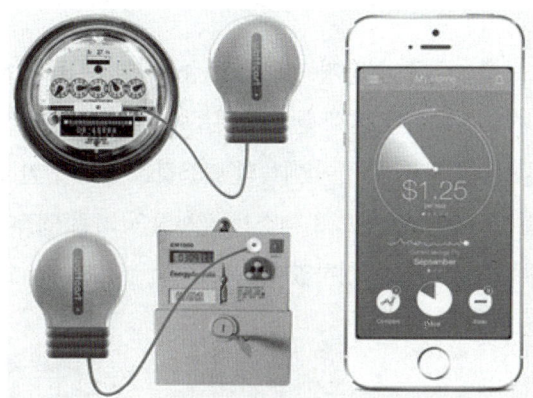

(6) 스마트 에어컨

엠비클라이밋(Ambi Climate)은 스마트 에어컨 관리 기기로 기존의 에어컨을 스마트폰의 애플리케이션과 연동시켜 어디서나 집안의 온도를 확인하고 에어컨을 제어할 수 있게 해 주며, 특정한 조건에 해당하면 자동으로 에어컨이 작동하거나 정지할 수 있도록 설정할 수 있다.

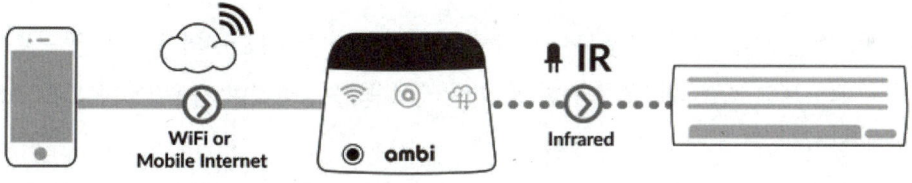

5 플랫폼 사례

(1) 애플 헬스킷(HealthKit)

① 애플은 2014년 6월 애플워치와 헬스케어 관련 애플리케이션·디바이스·병원 등을 연계하는 개방형 헬스케어 플랫폼 '헬스(Health)'와 '헬스킷(HealthKit)'을 공개하였다.
② '헬스'는 이용자의 몸무게 혹은 체질량지수(Body mass index) 추세를 그래프로 보여 주고, 자가 입력된 다이어트, 운동 등에 대한 데이터를 관리할 수 있는 각종 건강/운동/의료 앱의

플랫폼이다.
③ '헬스킷'은 앱을 통해 수집된 사용자 혈압과 체중, 심박 수 등의 의료 정보를 의료진 및 병원에 원격으로 전달해 주는 종합 건강 관리 플랫폼이다.
- 미국의 주요 23개 병원 중 15곳이 애플의 헬스킷을 만성 질환 관리에 활용하고 있다.
- 애플은 헬스킷 플랫폼을 중심으로 헬스케어 시장의 기존 앱, 디바이스, 병원 등 모든 플레이어가 참여하는 생태계를 조성하였다.

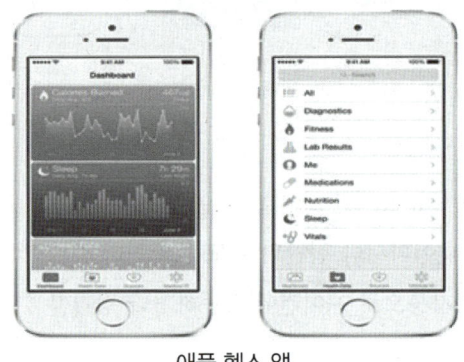

애플 헬스 앱

(2) 구글 네스트

① 대표적인 스마트홈 제품인 Nest는 구글 네스트랩스(Nest Labs)의 학습형 온도 조절기로, 사용자의 온도 조절 패턴을 학습한 후 기상 정보 등을 종합하여 자동으로 온도를 조절해 주는 제품이다.
② 구글이 네스트랩스를 2014년 인수한 후 스마트홈 플랫폼으로서 그 위상과 기능들이 더욱 강화되었다.
- 2014년 10월 스마트홈 플랫폼 전문 기업인 리볼브(Revolv)를 인수하였다.
- '네스트와의 협업(Works with Nest)' 프로그램을 통해 다양한 분야의 업체들과 파트너십을 맺으면서 스마트 홈 생태계를 구축해 나가고 있다.
- 스마트 도어락[유니키(Unikey), 어거스트(August)]이 가족 중 누군가가 귀가했다는 것을 확인하면 Nest를 통해 LED 램프[필립스(Philips) 휴(Hue)]가 켜지게 한다.

스마트 도어락, 홈 게이트웨이와 스마트 램프로 구성된 스마트홈 환경

(3) 애플 홈킷

① 홈킷은 스마트 잠금 장치, 조명, 카메라, 온도 조절, 플러그, 스위치 등과 사용자의 아이폰을 안전하게 연결해서 각각의 디바이스 혹은 디바이스 그룹을 제어할 수 있는 플랫폼이다.
- 사용자는 아이폰으로 주택의 문, 온도 조절기, 전등, 카메라, 전기 플러그, 스위치 등을 제어할 수 있고, 제조사들은 별다른 IT 기반이 없어도 손쉽게 스마트 가전 시장에 진입할 수 있게 되었다.
- 홈킷은 아이비콘과 음성 비서 '시리(Siri)'에 접근할 수 있는 API도 제공하여 사용자의 동선을 예측할 수 있고 시리를 통해 가전을 조작하는 서비스도 제공한다.

② 최근 애플워치와 홈킷을 연동해 사용자의 사용성을 높여 운동할 때나 외출할 때, 집 안에서 스마트폰 없이 애플워치만으로 제어와 상태 전송이 가능하게 하였다.

(4) 삼성전자 스마트싱스

① 스마트싱스는 스마트폰 애플리케이션과 스마트홈 허브를 통해 여러 가전제품을 연결하는 사물인터넷(IoT) 플랫폼을 개발하는 미국의 스타트업으로 삼성전자가 2014년 8월에 2억 달러에 인수하였다.

- 스마트싱스의 애플리케이션으로 냉장고·세탁기·에어컨·로봇 청소기 등 가전제품을 모니터링 및 제어할 수 있다.
② 삼성전자는 스마트싱스의 개방형 플랫폼을 이용해 자사의 기기뿐만 아니라 타사의 다양한 기기를 스마트홈 생태계 속에 포함시키고자 노력하고 있다.

스마트 TV와 스마트폰을 중심으로 구축되는 삼성전자의 스마트홈

6 스마트 시티 분야

(1) 스마트 주차장

주차장 정보 공유 서비스는 주차장 바닥에 주차된 차량의 존재 여부를 확인할 수 있는 센서를 부착하여 주차장 정보를 자동으로 확인할 수 있게 하여 주차장을 찾아 돌아다니는 수고를 줄여줄 뿐만 아니라 주차 수요를 바탕으로 탄력적인 요금 정책을 적용할 수 있다.

차량 감지 센서를 이용한 주차장 정보 공유 서비스

(2) 스마트 표지판

　스마트 방향 표지판은 기존의 아날로그 방향 표지판을 디지털화한 것으로, 평상시에는 기존의 아날로그 방향 표지판처럼 도시의 주요 시설물의 방향을 안내해 주지만 표지판이 움직일 수 있도록 하여 공공 정보 및 개인 특화 정보를 동시에 제공한다.

스마트 방향 표지판

7 유통 및 마케팅 분야

(1) 스마트 유통

　아마존은 '대시(Dash)'나 '에코(Echo)'와 같은 음성 및 이미지 인식 기반의 디바이스를 기반으로 제품을 배송해 주는 서비스를 제공하고 있다. 이러한 기능들을 스마트폰에서도 그대로 이용할 수 있도록 '플로우(Flow)'라는 애플리케이션을 출시하기도 했으며 문자, 이미지, 오디오를 인식하고 이에 대한 정보를 제공하는 '파이어플라이(FireFly)' 버튼을 포함하고 있는 '파이어폰(FirePhone)'과 같은 스마트폰을 출시하기도 하였다.

아마존의 에코, 파이어폰, 대시

(2) 스마트 물류

① 최근 일부 대학교는 택배 수령을 위한 사물함을 설치하였다. 온라인으로 물품을 주문한 후 사물함 중앙의 단말기에 스마트폰을 가져다 대면 물품이 들어 있는 사물함이 열리는 방식이다.

② 신속하고 정확한 배송과 방대한 물류 창고에서의 근무 환경을 개선하기 위해서 물류 창고에 '키바(Kiva)' 로봇을 도입해 활용한다. 이를 통해 20% 정도의 물류 비용을 절감하고 있으며, 99.6% 정도의 정확도를 제공한다.

스마트 사물함

아마존의 키바(Kiva)

(3) 스마트 마케팅

① 마케팅 분야에서는 주로 저전력 블루투스 기술 기반의 비콘을 활용하여 프로모션 정보를 알려 주거나 할인 쿠폰을 제공한다.

② 블루투스 기반의 비콘은 블루투스 4.0 이상을 지원하는 스마트폰을 대상으로 최대 50m 이내의 범위에서 서비스를 제공할 수 있다.

③ 비콘과 스마트폰 사용자 사이의 거리를 추정함으로써 서로 다른 거리에 있는 고객들에게 상이한 서비스를 제공하는 것도 가능하다.

센서 비콘

8 기타 분야

(1) 우산 전문 기업인 데이벡(Davek)은 '절대 잃어버리지 않는 우산(Alert Umbrella)'을 출시하였다. 손잡이의 블루투스 비콘이 스마트폰의 앱(App)과 연동하여, 우산과 9m 이상 멀어지면 경고음을 울려 우산의 분실을 막을 수 있다.

(2) '블루스마트(BlueSmart)'라는 여행 가방은 블루투스 기술을 이용해 스마트폰 앱(App)과 연동해서 비밀번호를 입력하지 않고도 가방의 자물쇠를 열 수 있다. 또한 여행 가방이 일정한 거리만큼 벗어나면 알람을 울려 사용자에게 알린다.

(3) 가정용 칵테일 제조기인 '로보틱 바텐더(Robotic Bartender)'는 스마트폰의 애플리케이션과 블루투스로 연동되어 여섯 가지 원료를 이용한 다양한 칵테일을 제공할 수 있다. 국내의 경우 소맥 제조기나 믹스커피 제조기 분야에서 활용 가능하다.

데이백의 우산, 블루스마트, 로보틱바텐더(왼쪽부터)

Chapter 2 사물인터넷 디바이스 S/W

1 사물인터넷 디바이스 S/W 개요

(1) 사물인터넷이 이슈가 되기 전의 WSN 분야에서 디바이스의 S/W 플랫폼은 이미 전통적인 OS-S(Open Source Software) 패러다임이 강하게 자리 잡아 왔으나, 지금은 OSHW와 OSS를 구분하는 것은 의미가 없다.

(2) 사물인터넷 디바이스 S/W 플랫폼의 효시라고 할 수 있는 TinyOS도 가장 잘 부합이 되는 레퍼런스 하드웨어와 관련 설계 소스를 제시하였다. 그만큼 H/W와 S/W와의 최적화가 강조되어 왔기 때문이다.

2 사물인터넷 디바이스 S/W 플랫폼 종류

(1) 리눅스(Linux)

① 리눅스는 임베디드 OS, 모바일 OS를 거치면서 수많은 파생 OS를 만들어 왔으며, 사물인터넷 분야에서도 주도적인 역할을 진행하고 있다.

② GUN 프로젝트 GPL(General Public License), Community의 발전과 함께 1달러 미만의 사물인터넷 디바이스에도 적용될 수 있도록 특화된 기능 수행을 위하여 대부분의 일반적 기능을 생략하는 전략의 감산적 기술(Subtractive Engineering)도 이슈가 되고 있다.

(2) TinyOS

① TinyOS는 오픈소스 BSD 라이선스 운영 체제로서, 센서 네트워크, 유비쿼터스 컴퓨팅, 개인 영역 네트워크(PAN), 스마트 빌딩, 스마트 계량기 등에서 사용되는 저전력 무선 기기를 위해 설계되었다.
② 센서와 네트워크 기능을 동시에 갖춘 마이크로컨트롤러 기반의 단일 보드 기기에 유용하다.
③ 운영 체제는 초저전력, 몇 Kbytes RAM, 몇십 Kbytes 코드 공간을 갖춘 마이크로컨트롤러와 같이 자원이 극히 제한된 기기에 적합하게 설계되었다.

(3) 콘티키(Contiki)

① 콘티키는 TinyOS와 같이 센서 네트워크 목적을 가진 가벼운 사물인터넷 디바이스를 위한 OS이다.
② Contiki는 본래 IP 통신을 지향했으므로 IPv4와 IPv6를 지원하며, 초소형 구현체로는 세계 최초로 IPv6 Ready 인증을 받았다.
- Contiki는 6LOWPAN, RPL, CoAP를 포함하며 DNS resolver, telnet server 등 다양한 인터넷 응용을 동시에 제공한다.
- 동적 모듈 재할당이 가능하고 제한적인 멀티 스레드 기능을 제공한다.
- C언어로 개발이 가능해 TinyOS보다 개방 · 접근이 용이하다.
- Contiki 지원 MCU는 TI의 MSP430, CC2530, Atmel의 Atmega128, AVR, 프리스케일의 MC1322x 등이 있다.

(4) mbed OS

mbed OS는 현재 사물인터넷 디바이스 시장에서 가장 영향력 있는 OS의 하나로, ARM이 Sensinode 사와 Offspark 사의 인수를 통해 mbed OS의 스택에 저전력 통신 및 TLS/DTLS 등의 보안을 강화하여 사물인터넷 디바이스에 필요한 핵심 내용을 포함하는 아키텍처이다.

(5) nanoQplus

① 한국전자통신연구원(ETRI)에서 2007년에 최초로 공개 버전을 배포한 소형 OS로 IPv6 통신을 지원하며 IPv6 Ready 인증을 받았다.
- CoAP, RPL, 6LoWPAN을 지원하며, Atmega 128L의 8bit MCU, MSP430 등의 16bit MCU 그리고 ARM7의 32bit MCU도 지원한다.
- 다른 OS와 달리 완전한 오픈소스는 아니며, 일부 소스 코드가 공개되어 있다.

(6) &Cube

① &Cube는 전자부품연구원(KETI)이 개발하고 있는 사물인터넷 디바이스와 게이트웨이를 위한 S/W 플랫폼으로, 개방형 사물인터넷 서버 플랫폼인 모비우스(Mobius)와 연동된다.

② &Cube는 6개의 모듈로 구성되어 있으며 각각의 모듈 간 통신을 통해 사물과 모비우스 간의 연동을 수행한다.
- 모비우스와 &Cube의 코드는 OCEAN(Open alliance for IoT Standard)과 오픈소스 연합체를 통해 무료로 공개되고 있다.

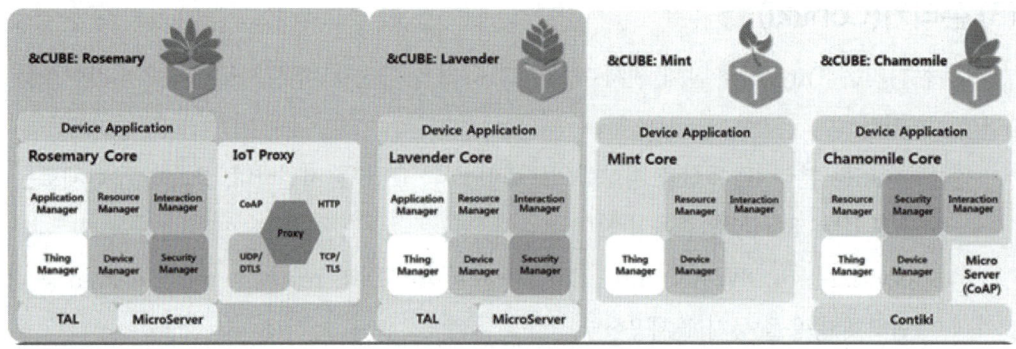

&Cube 버전별 아키텍처

③ &Cube의 여섯 가지 기능 블록
- &Cube: Rosemary – 게이트웨이 버전 S/W 플랫폼
- &Cube: Lavender – 디바이스 버전 S/W 플랫폼
- &Cube: Chamomile – CoAP 지원 S/W 플랫폼
- &Cube: Mint – 초경량 디바이스 버전 S/W 플랫폼

④ 사물인터넷 디바이스 개발자는 개발하고자 하는 디바이스의 기능을 구현하기 위한 센서와 액추에이터를 선정하고 해당 센서와 액추에이터의 연결 인터페이스를 활용하여 데이터를 수집하고 &Cube로 전송하는 TAL(Thing Adaptation Layer)만 구성하면 Mobius 플랫폼과의 연동을 수행할 수 있는 구조를 갖고 있다.

⑤ &Cube 바이너리 및 TAS 샘플 소스는 Open-IoT 사이트(http://www.open-iot.net)에 공개하였다.

⑥ &Cube의 소스는 OCEAN 사이트에 공개하여 OCEAN 연합체에 참여한 기관에서 다운로드 할 수 있도록 제공하고 있다.

(7) IoTivity

① OCF(Open Connectivity Foundation)에서 공개한 표준 기반 사물인터넷 오픈소스이다.
② IoTivity는 사물인터넷 기기 간 상호 운영성 보장과 빠른 사물인터넷 제품 개발을 가능하게 하고 새롭게 개발되는 최신 사물인터넷 기술을 지속적으로 확대 적용하며, 다양한 오픈소스 하드웨어(예 라즈베리파이, 에디슨 등)와 소프트웨어 플랫폼(예 안드로이드, iOS, 윈도, 리눅스 등) 지원 범위를 확대하고 있다.
③ IoTivity 프레임워크는 크게 고사양 기기를 위한 프레임워크와 저사양 기기를 위한 프레임워크로 나뉜다.
  - 저사양 기기를 위한 프레임워크는 컴퓨팅 파워가 약한 사물에 적용하기 위한 것으로 IoTivity 서비스 기능 없이 최소한의 기본 기능만 지원하며 바이너리 크기가 100KB 정도이다.
  - 고사양 기기를 위한 프레임워크는 IoTivity 서비스를 포함하고 있으며 안드로이드, iOS, 윈도 등에서 사물과 연동되는 애플리케이션 개발에 사용하기 위한 것이다.
④ IoTivity 프레임워크는 클라이언트, 서버 그리고 모두(클라이언트 및 서버) 형태로 설정하여 사용할 수 있으며, 일반적으로 사물은 자신의 리소스와 관련된 서비스를 제공하므로 서버 모드로 설정된다.
⑤ 스마트폰 앱 또는 클라우드의 서비스는 사물의 상태를 요청하여 읽어 오거나 사물의 설정 변경을 요청하는 형태로 사용되므로 클라이언트 모드로 설정되어 사용된다.

(8) 구글 안드로이드 씽스(Android Things)

① 구글이 2016년 12월에 공개했으며, 안드로이드 개발 도구, 안드로이드 API부터 구글 인프라 서비스까지 쉽게 활용할 수 있다. 이를 통해 사물인터넷 기기의 센서 및 디스플레이 조절이 가능하다.
② 구글은 안드로이드 씽스를 쉽게 접할 수 있도록 최적화된 하드웨어를 따로 제작하기도 했는데, 하드웨어는 파트너 기업들이 개발하며 인텔 에디슨, NXP 피코, 라즈베리파이 3가 포함된다.
③ 구글은 과거에 '브릴로'라는 사물인터넷 플랫폼을 개발한 바 있는데, 이번 안드로이드 씽스는 브릴로에서 얻은 노하우와 피드백을 기반으로 만들었으며, 사물인터넷 환경을 위한 통신 규약 '위브(Weave)'를 지원하며 외부 스마트 전구, 스마트 카메라, 스마트 온도계 제품 등과 연동해서 사용할 수 있도록 만들어졌다.

(9) 타이젠(Tizen)

① 타이젠(Tizen)은 휴대 전화를 비롯한 휴대용 장치에 주로 사용되며, TV, 냉장고와 같은 모든 전자 기기를 포함하는 것을 목적으로 하는 오픈소스 모바일 운영 체제이다.
② 리눅스 파운데이션의 리눅스 커널을 기반으로 하며, HTML5 및 C++를 기반으로 한다.
③ 소프트웨어 개발 키트(SDK)를 통해 응용 프로그램을 개발하기 위해 필요한 각종 도구들과 API를 제공한다.
④ 삼성전자는 현재 타이젠 OS 최신 버전(타이젠 3.0)부터 소형 컴퓨터 모듈 '라즈베리파이'를 지원할 수 있도록 업데이트를 하고 있으며, 타이젠의 확장성을 강조하고 개발자들이 누구나 타이젠 전용 프로그램을 개발할 수 있도록 소스 코드를 공개하였다.

기출문제 풀이

38 다음 중 TinyOS에 대한 설명으로 가장 거리가 먼 것은?

① 오픈소스 BSD 라이선스 운영 체제이다.
② 센서와 네트워크 기능을 동시에 갖춘 마이크로컨트롤러 기반의 단일 보드 기기에서 사용하는 것은 어렵다.
③ 개발 언어가 TinyOS 전용인 NetC로 개발되어 그 확장성이 다른 일반 개발 언어에 비해 한계가 있다.
④ 저전력 무선 통신 기능을 중심으로 하는 OS이다.

해설

■ TinyOS
㉠ UC버클리에서 수행한 스마트 더스트(Smart Dust) 프로젝트에 사용하기 위해서 개발되었다.
㉡ 오픈소스 BSD(Berkeley Software Distribution) 라이선스로 컴포넌트 기반 내장형 운영 체제이다.
㉢ 네트워크 내장형 시스템을 위해 디자인된 초소형 센서 네트워크 운영 체제이다.
• 핵심 코드는 4,000byte 이하

- 데이터 메모리는 256byte 이하
- 이벤트 기반 멀티태스킹 지원
- 마이크로컨트롤러 기반의 단일 보드 기기에 적합하게 설계
  - 센서와 네트워크 기능을 동시에 구현
  - 몇 KB RAM과 몇십 KB의 코드 공간으로 구현
- 프로그래밍 언어는 nesC 사용

ⓔ 오픈소스 하드웨어 플랫폼인 아두이노 이전인 1999년부터 시작되었다.
ⓜ 현재 가장 큰 센서 네트워크 커뮤니티 형성 : 커뮤니티를 통해 빠른 기능 구현 및 업그레이드 진행
ⓗ 2000년 최초 버전 출시 이후 다양한 하드웨어, MAC 프로토콜, 네트워크 프로토콜, 센서 인터페이스를 소스 레벨로 완전히 공개하고 있다.
ⓢ 현황 및 활용 분야
- 하드웨어 확장성 없이 저전력 무선 통신 기능에만 중점을 두었다.
  - 사물인터넷 디바이스로의 생태계 적용 발전이 더딘 상황이다.
  - 2012년 6LoWPAN과 라우팅 프로토콜 RPL 스택이 지원된 이후로는 공식적인 업데이트가 없는 상황이다.
- 하지만 16비트 저전력 MCU MSP430 기반의 센서 네트워크 디바이스 개발에는 여전히 사용되고 있다.
  - 센서 네트워크, 유비쿼터스 컴퓨팅, 개인 영역 네트워크(PAN), 스마트 빌딩, 스마트 계량기 등

정답 ②

37 TCP/IP를 임베디드 환경에 적용하기 위해 가볍게 만든 uIP를 중심으로 개발이 시작된 인터넷 지향의 운영 체제로, 다양한 인터넷 응용을 동시 제공하며 C언어로 개발이 가능해 개발·접근이 용이한 것은 무엇인가?

① mbed OS ② iOS
③ 리눅스(Linux) ④ 콘티키(Contiki)

해설

■ 리눅스(Linux)
- 전통적인 PC 환경의 OSS 움직임의 효시로서 리눅스는 짧지 않은 역사 속에서 임베디드

OS, 모바일 OS 등을 거치면서 수많은 파생 OS를 만들어 왔다.
- 사물인터넷 분야에서도 주도적인 역할을 하고 있다.
- 생태계의 발전에 관한 동향이다.
  - Subtractive Engineering 이슈 : GPL, Community의 발전과 함께 1달러 미만의 사물인터넷 디바이스에도 간단히 적용될 수 있는 리눅스를 만들기 위해 특화된 기능만을 탑재하고자 하는 전략이다.
  - 단순하고 간단한 센싱과 데이터 전송만을 수행하는 사물인터넷에서 OS 무용론도 있다.
  - 하지만, 사물인터넷 디바이스가 인터넷에 직접 연결되고 외부에서의 최소한의 관리가 필요한 디바이스에서는 몇 가지 태스크가 발생하며 이를 위해서는 최소한 스케줄링 기능을 기본으로 하는 OS가 필요할 수 있다. 실질적으로 오픈소스 하드웨어 플랫폼에서도 대부분 OS로서 리눅스와 리눅스의 변종 OS(Yocto Linux 등)가 적용되고 있다.
  - 리눅스 파운데이션(리눅스 재단)은 디바이스 S/W뿐만 아니라 IoT 표준화 컨소시엄인 OCF에도 관여하고 있다.

■ 콘티키(Contiki)
- 센서 네트워크 목적을 가진 가벼운 사물인터넷 디바이스를 위한 OS이다.
- 배경
  - Contiki OS는 TCP/IP를 임베디드 환경에 적용하기 위해 가볍게 만든 uIP를 중심으로 개발이 시작된 인터넷 지향의 OS이다.
  - 2002년에 Contiki 코드명으로 이어져 Atmel, Cisco 등의 추가 참여를 통해 개발이 이어졌다.
- 특징
  - IPv4와 IPv6를 모두 지원한다.
  - 초소형 구현체로서 세계 최초로 IPv6 Ready 인증을 받았다.
  - 6LoWPAN, RPL, CoAP를 포함하며 DNS resolver, telnet server 등 다양한 인터넷 응용을 동시에 제공한다.
  - 콘티키는 동적 모듈 재할당이 가능하며 이벤트 기반 모델이나 Protothread라는 기술을 통해 제한적인 멀티 스레드 기능을 제공한다.
  - C언어로 개발이 가능해서 아두이노에 포팅이 가능한 버전이 나와 있다.
- 지원하는 MCU
  - TI 사의 MSP430, CC2530
  - Atmel 사의 Atmegal128, AVR
  - 프리스케일의 MC1322x 등 다양함

■ mbed OS

- 2014년 10월, ARM에 의해서 무료로 공개되었다.
- ARM은 사물인터넷 이전의 임베디드 기기 환경에서 MCU의 주도권을 확보했고, 사물인터넷 디바이스에서도 그 주도권을 유지하려는 전략을 가지고 mbed OS를 공개했다.
- 특징
  - mbed OS는 Cortex-M 시리즈 위에서만 작동한다.
  - 사물인터넷에 대응하기 위하여 OS뿐만 아니라, 개발 툴(mbed Tools), 클라우드 연결 플랫폼(mbed Device Server), 그리고 생태계의 파트너들(mbed Partners)까지 라인업하여 동시에 제공한다.
  - ARM은 Sensinode를 인수하여 저전력 통신에 관련한 다양한 스택을 mbed OS에 반영하였다.
  - ARM은 보안 기술 회사인 Offspark를 인수하여, TLS/DTLS 등의 보안 스택도 반영하였다.
  - Cortex-M 시리즈의 시장 지배력을 계승하는 mbed OS는 현재 사물인터넷 디바이스 시장에서 가장 영향력 있는 OS의 하나이다.

정답 ④

38 개방형 사물인터넷 서버 플랫폼인 모비우스(Mobius)와 연동되며, 총 6개의 모듈로 구성되어 각 모듈 간 통신을 통해 사물 및 모비우스 간의 연동을 수행하는 전자부품연구원이 개발한 사물인터넷 디바이스와 게이트웨이를 위한 S/W 플랫폼은 무엇인가?

① &Cube   ② TinyOS
③ nanoQplus   ④ 안드로이드 OS

해설

■ &Cube(앤큐브)

㉠ oneM2M 표준에서 제안하는 CSE(Common Service Entity)의 기능을 포함하고 있는 소프트웨어 플랫폼이다.
㉡ 특징
  - 사물인터넷 생태계 활성화를 목적으로 디바이스 개발자가 쉽게 사물인터넷 디바이스를 개발할 수 있도록 Mobius 플랫폼 연동 기능을 제공한다.

- 멀티 플랫폼을 지원하기 위해 JVM 위에서 작동하도록 구현되어 있어서 Windows, Linux, iOS 등의 PC 환경은 물론 JVM이 작동하는 Embedded Linux 등의 환경에서도 작동을 수행할 수 있다.
- &Cube는 총 여섯 개의 기능 블록으로 이루어져 지어진 명칭이다.
- &Cube 플랫폼이 허브를 키우는 화분이라는 의미로 다양한 사물을 뿌리로 하여 다양한 사물인터넷 서비스(허브)를 활성화할 수 있는 핵심 소프트웨어라는 의미이다.

ⓒ &Cube 종류
  - &Cube: Rosemary - 게이트웨이 버전 S/W 플랫폼
  - &Cube: Lavender - 디바이스 버전 S/W 플랫폼
  - &Cube: Chamomile - CoAP 지원 S/W 플랫폼
  - &Cube: Mint - 초경량 디바이스 버전 S/W 플랫폼

ⓔ Mobius 플랫폼과 연동을 수행할 수 있는 구조
  - 사물인터넷 디바이스 개발자가 개발하고자 하는 디바이스의 기능을 구현하기 위한 센서와 액추에이터를 선정하고, 해당 센서와 액추에이터의 연결 인터페이스를 활용하여 데이터를 수집한다.
  - &Cube로 전송하는 TAL(Thing Adaptation Layer)을 구성한다.

ⓜ &Cube를 구성하는 여섯 가지 코어 블록
  - Re-source Manager : oneM2M 표준의 리소스들과 호환성을 가짐
  - Interaction Manager : Mobius와 디바이스 등록 요청을 포함한 oneM2M 국제 표준 기반 REST API를 활용한 외부 연결 기능을 수행
  - Security Manager : 디바이스 인증 및 데이터의 암호화/복호화를 수행
  - Device Manager : OS에서 제공하는 System Call을 활용하여 디바이스를 제어
  - Application Manager : IoT 디바이스에서 작동하는 응용 애플리케이션을 관리
  - Thing Manager : 사물(센서, 액추에이터) 연결을 위한 TAL 영역과의 연동 및 연결된 사물을 관리하는 기능을 수행

ⓗ TAL은 TAS(Thing Adaptation Software)의 집합이다.
  - TAS는 실제 사물을 디바이스에 연결하기 위한 S/W로서, OS의 Device Driver나 Interface를 통해서 사물과 &Cube 간의 연결 통로를 만드는 역할을 수행한다.
  - TAS의 세 가지 기능 Unit
    - Thing Interworking Unit : 연결된 사물로부터 데이터를 수신하거나 사물로 데이터를 전송
    - Data Adaptation Unit : 사물과 &Cube 간 데이터를 상호 인식 가능한 형태로 변환
    - &Cube Interworking Unit : &Cube로 사물 데이터를 전송하고 &Cube로부터 사물 제어 커맨드를 수신

- 사용하고자 하는 사물의 API를 TAS에서 결정할 수 있다.
- TAS를 개발하기 위한 언어 : &Cube가 제공하는 Interface는 소켓 통신을 활용하기 때문에 소켓 통신을 지원하는 언어인 C, C++, Java, Python 등을 활용할 수 있다.
- 실제 디바이스 개발자는 디바이스에 JVM과 &Cube를 설치한 후 연결하고자 하는 사물에 대한 TAS를 개발하고 &Cube와 연동시킴으로써 Mobius 플랫폼을 통해 서비스를 제공할 수 있다.
- &Cube 바이너리 및 TAS 샘플 소스는 Open-IoT 사이트(http://www.open-iot.net)에 공개하여 누구나 다운로드하여 사용할 수 있다.
- &Cube의 소스는 OCEAN 사이트에 공개하여 OCEAN 연합체에 참여한 기관에서 다운로드할 수 있도록 제공하고 있다.

■ nanoQplus

㉠ 2007년 한국전자통신연구원(ETRI)에서 최초로 공개 버전을 배포한 뒤 C언어로 개발되어 온 소형 OS이다.

㉡ 특징
- 2014년 3월에 IPv6 Ready 인증을 받았다.
- TinyOS, 콘티키와는 달리 우선순위 기반 선점형 스케줄러를 갖는 멀티 스레드 기반이다.
- 리눅스 프로그래밍 방식을 사용하여 쉽게 접근할 수 있다.
- IPv6를 지원하므로 CoAP, RPL, 6LoWPAN이 포함되어 있다.
- 다른 OS와는 달리 완전한 오픈소스는 아니고, 일부 소스 코드가 공개되어 있다.

㉢ 지원하는 MCU
- Atmega 128L의 9bit MCU
- MSP430 등의 16bit MCU
- ARM7의 32bit MCU

정답 ①

31 다음 내용에 해당하는 사물인터넷 디바이스 S/W 플랫폼은?

- 현재 사물인터넷 디바이스 시장에서 가장 영향력 있는 OS의 하나로 Cortex-M 시리즈 위에서만 작동
- OS뿐만 아니라 개발 툴, 클라우드 연결 플랫폼 그리고 생태계의 파트너들까지 라인업하여 동시에 제공

① nanoQplus　　② mbed OS
③ Contiki　　　④ Linux

해설
- 3회 37번 해설의 'mbed OS' 참조

정답 ②

32 다음 내용에 해당하는 사물인터넷 디바이스 S/W 플랫폼은?

- oneM2M 표준에서 제안하는 CSE(Common Service Entity)의 기능을 포함하고 있는 소프트웨어 플랫폼
- 멀티 플랫폼을 지원하기 위해 JVM 위에서 작동하도록 구현되어 있어 Windows, Linux, iOS 등의 PC 환경은 물론 JVM이 작동하는 Embedded Linux 등의 환경에서도 작동

① &Cube　　　　② IoTivity
③ Android Things　④ Tizen

해설
- 3회 38번 해설 참조

정답 ①

33 사물인터넷 디바이스 S/W 플랫폼 중 '&Cube(앤큐브)'에 대한 내용으로 옳지 않은 것은?

① &Cube: Rosemary – 게이트웨이 버전 S/W 플랫폼
② &Cube: Lavender – 디바이스 버전 S/W 플랫폼
③ &Cube: Chamomile – CoAP 지원 S/W 플랫폼
④ &Cube: Mint – 초경량 네트워크 버전 S/W 플랫폼

해설

■ 3회 38번 해설 참조

■ &Cube 종류
- &Cube: Rosemary – 게이트웨이 버전 S/W 플랫폼
- &Cube: Lavender – 디바이스 버전 S/W 플랫폼
- &Cube: Chamomile – CoAP 지원 S/W 플랫폼
- &Cube: Mint – 초경량 디바이스 버전 S/W 플랫폼

정답 ④

---

34 &Cube는 6가지 코어 블록으로 구성되어 있다. TAL(Thing Adaptation Layer) 영역과의 연동 및 연결된 사물을 관리하는 기능을 수행하는 코어 블록은?

① Application Manager
② Device Manager
③ Thing Manager
④ Interaction Manager

해설

■ 3회 38번 해설 참조

■ &Cube를 구성하는 여섯 가지 코어 블록
- Re-source Manager : oneM2M 표준의 리소스들과 호환성을 갖는다.
- Interaction Manager : Mobius와 디바이스 등록 요청을 포함한 oneM2M 국제 표준 기반 REST API를 활용한 외부 연결 기능을 수행한다.
- Security Manager : 디바이스 인증 및 데이터의 암호화/복호화를 수행한다.
- Device Manager : OS에서 제공하는 System Call을 활용하여 디바이스를 제어한다.
- Application Manager : IoT 디바이스에서 작동하는 응용 애플리케이션을 관리한다.
- Thing Manager : 사물(센서, 액추에이터) 연결을 위한 TAL 영역과의 연동 및 연결된 사물을 관리하는 기능을 수행한다.

정답 ③

37 사물인터넷 디바이스 S/W 플랫폼에 대한 설명으로 가장 거리가 먼 것은?

① 오픈소스 하드웨어 플랫폼에서 대부분 OS로 리눅스(Linux)와 리눅스의 변종 OS가 적용되고 있다.
② ARM(Advanced RISC Machine)에서 지원하는 mbed OS는 Cortex-M 시리즈 위에서만 작동한다.
③ nanoQplus는 우선순위 기반 선점형 스케줄러를 갖는 멀티스레드 기반으로 리눅스 프로그래밍 방식을 사용하는 완전한 오픈소스 플랫폼이다.
④ &Cube는 JVM 위에서 작동하도록 구현되어 있어 Windows, Linux, iOS 등의 PC 환경은 물론 Embedded Linux 등의 환경에서도 작동한다.

해설

■ 3회 38번 해설 참조
■ nanoQplus는 다른 OS와는 달리 완전한 오픈소스는 아니고, 일부 소스코드가 공개되어 있다.

정답

Chapter 3 스마트 센서

1 센서의 개념

(1) 센서(Sensor)란 측정 대상물로부터 물리, 화학, 생물학적 정보를 감지하여 전기적 신호로 변환하여 주는 장치(Device)를 의미한다.

(2) 인간이 오감을 통해 주위 환경을 인지하고 파악하는 것처럼 다양한 전자 기기는 센서를 통해 정보를 취득하고 분석하므로 센서는 전자 기기의 감각 기관 역할을 수행한다.

(3) 센서는 감지 대상, 작동 방식, 재료, 구현 기술 및 집적도에 따라 다양하게 분류되며, 목적에 맞는 기준으로 혼용하여 사용한다.

구분	내용
감지 대상별	물리 센서(힘, 온도, 전자기, 광학 등), 화학 센서(가스, 이온, 수질 등), 바이오 센서
감지 방식별	저항형 센서, 용량형 센서, 광학식 센서, 자기식 센서
집적도별	단순 센서, 전자식 센서, 디지털 센서, 지능형 센서
구현 기술별	반도체 센서, MEMS 센서, 나노 센서, 융복합 센서
적용 분야별	자동차용, 모바일용, 가전용, 환경용, 의료용 등

(4) 1970년 센서의 개념은 단지 '검출기'가 어떤 특정한 물질을 '감지'하는 수준에 머물렀으나, 현재의 센서는 감지 신호를 전달하여 중앙 처리 장치가 어떠한 판단을 내리도록 하는 형태로 상용화된다.

(5) 1980년대 이후 반도체 산업 및 나노 기술 또는 MEMS(미세 전자 제어 기술) 발전에 힘입어 크고 무거운 조립식 센서를 반도체 IC와 같은 실리콘 기판상에 작게 구현할 수 있게 된 것이 센서의 진화 및 시장 성장의 계기가 된다.

※ MEMS(Micro Electro Mechanical Systems) : 반도체 공정 기술을 기반으로 성립되는 마이크론(μm, 1mm의 1/1000)이나 mm 크기의 초소형 정밀 기계 제작 기술

(6) 센서는 1세대 Discrete Sensor → 2세대 Integrated Sensor → 3세대 Digital Sensor → 4세대 Smart Sensor로 진화하고 있으며 세대가 발전할수록 MEMS, 나노 기술, 반도체 집적 기술의 진보로 센서의 소형화, 지능화, 무선화가 가능해진다.

구분	특징	특성
1세대	Discrete Sensor	온도, 압력, 가속도, 변위 등의 물리량을 전기적 신호로 변환하는 기능의 센싱 소자와 증폭, 보정, 보상의 신호 처리 회로가 별개로 분리된다.
2세대	Integrated Sensor	센서의 잡음 성능을 높이고 소형화하기 위해 센서와 신호 처리 회로가 결합된 형태로 제작, MEMS 기술 도입
3세대	Digital Sensor	CMOS 기술의 발전으로 아날로그 회로에 디지털 회로가 집적되면서 센서의 이득, 오프셋, 비선형 등을 디지털 방식으로 보정하고 보정 데이터를 비휘발성 메모리에 저장
4세대	Smart Sensor	MCU가 센서에 내장되고 SoC 기술 접목, MCU의 제어, 판단, 저장, 통신 등의 기능을 활용하여 센서의 성능을 향상하고 다중 센서, 네트워크 센서, IoT 센서로 진화

기출문제 풀이

 29 사물인터넷 서비스는 사람이나 사물, 공간과 같은 구체적인 객체나 프로세스 등과 같은 추상적인 객체가 만들어 내는 데이터를 기반으로 한다. 이러한 객체들은 기본적으로 자기 자신을 나타내는 고유한 ID 값을 갖고 있으며 자신과 관련된 혹은 자신을 둘러싸고 있는 다양한 환경 요인이나 위치, 시간, 혹은 자원 등과 관련된 다양한 값들을 부가적인 데이터로 제공하게 된다. 다음 중 이와 같은 물리적인 값들을 전기적인 신호로 만드는 장치는 무엇인가?

① 링크잇원(Linkit One) ② 액추에이터(Actuator)
③ 센서(Sensor) ④ GPS(Global Positioning System)

해설

■ 센서
- 측정 대상물로부터 물리, 화학, 생물학적 정보를 감지하여 전기적 신호로 변환하여 주는 장치를 의미한다.
- 인간이 오감을 통해 주위 환경을 인지하고 파악하는 것처럼 다양한 전자 기기의 센서를 통해 정보를 취득하고 분석하므로 센서는 전자 기기의 감각 기관 역할을 수행하고 있다.
- 감지 대상, 작동 방식, 재료, 구현 기술 및 집적도에 따라서 다양하게 분류되며, 목적에 맞는 기준으로 혼용하여 사용한다.

■ 센서의 진화
- 1980년대 이후 반도체 산업 및 나노 기술 또는 MEMS(미세 전자 제어 기술) 발전에 따라서 크고 무거운 조립식 센서를 반도체 IC와 같은 실리콘 기판상에 작게 구현할 수 있게 되면서 센서의 진화 및 시장 성장의 계기가 되었다.
- MEMS(Micro Electro Mechanical Systems)는 반도체 공정 기술을 기반으로 성립되는 마이크론(um, 1mm의 1/1000)이나 mm 크기의 초소형 정밀 기계 제작 기술이다.
- 센서는 세대별로 진화하고 있으며, MEMS, 나노 기술, 반도체 집적 기술의 진보로 소형화, 지능화, 무선화가 가능해졌다.

정답 ③

---

 35 다음에서 설명하는 센서는 무엇인가?

- 한 축 또는 여러 축의 회전 움직임의 각 변화량을 측정하는 센서
- 중력이나 자기장과 같은 외부의 힘에 영향을 받지 않고 독자적으로 작동하는 센서

① 자이로 센서　　　② 중력 센서
③ 지자기 센서　　　④ 선형 가속도 센서

해설

■ 자이로 센서
- 동작 인식 센서이다.

- 물체의 역학 운동을 이용하여 위치 측정과 방향 설정 등에 적용한다.
- 최근 VR 등에서 디바이스의 360도 회전을 측정하기 위해 활용된다.

정답 ①

 37 다음 내용에서 괄호 안에 들어갈 적절한 용어는 무엇인가?

> 구조적으로는 증착과 식각 등의 과정을 반복하는 반도체 미세 공정 기술을 적용해, 저렴한 비용으로 초소형 제품을 대량으로 생산할 수 있게 해 준다. 특히, (   ) 기술로 구현된 구동 장치는 아주 적은 전력을 소비하기 때문에 그 중요성이 날로 부각되고 있다.

① Nano
② MindWave
③ Micro Electro Mechanical Systems
④ RealSense

해설

■ 1회 29번 해설 참조

정답 ③

 35 센서는 센서들이 생성하는 데이터의 물리적 특성에 따라 분류할 수 있다. 다음 중 잘못 짝지어진 것은?

① 위치 센서 – 자이로 센서   ② 환경 센서 – 습도 센서
③ 동작 인식 센서 – 가속도 센서   ④ 동작 인식 센서 – 중력 센서

해설

■ 2회 35번 해설 참조

■ 센서의 유형별 종류

센서 유형	종류
위치 센서	GPS, 지자기 센서, 방향 센서, 근접 센서
동작 인식 센서	가속도 센서, 선형 가속도 센서, 중력 센서, 자이로 센서, 회전 벡터 센서
환경 센서	주변 온도, 습도, 조도, 기압 센서

정답 ①

33 센서의 세대별(1세대~4세대) 발전 방향 순서를 나열한 것으로 옳은 것은?

ⓐ Smart Sensor   ⓑ Integrated Sensor
ⓒ Digital Sensor   ⓓ Discrete Sensor

① ⓓ → ⓒ → ⓑ → ⓐ   ② ⓑ → ⓓ → ⓒ → ⓐ
③ ⓑ → ⓒ → ⓓ → ⓐ   ④ ⓓ → ⓑ → ⓒ → ⓐ

해설

■ 센서는 1세대 Discrete Sensor → 2세대 Integrated Sensor → 3세대 Digital Sensor → 4세대 Smart Sensor로 진화하고 있으며 세대가 발전할수록 MEMS, 나노 기술, 반도체 집적 기술의 진보로 센서의 소형화, 지능화, 무선화가 가능해짐
■ Chapter 3 '스마트 센서'의 1절 '센서의 개념' – (6) 참조

정답 ④

35 다음 내용에 해당하는 센서는?

물체의 관성을 전기 신호로 검출하고 주로 회전각을 감지하는 센서로 높이와 회전, 기울기 등을 감지할 수 있어 3축 가속도 센서와 연계하여 보다 정교한 모션 센싱이 가능

① RGB(Red-Green-Blue) 센서   ② 지자기 센서
③ 동작 인식 센서   ④ 자이로스코프 센서

해 설

■ **RGB 센서**
- 주변 빛의 색 농도를 검출하여 주변 빛 농도에 따라 디스플레이 색을 보정할 수 있는 센서
- 예를 들어 스마트폰에서 노란색이 검출되면, 노란색을 낮추고 파란색과 녹색을 밝게 하여 자연스러운 화면 색을 구현할 때 사용

■ **지자기 센서**
- 지구 자기장의 흐름을 파악해 나침반처럼 방위각을 탐지하는 센서
- 기존에는 2축 지자기 센서가 주류였으나, 지금은 3축 지자기 센서가 보편화됨

■ **동작 인식 센서**
- 물체의 움직임이나 위치를 인식하는 센서
- 지자기 센서, 가속도 센서 등의 각종 센서와 고도계, 자이로 등의 기능이 하나의 칩에 들어가 있는 복합 센서

■ **자이로스코프 센서**
- 물체의 관성을 전기 신호로 검출하며, 주로 회전각을 감지하는 센서
- 높이와 회전, 기울기 등을 직접 감지할 수 있어 3축 가속도 센서와 연계할 경우 보다 정교한 모션 센싱이 가능

■ 참조 : ep.knou.ac.kr/comm/downloadFile.do?fileId=20160331164446I0uFcb

정답 ④

---

36 반도체 공정 기술 기반으로 성립되는 초소형 정밀 기계 제작 기술로 무거운 조립식 센서를 반도체 IC와 같은 실리콘 기판상에 작게 구현할 수 있는 기술은?
① 나노 기술
② MEMS(Micro Electronic Mechanical Systems)
③ 반도체 집적 기술
④ 초경량화 기술

해 설

■ 1회 29번 해설 참조

정답 ②

2 스마트 센서

(1) 스마트 센서의 개념 및 정의

① 기존의 센서 기술은 측정 대상을 검출하기 위한 검출기로 정의된다.
② 스마트 센서는 센서와 마이크로프로세서 등의 신호 처리 모듈을 결합한 형태를 가지며, 사용자에게 필요한 정보를 제공한다.
③ 스마트 센서는 기능이 단순하고 정밀도가 낮으며 사용이 불편한 이전의 센서에 비해 센싱 소자와 신호 처리가 결합하여 데이터 처리, 자동 보정, 자가 진단, 의사 결정 기능을 수행하는 '소형, 경량, 고성능, 다기능, 고편의성, 고부가가치의 센서'이며, 기관에 따라 정의 및 특징이 조금씩 다르다.

구분	내용
• 기존 센서에 논리, 판단, 통신, 정보 저장 기능이 결합되어 데이터 처리, 자동 보정, 자가 진단, 의사 결정 기능을 수행하는 고기능, 고정밀, 고편의성, 고부가가치 센서를 의미 • 스마트 센서의 가장 큰 특징은 마이크로프로세서(중앙 처리 장치)와 통신 기능이 내장되어 있다는 점	• 1980년대 이후 급속 성장한 반도체 기술을 기반으로 하는 마이크로머시닝 가공 기술을 이용하여 초경량, 초미세, 초전력 구조를 실리콘 기판상에 구현

(2) 스마트 센서의 구조

① 센서, 전원부, 신호 처리부 및 통신부로 구성되며 물리학, 화학, 재료 공학, 전기 전자, 기계 공학 등 다양한 기술 융합의 산물이며, 각종 물리량뿐만 아니라 가스나 이온, 생화학 물질 등을 검출하기 위한 화학 센서가 활발히 연구되고 있다. 또한, MEMS와 나노 기술 등이 센서의 소형화 및 감도 향상, 저전력화를 위해 적극적으로 활용된다.
② 신호 처리 통신부는 센서의 출력 신호를 디지털 신호로 변환하고 이를 외부로 송신하는 기능을 수행하는데, 일반적으로 무선 통신을 이용하도록 설계되며, 스마트 센서에 적용되기 위해서는 소형화와 함께 요구 기능 수행 등의 요건 등을 충족시켜야 한다.

Part 4. 사물인터넷 디바이스

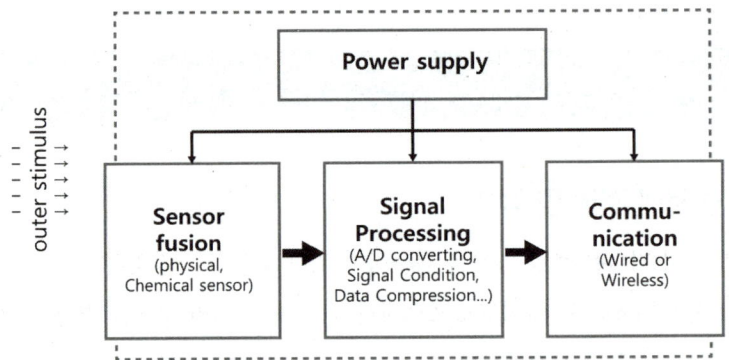

③ 스마트 센서를 위해서는 센서의 각종 구성 요소들이 저전력에서 구동할 수 있도록 설계되어야 하며, 이들에 전력을 공급하기 위한 전원부가 필요하다. 대부분의 스마트 센서 개발에서는 2차 전지가 가장 현실적인 선택이 될 수 있으며, 이들은 부분의 센서를 구동하기에 충분한 에너지 밀도를 제공한다.

④ 이 밖에 최근에는 에너지 수확(Energy Harvesting) 기술의 도입도 고려될 수 있다. 에너지 수확 기술은 외부로부터 에너지를 유도하여 에너지를 생산하는 기술로서, 전압 소자, 열 소자, 태양 전지 등이 폭넓게 연구되고 있다.

> 예) 물리 압력에 의한 형태 변형에 의해서 압차가 발생하는 압전 소자를 이용한 에너지 수확 기술이 개발되고 있는데, 이 경우 압전 소자를 주기적인 진동이 발생하는 위치에 장착함으로써 소자에 물리적인 변형이 가해지고, 이를 통해 전력을 생산하게 된다.

기출문제 풀이

29 기존 센서 기술과 비교한 스마트 센서에 대한 설명으로 가장 거리가 먼 것은?
① 기능이 단순하고 정밀도가 낮다.
② 사용자에게 필요한 정보를 제공한다.
③ 센싱 소자와 신호 처리가 결합하여 데이터 처리, 자동 보정, 자가 진단, 의사 결정 기능을 수행한다.
④ 센서와 마이크로프로세서 등의 신호 처리 모듈을 결합한 형태를 갖는다.

해설

■ 스마트 센서 개념
- 센서와 마이크로프로세서 등의 신호 처리 모듈을 결합한 형태를 가지며, 사용자에게 필요한 정보를 제공한다.
- 기능이 단순하고 정밀도가 낮으며 사용이 불편한 이전의 센서에 비해 센싱 소자와 신호 처리가 결합하여 데이터 처리, 자동 보정, 자가 진단, 의사 결정 기능을 수행하는 '소형, 경량, 고성능, 다기능, 고편의성, 고부가가치의 센서'이며, 기관에 따라 정의 및 특징이 조금씩 다를 수 있다.

정답 ①

3 바이오 센서(의료)

(1) 바이오 센서(Bio Sensor)는 특정 물질(Analyte)을 선택 특이성이 있는 생체 수용체(Bio-Receptor)와 반응시키고 신호 변환기(Signal Transducer)로 측정하여 특정 물질의 존재나 양을 확인할 수 있는 장치나 소자를 의미한다.

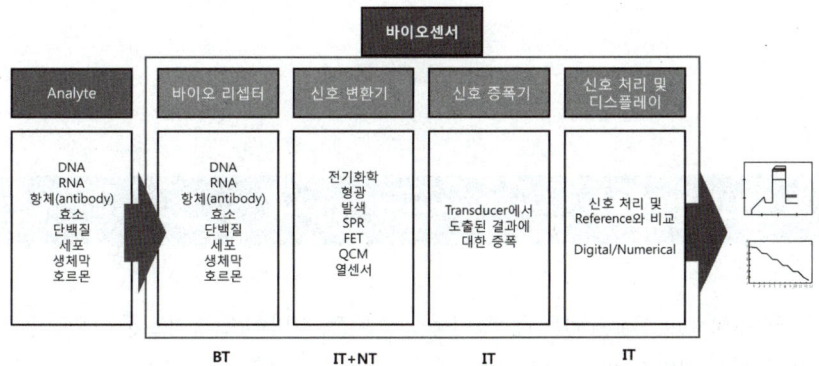

(2) 특정 물질(Analyte) : 분석 대상이 되는 물질(암세포, 바이러스, 다양한 화학 물질 등)이다.

(3) 생체 수용체(Bio-Receptor) : DNA, RNA, 항체, 효소 단백질, 세포, 생체막 및 호르몬 수용체 등의 생체 물질과 흡착 및 반응할 수 있도록 고안된 부분이다.

(4) 신호 변환기(Signal Transducer) : 특정 물질과 생체 수용체 간 반응을 다양한 방법을 이용하여 전기적 신호로 변환하는 장치이다.

(5) 바이오 센서의 활용 분야는 의료, 환경, 산업 공정(Process Industries), 군사(화학전), 기타(연구, 식품 등)로 분류되며, 의료 분야가 가장 큰 수요를 보일 것으로 전망하고 있다. 특히 의료 분야는 인구의 노령화 및 고령화로 인해 기본적인 성인병과 관련된 관리 · 예방 차원에서 관련 수요가 급증할 것으로 예상된다.

(6) 최근 데이터의 디지털화와 통신 네트워크, 프로세싱, 센싱 등 IoT 기술의 발전을 토대로 환경, 산업 공정, 기타 부문에 대한 바이오 센서의 채용이 점차 늘어날 것으로 예측된다. 군사 분야는 전통적으로 생화학전에 대비하여 바이오 센서를 이용해 사전적 탐지 기술을 마련하여 군사를 보호하는 환경을 구축할 필요가 있으므로 관련 수요가 꾸준히 존재할 것으로 전망된다.

구분	내용
의료	• 혈당, 혈중가스, 임신, 암세포, 심전도, 콜레스테롤, 젖산, 요소 등 다양한 생체 물질 및 생체 신호 분석에 사용
환경	• 환경호르몬(다이옥신), 폐수의 BOD, 중금속, 농약, 방사능 등 다양한 환경 관련 물질 검출 및 확인에 사용
산업 공정	• 화학, 정유, 제약, 생물 발효 등 다양한 생화학물 제조 공정에서 나오는 특정 물질에 대한 분석에 이용
군사	• 사린, 탄저균, 신경가스 등 대량 살상 무기를 탐지하는 데 사용
기타	• 생체 물질 간의 상호 작용을 측정하여 생분자에 대한 다양한 정보 확보 • 단일 분자 거동 측정 등 새로운 분석 기능 제공 • 식품에 포함되어 있는 잔류 농약, 항생제, 병원균, 중금속 등과 같은 유해 물질 및 부패 촉진 물질 검출에 사용

4 모바일 센서

(1) 모바일 센서(Mobile Sensor)는 주로 이동형 스마트 디바이스(스마트폰, 태블릿 PC, 노트북 등)에 적용된 센서 전반을 의미한다.

(2) 스마트 기기(모바일 기기)에 탑재된 센서는 최근 크게 마이크로폰, 이미지 센서, 터치 센서, GPS, 모션 센서, 지자기 센서, 조도 센서, 근접 센서 등 일반적으로 5~17종으로 분류되고 있다. 스마트폰에 적용되는 센서는 MEMS 기술의 발달로 첨단 기능을 가진 센서들이 초소형화, 저가격화되면서 지속적으로 증가하고 있으며, 사물인터넷 디바이스에도 애플리케이션별로 개발 및 탑재되는 형태를 보일 것으로 예상된다.

구분	내용
카메라(이미지) 센서	• 빛을 감지해 그 세기의 정도를 디지털 영상 데이터로 변환해 주는 센서 • 휴대폰, 디지털 영상 기기뿐만 아니라 CCTV, 자동차 전후방 카메라, 로봇, 스마트 TV 등으로 적용이 확대되고 있음
음향 센서	• 물리적 소리를 공기 압력의 변화에 의해 전기적인 신호로 변환하는 센서 • 현재 ECM이 보편적으로 사용되고 있으나 최근 MEMS 마이크로폰의 스마트폰 탑재가 확대되는 추세
근접 센서	• 검출체가 근접했을 때 검출 대상물의 유무를 판별하는 무접촉 방식의 검출 센서 • 보통 통화를 위해 스마트폰을 얼굴에 가까이 가져가거나 주머니에 넣는 경우 화면이 꺼지게 하는 기능 등에 활용
조도 센서	• 주변 밝기에 따라 화면의 디스플레이 조도를 자동으로 조절해 주는 센서 • 모바일 단말의 전력 소모량을 줄이고 눈의 피로감을 덜 수 있도록 함
중력 센서	• 중력이 어느 방향으로 작용하는지를 탐지해서 물체의 움직임을 감지하는 센서로, 스마트폰의 디스플레이 방향을 판단해 스크린의 방향을 자동으로 보정해 주는 역할 등에 사용
GPS 센서	• 위성 위치 확인 시스템을 통해 물체의 시간 및 위치 정보 획득이 가능한 센서
가속도 센서	• 단위 시간당 물체 속도의 변화를 검출하는 센서로, 가속도, 진동, 충격 등의 동적인 힘을 감지. 초기에는 2축 가속도 센서가 주류였으나 최근 MEMS 기술을 적용한 3축 가속도 센서 사용
지자기 센서	• 지구 자기장의 흐름을 파악해 나침반처럼 방위각을 탐지하는 센서로, 기존에는 2축 센서가 주류였으나 최근 3축 센서가 보편화됨
자이로스코프	• 물체의 관성을 전기 신호로 검출하고 주로 회전각을 감지하는 센서로 높이와 회전, 기울기 등을 감지할 수 있어 3축 가속도 센서와 연계하여 보다 정교한 모션 센싱이 가능
기압계	• 바로미터(Barometer)라고 하는 고도 측정 센서로 대기의 압력을 측정하는 장치이며, 고도계(Altimeter)로도 사용됨
동작 인식 센서	• 물체의 움직임이나 위치를 인식하는 센서로 지자기 센서, 가속도 센서 등의 각종 센서와 고도계, 자이로 등의 기능이 하나의 칩에 들어가 있는 복합 센서
온도 / 습도 센서	• 온도 센서는 스마트 디바이스 내부 혹은 디바이스 주변의 온도를 측정하는 데 이용하는 센서 • 습도 센서는 공기 중에 포함되어 있는 수분의 양 또는 비율을 측정하여 백분율(%)로 변환
지문 인식 센서	• 전용 센서를 이용해 지문의 디지털 영상을 획득하여 사용자를 인식하는 센서로 광학식, 초음파식, 정전 용량 방식 등의 기술이 지문 인식 센서에 이용됨
심장박동 센서	• 심장박동을 측정하기 위한 센서로 손가락을 카메라 아래에 있는 플래스 부분에 대면 빨간 빛을 내며 심박을 체크. 측정을 위해 별도의 LED와 펄스 센서를 삽입
RGB 센서	• 주변 빛의 색 농도를 검출하는 센서로 RGB 센서가 있는 스마트폰은 주변 빛 농도에 따라 디스플레이 색을 보정할 수 있음

5 스마트 카 센서

(1) 스마트 카는 기계 중심의 자동차 기술에 최신의 전기, 전자, 정보 통신 기술을 융·복합하여 교통사고를 획기적으로 저감하고, 탑승자의 만족을 극대화시키는 자동차로 궁극적으로는 자동으로 운행할 수 있는 무인 주행차를 의미한다.

(2) 자동차의 전장화 추세에 따라 약 200개 전후의 센서가 들어가고 있다.

(3) 자동차에서 센서의 비중이 늘어나고 있는 이유로는 환경 오염 방지를 위한 자동차 배기가스, 연료 경제성 제고 및 안전 등에 대한 법적 규제 강화, 소비자의 경제력 향상으로 자동차의 품질, 신뢰성, 편의성 및 안전성에 대한 요구 증대 및 기술의 발전으로 고성능 저비용 시스템의 개발 가능성 제고 등을 들 수 있다.

(4) 센서의 적용은 엔진 제어 부분에서 먼저 시작되었고, 차체 자세 제어를 위한 ABS, ESP 등으로 확대된다.

(5) 이후 에어백을 비롯하여 초음파 센서, 레이더 등 충돌 방지용 센서들이 적용되고 있으며, 편의 및 쾌적함을 위한 공조 제어, 조명 제어 등에 필요한 센서들이 점차 확대 적용되고 있다.

(6) 센서의 종류로는 압력 센서와 회전 및 위치 파악을 위한 자기 센서가 많은 수를 차지하고 있다. 충돌 방지를 위한 전후방 물체 인식을 위한 초음파 센서, 카메라 비전 센서, 레이더 센서, 레이저 레이더 센서 등이 새롭게 적용되고 있으며, 센서가 많이 필요한 분야는 능동 안전 시스템 분야로, 해당 시스템은 운전 지원, 사고 예방, 사고 회피 분야로 구분이 가능하다.

구분	정의 및 특징	출처
능동 안전 시스템 (Active Safety System)	브레이크 잠김 방지 시스템(ABS)	차륜 속도 센서(Wheel Speed Sensor), 가속도 센서
	서스펜션 제어 시스템(Suspension Control)	가속도 센서
	에어백 시스템	가속도 센서, 압력 센서
	차량 안정성 제어 시스템 (Vehicle Stability Control)	가속도 센서, 압력 센서, 각속도 센서
	롤 오버(Roll over)	가속도 센서, 각속도 센서

충돌 안전 시스템 (Passive Safety System)	스마트 에어백-승객 검지	압력 센서, 중량 센서, 각속도 센서
	정속 주행 장치 (Auto Cruise Control)	각속도 센서, CCD/CMOS 센서, 밀리 파/레이저 레이더
	충돌 예지 안전(Pre Crash Safety) 브레이크 보조(Break Assist)	CCD/CMOS 센서, 밀리 파/레이저 레이더
	타이어 공기압 경보 장치 (Tire Pressure Monitoring System)	가속도 센서, 압력 센서
	차선 유지 시스템(Lane Keep System)	각속도 센서, CCD/CMOS 센서, 조향각 센서(Steering Angle Sensor)
	야간 투시(Night Vision)	원/근적외선 센서
	조향 보조(Steering Assist)	각속도 센서, 토크 센서, 조향각 센서, 초음파 센서
	사각지대(Blind Spot)	CCD/CMOS 센서

(7) 스마트 카에 사용되는 주요 센서의 종류

① RADAR(Radio Detection And Ranging) : 차량 및 도로 시설물 감지에 사용되며, 24㎓ 근거리 레이더와 77~78㎓ 중장거리 레이더가 주로 사용된다. 최근에는 250m까지 검지 거리를 확장한 레이더도 사용되고 있다. 크루즈 컨트롤, 전후방 충돌 경보, 충돌 방지 시스템 등에 주로 사용된다.

② LIDAR(Light Detection And Ranging) : 레이저 펄스를 지표면과 지물에 발사하여 반사되어 돌아오는 시간을 측정하여 반사체의 위치 좌표를 측정하는 시스템이다. 최근 자율 주행 기술에 필수로 사용되고 있으며, 반경 360도에 대한 정보를 얻을 수 있다.

③ 제스처 인식용 3D 형상 인식 센서 : 광신호를 이용한 3D 형상 인식 센서는 LED와 거리 인식 픽셀이 적용된 이미지 센서 카메라가 적용되어 소형이면서 수십만 원 이하의 가격으로 구현할 수 있다. 실내에서 운전자 제스처 인식을 통한 기기 제어는 물론 전방위 충돌 방지 장치, 차선 이탈 방지 및 유지, 탑승자 모니터링 기반 스마트 에어백, 주차 지원 등에 적용된다.

④ 레이저와 카메라 복합 근거리 충돌 방지 센서 : 도심에서 발생하는 추돌 사고의 80% 이상이 50km/h 이하에서 발생하는데 50% 이상의 운전자가 추돌 시 브레이크를 전혀 밟지 못한다. 카메라만으로 자동 긴급 제동을 하는 데에는 한계가 있는데 이를 보완하기 위해 레이저 센서를 결합하여 정확한 사물 분류 및 거리 측정이 가능하다.

⑤ MEMS 6축 모션 센서 : 모션(병진, 회전)을 감지하는 관성 센서는 에어백 충격 센서뿐만 아니라 자동차의 자세 제어를 위해 ABS, ESP 등의 시스템에 필수적으로 적용되는 센서이다. 단축 MEMS 자이로센서를 탑재한 자동차 Yaw rate 센서가 MEMS 기술의 발전과 스마트폰의 적용에 따른 시장 확대로 3축 가속도와 3축 각속도를 측정할 수 있는 초소형·초박형·저가의 6축 모션 센서로 발전하였다.

Part 4. 사물인터넷 디바이스

기출문제 풀이

35 아래 내용에 해당하는 센서는?

> 레이저 펄스를 지표면과 지물에 발사하여 반사되어 돌아오는 시간을 측정하여 반사체의 위치 좌표를 측정하는 시스템으로 최근 자율 주행 기술에 필수로 사용되고 있으며, 반경 360도에 대한 정보를 얻을 수 있다.

① RADAR(RAdio Detection And Ranging) ② 모션 센서
③ LIDAR(Light Detection And Ranging) ④ 충돌 방지 센서

해설

- RADAR(레이더 또는 레이다) sms 전자파를 대상물을 향해서 발사해 그 반사파를 측정하는 것으로, 대상물까지의 거리나 형상을 측정하는 장치이다.
- 모션 센서는 마이크로파를 이용하여 사람/사물의 움직임을 감지하는 센서로서, 온도, 습도, 빛, 먼지 등 외부 환경의 영향을 받지 않고 미세한 움직임을 정확하게 감지하는 장치이다.
- 충돌 방지 센서는 레이더 센서를 이용해서 앞 차와의 거리와 상대 속도를 측정하는 장치이다.

정답 ③

 6 센서 및 액추에이터

(1) 동작 인식 센서

① 가속도 센서(Acceleration Sensor) : 단위 시간당 직선 운동에 대한 속도의 변화를 측정
② 선형 가속도 센서(Linear Acceleration Sensor) : 가속도 센서가 생성하는 값들 중에서 중력 가속도를 제외한 것으로, 3차원 벡터 값을 제공

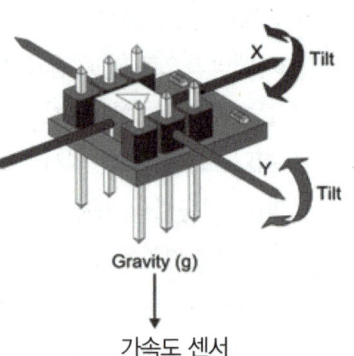

가속도 센서

③ 중력 센서(Gravity Sensor) : 중력이 어느 방향으로 작용하는지를 탐지
④ 자이로 센서(Gyroscope Sensor) : 한 축 또는 여러 축의 회전 움직임의 각변화량(각속도)을 측정
⑤ 회전 벡터 센서(Rotation Vector Sensor) : 각(Angle)과 축(Axis)의 조합으로 디바이스의 방향을 나타냄

(2) 위치 센서

① GPS(Global Positioning System) : 절대적인 위치 및 시간 정보를 제공하기 위해서 사용하는 위성 기반의 항법 시스템
② 지자기 센서(Terrestrial Magnetism Sensor) : 지자계를 이용하여 절대적인 방향을 측정하기 위해 사용되며, 내비게이션 장치에 표시되는 지도에서 정확한 방향을 알려 주기 위해 사용
③ 방향 센서(Orientation Sensor) : x, y, z 3축에 대해 변화하는 회전각을 측정하는 센서
④ 근접 센서(Proximity Sensor) : 디바이스에서 측정 대상까지의 근접도를 측정하는 센서

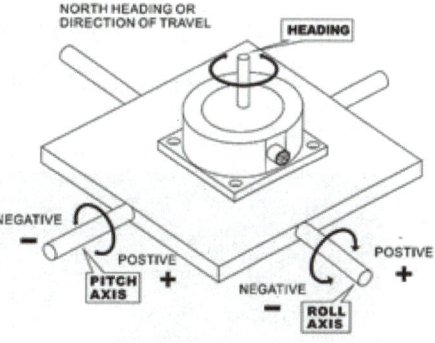

지자기 센서

(3) 환경 센서

① 주변 온도(Ambient Temperature) : 스마트 디바이스 내부 혹은 디바이스 주변의 온도를 측정하는 데 이용
② 습도(Humidity) : 습기 중에 포함되어 있는 수분의 양 또는 비율을 측정하여 백분율(%)로 변환
③ 조도(Illumination) : 디바이스 주변의 밝기를 측정하는 데 이용되는 센서
④ 기압(Pressure) : 대기압(Air Pressure)을 측정하는 센서

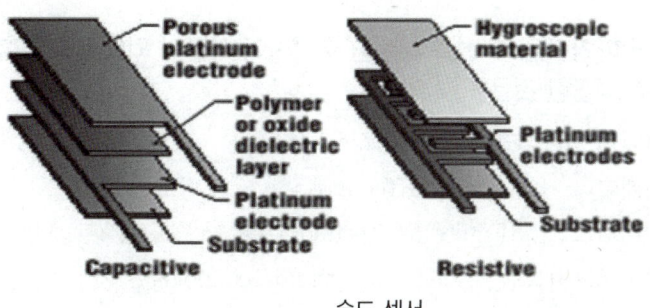

습도 센서

(4) 기타 센서

① 인텔(Intel)의 리얼센스(RealSense)는 3D 촬영이 가능한 이미지 센서로, 2차원의 평면 이미지만을 인식하는 다른 이미지 센서들과는 달리 이미지의 깊이까지 인식할 수 있다.
- 리얼센스 기술은 《마이너리티 리포트(Minority Report)》나 《아바타(Avatar)》와 같은 영화에서 허공에 손을 대고 화면을 이동하거나 스크롤하는 동작 인식 분야에 활용될 수 있다.

② BCI(Brain Computer Interface)는 사람 뇌파의 종류와 변화 패턴을 측정하여 사람의 의도를 파악하는 센싱 기술의 하나이다.
- 뉴로스카이(NeuroSky)의 마인드웨이브(MindWave)로 뇌파를 측정하여 생성된 제어 신호는 퍼즐박스(Puzzlebox)의 오빗(Orbit)이라는 헬리콥터를 조종하는 데 이용된다.

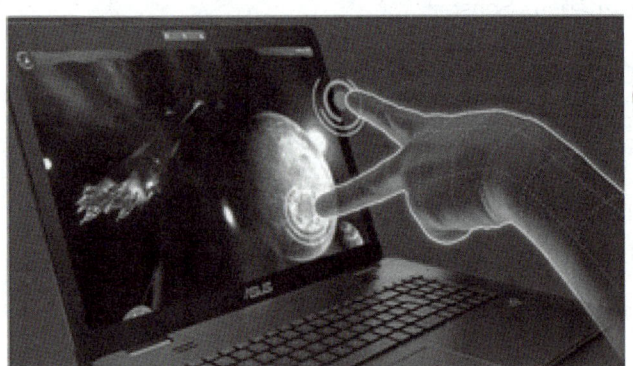

기출문제 풀이

32 사람 뇌파의 종류와 변화 패턴을 측정하여 사람의 의도를 파악할 수 있는 센싱 기술로 적합한 것은?

① BCI(Brain Computer Interface)
② 빅데이터 기술(Big Data Technology)
③ 임베디드 기술(Embedded Technology)
④ 마이크로시스템 기술(Micro-system Technology)

해설

- 스마트 센서 활용의 예 : 최근에는 사람의 생각을 측정하는 센싱 기술도 스마트 디바이스 개발에 활용되고 있다.
- BCI(Brain Computer Interface) 기술은 사람 뇌파의 종류와 뇌파의 변화 패턴을 측정해 사람의 행동 의도를 파악하는 센싱 기술을 의미한다. 대표적인 제품으로 뉴로스카이(NeuroSky) 사의 헬리콥터를 제어할 수 있는 마인드웨이브(MindWave)가 있다.

정답 ①

---

36 다음에서 설명하는 기술은 무엇인가?

> 센서를 이용해 사람의 뇌파를 측정하고 이를 활용해 시스템을 제어하는 기술

① VR(Virtual Reality)
② BCI(Brain Computer Interface)
③ AI(Artificial Intelligence)
④ NT(Nano Technology)

해설

- 1회 32번 해설 참조

정답 ②

---

36 사람의 생각을 측정하는 센싱 기술로 사람 뇌파의 종류와 뇌파의 변화 패턴을 측정하여 사람의 의도를 파악하는 기술은 무엇인가?

① 리얼센스
② 나노(Nano) 기술
③ BCI(Brain Computer Interface)
④ 미세 전자 제어 기술

해설

- 1회 32번 해설 참조

정답 ③

학습법

- Part 5 사물인터넷과 관련 기술은 사물인터넷과 빅데이터, 사물인터넷과 클라우드, 사물인터넷과 모바일, 사물인터넷과 지능 정보 기술의 총 4개 챕터로 구성되어 있다.
- 정보 기술과 네트워크 기술의 발달에 기인하여 초연결 정보화 혁명이 도래하였고, 이러한 정보화 혁명의 중심축으로서 ICBM, 즉 IoT, 클라우드(Cloud), 빅데이터(Big Data), 모바일(Mobile) 기술을 이해한다.
- 데이터 경제 시대의 새로운 성장 모멘텀으로서 사물인터넷과 함께 ICBM이 향후 ICT 산업 성장을 견인할 것으로 기대하며 각 기술에 대한 개념을 이해하고 학습한다.

시험 문제 출제 동향

- 1회 11문항(22%), 2회 8문항(16%), 3회 10문항(20%), 4회 10문항(20%), 5회 9문항(18%)이 출제되었으며, 매 회차당 일정한 수준의 출제 비중을 유지하고 있어서 향후에도 비슷한 수준의 출제 비중이 예상된다.
- 지금까지 출제되었던 총 48문항 중 각 하위 챕터별 출제 비중은 다음과 같다.
  - Chapter 1. 사물인터넷과 빅데이터 : **16문항**
  - Chapter 2. 사물인터넷과 클라우드 : **20문항**
  - Chapter 3. 사물인터넷과 모바일 : **10문항**
  - Chapter 4. 사물인터넷과 지능 정보 기술 : **2문항**

Part 5

사물인터넷 빅데이터, 클라우드, 모바일 및 지능 정보 기술

Chapter 1 사물인터넷과 빅데이터
Chapter 2 사물인터넷과 클라우드
Chapter 3 사물인터넷과 모바일
Chapter 4 사물인터넷과 지능 정보 기술

Chapter 1 사물인터넷과 빅데이터

1 빅데이터 개요

(1) 빅데이터의 정의

① 사물인터넷은 기존에 연결되지 않은 새로운 99%가 연결되어 사람과 사물 간의 모든 활동 및 연계 기록을 데이터로 수집하는 것이 가능한 환경이다. 빅데이터(Big Data)를 가치 있는 정보로 가공한 후 삶의 질을 향상시킬 수 있다.

② 빅데이터는 Public Cloud, Social Data, 그리고 수많은 센서들이 생성하는 스트리밍 데이터를 분석하여 아주 짧은 시간에 의사 결정을 가능하게 해 각종 비즈니스 프로세스와 다채널 실시간 마케팅과 같이 시간에 민감한 프로세스에서 중요하게 활용되고 있다.

좁은 의미	넓은 의미
• 빅데이터는 기존 방식으로는 수집, 저장, 검색과 분석이 어려운 방대한 크기의 데이터 집합 - 수십에서 수천TB의 크기 - 다양한 정형/비정형 데이터 - 생성-유통-소비(이용)의 빠른 속도	• 빅데이터를 관리·분석하기 위한 인력, 조직, 기술까지 포괄함 • 빅데이터는 규모(Volume), 다양성(Variety), 증가 속도(Velocity), 유효성(Validity), 진실성(Veracity), 가치(Value), 가시성(Visibility) 등의 데이터 집합 • 기술 한계로 과거에 무시했던 데이터 분석 행위

(2) 빅데이터의 중요성

빅데이터는 이전에 관리되지 않던 새로운 데이터를 포함하여 업무를 분석하고, 비즈니스 효율성을 향상시킬 수 있도록 예측 능력을 높인다.

지난 미국 대선에서 오바마를 당선시킨 가장 큰 원동력은 유권자 빅데이터 분석이라는 사실이 알려지면서 '빅데이터'는 중요한 키워드로 부상하였다.

기존 분석 환경과 빅데이터 분석 환경의 비교

구분	기존	빅데이터 환경
데이터	• 정형화된 수치 자료 중심 • 과거 비즈니스 결과 데이터 기반 • Fact 중심의 다차원 분석 처리	• 비정형의 다양한 데이터-이상 징후 감지, 가까운 미래 예측 • 문자/영상 데이터(SMS, 검색어, CCTV 등)-위치 데이터 • 통계 중심의 상관관계 분석
하드웨어	• 고가의 저장 장치 • 데이터베이스(Data-warehouse)	• 클라우드 컴퓨팅 등 비용 효율적인 장비 활용 가능
소프트웨어 / 분석 방법	• 관계형 데이터베이스(RDBMS) • 통계 패키지(SAS, SPSS) • 데이터 마이닝(Data Mining) • Machine Learning, Knowledge Discovery	• 오픈소스 형태의 무료 소프트웨어 • Hadoop, NoSQL, 오픈소스 통계 솔루션(R) • 텍스트 마이닝(Text Mining) • 온라인 버즈 분석(Opinion Mining) • 감성 분석(Sentiment Analysis)

(3) 빅데이터의 속성

1) 빅데이터의 특성

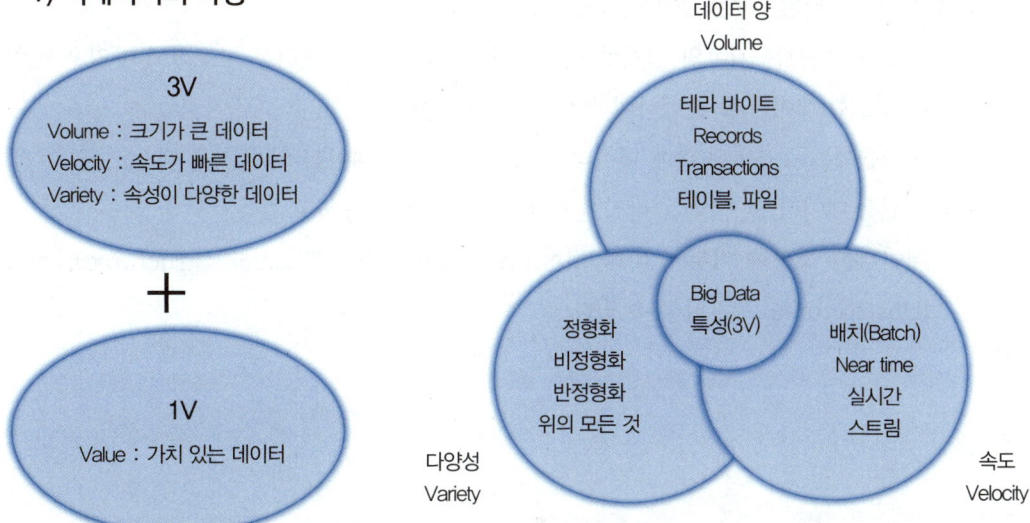

자료 : TDWI Research, Big Data Analytics Report(2011)

2) 빅데이터의 속성 : 데이터 양(Volume)

① 데이터의 양은 크기를 말하는 것이지만 단순히 물리적인 크기가 아닌 데이터의 '속성'이 더 중요하고 그것을 처리하는 데 어려움이 있느냐 없느냐 하는 것을 의미한다.

② 데이터의 처리
- 빅데이터는 확장 가능한 방식으로 데이터를 저장·분석하는 분산 컴퓨팅 기법이 적용된다.
  - 빅데이터는 기존 파일 시스템에 저장하기 어려울 뿐만 아니라, 데이터 분석을 위해서 사용하는 BI/DW 같은 솔루션에서 소화하기 어려울 정도로 데이터 양이 급격하게 증가하고 있다.
- 많은 회사가 이미 대량의 로그 형태로 보관 데이터를 가지고 있지만 그것을 처리할 능력은 없다.
  - 부피가 큰 데이터는 Greenplum 같은 데이터 웨어하우스(Data Warehouse) 혹은 데이터베이스의 대량 병렬 처리 아키텍처와 아파치 하둡 기반의 솔루션을 활용한다.

구분	주요 내용
데이터 웨어하우스	• 미리 정해진 스키마를 포함하고 규칙적이고 느리게 변하는 데이터 세트에 적합
아파치 하둡	• 하둡은 처리하는 데이터 구조에 조건이 없음 • 하둡은 다수 서버에 걸친 분산 컴퓨팅 문제를 위한 플랫폼 • 고유의 분산 파일 시스템인 HDFS를 이용(다수의 컴퓨팅 노드에서 데이터를 이용할 수 있음)

3) 빅데이터의 속성 : 다양성(Variety)

① 빅데이터에서는 기존의 관계형 데이터베이스로 다루기 어려운 구조화되지 않은 데이터(비구조화 데이터)를 분석하여 유용한 지식을 얻는다.
- 최근에는 구조화된(판매 데이터, 재고 데이터 등) 데이터 외에 최근 텍스트, 위치 정보, 센서 데이터, 동영상 등 다양한 형태의 데이터가 급증하고 있다.

② 데이터는 정형화 여부에 따라 정형(Structured), 반정형(Semi-Structured), 비정형(Unstructured)으로 나눌 수 있다.

자료 : 빅데이터 – 산업 지각 변동의 진원(삼성 경제 연구소, 2012년 5월)

- 정형 데이터(Structured Data)

  고정된 필드에 저장되는 데이터를 의미하며, 기존의 솔루션을 이용하여 비교적 쉽게 보관, 분석, 처리 작업 등이 가능하다.
  - 온라인 쇼핑몰 제품 주문 시 이름, 주소, 연락처, 배송 주소, 결제 정보 등을 입력한 후 주문하면 데이터베이스에 미리 생성되어 있는 테이블에 저장된다.
  - 이때 테이블은 고정된 필드들로 구성되며, 일정한 형식을 갖추고 저장되는 데이터를 말한다.

	A	B	C	D	E	F	G	H	I	J
1	시군구명	내과	외과	정형외과	성형외과	산부인과	소아청소년	안과	이비인후	고피부과
2	강남구	79	25	28	319	46	28	68	51	119
3	강동구	60	8	28	4	20	28	18	27	18
4	강서구	50	6	26	1	14	25	15	28	15
5	관악구	49	7	26	2	20	25	15	22	11
6	구로구	31	3	17	2	16	23	14	24	11
7	도봉구	26	8	8	0	8	16	10	15	6
8	동대문구	39	8	19	4	15	16	13	22	6
9	동작구	38	5	16	4	10	20	15	23	10
10	마포구	39	9	19	9	22	22	14	25	15
11	서대문구	29	10	11	3	9	14	11	18	12
12										

- 반정형 데이터(Semi-Structured Data)

  고정된 필드로 저장되어 있지는 않지만 XML 또는 HTML 같이 메타 데이터나 스키마를 포함하는 데이터를 의미한다.

- 비정형 데이터(Unstructured Data)

  고정된 필드로 저장되어 있지 않은 데이터를 의미하며, 유튜브의 동영상, SNS나 블로그의 사진과 오디오 데이터, 메신저 대화 내용, 스마트폰 위치 정보, 유무선 전화기 통화 내용 등이 해당된다.

4) 빅데이터의 속성 : 속도(Velocity)

① 빅데이터의 속도는 실시간 처리와 장기적인 접근으로 나눌 수 있는데, 지금의 디지털 데이터는 매우 빠르게 생성되기 때문에 데이터의 생산, 저장, 유통, 수집, 분석이 실시간으로 처리되어야 한다.

② 인터넷과 모바일 시대는 우리가 제품과 서비스를 전달하고 소비하는 방식이 점점 측정되고, 원 제공자에게로 데이터 흐름을 만들어 주고 있다.

- 온라인 소매업자는 단지 최종 판매만이 아닌 고객의 모든 인터랙션 정보를 연결할 수 있다.
- 고객이 지리 정보가 있는 이미지나 오디오 데이터의 스트리밍 소스를 가지고 있기 때문에 스마트폰 시대에는 다시 데이터 유입률이 증가한다.
- 빅데이터의 배치·처리를 위해 큰 규모의 저장 공간에 빠르게 변하는 데이터를 스트리밍하는 것이 가능하다. 입력에서 데이터를 가져와 결정하는 피드백 순환(Loop) 속도가 중요하다.

(4) 빅데이터 분석

1) 빅데이터 분석 인프라의 요건

- 빅데이터 분석에 필요한 인프라의 요건은 다음과 같다.
  - 다양한 시스템에 광범위하게 저장된 데이터에 대해 심층적 분석을 지원
  - 데이터 용량을 확장할 수 있어야 함
  - 응답 시간을 단축
  - 분석 모델을 기반으로 의사 결정을 자동화할 수 있어야 함
  - 빅데이터와 전통적 엔터프라이즈 데이터를 통합하여 분석할 수 있어야 함

2) 빅데이터 다차원 분석의 중요성

① 위치 기반 데이터와 소셜 미디어에 의해 생산되는 사용자 활동 데이터가 새로운 차원의 정보로 양산되기 시작하였다.

② 위치 정보와 소셜 미디어 활동 데이터를 활용해 사용자(고객)의 행동 패턴, 선호도와 고객 경험을 파악하는 상황 인지(Context Awareness)가 가능해졌다.

③ 기업들은 자사의 서비스나 제품 등 다양한 제안을 고객의 상황에 맞게 즉시 추천할 수 있게 되었다.

3) 빅데이터 분석을 위한 컴퓨팅 기술

① 빅데이터 시대에는 요청자와 제공자 간 데이터를 송수신하는 방식에서 벗어나 네트워크 상의 고성능 서버를 이용하여 대량의 데이터를 분석·가공한 뒤 결과만 이용자 단말에 보내는 방식의 클라우드 컴퓨팅이 더욱 확산될 것이다.

- 방대한 비정형 데이터의 저장과 분석을 위한 스토리지 기술이 클라우드 컴퓨팅과 클라우드 스토리지 등으로 현실화되었다.
- 구글, 페이스북 등 빅데이터를 보유한 기업들이 고급 분석 환경을 구축하고 서비스를 제공하거나 준비하고 있다.

② 빅데이터 분석과 활용이 확산되면서 개인의 삶의 모든 것이 기록에 남는 Life Log의 중요성도 주목받게 되었으며, 스마트폰의 GPS, 카메라, NFC 등이 라이프 로그 정보를 자동으로 생성·수집하는 데 큰 역할을 하고 있다.

4) 빅데이터 분석 알고리즘

빅데이터는 기존에는 얻을 수 없었던 속성을 얻을 수 있기 때문에 적절한 분석이 매우 중요하다.

① 연관 규칙 학습(Association Rule Learning)

- 특정한 성격을 가진 데이터군과 일정한 규칙에 따라 연결되는 다른 특정한 성격의 데이터군을 찾아내는 방법이다.
- {양파, 감자} = {햄버거}라는 경향이 상품 판매 데이터에서 발견된 경우, 소비자가 양파와 감자를 살 때 햄버거와 고기 또한 같이 살 확률이 높다.

② 분류(Classification)

- 특정한 어떠한 규칙 혹은 특성을 기준으로 구분된 데이터군을 기반으로 새롭게 추가되는 데이터가 속할 만한 데이터군을 찾아내는 방법이다.
- 고객들의 구매 결정, 해지, 소비율 등을 설명할 기준이 되는 명확한 가정이나 데이터가 있을 경우 이용하며, 군집화와 상반되는 개념이다.

③ 군집화(Clustering)

- 하나의 큰 데이터군을 통계적 기법을 활용하여 비슷한 특성(유사성)을 지니는 여러 개의 작은 묶음으로 분류하는 방법으로 분류의 기준이 되는 유사성은 사전에 정해지지 않는다.
- 고객군을 비슷한 특성을 가진 소집단으로 묶어 타깃 마케팅 그룹을 만들려고 할 때 활용하며, 훈련 데이터군이 이용되지 않기 때문에 비지도학습(Unsupervised Learning)이라고 한다.

④ 회귀 분석(Regression)
- 어떠한 현상을 구성하는 종속 변수 값의 변화가 하나 이상의 독립 변수 값을 변화시키는지, 어떻게 변화시키는지의 여부를 찾아내는 방법이다.
- 보통 변화 예측을 할 때 사용하며, 소비자 만족도에 가장 큰 기여를 하는 변수를 찾아내거나 다양한 시장이나 경제적 변수에 따른 판매량 예측 등에 활용한다.

⑤ 감성 분석(Sentiment Analysis)
- 자연어 처리 기술에 기반하여 웹을 포함한 텍스트 기반의 문서에서 글쓴이의 감정을 나타내는 정보들을 찾아내 긍·부정도(긍정, 중립, 부정)를 분석하여 특정 주제에 대해 갖고 있는 성향을 파악하는 기법이다.
- 블로그, 트위터, 페이스북 등의 소셜 미디어를 분석하여 고객군을 파악하는 기법으로, 고객, 주주들이 기업의 새로운 서비스에 대해 나타내는 긍정·부정 성향을 파악하여 서비스에 반영하려는 시도를 하고 있다.

기출문제 풀이

25 다음 중 빅데이터 활용에 필요한 요소 기술이 아닌 것은?
① 빅데이터 생성 기술　　② 빅데이터 처리 기술
③ 빅데이터 저장·관리 기술　　④ 빅데이터 분석 기술

해 설

■ 빅데이터의 정의
- 협의
  - 보통 수십에서 수천 테라바이트 정도의 거대한 크기를 갖고, 여러 가지 다양한 비정형 데이터를 포함하고 있다. 생성-유통-소비(이용)가 몇 초에서 몇 시간 단위로 일어나 기존의 방식으로는 수집·저장·검색과 분석이 매우 어려운 방대한 크기의 데이터 집합을 말한다.
- 광의
  - 빅데이터란 기존의 방식으로는 관리와 분석이 매우 어려운 데이터 집합, 그리고 이를 관

리·분석하기 위해 필요한 인력과 조직 및 관련 기술까지 포괄한다.
- 2001년 가트너의 더그 레이니(Doug Laney)가 빅데이터를 데이터 규모(Volume), 다양성(Variety) 및 증가 속도(Velocity) 등 세 가지 V로 정의하면서 가장 널리 활용되고 있다.
- 그 후 여러 전문가가 유효성(Validity), 진실성(Veracity), 가치(Value), 가시성(Visibility) 등 갖가지 V를 추가하면서 다양한 형태로 빅데이터를 정의하였다.
• 빅데이터 활용에 필요한 요소 기술
- 빅데이터에서는 대량 데이터를 수집·처리·저장하여 분석하는 기술을 필요로 한다.
- 데이터의 생성은 서비스 접점에 있는 애플리케이션을 통해서 수행된다.

정답 ①

35 빅데이터 분석 알고리즘 중 고객의 구매 결정, 해지, 소비율 등을 설명할 기준이 되는 명확한 가정이나 데이터가 있을 경우 이용하며 군집화와 상반되는 것은?
① 연관 규칙 학습　　② 분류
③ 감성 분석　　④ 회귀 분석

해설

■ 빅데이터 분석에 활용되는 알고리즘

• 연관 규칙 학습(Association Rule Learning)
- 수많은 데이터들 중에서 어떤 특정한 성격을 가진 데이터군과 일정한 규칙에 따라 연결되는 다른 특정한 성격의 데이터군을 찾아내는 방법이다.
- 예를 들어 {양파, 감자} = {햄버거}라는 경향이 상품 판매 데이터에서 발견되는 경우, 소비자가 양파와 감자를 살 때는 햄버거를 같이 살 확률이 높다는 것을 찾아내는 이론이다.
- 웹 사용량 분석과 네트워크 침투 탐지 및 생물 정보학에도 응용 가능하다.
• 분류(Classification)
- 어떠한 규칙 혹은 특성을 기준으로 구분된 훈련 데이터군을 기반으로 새롭게 추가되는 데이터가 속할 만한 데이터군을 찾아내는 방법이다.
- 고객들의 구매 결정, 해지, 소비율 등을 설명할 기준이 되는 명확한 가정이나 데이터가 있는 경우 이용한다.
- 지도 학습(Supervised Learning)이라고도 하며 군집화와 상반되는 개념이다.
• 군집화(Clustering)
- 통계적 기법을 활용하여 하나의 큰 데이터군을 비슷한 특성(유사성)을 지니는 여러 개의

작은 묶음으로 분류하는 방법이다.
- 분류의 기준이 되는 유사성은 사전에 정해지지 않는다.
- 고객군을 비슷한 특성을 가진 소집단으로 묶어서 타깃 마케팅 그룹을 만들고자 할 때 활용한다.
- 비지도학습(Unsupervised Learning)이라고 하며 분류(Classification)와 상반되는 개념이다.

• 회귀 분석(Regression)
- 어떠한 현상을 구성하는 종속 변수 값의 변화가 하나 이상의 독립 변수 값을 변화시키는지, 또 그렇다면 얼마나 변화시키는지 변화 예측을 하는 분석 방법이다.
- 소비자 만족도에 가장 큰 기여를 하는 변수를 찾아내거나 다양한 시장이나 경제적 변수에 따른 판매량을 예측할 때 활용한다.

• 감성 분석(Sentiment Analysis)
- 컴퓨터 기술을 응용하여 인간의 언어를 분석하는 자연어 처리 기술에 기반한 기법이다.
- 웹상의 텍스트에서 주관적인 감정을 찾아내 긍·부정도(긍정, 중립, 부정)를 분석하여 특정 주제에 대한 성향을 파악하는 기법이다.
- 기업에서는 블로그, 트위터, 페이스북 등의 소셜 미디어를 분석하여 고객군을 세분화하고, 특정 서비스에 대한 긍·부정 성향을 파악하여 선호를 파악하고 서비스에 반영하는 기법이다.

정답 ②

38 다음 중 빅데이터의 특성을 나타내는 세 가지 키워드(3V)에 해당되지 않는 것은?

① 데이터 양(Volume)　　② 다양성(Variety)
③ 속도(Velocity)　　　　④ 인증(Validity)

해설

■ 빅데이터의 특성

㉠ 데이터 양(Volume)
• 의미론적으로는 단순히 물리적인 크기만을 의미하는 것이 아니라 데이터의 어떤 '속성'이 더 중요하고 그것을 처리하는 데 어려움이 있느냐 없느냐 하는 것을 의미한다.

- 기술적 측면에서는 수십 테라 혹은 수십 페타바이트 이상의 빅데이터를 기존 파일 시스템이나 기존 데이터베이스 기반의 BI/DW 솔루션에서 저장·분석하기 어렵기 때문에, 기술적으로 극복할 수 있는 방안으로서 확장 가능한 방식으로 데이터를 저장하고 분석하는 분산 컴퓨팅 기법으로 접근해야 한다.
  - 데이터 웨어하우스 접근 방식으로서 Greenplum 같은 대용량 병렬 처리 아키텍처 데이터베이스 등은 미리 정해진 스키마를 포함하고, 상대적으로 규칙적이고 느리게 변하는 데이터 세트에 적합하다.
  - 아파치 하둡 접근 방식은 처리하는 데이터 구조에 조건이 없고, 다수 서버에 걸친 분산 컴퓨팅 플랫폼이다. 야후가 처음 개발·배포하였고, 검색 인덱스를 컴파일하는 데 구글이 개척한 MapReduce 접근 방식으로 구현한다. 또한 데이터를 저장하기 위해 고유의 분산 파일 시스템인 HDFS를 이용하여 다수의 컴퓨팅 노드에서 데이터를 이용할 수 있게 한다.

ⓒ 다양성(Variety)
- 기존에 사용하던 구조화된(판매 데이터, 재고 데이터 등) 데이터 외에 텍스트 데이터, 위치 정보, 센서 데이터, 동영상 등 구조화되지 않은 데이터(비구조화 데이터)를 포함한다.
- 정형 데이터(Structured)
  - 문자 그대로 정형화된 데이터로, 고정된 필드에 저장되는 데이터를 의미한다.
  - 예를 들어 이름, 주소, 연락처, 배송 주소, 결제 정보 등 데이터베이스 테이블에 저장된 데이터를 의미한다.
- 반정형 데이터(Semi-Structured)
  - 고정된 필드로 저장되어 있지는 않지만 XML 또는 HTML 같이 메타 데이터나 스키마 등을 포함하는 데이터를 의미한다.
- 비정형 데이터(Unstructured)
  - 고정된 필드에 저장되어 있지 않은 데이터를 의미한다.
  - 동영상 데이터, SNS나 블로그에서 저장하는 사진과 오디오 데이터, 메신저로 주고받은 대화 내용, 스마트폰에 기록되는 위치 정보, 유무선 전화기에서 발생하는 통화 내용 등이 해당된다.

ⓒ 속도(Velocity)
- 빅데이터의 속도적인 특징은 크게 실시간 처리와 장기적인 접근으로 나눌 수 있다.
  - 디지털 데이터는 매우 빠른 속도로 생성되기 때문에 데이터의 생산, 저장, 유통, 수집, 분석이 실시간으로 처리되어야 한다. 즉, 교통 위치, 금융 거래, 인터넷 검색, 쇼핑몰이나 포털 사이트, 스마트폰을 통해서 실시간으로 분석하여 추천 마케팅, 거래 안정성 확인 등을 실시간으로 처리한다.
  - 수집된 대량의 데이터를 다양한 분석 기법과 표현 기술로 분석해야 하는데, 이는 장기적이고 전략적인 차원에서 접근할 필요가 있다. 즉, 통계학과 전산학에서 사용되던

데이터 마이닝, 기계 학습, 자연어 처리, 패턴 인식 등의 분석 기법에 대용량 고속 처리 기술이 필요하다.

정답 ④

2회 39 다양한 종류의 데이터들이 빅데이터를 구성하고 있다. 다음에서 설명하는 데이터로 가장 적절한 것은?

> 고정된 필드로 저장되어 있지는 않지만 XML 또는 HTML 같이 메타 데이터나 스키마 등을 포함하는 데이터

① 정형(Structured) 데이터
② 반정형(Semi-Structured) 데이터
③ 비정형(Unstructured) 데이터
④ 사건(Events) 데이터

해설

- 1회 38번 해설의 '다양성(Variety)' 참조

정답 ②

2회 40 빅데이터는 기존 데이터에서는 얻을 수 없었던 속성을 얻을 수 있기 때문에 적절하게 수집하고 분석하는 일이 중요하다. 다음에서 설명하는 알고리즘으로 가장 적절한 것은?

> 통계적 기법을 활용하여 하나의 큰 데이터군을 비슷한 특성(유사성)을 지니는 여러 개의 작은 묶음으로 분류하는 학습 방법

① 연관 규칙 학습(Association Rule Learning)
② 분류(Classification)
③ 회귀 분석(Regression)
④ 군집화(Clustering)

해설

■ 1회 35번 해설 참조

정답 ④

---

41 다음 내용에서 괄호 안에 들어갈 가장 적절한 용어는 무엇인가?

> 빅데이터는 양(Volume)이 크고 변화의 속도(Velocity)가 빠르며 데이터의 속성이 다양(Variety)한 데이터를 말한다. 이 세 가지 요소 가운데 두 가지 이상의 요소만 충족하면 빅데이터라고 볼 수 있다. 비즈니스 측면에서는 3V에 (   )를 추가하여 4V를 사용한다.

① 유효성(Validity) ② 진실성(Veracity)
③ 가치(Value) ④ 가시성(Visibility)

해설

■ 1회 25번 해설 참조

정답 ③

---

39 다음 중 괄호 안에 들어갈 용어로 가장 적절한 것은?

> (   )을(를) 좁은 의미에서 정의하면 보통 수십에서 수천 테라바이트 정도의 거대한 크기를 갖고, 여러 가지 다양한 비정형 데이터를 포함하고 있으며, 생성-유통-소비(이용)가 몇 초에서 몇 시간 단위로 일어나 기존의 방식으로는 수집·저장·검색과 분석이 매우 어려운 방대한 크기의 데이터 집합을 말한다.

① 빅데이터 ② 사물인터넷
③ 클라우드 컴퓨팅 ④ 메타데이터

해설

- 1회 25번 해설 참조

정답 ①

---

40 다음 중 기존의 분석 환경과 비교되는 빅데이터 분석 환경의 특징으로 가장 거리가 먼 것은?

① 비정형의 다양한 데이터
② 클라우드 컴퓨팅 등 비용 효율적인 장비 활용 가능
③ 통계 중심의 상관관계 분석
④ Fact 중심의 다차원 분석 처리

해설

- 1회 25번, 1회 35번, 1회 38번 해설 참조
- 빅데이터 분석은 분석 대상 데이터의 유형으로 정형, 반정형, 비정형을 모두 포함한다.
- 방대한 양의 데이터를 분석 대상으로 하는 경우 클라우드 컴퓨팅 환경에 하둡 기반의 분석 플랫폼을 구성할 수 있다.
- 고도의 분석 알고리즘을 적용하여 다양하고 복잡한 데이터들 사이에서 그 상관관계를 분석한다.
- 사실 기반의 다차원 분석에 사용하는 기법은 기존 DW/BI 환경에서 OLAP(Online Analytical Processing) 분석 툴을 활용했던 전통적인 방식이다.

정답 ④

42 다음 내용에 해당하는 것은 무엇인가?

> 데이터 분석을 위한 대표적인 알고리즘 중 인간의 언어를 분석하는 자연어 처리 기술에 기반하여 웹을 포함한 텍스트 기반의 문서에서 글쓴이의 주관적인 감정을 나타내는 정보들을 찾아내 긍·부정도(긍정, 중립, 부정)를 분석하여 특정 주제에 대해 갖고 있는 성향을 파악하는 기법

① 감성 분석 ② 연관 규칙 학습
③ 군집화   ④ 회귀 분석

해설

■ 1회 35번 해설 참조

정답 ①

43 다음 내용에 해당하는 것은 무엇인가?

> 유튜브(YouTube)에서 업로드하는 동영상 데이터, SNS나 블로그에서 저장하는 사진과 오디오 데이터, 메신저로 주고받은 대화 내용, 스마트폰에 기록되는 위치 정보, 유무선 전화기에서 발생하는 통화 내용 등 고정된 필드에 저장되어 있지 않은 데이터를 의미한다.

① 정형 데이터   ② 비정형 데이터
③ 반정형 데이터 ④ 스트리밍 데이터

해설

■ 1회 38번 해설의 '다양성(Variety)' 참조

정답 ②

37 빅데이터 분석을 위한 알고리즘에 대한 설명으로 옳은 것은?

① 군집화(Clustering) : 수많은 데이터들 중에서 어떤 특정한 성격을 가진 데이터군과 일정한 규칙에 따라 연결되는 다른 특정한 성격의 데이터군을 찾아내는 방법
② 감성 분석(Sentiment Analysis) : 비슷한 특성을 가진 고객군을 소집단으로 묶어서 타깃 마케팅 그룹으로 만들려고 할 때 활용
③ 연관 규칙 학습(Association Rule Learning) : 컴퓨터 기술을 응용하여 인간의 언어를 분석하는 자연어 처리 기술에 기반하여 웹을 포함한 텍스트 기반의 문서에서 글쓴이의 주관적인 감정을 나타내는 정보들을 찾아내 긍정/부정을 분석하여 글쓴이가 특정 주제에 대해 갖고 있는 성향을 파악하는 기법
④ 회귀 분석(Regression) : 어떠한 현상을 구성하는 종속 변수 값의 변화가 하나 이상의 독립 변수 값을 변화시키는지, 또 그렇다면 어떻게 변화시키는지의 여부를 찾아내는 분석 방법

해설

■ 1회 35번 해설 참조

 ④

 39 빅데이터란 기존의 방식으로는 관리와 분석이 매우 어려운 데이터 집합, 그리고 이를 관리·분석하기 위해 필요한 인력과 조직 및 관련 기술까지 포괄하는 용어이다. 빅데이터와 관련된 내용으로 가장 거리가 먼 것은?

① 데이터 양(Volume), 다양성(Variety) 및 속도(Velocity)로 빅데이터를 정의한다.
② 유효성(Validity), 진실성(Veracity), 가치(Value), 가시성(Visibility) 등 다양한 형태로 빅데이터를 정의하기도 한다.
③ "기술의 한계로 과거에 무시했던 데이터를 분석하는 행위"라고 빅데이터를 폭넓게 정의한다.
④ "컴퓨팅 환경은 전기, 수도 등 공공 서비스를 사용하는 것과도 같을 것"이라는 빅데이터 개념을 제시하기도 한다.

해설

■ 1회 25번, 1회 38번 해설 참조

정답 ④

---

 41 기존 분석 환경과 비교한 빅데이터 분석 환경에 대한 내용과 가장 거리가 먼 것은?

① 비정형의 다양한 데이터
② Fact 중심의 다차원 분석 처리
③ 통계 중심의 상관관계 분석
④ 클라우드 컴퓨팅 등 비용 효율적인 장비 활용 가능

해설

■ 3회 40번 해설 참조

정답 ②

---

 38 빅데이터 분석을 위한 알고리즘 중 아래 내용에 해당하는 것은?

> 어떠한 현상을 구성하는 종속 변수 값의 변화가 하나 이상의 독립 변수 값을 변화시키는지, 또 그렇다면 어떻게 변화시키는지의 여부를 찾아내는 분석 방법

① 연관 규칙 학습(Association Rule Learning)
② 군집화(Clustering)
③ 델파이 기법(Delphi Technique)
④ 회귀 분석(Regression)

해설

■ 1회 35번 해설 참조

Chapter 1. 사물인터넷과 빅데이터 · 289

■ 델파이 기법

- 전문가들의 의견 수립, 중재, 타협의 방식으로 반복적인 피드백을 통한 하향식 의견 도출 방법으로 문제를 해결하는 기법
- 어떠한 문제에 관하여 전문가들의 견해를 유도하고 종합하여 집단적 판단으로 정리하는 일련의 절차

정답 ④

---

39 빅데이터에 대한 내용으로 가장 거리가 먼 것은?

① 빅데이터 데이터를 이용하기 위해서는 과거에 주로 다른 비교적 작은 크기의 정형화된 데이터에서 쓰이던 것과는 다른 차원의 기술과 인력이 요구된다.
② 빅데이터란 기존의 방식으로는 관리와 분석이 매우 어려운 데이터 집합, 그리고 이를 관리·분석하기 위해 필요한 인력과 조직 및 관련 기술까지 포괄한다.
③ 빅데이터를 좁은 의미에서 정의하면 보통 수십에서 수천 테라바이트 정도의 거대한 크기를 갖고, 여러 가지 다양한 비정형 데이터를 포함하고 있다.
④ 빅데이터의 중요성으로 이전에 관리된 데이터만을 분석함으로써 예측 능력보다는 비즈니스 효율성을 향상시키는 것을 우선 들 수 있다.

해설

- 본문 '빅데이터의 중요성' 참조
- 빅데이터는 이전에 관리되지 않던 새로운 데이터를 포함하여 업무를 분석하고, 비즈니스 효율성을 향상시킬 수 있도록 예측 능력을 높임

정답 ④

 40 빅데이터의 특성에 대한 내용으로 가장 거리가 먼 것은?

① 빅데이터의 특성은 'V'로 시작하는 양(Volume), 다양성(Variety), 속도(Velocity) 3가지 키워드로 나타낼 수 있다.
② 비즈니스 측면에서는 3V에 가상 현실(Virtual reality)을 추가하여 4V를 사용하기도 한다.
③ 3V 중 두 가지 이상의 요소만 충족한다면 빅데이터라고 볼 수 있다.
④ 빅데이터의 핵심 기술은 대규모 저장 시스템과 효과적인 데이터 처리 기술이다.

해설

■ 빅데이터의 특성 3V에 '가치 있는 데이터(Value)'를 추가하여 4V를 사용하기도 한다.

정답 ②

2 빅데이터 활용 사례

(1) 국외 활용 사례

① 미국 – 국세청 Return Review Program

탈세 방지 시스템을 통한 국가 재정 강화를 위해 빅데이터 분석을 활용하여 탈세 및 사기 범죄 예방 시스템 구축

- 통합형 탈세 및 정부 사기 방지 시스템을 통해 연간 3,450억 달러의 세금 누락 및 세금 환급 절감
- 과학적 데이터를 근거로 탈세 조사를 수행함으로써 탈세자 수의 감축 등 우수 성과 발생
- 과거 데이터 분석을 통해 향후 발생할 수 있는 사기 범죄 및 탈세 관련 사건을 미연에 방지

② 일본 – 지능형 교통 안내 시스템

실시간으로 데이터를 분석하여 최적의 교통 정보를 실시간으로 사용자에게 전달

- 다양한 사용자에 의해 취득된 교통 정보를 실시간 공유하여 최적의 교통 안내 서비스 제공
- 교통 체증으로 인한 불필요한 에너지 낭비의 방지를 통해 에너지 효율 증대

③ 유럽 - 밀라노 지능형 교통 정보 시스템

교통 흐름 양과 속도를 측정하여 데이터화하였으며, 데이터 분석을 위해 900여 개의 센서를 도로 곳곳에 부착함
- 5분에서 15분 간격으로 수집된 데이터를 분석하여 향후 2~24시간 예측 가능
- 도시 전체 정보를 분석하기 위한 소요 시간은 0.1초에 불과함
- 갑작스럽게 발생하는 정보는 실시간 수집하여 데이터화한 후 시스템에 반영함

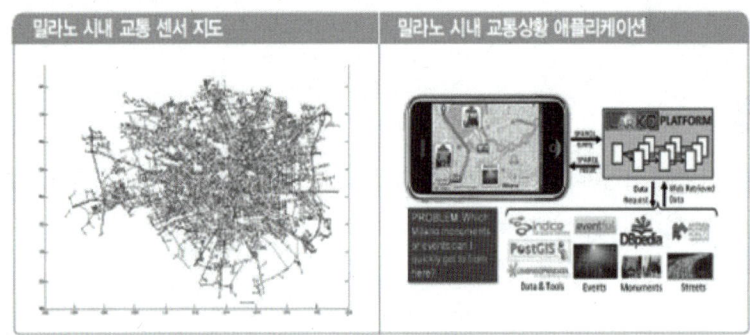

(2) 국내 활용 사례

① 비씨카드 - 소상공인 창업 지원을 위한 점포 평가 서비스
- 소상공인 창업 시 유동 인구가 많은 지역을 찾아내고, 상권별 특성을 객관적으로 파악할 수 있는 자료를 제공하여 창업 성공률을 높임
  - 약 1억 건의 상가 업소 데이터, 6억 건 이상의 카드 사용 트래픽 데이터 기반 분석
- 성공률 높은 업종, 상권 조건이 우수한 점포를 기반으로 선별 창업이 가능하며, 부정확한 컨설팅으로 인한 피해 또는 비용 지출 감소
  - 점포별 수년간의 개·폐업 이력을 추적하고, 업종 변화별로 해당 점포의 매출 추정
- 창업 점포의 부동산 가치를 객관적으로 판단
  - 임대 시세, 추정 매출, 점포 진단 평점 등 입지 상권 분석에 필요한 기초 정보 제공

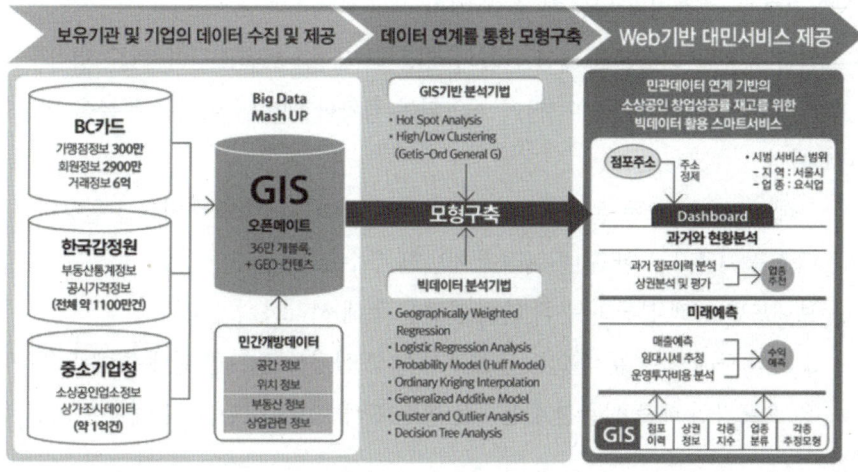

② 한국의약품안전관리원 – 의약품 안전성 조기 경보 서비스
- 우리나라에 적합한 약물 부작용 조기 경보 시스템 개발을 통해 빅데이터를 활용한 의료 약물 부작용 조기 경보 기술 확보 및 유용성 검증
  - 의약품 유해 사례 신고 DB와 포털 및 SNS 등의 빅데이터에서 의약품 부작용, 의심 정보 등을 수집·분석하여 유의 의약품에 대해 조기 경보
- 의약 정보와 규정에 기반한 분석으로 실제 부작용 가능성을 판단하고, 향후 의심되는 의약품에 대한 정보를 공유하는 시스템 확대 예정

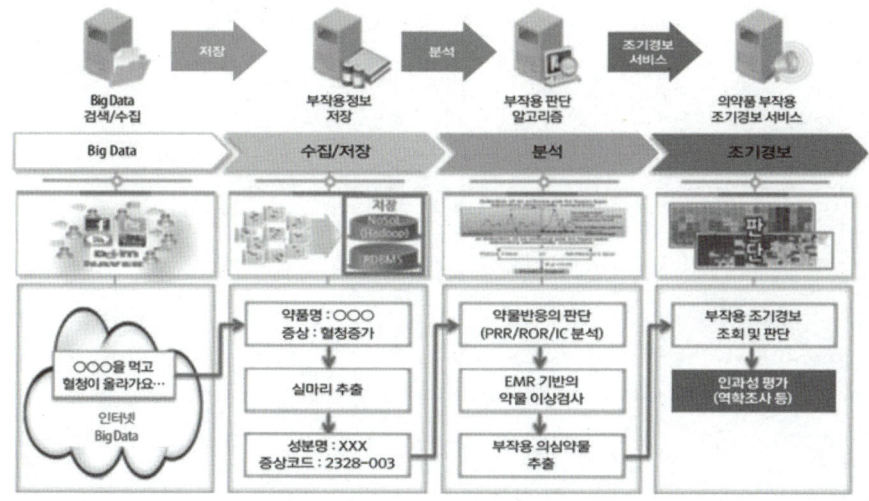

③ FNC 코오롱 – 소비자 맞춤형 수요 매칭
- 조업과 유통업이 결합된 패션 산업의 특징 및 감성 · 트렌드 · 디자인 · 영감 · 직관 등 사업 추진에 있어 주관적 영역이 많이 개입되어 정확한 예측이 어려운 부분을 빅데이터 분석으로 해결
    - 구매 DB 및 코오롱 온라인 쇼핑몰 방문 로그 DB 등 자체 데이터를 활용하여 분석
    - 매출을 기준으로 한 구매 실적에 기반한 우수 고객 관리
    - 브랜드별 고객 분류와 구매 단계 분석을 통해 시각화
    - 고객의 구매 성향 분석 연동 프로모션 대상 설정/브랜드별 판매량 예측 기준 세분화
    - 온/오프라인 매출 상관관계 분석을 통한 판매 예측, 판매 증가 예상 아이템 추출

Chapter 2 사물인터넷과 클라우드

1 클라우드 서비스 개요

(1) 클라우드 서비스의 정의

① 클라우드 서비스는 인터넷 기반의 자원, 소프트웨어 및 정보 인프라를 제공하는 것으로, 인터넷을 통한 요청형 제공 방식(On-demand)의 서비스이다.

- 클라우드 서비스 제공자는 다량의 컴퓨터 자원을 분배·가상화하여 각 이용자에게 제공하고, 서비스 이용자는 클라우드 서비스를 통해 자신의 컴퓨터에 직접적인 프로그램 설치 없이도 원하는 자원을 필요할 때 필요한 만큼, 즉각적으로 인터넷을 통해 서비스 받을 수 있다.

② 클라우드 서비스는 최근 스마트폰과 같은 모바일 기기의 확산으로 다양한 서비스가 개발되고, 실시간 서비스가 이루어지는 환경에서 트래픽 증가와 서비스의 지속성을 유지하기 위해 많은 곳에서 검토·도입되고 있다.

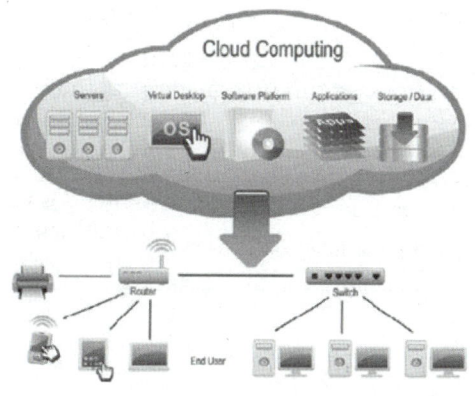

③ 컴퓨팅 환경의 변화
- 초기의 컴퓨팅 환경은 개인 PC를 사용하여 직접 연산 및 처리를 수행하는 형태였으나, 인터넷이 확산되면서 데이터 연산과 처리의 일부가 인터넷 서비스로 대체되었다.
- 이후 네트워크의 발전으로 이용자가 직접 컴퓨팅 자원을 구매하지 않아도 원격으로 클라우드 서버에서 컴퓨팅 자원 및 소프트웨어를 전부 임대하여 사용할 수 있는 클라우드 컴퓨팅 환경이 구축되었다.
- 클라우드 서비스는 데이터의 위치 및 소유, 컴퓨팅의 주체 및 관리, 서비스의 제공 등 기존의 컴퓨팅 환경과 구분되는 특성을 가진다.

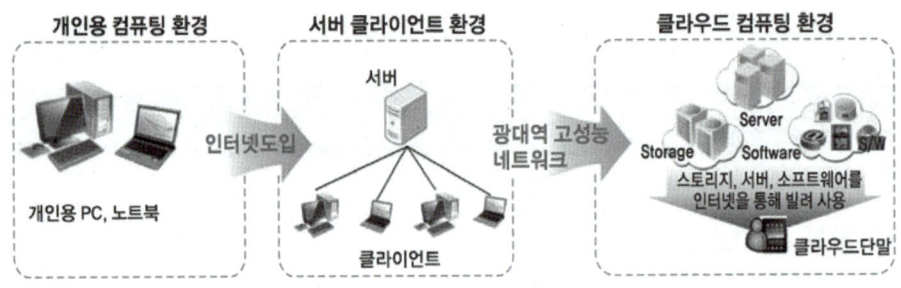

④ 클라우드 서비스의 특징

클라우드 서비스로 제공되는 스토리지 서비스, 소프트웨어 임대 서비스의 경우 웹하드, SBC(Server Based Computing) 등 기존의 응용 인터넷 서비스와 유사해 보일 수 있으나, 가상화 서비스를 기반으로 서비스를 제공하고 있어 기존의 구축 형태의 Fixed 된 서비스들과 구별된다.

기존 응용 인터넷 서비스	클라우드 서비스
웹하드 • 단순 파일 저장 기능 • 파일 다운로드 후 개인 PC에서 가공	스토리지 제공 서비스 • 다양한 단말과 데이터 동기화 서비스 지원 • 서버에서의 데이터 가공 서비스 지원
SBC • 단일 서버로 서비스 제공자가 특정 사용자를 대상으로 환경 구축 후 사용 • 사용자에 의한 컴퓨팅 환경 변경 불가	가상 서버/데스크톱 서비스 • 가상화된 서버 그리드로 서비스 제공자는 서비스 제공을 위한 공통 플랫폼만 구축 • 사용 환경 설정이 사용자에 의해 간편하게 이루어짐
ASP • 사업자가 지원하는 고정적인 형태의 서비스만 사용	소프트웨어 제공 서비스 • 사용자가 원하는 S/W들로 사용 환경을 동적으로 구성할 수 있는 기능 제공

(2) 클라우드 컴퓨팅 주요 기술

① 분산 컴퓨팅

　분산 컴퓨팅은 클라우드 컴퓨팅 하드웨어 구성 시 인트라넷 또는 인터넷으로 연결된 다수의 컴퓨팅 자원을 하나로 연결하는 기술이다.
- 분산 컴퓨팅과 기술로는 분산 파일 시스템, 분산 데이터 베이스 등이 있다.
- 분산 컴퓨팅은 독립적인 파일 시스템 및 데이터베이스를 단일 시스템으로 인지하고 접근할 수 있도록 한다.
- 대용량 데이터들에 대한 빠른 처리 속도를 가져올 수 있다.
- 분산 컴퓨팅에서는 각 하드웨어 자원이 고장 날 수 있다는 것을 전제하고 대비책을 마련하여 자료에 대한 신뢰성을 확보한다.

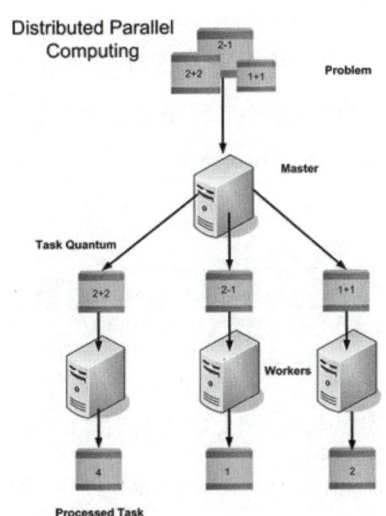

② 가상화

　가상화는 넓은 의미로는 컴퓨터 자원에 대한 추상화를 의미하며, 클라우드 컴퓨팅에서 가상화는 자원 가상화(Resource Virtualization)를 의미한다. 자원 가상화는 스토리지 볼륨, 네임 스페이스, 네트워크 자원 등의 시스템 리소스 가상화를 말한다.

③ 시스템 관리
- 클라우드 컴퓨팅에서 시스템 관리는 사용자의 가상 컴퓨팅 환경을 프로비저닝(Provisioning)하고, 제공된 가상 시스템을 모니터링하며, 사용자 서비스별 자원 활용 정도에 따른 동적인 자원 할당 및 동적 스케줄링을 제공한다.

- 컴퓨팅을 구성하는 주요 시스템 솔루션 마스터를 관리하여 시스템 전체의 고가용성을 보장한다.

④ 서비스 플랫폼 서비스
- 플랫폼은 사용자들이 클라우드 컴퓨팅 인프라에 사용자 고유의 응용 또는 인터넷 서비스를 구축하기 위한 인터페이스를 제공한다.
- 서비스 간 호환성을 위해 SOA를 기반으로 하며, 단순화된 SOAP이나 REST 프로토콜을 제공한다.
- 서비스 플랫폼에서는 소프트웨어 개발 환경과 보유 서비스의 API를 제공하며, 협업을 위한 인터페이스, 대용량 데이터 처리를 위한 분산 병렬 처리 환경, 데이터베이스 인터페이스 등을 제공한다.

⑤ 기타 : 보안, 과금, 사용자 인증 등
  클라우드 컴퓨팅의 사용 용량에 따른 과금 정책 및 사용자 인증 인터페이스를 제공하고, 사용자의 데이터 접근 등에 대한 트러스티드 플랫폼 기술을 확보하여 사용자가 클라우드 컴퓨팅 서비스를 신뢰하고 사용할 수 있어야 한다.

⑥ 유의 사항

유의 사항	주요 내용
확장성 (Scalability)	• 클라우드 컴퓨팅은 사용하는 부하에 따라 사용자 가상 시스템을 신축성 있게 운영하기 위해 서비스 스케줄러와 프로비저닝 기술, 대단위 확장성 보장 기술, 서비스 중단 없이 서버를 추가 및 확장할 수 있는 기술 필요
가용성 (Availability)	• 가용성은 총 시간과 서비스 접근 가능 시간에 대한 비율로 99.999%(연간 다운 시간 5분)가 최고 목표 수준임 • 클라우드 컴퓨팅 인프라의 하드웨어적인 결함이나 시스템 다운에 대한 대체 솔루션 필요
신뢰성 (Reliability, Security)	• 입력되는 작업(Task)들이 적법한 작업인지를 판단하는 항목 등 해킹 침입에 대비한 기술 • 저장된 데이터에 대해 일부 내용이 파손되거나 유실될 경우를 대비한 자동 백업과 싱크, 복구 기능 등을 제공
활용률 (Utilization)	• 활용률은 클라우드 컴퓨팅 자원의 집약적 운영을 위한 것으로, 운영 비용 절감을 위한 기술임 • 부하에 따라 불필요한 자원을 끄는 방법으로 적은 컴퓨팅 리소스로 운영하여 비용을 절감함
협업성, 이동성 (Mobility)	• 중앙 집중 형태로 저장된 데이터를 여러 협력자 간 공유하고 협업할 수 있어야 함 • 사용자 간 클라우드를 접근하는 위치나 단말에 무관하게 동일한 작업을 수행할 수 있는 인터페이스를 제공해야 함(데이터 공유, 데이터 이동성 보장)

(3) 클라우드 서비스 모델

① 서비스 제공 자원에 따른 모델 구분
  클라우드 서비스는 제공하는 자원의 레벨에 따라 세 가지 모델로 분류한다.

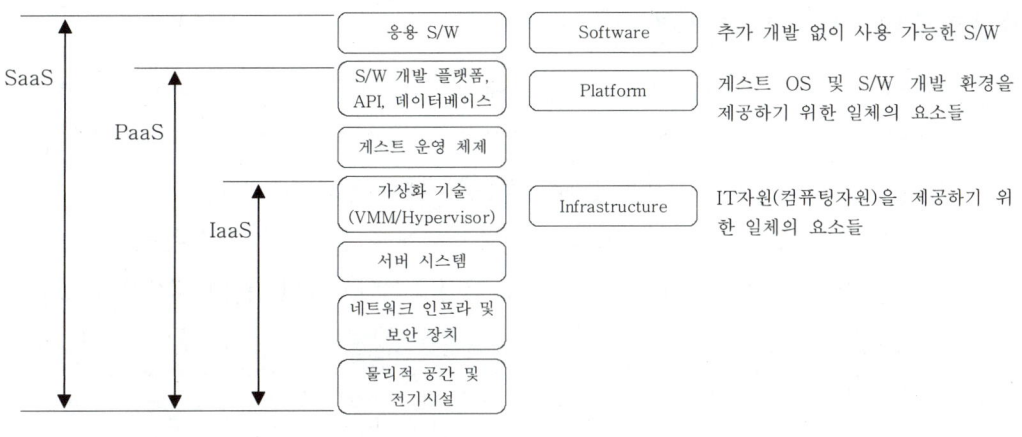

서비스 모델	주요 내용	서비스 예
IaaS	• 이용자에게 서버, 스토리지 등의 하드웨어 자원을 임대·제공 - CPU 성능, 메모리 및 하드디스크 크기 등의 물리적인 자원 성능을 주문 - 제공받은 PC 또는 서버를 활용하여 환경 구성	• 스토리지 제공 서비스 - 애플 아이클라우드, KT유클라우드, 드롭박스 등 • 가상 서버/데스크톱 제공 서비스 - 아마존 EC2 등
PaaS	• 이용자에게 S/W 개발 플랫폼을 임대·제공 - 이용자는 S/W 개발 플랫폼 주문 - 이용자는 주문한 환경에서 응용 프로그램 개발 - 응용 프로그램을 본인이 사용하거나 타인에게 서비스하는 방식으로 활용	• 응용 프로그램 개발 환경 제공 서비스 - 구글 AppEngine, VM웨어 Cloud Founday 등
SaaS	• 이용자가 원하는 소프트웨어를 임대·제공 - 클라우드 서버에 설치된 S/W를 온라인으로 제공 - 이용자는 원하는 S/W를 물리적 구매나 설치할 필요 없이 원격의 가상 공간에서 운용	• 세일스포스닷컴 : 고객 관리 프로그램 - 픽스러 : 이미지 편집 S/W(포토샵) 제공 - 구글 Docs : 문서 편집 및 공유 기능 제공 - 틸론 elcloud : office, CAD 등의 S/W 제공 등

② 서비스 대상에 따른 모델 구분

서비스 모델	주요 내용
공공용 클라우드 서비스 (Public)	• 불특정 다수의 사람들을 대상으로 하는 서비스 - 일반적인 이용자가 아닌 제3의 서비스 제공자가 운영·관리 - 특정 기업만 제한적으로 제공하지 않고 여러 서비스 사용자에게 제공
사설용 클라우드 서비스 (Private)	• 기업 및 기관 내부에 제한적으로 서비스 제공 - 특정 기관 내부 데이터 센터에 구축 - 일반 이용자들의 접근을 허용하지 않음
혼합형 클라우드 서비스 (Hybrid)	• 공공용, 사설용 클라우드 서비스가 합쳐진 것 - 공유를 원하지 않는 일부 데이터 및 서비스에 대해 사설용 정책 설정 - 상대적으로 중요도가 낮은 애플리케이션이나 일반 데이터는 공공용 - 조직의 핵심 애플리케이션이나 민감한 데이터는 사설용 클라우드에서 관리

Part 5. 사물인터넷 빅데이터, 클라우드, 모바일 및 지능 정보 기술

(4) 클라우드 서비스 보안 위협

① 클라우드 서비스는 자원 활용의 효율성 증대 및 자원 할당 간편화를 위하여 하이퍼바이저*를 사용하고, 모든 자원을 소프트웨어 기반으로 가상화하여 제공한다. 클라우드 서비스의 자원은 논리적으로는 독립적이지만 물리적으로는 동일한 자원을 공유한다.

② 클라우드 서비스는 서비스를 구성하는 요소와 방법에 따라 가상화, 정보 위탁, 자원 공유, 단말기의 다양성이라는 특징이 있으며, 이러한 특성에 기인한 보안 위협이 발생할 수 있다.

특징	설명
가상화	물리적인 자원을 소프트웨어 기반으로 논리적으로 통합·재분배하여 사용
정보 위탁	이용자의 모든 자원은 서비스 제공자의 클라우드 서버에 위치함
자원 공유	사용자 간 가상 자원은 독립적으로 할당되나 물리적인 자원을 공유함
단말 다양성	PC뿐만 아니라 스마트폰 등 다양한 단말로부터 접속이 가능함

* 호스트 컴퓨터에서 다수의 운영 체제를 동시에 실행하기 위한 가상 플랫폼으로 가상 머신 모니터(Virtual Machine Monitor, VMM)라고도 함

NIST
(클라우드 고객 관점 위험 레벨)
① 관리 부재
② 고립의 어려움
③ 서비스 제공자 의존
④ 규제 위협
⑤ 데이터 보호
⑥ 관리 인터페이스 보완
⑦ 안전하지 않은 데이터 삭제
⑧ 악의적인 내부자

UC Berkely
(클라우드 열 가지 보안 요소)
① 서비스 가용성
② 데이터 Lock-in
③ 데이터 기밀과 감시
④ 데이터 전송 장애 요소
⑤ 불확실한 성능 예측
⑥ 확장 가능한 스토리지
⑦ 대규모 분산 시스템 버그
⑧ 신속한 스케일링
⑨ 평판 공유
⑩ 소프트웨어 라이센싱

클라우드 서비스 핵심 보안 위협
① 가상화 취약점(악성코드 및 서비스 가용성 침해)
② 정보 위탁(소유와 관리 분리)에 따른 정보 유출 위협
③ 자원 공유 및 집중화에 따른 서비스 장애
④ 단말 다양성에 따른 정보 유출
⑤ 분산 처리에 따른 보안 적용의 어려움
⑥ 법규 및 규제의 문제

Gartner Report
(클라우드 일곱 가지 위협)
① 권한 관리자의 접근
② 정책
③ 데이터 저장 위치
④ 조사 자원
⑤ 데이터 분리
⑥ 복구
⑦ 장기적 생존 가능성

CSA
(클라우드 열세 가지 보안 도메인)
① 기존 보안성, 업무 연속성 등 재난 복구
② 데이터 센터 운영
③ 사고 대응, 통보 및 치료
④ 애플리케이션 보안
⑤ 암호화 및 키 관리
⑥ 인증 정보 및 접근 관리
⑦ 스토리지
⑧ 가상화
⑨ 거버넌스 및 기업 위험 관리
⑩ 법률
⑪ 규제 준수
⑫ 데이터의 생명 주기 사이클 관리
⑬ 이식성 및 상호 운용성

① 가상화 취약점 상속

　　클라우드 서비스는 시스템 자원을 통합·재분배하여 제공하는 인프라 계층의 특징으로 인해 가상화 시스템의 취약점을 상속한다. 따라서 악성코드 감염 서비스 장애 등 신규 취약성에 노출될 가능성이 높다.

- 하이퍼바이저를 사용해 동시에 복수의 가상 머신을 구동하므로, 하이퍼바이저가 악성코드에 감염될 경우 동일 하이퍼바이저상의 가상 머신들이 악성코드 감염 및 감염 확산의 경로가 된다.
- 가상 머신의 응용 프로그램에 해킹 툴이 포함될 경우, 다른 가상 머신과 하이퍼바이저에 대한 공격이 가능하다.
- 가상 머신은 상황에 따라 물리 자원이 동적으로 할당되므로 데이터의 물리적인 위치를 보증하지 않는다.
- 클라우드 서비스의 가상화를 위해 Xen, VMware, RHEV, VMM 등 가상화 기능을 지원하는 하이퍼바이저가 적용되며, 이들의 보안 취약성을 클라우드 서비스가 상속한다.

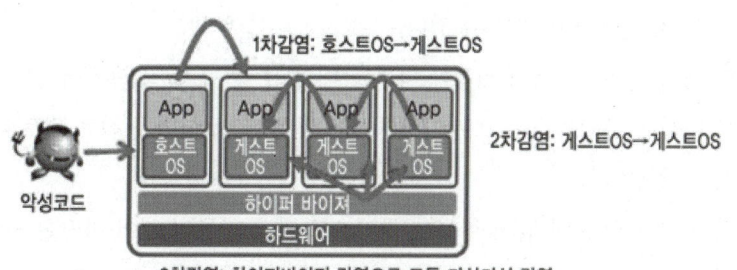

② 정보 위탁에 따른 정보 유출

　　클라우드 서비스는 이용자의 정보를 모두 원격의 클라우드 서버에 제공하고, 그 관리 또한 서비스 제공자가 담당하기 때문에 내부자 또는 악의적인 이용자에 의해 유출될 가능성이 있다.

- 서버 내 다른 이용자가 타인의 정보를 몰래 복사·이동·수정해도 본래 이용자는 알 수 없다.
- 이용자 정보 관리를 서비스 제공자가 담당하기 때문에 내부자에 의해 정보가 유출될 가능성이 있다.
- 정보의 소유(이용자)와 관리(서비스 제공자)가 분리되어, 정보 유출 및 손실 시 책임 소재가 불분명하다.
- 시스템에 대한 패치는 서비스 제공자에 의해서만 가능하며, 이용자가 직접 패치를 수행할 수 없다.

③ 자원 공유 및 집중화에 따른 서비스 장애

    클라우드 서비스의 이용자는 물리 자원을 공유하므로 물리 자원에 장애가 생길 경우 해당 자원을 공유하는 모든 사용자의 서비스가 중단될 수 있다.

- DDoS 등의 서비스 가용성 침해 공격 및 관리상의 오류 등으로 서비스 장애 발생 시, 서비스 제공자의 복구 조치가 있기 전에는 서비스 사용이 불가능하다.

④ 사용 단말의 다양화에 따른 정보 유출

    PC, 스마트폰, 스마트 TV 등 다양한 형태의 단말 접속을 허용하기 때문에 개별 단말이 갖는 보안 위협이 클라우드 서비스에 상속된다.

- 스마트폰과 같은 모바일 기기 분실 시 이용자 정보 유출이 일어날 수 있다.
- 공공 Wi-Fi 등 보안성이 떨어지는 접속 환경에서는 도청, 중간자 공격 등 다양한 정보 유출 위협이 존재한다.

⑤ 법규 및 규제의 문제

    정보의 소유와 관리 주체 분리, 서버의 분산 배치 등 다양한 환경적 특성으로 기존 법규와 규제 적용 시 문제가 발생할 수 있다.

- 국외 서버 이용 시, 서버 위치에 따라 국내 법규 및 규제 적용이 어려울 수 있다.
- 가상 머신이 자원을 동적으로 재배치하기 때문에 보안 법규 적용 검토를 위한 감사 중적의 문제가 발생한다.
- 보안성 평가 및 보안 감사 항목에 클라우드 관련 항목이 없어 마땅한 보안 점검 및 규제 방안이 없다.

기출문제 풀이

39 다음 중 클라우드 서비스를 설명한 내용과 거리가 먼 것은?

① 다양한 단말과 데이터 동기화 서비스를 지원하는 스토리지 제공 서비스
② 사업자가 지정하는 고정적인 형태의 서비스
③ 가상화된 서버/데스크톱 서비스
④ 사용자별 환경의 간편 구성이 가능한 소프트웨어 제공 서비스

해설

■ 클라우드 서비스의 정의

- 인터넷 기반의 자원, 소프트웨어 및 정보 인프라를 제공한다.
- 1960년대 미국의 존 맥카시가 "컴퓨팅 환경은 전기, 수도 등 공공 서비스를 사용하는 것과도 같을 것"이라는 개념을 제시한 것에 기인하고 있다.
- 인터넷을 통한 요청형 제공 방식(On-demand)의 서비스이다.
  - 클라우드 서비스 제공자는 다량의 컴퓨터 자원을 분배·가상화하여 이용자에게 제공한다.
  - 클라우드 서비스 이용자는 클라이언트에 직접적으로 프로그램을 설치하지 않아도 클라우드를 통해서 원하는 자원을 필요할 때, 필요한 만큼, 즉각적으로 인터넷을 통해 서비스 받을 수 있다.
- 네트워크의 발전으로 이루어진 클라우드 컴퓨팅 환경에서는 이용자가 직접 컴퓨팅 자원을 구매하지 않고, 원격으로 클라우드 서버에서 컴퓨팅 자원 및 소프트웨어를 전부 임대하여 사용할 수 있는 서비스를 의미한다.

정답 ②

 40 클라우드 컴퓨팅의 주요 기술 중 다음에서 설명하고 있는 것은 무엇인가?

( )은(는) 사용자들이 클라우드 컴퓨팅 인프라에 사용자 고유의 응용 또는 인터넷 서비스를 구축하기 위한 인터페이스를 제공한다. 서비스들 간의 호환성을 위해서 SOA를 기반으로 하며, 단순화된 SOAP이나 REST 프로토콜을 제공한다.

① 분산 컴퓨팅　　　　② 가상화
③ 시스템 관리　　　　④ 플랫폼

해설

■ 클라우드 컴퓨팅의 주요 기술

㉠ 분산 컴퓨팅
- 클라우드 컴퓨팅 하드웨어를 구성함에 있어 인트라넷 또는 인터넷으로 연결된 다수의 컴퓨팅 자원을 하나로 연결하는 기술을 의미한다.
- 관련 기술로는 분산 파일 시스템, 분산 데이터베이스 등이 있다.

ⓒ 가상화
- 클라우드 컴퓨팅에서 가상화는 자원 가상화(Resource Virtualization)를 의미한다.
- 자원 가상화는 스토리지 볼륨, 네임 스페이스, 네트워크 자원 등과 같은 구체적인 시스템 리소스에 대한 가상화를 의미한다.
- 클라우드 컴퓨팅에서는 서버, 스토리지, 네트워크가 대표적인 가상화 대상이다.
- 물리적인 하드웨어 자원을 논리적인 단위로 나누고 통합하여 자원을 활용할 수 있게 해주는 클라우드 컴퓨팅의 기술로 운영 체제(OS)나 중앙 처리 장치(CPU), 스토리지 등 주로 하드웨어의 의존성을 배제, 통합을 위한 수단으로 이용한다.

ⓒ 시스템 관리
- 클라우드 컴퓨팅 이용자들에게 SLA에 기반한 사용자 가상 컴퓨팅 환경을 프로비저닝하고, 제공된 가상 시스템을 모니터링하며, 사용자 서비스별 자원 활용 정도에 따른 동적인 자원 할당 및 동적 스케줄링을 제공해 주는 방식으로 서비스한다.
  - SLA(Service Level Agreement) : 서비스 품질 수준
  - 프로비저닝(Provisioning) : 여럿 중에 최적인 것을 찾기 위해 필요한 지식을 미리 준비해 놓고 요청에 맞게 공급하는 절차와 행위
- 클라우드 컴퓨팅을 구성하고 있는 주요 시스템 솔루션 마스터들에 대해 관리함으로써 시스템 전체의 고가용성을 보장한다.

ⓔ 서비스 플랫폼 서비스
- 플랫폼은 사용자들이 클라우드 컴퓨팅 인프라에 사용자 고유의 응용 또는 인터넷 서비스를 구축하기 위한 인터페이스를 제공한다.
- 서비스들 간의 호환성을 위해서는 SOA를 기반으로 하며, 단순화된 SOAP이나 REST 프로토콜을 제공한다.
- 서비스 플랫폼에서는 프로그래밍 언어의 인터프리터 환경 등과 같은 소프트웨어 개발 환경들과 보유 서비스들의 API를 제공하여 연결 가능하도록 한다.
- 협업을 위한 인터페이스, 대용량 데이터 처리를 위한 분산 병렬 처리 환경, 데이터베이스 인터페이스 등을 서비스 플랫폼으로 제공하기도 한다.

ⓜ 기타 : 보안, 과금, 사용자 인증 등
- 클라우드 컴퓨팅의 핵심인 사용 용량에 따른 과금 정책 및 사용자 인증 인터페이스를 제공해야 한다.
- 사용자의 데이터 접근 등에 대한 트러스티드 플랫폼 기술을 확보하여 사용자가 클라우드 컴퓨팅 서비스를 신뢰하고 사용할 수 있도록 해야 한다.

정답 ④

1회 41 클라우드 서비스에서 자원 활용 효율성 증대 및 사용자별 자원 할당 간편화를 위하여 사용하는 것으로, 호스트 컴퓨터에서 다수의 운영 체제를 동시에 실행하기 위한 가상 플랫폼으로 가상 머신 모니터라고도 불리는 것은?

① 프로비저닝(Provisoning)
② 자원 가상화(Resource Virtualization)
③ 하이퍼바이저(Hypervisor)
④ 와이기그(WiGig)

해설

■ 클라우드 서비스를 구성하는 요소와 방법에 따른 특징

- 가상화 : 자원 활용의 효율성 증대 및 사용자별 자원 할당 간편화를 위하여 하이퍼바이저를 사용하고 모든 자원을 소프트웨어 기반으로 가상화하여 제공한다.
    * 하이퍼바이저(Hypervisor) : 호스트 컴퓨터에서 다수의 운영 체제를 동시에 실행하기 위한 가상 플랫폼으로서, 가상 머신 모니터(Virtual Machine Monitor, VMM)라고 한다.
- 정보 위탁 : 모든 연산 및 데이터 처리가 클라우드 서버에서 이루어지므로 기본적으로 사용자가 소유한 정보의 관리를 서비스 제공자에게 위탁한다.
- 자원 공유 : 자원은 사용자별로 독립적으로 할당되지만 물리적으로는 동일한 자원을 공유한다.
- 단말 다양성 : PC뿐만 아니라 스마트폰 등 다양한 단말을 사용해서 접속하고 서비스를 사용한다.

정답 ③

 42 다음 중 클라우드 컴퓨팅을 구성함에 있어 기술 구성 시 유의해야 할 사항이 아닌 것은?

① 사용자 가상 서버 및 서버 확장성(Scalability)
② 시스템 가용성(Availability)
③ 부하 관리에 따른 활용률(Utilization)
④ IT 자원의 독립성(Independency)

Chapter 2. 사물인터넷과 클라우드

해설

■ **클라우드 컴퓨팅 기술 구성 시 유의 사항**

- 확장성(Scalability)
  - 클라우드 컴퓨팅 서비스 제공자는 각 사용자(기업, 개인)에 대한 모니터링 및 확장을 동적으로 수행할 수 있는 스케줄러와 프로비저닝 기능을 갖춰야 한다.
  - 사용자가 인터넷 기반 불특정 다수인 경우를 고려하면 클라우드 컴퓨팅 인프라를 구성함에 있어 대단위의 확장성을 가지고 운영될 수 있는 기술을 보유해야 한다.
  - 클라우드 컴퓨팅 서비스 운영 중 다운타임 없이 서버를 추가·확장할 수 있는 기술을 제공해야 한다.

- 가용성(Availability)
  - 클라우드 컴퓨팅 서비스 사용자는 언제든지 접근 가능해야 한다.
  - 클라우드 컴퓨팅 플랫폼을 활용하여 비즈니스를 하는 경우, 클라우드 컴퓨팅 인프라의 다운타임으로 인한 비즈니스의 손실이 없어야 한다.
  - 가용성은 총 시간과 서비스 접근 가능 시간에 대한 비율로 산정하게 되며, 현재까지 99.999%(연간 5분의 다운 시간)가 도달 가능한 최고의 목표치로 여겨지고 있다.
  - 가용성을 위해서는 클라우드 컴퓨팅 인프라 내의 서버나 스토리지, 네트워크 장비와 같은 하드웨어적인 결함 또는 다운되는 경우에도 이를 대체할 수 있는 솔루션을 마련해야 한다.

- 신뢰성(Reliability, Security)
  - 사용자가 본인의 연구, 업무, 데이터 등을 아웃소싱으로 수행하므로 신뢰성을 얻기 위한 기술이 절대적으로 필요하다.
  - 컴퓨팅 프로세스에 대해서는 입력되는 작업(Task)들이 적법한 작업인지를 판단하는 항목 등 해킹 침입에 대비한 기술들이 필요하다.
  - 클라우드 컴퓨팅 인프라 내에 저장되어 있는 데이터에 대해서는 일부 내용이 파손되거나 유실될 경우에 대비한 자동 백업과 싱크, 복구 기능 등을 제공해야 한다.

- 활용률(Utilization)
  - 활용률은 클라우드 컴퓨팅 인프라를 구성하고 있는 자원들에 대하여 집약적으로 운영할 수 있도록 하는 기술이다.
  - 사용자에게는 느껴지지 않지만 서비스를 운영하는 차원의 비용 절감을 위해서는 필수적인 기술 요소이다.
  - 활용률을 관리하지 않는 시스템에서는 가장 높은 서비스 부하를 고려하여 시스템 자원을 할당하지만 이 경우 대부분의 시간 동안 아주 낮은 시스템 활용률을 갖게 된다.
  - 활용률을 부하에 따라 관리해서 불필요한 자원을 끄는 방법으로 적은 컴퓨팅 리소스를 가지고 운영할 수 있으며, 에너지 소비도 절감시킬 수 있다.

- 협업성, 이동성(Mobility)
  - 클라우드 컴퓨팅이 가지는 큰 장점 중 하나는 중앙 집중 형태로 데이터를 저장하므로 여러 협력자들이 하나의 데이터에 대하여 공유하고 협업으로 수행할 수 있다는 점이다.
  - 클라우드 컴퓨팅 제공자들은 데이터와 작업을 공유하는 것에 대한 솔루션을 제공해야 하고 사용자들의 이동성도 보장해야 한다.
  - 사용자가 클라우드에 접근하는 위치나 단말에 무관하게 동일한 작업을 수행할 수 있는 인터페이스를 제공해야 한다.

정답 ④

45 클라우드 서비스 제공자가 이용자의 요구 성능에 맞추어 가상화된 하드웨어를 구성·제공하는 서비스는 무엇인가?

① IaaS(Infrastructure as a Service)
② PaaS(Platform as a Service)
③ LaaS(Location as a Service)
④ SaaS(Software as a Service)

해 설

■ 클라우드 서비스 모델

- IaaS(Infrastructure as a Service)
  - 이용자에게 서버, 스토리지 등의 하드웨어 자원만을 임대·제공하는 서비스이다.
  - 이용자는 CPU 성능, 메모리 및 하드디스크 크기 등의 물리적인 자원 성능을 주문한다.
  - 서비스 제공자는 이용자가 요구하는 성능에 맞추어 가상화된 하드웨어를 구성·제공한다.
  - 이를 통해 이용자는 제공받은 데스크톱 또는 서버, 하드디스크를 활용하여 원하는 환경을 구성·사용한다.
- PaaS(Platform as a Service)
  - 이용자에게 소프트웨어 개발에 필요한 플랫폼을 임대·제공하는 서비스이다.
  - 이용자는 컴파일 언어, 웹 프로그램, 제작 툴, 데이터베이스, 인터페이스 등의 플랫폼을 주문한다.
  - 자신이 주문한 환경에 맞추어 응용 프로그램을 개발하고, 컴파일을 실행시켜 본인이 직접 사용하거나 타인에게 서비스하는 방식으로 활용할 수 있다.
- SaaS(Software as a Service)
  - 이용자가 원하는 소프트웨어를 임대·제공하는 서비스이다.

- 이용자가 소프트웨어를 주문하면 서비스 제공자는 클라우드 서버상에 설치된 소프트웨어를 온라인으로 제공함으로써 이용자가 자신의 컴퓨터처럼 활용할 수 있게 한다.
- SaaS를 이용하면 원하는 소프트웨어를 물리적으로 직접 구매하거나 설치할 필요 없이 원격의 가상 공간에서 운용할 수 있다.
- 필요에 따라 한시적으로 임대하여 사용한 후 반납할 수 있기 때문에 비용도 절감할 수 있다.

정답 ①

---

42 다음에서 설명하는 기술은 무엇인가?

> 물리적인 하드웨어 자원을 논리적인 단위로 나누고 통합하여 자원을 활용할 수 있게 해주는 클라우드 컴퓨팅의 기술로 운영 체제(OS)나 중앙 처리 장치(CPU), 스토리지 등 주로 하드웨어의 의존성을 배제, 통합을 위한 수단으로 이용

① 가상화 ② 분산 처리
③ 시스템 관리 ④ 프로비저닝(Provisioning)

해설

■ 1회 40번 해설 참조

정답 ①

---

44 클라우드 서비스는 제공하는 자원의 레벨에 따라 다양한 모델로 구분된다. 다음에서 설명하는 모델은 무엇인가?

> 이용자에게 서버, 스토리지 등의 하드웨어 자원만을 임대 · 제공하는 서비스로 서비스 제공자는 이용자가 요구하는 성능에 맞추어 가상화된 하드웨어를 구성 · 제공한다. 이를 통해 이용자는 제공받은 데스크톱 또는 서버를 활용하여 원하는 환경을 구성 · 사용한다.

① IaaS(Infrastructure as a Service)
② PasS(Platform as a Service)
③ SaaS(Software as a Service)
④ HaaS(Hardware as a Service)

해설

- 1회 45번 해설 참조

정답 ①

 45 클라우드 환경에서 예상되는 다양한 보안 위협들 중 시스템 자원을 통합·재분배하여 제공하는 인프라 계층의 특징으로 인해 발생하며, 하이퍼바이저 감염 시 게스트 OS로 확산되는 보안 위협은 무엇인가?

① 가상화 취약점 상속
② 자원 공유 및 집중화에 따른 서비스 장애
③ 분산 처리에 따른 보안 적용의 어려움
④ 정보 위탁 및 사용 단말에 따른 정보 유출

해설

■ 클라우드 서비스를 구성하는 요소와 방법에 따른 보안 위협

위협	내용

가상화 취약점 상속	• 악성코드 감염 및 확산 위협
	  – 호스트 OS, 게스트 OS 간 악성코드 감염
	  – 하이퍼바이저 감염 시 게스트 OS로 확산

정보 위탁 및 사용 단말에 따른 정보 유출	• 내부자에 의한 정보 유출
	  – 관리자의 권한 남용으로 이용자 정보 열람
	  – 이용자 몰래 게스트 OS의 자료 삭제/수정
	• 인증하지 않은 이용자의 정보 접근
	• 단말기 분실, 보안성이 취약한 단말기에 의한 정보 유출

자원 공유 및 집중화에 따른 서비스 장애	• 시스템 장애 시 모든 고객의 서비스 중단
	  – 서비스 장애 원인의 빠른 파악이 어려움
	  – 이용자에 의한 복구 및 패치 불가능
	• 중앙 시스템 위치 노출 시 DDoS 등 공격 대상이 되기 쉬움

단말 다양성	• 사용 단말의 다양화에 따른 정보 유출
분산 처리에 따른 보안 적용의 어려움	• 자원 공유와 가상 머신 동적 재배치로 인증/접근 제어 복잡도 상승 • 분산 컴퓨팅 시스템에 일괄적인 인증/접근 제어 적용이 어려움

Part 5. 사물인터넷 빅데이터, 클라우드, 모바일 및 지능 정보 기술

법규 및 규제의 문제	• 정보 유출 및 손실 시 책임 소재 불분명 • 해외 서버 사용 시 국내 법 적용 불가 • 자원 공유에 따라 감사 증적이 어려움 • 클라우드 점검을 위한 보안 점검 및 규제 항목 부재

정답 ①

41 클라우드 컴퓨팅 하드웨어를 구성함에 있어 인트라넷 또는 인터넷으로 연결된 다수의 컴퓨팅 자원을 하나로 연결하는 기술을 무엇이라 하는가?

① 분산 컴퓨팅
② 가상화(Virtualization)
③ 프로비저닝(Provisioning)
④ 시스템 관리

해설

■ 1회 40번 해설 참조

정답 ①

44 클라우드 컴퓨팅 기술 구성 시 유의 사항으로 다음 내용에 해당하는 것은 무엇인가?

• 컴퓨팅 프로세스에 대해서는 입력되는 작업(Task)들이 적법한 작업인지를 판단하는 항목 등 해킹 침입에 대비한 기술들이 필요
• 클라우드 컴퓨팅 인프라 내에 저장되어 있는 데이터에 대해서는 일부 내용이 파손되거나 유실될 경우에 대비한 자동 백업과 싱크, 복구 기능 등을 제공해야 함

① 확장성(Scalability)
② 가용성(Availability)
③ 이동성(Mobility)
④ 신뢰성(Reliability)

해설

■ 1회 42번 해설 참조

정답 ④

45 클라우드 서비스는 서비스를 구성하는 요소와 방법에 따라 기인하는 여러 가지 보안 위협이 발생할 수 있다. 다음 중 클라우드 서비스 핵심 보안 위협 내용으로 가장 거리가 먼 것은?

① 가상화 취약점 상속
② 자원 공유 및 집중화에 따른 서비스 장애
③ 단말 다양성에 따른 정보 유출
④ 중앙 집중 처리에 따른 보안 적용의 어려움

해설

■ 2회 45번 해설 참조

정답 ④

46 클라우드 서비스는 제공하는 자원의 레벨에 따라 분류할 수 있다. 다음 중 괄호 안에 들어갈 알맞은 용어는 무엇인가?

> (　　　　)는 이용자에게 소프트웨어 개발에 필요한 플랫폼을 임대·제공하는 서비스이다. 이용자는 컴파일 언어, 웹 프로그램, 제작 툴, 데이터베이스, 인터페이스 등의 플랫폼을 주문한다. 또한 자신이 주문한 환경에 맞추어 응용 프로그램을 개발하고 컴파일을 실행시켜 본인이 직접 사용하거나 타인에게 서비스하는 방식으로 활용할 수 있다.

① PaaS(Platform as a Service)
② SaaS(Software as a Service)
③ IaaS(Infrastructure as a Service)
④ LaaS(Location as a Service)

해설

■ 1회 45번 해설 참조

정답 ①

Part 5. 사물인터넷 빅데이터, 클라우드, 모바일 및 지능 정보 기술

  42 클라우드 서비스는 제공하는 자원의 레벨에 따라 세 가지 모델로 분류할 수 있다. 다음 중 클라우드 서비스 모델로 옳은 것은?

① AaaS(Application as s Service)
② BaaS(Business as a Service)
③ CaaS(Computing as a Service)
④ SaaS(Software as a Service)

해 설

■ 1회 45번 해설 참조

정답 ④

  43 클라우드 서비스 모델 중에서 IaaS(Infrastructure as a Service)에 대한 설명으로 옳은 것은?

① 이용자에게 서버, 스토리지 등의 하드웨어 자원만을 임대·제공하는 서비스
② 소프트웨어 개발에 필요한 플랫폼을 임대·제공하는 서비스
③ 소프트웨어를 임대·제공하는 서비스
④ 클라우드 서버상에 설치된 소프트웨어를 온라인상으로 제공하는 서비스

해 설

■ 1회 45번 해설 참조

정답 ①

  44 호스트 컴퓨터에서 다수의 운영 체제를 동시에 실행하기 위한 가상 플랫폼으로 가상 머신 모니터(Virtual Machine Monitor, VMM)라고도 하는 것은?

① 하이브리드(Hybrid)
② 하이퍼네트워크(Hypernetwork)
③ 하이퍼바이저(Hypervisor)
④ 모빌리티(Mobility)

해설

■ 1회 41번 해설 참조

정답 ③

45 클라우드 서비스 구성에 의한 특징으로 효율적인 자원의 활용을 위해 물리적인 자원을 소프트웨어 기반으로 논리적으로 통합·재분배하여 사용할 수 있게 하는 것은?
① 확장성　　　　　　　② 가상화
③ 정보 위탁　　　　　　④ 단말 다양성

해설

■ 1회 41번 해설 참조

정답 ②

41 클라우드 컴퓨팅 주요 기술에 대한 설명으로 옳지 않은 것은?
① 가상화는 넓은 의미로 컴퓨터 자원에 대한 추상화를 의미하며 다양한 형태의 가상화가 있다. 클라우드 컴퓨팅에서는 서버, 스토리지, 네트워크가 대표적인 가상화 대상이다.
② 분산 컴퓨팅은 클라우드 컴퓨팅 소프트웨어를 구성함에 있어 인트라넷과 인터넷으로 연결되어 있지 않은 다수의 컴퓨팅 자원을 연결하지 않고 분산 처리하는 기술이다.
③ 시스템 관리는 단순한 사용자 인터페이스나 모니터링만을 의미하지 않으며, 클라우드 컴퓨팅 이용자들에게 SLA에 기반한 사용자 가상 컴퓨팅 환경을 프로비저닝하고 제공된 가상 시스템을 모니터링하며, 사용자 서비스별 자원 활용 정도에 따른 동적인 자원 할당 및 동적 스케줄링을 제공해 주어야 한다.
④ 서비스 플랫폼은 사용자들이 클라우드 컴퓨팅 인프라에 사용자 고유의 응용 또는 인터넷 서비스를 구축하기 위한 인터페이스를 제공한다.

해 설

- 본문 '클라우드 컴퓨팅 주요 기술' 참조
- 클라우드 컴퓨팅 주요 기술에는 분산 컴퓨팅, 가상화, 시스템 관리, 서비스 플랫폼 서비스 및 보안, 과금, 사용자 인증 등이 있다.
  - 분산 컴퓨팅은 클라우드 컴퓨팅 하드웨어 구성 시 인트라넷 또는 인터넷으로 연결된 다수의 컴퓨팅 자원을 하나로 연결하는 기술

정답 ②

42 컴퓨팅 자원 및 소프트웨어를 클라우드 서비스 사업자로부터 임대하여 사용하는 클라우드 컴퓨팅 환경에 대한 설명으로 옳은 것은?

① 데이터의 소유 및 관리 : 소유와 관리가 동일
② 사용자 컴퓨터 설치 S/W : OS, 응용 S/W
③ 자원 구매/폐기 : 이용자
④ 데이터 위치 및 컴퓨팅 주체 : 클라우드 서버(온라인)

해 설

- 클라우드 컴퓨팅 환경에서 데이터의 소유 주체와 클라우드 서비스 제공 업체로서 관리 주체가 다를 수 있다.
- OS와 응용 S/W는 클라우드 컴퓨팅 환경에 배치되고, 공유 자원으로 할당되어 사용된다.
- 자원의 구매와 폐기 등은 클라우드 서비스 제공 업체가 수행하게 된다.

정답 ④

43 클라우드 서비스는 제공하는 자원의 레벨에 따라 3가지 모델로 분류한다. 클라우드 서비스 모델에 대한 설명으로 가장 거리가 먼 것은?

① IaaS : 이용자에게 서버, 스토리지 등의 하드웨어 자원만을 임대·제공하는 서비스
② PaaS : 이용자에게 소프트웨어 개발에 필요한 플랫폼을 임대·제공하는 서비스
③ AaaS : 이용자에게 하드웨어 및 소프트웨어 자원을 임대·제공하는 서비스
④ SaaS : 이용자가 원하는 소프트웨어를 임대·제공하는 서비스

해 설

- 1회 45번 해설 참조

정답 ③

 44 클라우드 서비스 보안 위협에 대한 내용이 잘못 짝지어진 것은?

① 분산 처리에 따른 보안 적용이 어려움 – 자원 공유와 가상 머신 동적 재배치로 인증/접근 제어 복잡도 상승
② 가상화 취약점 상속 – 인증하지 않은 이용자의 정보 접근
③ 법규 및 규제의 문제 – 정보 유출 및 손실 시 책임 소재 불분명
④ 단말 다양성 – 사용 단말의 다양화에 따른 정보 유출

해 설

- 본문 '(4) 클라우드 서비스 보안 위협' 참조
- 클라우드 서비스는 서비스를 구성하는 요소와 방법에 따라 가상화, 정보 위탁, 자원 공유, 단말기의 다양성이라는 특징이 있으며, 이러한 특성에 기인한 보안 위협이 발생할 수 있음

정답 ②

2 사물인터넷과 클라우드 서비스

(1) 클라우드 서비스 기반의 사물인터넷

① 사물인터넷 환경에서는 디바이스 하나하나가 데이터의 생산자이자 소비자로서의 역할을 수행한다.
- 디바이스는 실시간으로 데이터를 생산하고, 생산된 데이터는 사용자 또는 다른 디바이스가 소비한다.
- 디바이스 숫자 또는 사용자 수에 비례하는 데이터가 아닌 상호 관계에 의한 데이터가 폭발적으로 증가한다.

② 보다 많은 디바이스에 인터넷 연결이 가능한 기술들이 적용되고, 보다 많은 삶의 영역들이 자동화될수록 보다 많은 컴퓨팅과 스토리지 자원이 필요하게 되어 클라우드 인프라에 대한 수요는 증가할 것이다.

(2) 사물인터넷 클라우드 구성

① 사물인터넷 클라우드는 혁신적인 사물인터넷 서비스를 촉진하는 인프라이다.
- 사물인터넷을 위한 생태계는 센서, 디바이스를 포함하여 이를 연결하기 위한 통신, 각종 응용 분야에 특화된 기술과 솔루션, 그리고 다양한 서비스를 개발할 수 있는 범용 플랫폼으로 구분된다.

② 사물인터넷 클라우드 구성 요소
- 사물, 연결, 운영, 응용 계층으로 구성
- 센서를 포함하는 물리적 장치
- 연결을 위한 유무선 통신망 및 프로토콜
- 운영을 위한 논리적 프로세스와 관리 서비스
- 서비스를 제공할 응용 프로그램
- 보안 기능, 관리 기능

Chapter 3. 사물인터넷과 모바일

1. 모바일 서비스 개요

연결 중심의 사물인터넷 시대는 스마트 기기 중심의 모바일 시대와는 다른 새로운 변화가 나타날 가능성이 높다.

모바일 시대
OS 중심, 앱 경제, 무거운 연결 중심

사물인터넷 시대
웹 중심, 개방형 API, 가벼운 연결

Part 5. 사물인터넷 빅데이터, 클라우드, 모바일 및 지능 정보 기술

 ## 2 사물인터넷과 모바일 서비스

(1) 모바일 시대의 특징

① ICT(Information & Communication Technology)는 최근 수년간 변화와 혁신이 세상에서 가장 빠르게 진행되어 왔으며 그 중심에 모바일이 있다.

- 2013년 매출 기준으로 스마트폰이 전체 가전 시장의 33% 비중을 차지함
- 모바일 스마트 기기(모바일 PC, 휴대폰, 스마트폰 및 태블릿 PC)의 비중이 전체 가전 매출 56%임
- 2014년 1분기 기준 페이스북 가입자 12억 3천만 명 중 10억 1천만이 모바일 접속
- 2013년 4분기 모바일 광고 매출 전체 광고 매출의 53% → 2014년 1분기 57%

② 컴퓨팅 성능의 핵심 : 운영 체제

모바일 시대의 중심에는 스마트폰이 있으며, 여러 기능의 중심에는 뛰어난 컴퓨팅 능력을 보유한 하드웨어와 운영 체제가 있다.

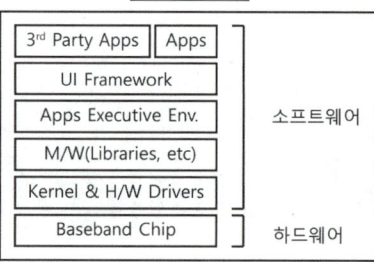

- **Apps**
  전화 기능, 전화번호부, 계산기, 달력 등 기본/필수 Apps
- **UI Framework**
  화면 구성에 필요한 아이콘 등 모음
- **Apps Executive Environments(AEE)**
  애플리케이션 구동에 필요한 프로그램 모음
- **Middleware(Libraries, etc)**
  라이브러리 등 애플리케이션 구동에 필요한 소스 코드 모음
- **Kernel & H/W Drivers**
  하드웨어 부품 드라이버, 메모리 및 파일/프로세스 관리

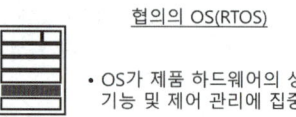
- OS가 제품 하드웨어의 성능, 기능 및 제어 관리에 집중

- OS가 서비스와 제품의 성능, 기능 및 제어 관리에 집중
  - 서비스를 구현하는 앱을 구현하는 Libraries 등 포함

자료 : VisionMobile(2006) 재구성

③ 앱 서비스
- 스마트폰에서 빼놓을 수 없는 것이 앱이며, 스마트폰의 가치를 결정지을 만큼 중요한 역할을 한다. 앱이 확산됨에 따라 앱 서비스는 "앱 경제(App Economy)"라 불릴 만큼 성장하였다.
- 앱의 종류
    - 모바일 메신저 앱(카카오톡, 라인)
    - SNS 앱(페이스북, 트위터)
    - 동영상 서비스 앱(유튜브)
    - 게임 앱
    - 금융 앱
    - 쇼핑 앱

④ 대용량 데이터 트래픽

모바일 환경은 높은 컴퓨팅 성능을 필요로 하는 멀티미디어 콘텐츠가 중심이며, 모바일 콘텐츠가 전송 및 출력되려면 대용량 데이터 전송을 위한 넓은 주파수 대역과 큰 스크린이 요구된다.

(2) 연결 중심의 사물인터넷 시대의 세 가지 주요 변화

① 가벼운 연결

사물인터넷 환경에서는 몇 킬로바이트(메가바이트의 1/1000) 수준의 저용량 데이터가 전송되기 때문에 '가벼운 연결'이라고 할 수 있다.
- 가벼운 연결 : 낮은 컴퓨팅 성능, 소량의 데이터만 전송하므로 좁은 대역 네트워크 환경
- 무거운 연결 : 높은 컴퓨팅 성능, 대용량 데이터가 송수신되는 넓은 대역의 네트워크 환경

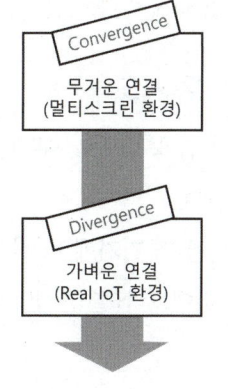

- 멀티미디어 콘텐츠와 같은 무거운 데이터들의 연결
    - High Computing Power
    - Bigger Screen
    - Wide Bandwidth
▶ 가벼운 연결에 비해 Life-cycle이 짧으며, 가격에 대한 민감도 상대적으로 낮음

- 센서 정보 등 가벼운 데이터들의 연결
    - Low Computing Power
    - None or Small Screen
    - Narrow Bandwidth
▶ 교체 주기인 Life-cycle이 길며 내구성이 좋아야 함. 뿐만 아니라 가격은 상당히 저렴해야 함

- 현재는 PC, 스마트폰, 태블릿PC 등 스마트 기기를 통한 무거운 연결 중심
- 결국에는 무거운 연결과 가벼운 연결이 혼재될 것
- 가벼운 연결이 더 많아지는 순간이 Real IoT 환경이 될 전망

② 웹 중심의 플랫폼

사물인터넷 서비스 기능 구현이 사물에 내장되기보다 인터넷 또는 웹에서 이루어지고, 기기 제어를 위해 가벼운 OS로 전환되며, 제조사는 플랫폼(OS)으로 오픈소스를 선택할 수 있을 것으로 예상된다.

- 스마트 기기와 비교도 되지 않을 만큼 많은 사물들이 웹과 연결되어 서비스가 될 것이며, HTML 5 등 기기 제어가 가능한 웹 개발 언어들이 진화하여 폐쇄적인 모바일 환경을 웹이 개방시킬 수 있다.
- 사물인터넷 환경은 기존 OS 개발사들이 주도권을 가졌던 것과 달리 웹 혹은 제조 영역에서 지배력을 가진 기업들의 영향력이 커질 가능성이 높다.

③ 개방형 API

- 사물인터넷의 서비스는 OS 중심에서 웹으로 더 많이 이전될 것이며, 웹 중심의 환경으로 전환되어 웹 표준 기반 기술로 만들어진 웹 API*(Web API)가 더 확대될 것이다.
- API 중심 환경의 변화
    - 모바일 시대의 시장 표준 OS를 가진 애플과 구글의 의존성이 상대적으로 낮아짐
    - 누구나 웹 API를 개발할 수 있고 다른 앱 서비스 사업자들도 이 웹 API를 부품처럼 활용해 더 쉽고 자유롭게 서비스 개발 가능
    - 경쟁 과열에 따라 Time-To-Market을 위한 스피드와 시장 대응력 요구
    - 독자적 API를 개발하기보다 활용 가능한 외부 또는 공용 API를 개발 또는 보완하는 방향으로 나갈 것으로 보임

   * API(Application Programming Interface) : 앱 구현 소프트웨어 요소들이 각각 어떻게 상호 작용을 할 것인지를 구체적으로 정하는 것이다. 부품들 간의 연결(Interface)을 미리 정해서 부품들을 마치 레고 블록처럼 쌓아 원하는 서비스를 조립할 수 있게 해 준다.

(3) 모바일 시대와 달라지는 것들, 사물인터넷 시대를 위한 새로운 시도

모바일 시대에서 사물인터넷 시대로 변화가 일어나면서 OS 중심에서 웹 중심으로, 무거운 연결에서 가벼운 연결로 중심이 이동함에 따라 나타나는 특징은 다음과 같다.

① 앱 개발 자체보다 웹 표준, 웹 API 등 웹의 소프트웨어적인 요소를 어떻게 기기에 더 잘 적용할 수 있을지에 대한 고민이 더 중요할 것(불필요한 컴퓨팅 기능을 없애고 연결 관점에서 제품 제공)

② 앱 경제가 웹 중심의 API 경제로 발전하면서 훨씬 더 다양한 혹은 맞춤형 서비스들이 등장할 것
③ 기존의 무거운 연결 중심의 시스템을 자연스럽게 가벼운 연결 시스템으로 어떻게 통합 및 전환할지에 대한 고민 필요

핵심 특징	기기의 스마트화 ➡	연결화
C-P-N-T 중 지배적 영역	OS ➡	웹
새롭게 만들어지는 경제 구도	앱 경제 ➡	API 경제
중심이 되는 연결 형태	무거운 연결 ➡	가벼운 연결

기출문제 풀이

13 사물인터넷 플랫폼은 사물인터넷 서비스 구조상에서 사물과 서비스가 요구하는 공통 기능을 제공함으로써 다양한 사업자들을 위한 서비스를 쉽게 개발할 수 있다. 서비스 개발자를 위한 플랫폼의 기능이 제공되는 인터페이스를 무엇이라고 하는가?

① XML ② HTTP
③ SOAP ④ API

해설

■ API(Application Programming Interface)
- 앱 구현 소프트웨어 요소들이 각각 어떻게 상호 작용을 할 것인지를 구체적으로 정의하고 구현하는 인터페이스 방식이다.
- API는 서비스 및 기능들 간의 연결(Interface)을 미리 정의해서 각 서비스 및 기능들을 마치 레고 블록을 조립하듯 쌓아 최종적으로 원하는 서비스 및 기능을 설계하는 인터페이스 방식이다.

■ HTTP(Hypertext Transfer Protocol)

HTML(Hypertext Markup Language)을 이용해 웹상에서 정보를 주고받을 수 있도록 지원하는 프로토콜이다.

■ XML(Extensible Markup Language)

- 확장성이 없는 HTML(Hypertext Markup Language)의 단점을 보완하기 위해 개발된 문서 형식 언어이다.
- XML은 SGML(Standard Generalized Markup Language)을 간략화한 것으로 다양한 형태의 데이터를 기술하는 데 이용할 수 있다.

■ SOAP(Simple Object Access Protocol)

웹상에서 HTTP, HTTPS(Hypertext Transfer Protocol over Secure Sockets Layer), SMTP(Simple Mail Transfer Protocol) 등을 통해 XML 기반의 메시지 교환을 지원하는 통신 프로토콜이다.

정답 ④

---

43 다음 중 연결 중심의 사물인터넷 시대의 세 가지 주요 변화로 가장 거리가 먼 것은?

① 가벼운 연결 ② 웹 중심의 플랫폼
③ 대용량 데이터 트래픽 ④ 개방형 API

해설

■ 연결 중심의 사물인터넷 시대의 세 가지 주요 변화

㉠ 가벼운 연결
- 미국 MIT 대학의 AutoID Lab 연구소에서 '사물인터넷'이라는 용어를 처음으로 사용했다.
- MIT 테크놀로지 리뷰에 따르면 사물인터넷은 저성능(Dumb)을 포함한 소형 컴퓨터가 사물(Object)에 부착된 컴퓨팅 환경이라 정의하고 이러한 컴퓨터들은 주변 환경 데이터를 수집·전송 및 관리하는 역할을 한다.
- 사물인터넷 환경에서는 한 번에 전송되는 데이터의 양이 적기 때문에 '가벼운 연결'이라고 할 수 있다.

- 가벼운 연결 환경에서 기기는 컴퓨팅 성능이 낮아도 되고 굳이 스크린이 없어도 된다.
- 소량의 데이터만 전송하면 되기 때문에 좁은 대역대의 네트워크만으로도 충분하다.

ⓒ 웹 중심의 플랫폼
- 사물인터넷 시대에는 사물들이 자체 컴퓨팅 성능보다는 대부분 개방형 표준 기반의 인터넷에 연결되어 서비스되기 때문에 OS에 대한 종속성이 낮아질 가능성이 높다.
- 현재 이미 스마트폰에서 구동되는 많은 앱들도 웹과 연동되어 작동하고 있고 주요 기능이 웹에 있는 경우가 많은 등 그 방향도 웹으로 움직여 가고 있다.
- HTML 5 등 기기 제어가 가능한 웹 개발 언어들이 진화하는 등 웹이 폐쇄적인 모바일 환경을 개방시키고 있다.
- 향후 개방화와 연결 추세가 지속되면서 사물인터넷 시대에는 서비스 기능 구현이 기기 등 사물에 내장되기보다 상당 부분 인터넷 또는 웹 영역으로 가게 될 것이다.
- 사물인터넷 사물의 OS는 모바일 기기와는 달리 기기 제어 기능 중심의 아주 가벼운 RTOS로 전환될 가능성이 높다.
- 제조사가 제품 기능 등을 결정할 때 이러한 OS는 오픈소스 등을 통해 쉽게 선택할 수 있게 될 것이다.
- 이런 추세라면 사물인터넷 환경은 모바일 기기 중심 환경에서 기존 OS 개발사들이 주도권을 가졌던 것과 달리 웹 혹은 제조 영역에서 지배력을 가진 기업들의 영향력이 상대적으로 커질 가능성이 높다.

ⓒ 개방형 API
- 소프트웨어 요소가 OS에서 웹 중심으로 이전되면 개발사들은 그에 맞게 실시간으로 업데이트되는 웹의 장점을 활용한 새로운 서비스를 개발하면 된다.
- 이러한 서비스를 구성하는 소프트웨어 요소를 API(Application Programming Interface)라고 한다.
  - API는 앱 구현 소프트웨어 요소들이 각각 어떻게 상호 작용을 할 것인지를 구체적으로 정하는 것이다.
  - 현재의 앱 서비스도 결국 소프트웨어 부품들의 결합인데, API는 부품들 간의 연결(Interface)을 미리 정해서 부품들을 마치 레고 블록처럼 쌓아 원하는 서비스를 조립할 수 있게 해 준다.
  - 사례로서, 필립스는 스마트폰을 통해 온/오프 기능, 밝기 조절 기능, 다양한 색 구현 기능이 있는 휴(Hue)라는 네트워크 연결 LED 전구를 개발하여 제공하면서, 휴(Hue) 제품의 소프트웨어 접근성을 높이기 위해 API를 개방하였다.
- 향후에는 웹 중심 환경으로 전환될 것이므로 웹 표준 기반 기술로 만들어진 웹 API(Web API)가 더 확대될 것이다.

- 웹 환경에서는 모바일 시대의 시장 표준 OS를 가진 애플과 구글 의존성이 상대적으로 낮아질 수도 있다.
- 이러한 환경에서는 누구나 웹 API를 개발할 수 있고 다른 앱 서비스 사업자들은 이 웹 API들을 부품처럼 활용해 더 쉽고 자유롭게 새로운 서비스를 개발할 수 있다.
- 향후 앱 서비스들은 기존의 단순한 기능을 넘어 이를 통합한 복합적 기능을 제공하는 서비스로 진화할 수 있다.

정답 ③

44 다음 중 괄호 안에 들어갈 수 있는 적절한 용어는 무엇인가?

> OOO 사는 스마트폰을 통해 온/오프 기능, 밝기 조절 기능, 다양한 색 구현 기능이 있는 휴(Hue)라는 네트워크 연결 LED 전구를 개발해서 제공하고 있다. 물론 OOO 사가 더 새로운 사용 경험 및 환경을 직접 제공할 수 있지만, 휴 제품의 소프트웨어 접근성을 높이기 위하여 (   )를(을) 개방했다.

① 제품의 회로도 ② 사용자 매뉴얼
③ API ④ 홈페이지

해설

■ 1회 43번 해설의 '개방형 API' 참조

정답 ③

2회 46 다음 중 연결 중심의 사물인터넷 시대의 주요 변화에 대한 설명으로 가장 거리가 먼 것은?

① 더 많은 사물들을 연결하려면 지금의 기기 중심의 스마트 기능 추가보다는 소비자들에게 불필요한 컴퓨팅 기능을 없애는 등 연결 관점에서 제품을 제공하는 고민이 필요할 것이다.
② 사물인터넷을 중심으로 한 가벼운 연결이 기하급수적으로 증가하면서 무거운 연결의 데이터 트래픽을 뛰어넘는 환경이 될 것으로 예상된다.
③ 사물들이 인터넷에 연결되어 서비스되기 때문에 스마트폰 중심의 OS에 대한 종속성이 높아질 것이다.
④ 향후에는 웹 중심 환경으로 전환될 것이므로 웹 표준 기반 기술로 만들어진 웹 API가 더 확대될 것이다.

해설

■ 1회 43번 해설 참조

정답 ③

2회 47 다음 중 모바일 시대와 사물인터넷 시대의 특징이 알맞게 짝지어진 것은?

① 모바일 시대 : 가벼운 연결, OS 중심, 웹 경제
② 모바일 시대 : 무거운 연결, 웹 중심, API 경제
③ 사물인터넷 시대 : 가벼운 연결, 웹 중심, API 경제
④ 사물인터넷 시대 : 무거운 연결, OS 중심, 앱 경제

해설

■ 1회 43번 해설 참조

정답 ③

Part 5. 사물인터넷 빅데이터, 클라우드, 모바일 및 지능 정보 기술

47 다음 괄호 안에 들어갈 알맞은 용어는 무엇인가?

> 모바일 OS는 크게 두 가지로 분류할 수 있다. 앱 서비스와 관련된 다양한 소프트웨어를 제어·관리하는 (　　　)가 있고, 이에 반해 하드웨어의 자원 할당 및 기능 구현 등 OS의 기본적인 기능을 담당하는 RTOS(Real Time OS)가 있다.

① GPOS(General Purpose OS)　② mbed OS
③ TinyOS　④ OSHW(Open source Hardware)

해 설

■ 모바일 시대의 특징

㉠ ICT(Information & Communication Technology) 분야, 특히 소비재 가전의 중심에 모바일이 있다.
- 모바일 PC, 휴대폰, 스마트폰 및 태블릿 PC를 포함한 모바일 스마트 기기의 비중이 전체 가전 매출의 56% 수준에 달하고 있다.

㉡ 서비스 분야에서도 모바일 중심 현상은 뚜렷하다.
- 대표적인 예는 SNS(Social Network Service) 사업자인 페이스북으로, 2012년 말부터 모바일 중심(Mobile First) 전략을 펼치고 있다.
- 2014년 1분기 기준 페이스북의 총 가입자 12억 3천만 명 중 10억 1천만 명이 모바일로 접속하고 있다.

■ 스마트폰을 중심으로 한 모바일 시대의 특징

㉠ 컴퓨팅 성능의 핵심 : 운영 체제
- 모바일 시대의 중심에는 스마트폰이 있다.
- 스마트폰은 기존의 피처폰과 PC 심지어 TV의 기능 등 다양한 디지털 기능들을 갖고 있다.
  - 이러한 기능의 중심에는 컴퓨팅 성능이 있고, 컴퓨팅 성능을 바탕으로 다양한 기능들이 앱으로 구현·작동되고 있다.
  - 하드웨어와 소프트웨어를 제어하고 서비스를 가능하게 하는 컴퓨팅 성능의 중심에는 OS가 있다.
- 모바일 OS의 두 가지 분류
  - GPOS(General Purpose OS) : 앱 서비스와 관련된 다양한 소프트웨어를 제어·관리
  - RTOS(Real Time OS) : 하드웨어 자원 할당 및 기능 구현 등 OS의 기본적인 기능을 담당

ⓒ 앱 서비스
- 앱은 스마트폰의 가치를 결정지을 만큼 중요한 역할을 한다.
- 가장 친숙한 앱으로는 카카오톡, 라인 등과 같은 모바일 메신저 앱이 있다.
- 그 외에도 페이스북과 같은 SNS 앱, 유튜브 동영상 서비스 앱, 게임 앱, 금융 앱, 쇼핑 앱 등 수없이 많은 종류의 서비스들이 앱으로 구현 및 제공되고 있다.

ⓓ 대용량 데이터 트래픽
- 모바일 환경은 높은 컴퓨팅 성능을 필요로 하는 멀티미디어 콘텐츠가 중심이다.
- 이러한 멀티미디어 콘텐츠가 전송 및 출력되려면 대용량 데이터 전송을 위한 넓은 주파수 대역대와 큰 스크린이 요구된다.

정답 ①

48 다음 내용의 괄호 안에 들어갈 적절한 용어는 무엇인가?

> 사물인터넷 환경에서 송수신되는 데이터는 멀티미디어 콘텐츠처럼 몇십 또는 몇백 메가바이트 수준의 대용량일 필요가 없고, 몇 킬로바이트 수준이면 충분하다. 이처럼 사물인터넷 환경에서는 한 번에 전송되는 데이터의 양이 적기 때문에 (　　　)이라고 할 수 있다.

① 가벼운 연결　　　　② 무거운 연결
③ 직렬 연결　　　　　④ 병렬 연결

해설

■ 1회 43번 해설 참조

정답 ①

46 다음 내용에서 괄호 안에 들어갈 용어가 옳게 짝지어진 것은?

> 모바일 OS는 크게 두 가지로 분류할 수 있다. 앱 서비스와 관련된 다양한 소프트웨어를 제어·관리하는 (㉠)가 있고, 이에 반해 하드웨어의 자원 할당 및 기능 구현 등 OS의 기본적인 기능을 담당하는 (㉡)가 있다.

① ㉠ : GPOS(General Purpose OS), ㉡ : RTOS(Real Time OS)
② ㉠ : RTOS(Real Time OS), ㉡ : GPOS(General Purpose OS)
③ ㉠ : SPOS(Special Purpose OS), ㉡ : GPOS(General Purpose OS)
④ ㉠ : RTOS(Real Time OS), ㉡ : SPOS(Special Purpose OS)

해설

■ 3회 47번 해설의 '모바일 OS의 두 가지 분류' 참조

정답 ①

50 모바일 시대에서 사물인터넷 시대로 바뀔 때 나타나는 변화로 거리가 먼 것은?

① 핵심 특징 : 기기의 스마트화 → 연결화
② 새롭게 만들어지는 경제 구도 : 앱 경제 → API 경제
③ 중심이 되는 연결 형태 : 가벼운 연결 → 무거운 연결
④ C-P-N-T 중 지배적 영역 : OS → 웹

해설

■ 1회 43번 해설 참조
■ 개방형 API : 사물인터넷의 서비스는 OS 중심에서 웹으로 더 많이 이전될 것이며, 웹 중심의 환경으로 전환되어 웹 표준 기반 기술로 만들어진 웹 API(Web API)가 더 확대될 것임

정답 ③

48 아래 내용에서 괄호 안에 들어갈 적절한 용어는?

> 사물인터넷 환경이 되면서 더 많은 사물들이 인터넷에 연결되어 웹 중심의 서비스가 기존 OS 중심의 앱 서비스보다 더 확산될 것이다. 향후에는 웹 중심 환경으로 전환될 것이므로 웹 표준 기반 기술로 만들어진 웹 (   )가(이) 더 확대될 것이다.

① 모바일
② 플랫폼
③ 클라우드
④ API(Application Programming Interface)

해설
■ 본문 '개방형 API' 참조

■ 개방형 API
- 사물인터넷의 서비스는 OS 중심에서 웹으로 더 많이 이전될 것이며, 웹 중심의 환경으로 전환되어 웹 표준 기반 기술로 만들어진 웹 API(Web API)가 더 확대될 것임

정답 ④

Chapter 4 사물인터넷과 지능 정보 기술

1 지능 정보 기술의 개요

(1) 인간의 고차원적 정보 처리 활동(인지, 학습, 추론)을 연구하여 이를 통해 구현하는 기반 기술이다.
(2) 종래의 AI 정의보다 넓으며, 'AI로 구현되는 지능과 ICBM(IoT, Cloud, Big Data, Mobile)에 기반한 정보가 결합'된 형태로 표현된다.
(3) 지능 정보 기술이 사람에게 주는 편리함이 가히 혁명적 수준으로 확대되고 있으며 현재 이러한 현상을 4차 산업 혁명이라고 한다.
(4) 공장의 자동화 부문에서 지능 정보 기술을 점차적으로 활용하기 시작했으며, 생산성 향상을 위한 핵심 기술로 논의되고 있다.

2 국내외 표준화 현황

(1) 일상으로 들어온 지능 정보 기술

① 정보 통신 단말기와 서버 또는 네트워크를 통해 상호 제어를 위한 인터페이스 표준으로 진행 중이다.

② 사물인터넷 분야나 웨어러블 기기 분야에서 음성 인식 기능이나 제스처 인식 기능에 대한 인터페이스 국제 표준화 작업이 ISO/IEC JTC 1 SC35 그룹과 SC29 그룹에서 활발히 진행되고 있다.

③ 국내에서는 지능 정보 포럼이 2016년 4월 발족하여 자연어, 음성, 영상 처리, 지식 추론 등의 기반 소프트웨어와 관련된 워킹 그룹(WG)과 데이터 워킹 그룹(WG)을 구성하여 활동 중이다.

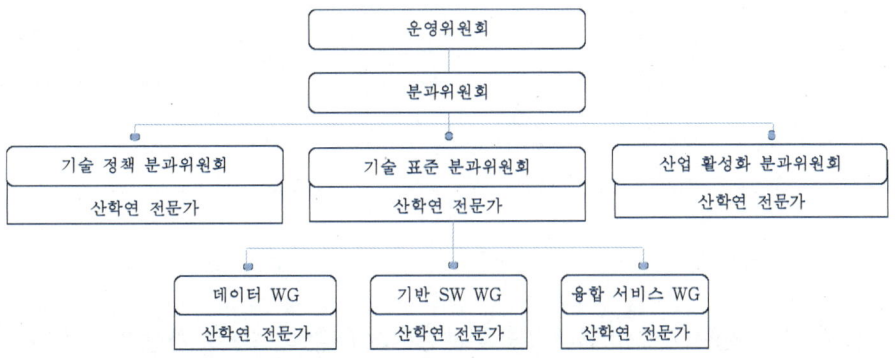

데이터 WG	기반 SW WG	융합 서비스 WG
• 데이터 구축 메타 정보 및 도메인/밸런스 규격 ※ 언어, 음성, 영상 RAW 데이터 및 가공 지식 구축 관련 ※ 로직 기반 지식 ※ 기타 응용 도메인별 데이터 구축	• 자연어, 음성, 영상 처리 기술 • 지식 추론 엔진 기술 • 머신 러닝, 플래닝, 지능형 인텔리전트 등 관련 기술 • 사용자 인터랙션 관련 기술 • Open API 프로토콜 등 플랫폼 기술	• 지능 정보 기술 관련 융합 서비스 기술

(2) 지능 정보 기술의 핵심 표준화 대상

① 사용자 맞춤형 정보 서비스에 대한 표준화 작업과 콘텐츠 검색 정보 서비스는 클라우드 환경에서 사용자의 정보 검색에 대한 만족감을 충족시키고 있으며, 통신망이 고속화되면서 대용량의 정보 검색이 가능해지고 있다.

② 국제 표준 기구에서 인공 지능과 관련된 윤리 규범을 추진 중이다.
- 국제 전기 전자 기술자 협회(IEEE)는 인공 지능 개발과 사용에 대하여 윤리적 기준을 정립하는 것이 필요하다고 판단하고 이를 추진 중이다.
- 미래창조과학부는 지능 정보 사회 종합 대책에서 인공 지능과 관련된 법적인 책임, 의무, 권리에 대하여 필요성을 언급하고 있다.

	2016년	2017년	2018년	2019년 이후	
기술 개발	• 요소 기술 확보 • 기술-표준 연계	• 요소 기술 확보 • 기술-표준 연계 : 자연어 처리, 시각/음성 인식	• 요소 기술 확보 • 기술-표준 연계 : 논리적 추론, 기계 학습 등	• 요소 기술 확보 • 기술-표준 연계 : 융합 기술	**산업 활성화 및 신규 사업 기회 증대** 기존 ICT 제품에 AI 기술을 적용하여 제품 구매력을 강화하고 신규 사업 발굴에 기여
국내·국제 표준화	• 국제 표준 추진 (ISO) -국제 표준화 기반 확보 • 국내 표준 개발 (TTA/포럼) -자율 지능형 지식/기기 협업 프레임워크 기술 표준	• 국제 표준 추진 (ISO) -자율 지능형 지식/기기 협업 프레임워크 등 (NWIP) • 국내 표준 개발 (TTA/포럼) -지능형 패턴 인식 관련 기술 표준	• 국제 표준 추진 (ISO) -지능형 패턴 인식 등 • 국내 표준 개발 (TTA/포럼) -융합 서비스 기술 표준 -자연어 질의 응답 표준	• 국제 표준 추진 (ISO) -융합 서비스 기술 표준 • 국내 표준 개발 (TTA/포럼) -딥러닝 관련 기술 표준	**공공 복지 증진** 의료, 법률 분야 전문 정보 서비스 등을 통해 국민 복지 증진에 기여

47 지능 정보 기술의 국내외 표준화 현황에 대한 내용으로 가장 거리가 먼 것은?

① 현재까지는 지능 정보 기술의 국제 표준화 작업이 정보 통신 단말기와 서버 또는 네트워크를 통해 상호 제어를 위한 인터페이스 표준으로 진행 중이다.
② 국제 표준 기구에서 인공 지능과 관련된 윤리 규범을 추진하고 있다.
③ 국내에서는 아직 지능 정보 관련 표준화 단체가 없으나 자연어, 음성, 영상 처리, 지식 추론 등의 기반 소프트웨어와 관련된 워킹 그룹과 데이터 워킹 그룹 구성을 위한 표준화 활동을 계획하고 있다.
④ 사용자 맞춤형 정보 서비스에 대한 표준화 작업과 콘텐츠 검색 정보 서비스는 클라우드 환경에서 사용자의 정보 검색에 대한 만족감을 충족시키고 있으며, 통신망이 고속화되면서 대용량의 정보 검색이 가능해지고 있다.

해 설

■ 본문 참조
■ 국내에서는 지능 정보 포럼이 2016년 4월 발족하여 자연어, 음성, 영상 처리, 지식 추론 등의 기반 소프트웨어와 관련된 워킹 그룹(WG)과 데이터 워킹 그룹(WG)을 구성하여 활동 중이다.

정답 ③

3 지능 정보 기술로 인한 산업 구조 변화 전망

(1) 지능 정보 기술이 사회 문제를 해결하고 새로운 가치를 창출하여 인간의 삶이 더욱 편리하고 안전한 '지능 정보 사회'가 도래하게 될 것이라고 전망된다.

(2) ICBM(IoT, Cloud, Big Data, Mobile), AI 등 지능 정보 기술은 저성장, 재난 재해, 사회 갈등, 고령화 등 인간의 힘으로 해결할 수 없었던 난제를 해결할 수 있는 기술로 풀이된다.

분야	AS-IS	TO-BE
비즈니스	자동화 중심의 생산성 및 효율성 향상	기계와 인간의 협업을 기반으로 새로운 가치와 혁신적 서비스 창출
안전	유지·관리 위주의 사전 대응과 사후 조치 중심	과학적 근거에 기반한 위험 예측과 지능적 예방 및 대응
일상생활	개인 편의 중심의 생활 서비스	즐거움과 새로운 경험을 제공하는 생활 서비스
건강 관리	병원의 진료 및 사후 치료 중심의 건강 관리	개인 라이프 로그 정보 기반 맞춤형 헬스 케어 관리 서비스
운송 수단	사람의 운행 능력에 기반한 운송 체계	자율 주행에 기반한 지능형 운송 체계

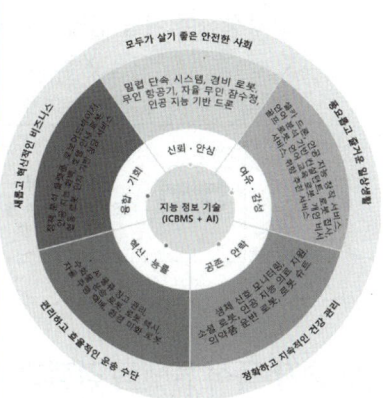

(3) 데이터·지식이 산업의 새로운 경쟁 원천으로 부각

① 지능 정보 기술은 대규모 데이터에 대한 자가 학습을 통해 지속적으로 알고리즘 성능을 강화하므로 데이터와 지식이 산업의 주요 경쟁 원천이 된다.

② 스스로 데이터를 확보할 수 있는 생태계를 구축하고 이를 활용할 수 있는 알고리즘을 보유한 기업이 시장을 주도하고 많은 이윤을 창출하게 될 것으로 예상된다.

　예) 애플, 구글, MS, 아마존, 페이스북, GE, 차이나모바일 등 많은 기업이 적극 투자 중이다.

③ 대규모 시설·인력의 중요성은 상대적으로 감소하고 소비자 맞춤형 제품·서비스 제공 등의 시장 대응이 중요해져 제조 기반이 선진국 시장으로 다시 이동하는 리쇼어링(Re-shoring)이 발생하게 된다.

　예) 아디다스는 자동화 로봇의 도입을 통해 아시아 지역의 생산 시설을 독일·미국으로 리쇼어링하여 운동화 생산 기간을 1주일에서 5시간으로 단축시켰다.

(4) 플랫폼 및 생태계 경쟁 중심으로 산업의 경쟁 방식 변화

① 지능 정보 기술 활용 산업은 보다 많은 사용자가 플랫폼 기반 생태계에 참여하여 데이터를 지속적으로 생성·활용하는 구조가 핵심이다. 지능 정보 플랫폼을 통해 관련 제품과 서비스들이 연결되어 통합되고 서비스로 작동함으로써 단품(Stand alone) 형태의 제품 서비스를 압도하게 될 것으로 예상된다.

② 개별 제품·서비스의 성능보다 통합 서비스가 제공하는 효용과 가치가 더욱 중요하게 된다.

③ 현재 ICT 기업(구글, 애플 등)들은 자사 플랫폼과 연결되는 다양한 제품 서비스로 사업 영역을 확장하여 이종 산업으로 침투하고 있다(예 구글의 자동차 산업 진출).

산업의 경쟁 방식 변화

(5) 승자 독식 플랫폼 경쟁과 새로운 성장의 기회

① 지능 정보 기술은 학습을 통해 성능이 지속적으로 발전·정교화되므로 먼저 시장에 진출하여 생태계를 구축한 기업이 시장 독과점이 가능하게 된다.

② 대규모 플랫폼 기업은 많은 사용자로부터 데이터를 수집·축적하여 양질의 서비스를 저렴하게 제공하고 이를 토대로 사용자를 더욱 확보(네트워크 효과)함으로써 가입자 데이터에 기반한 규모의 경제 효과를 발생시킬 수 있다.

③ 응용 서비스 분야의 경우 글로벌 플랫폼의 이용 확산으로 스타트업 등 소규모·신생 기업에게 빠른 성장의 기회가 생길 수 있고, 글로벌 사용자를 대상으로 제품 서비스를 손쉽게 출시할 수 있어 작은 기업도 글로벌 시장으로 진출하는 것이 용이(Micro Multi Nationals)할 수 있다.

(6) 지능 정보 기술에 따른 다양한 삶의 변화 모습

① (가정) 집안 곳곳의 전자 제품이 곧 가족 구성원의 개인 비서 : 인간의 음성·동작을 인식하여 가전 기기, 유틸리티(전기, 수도 등)를 다루는 로봇으로 진화

② (교통) 사람의 개입 없이도 스스로 제어·관리하는 운송 수단 : 운전기사 없이 운행하는 무인 차량이 일반화되고 고장 발생 전에 차량 스스로 관리

③ (헬스케어) 정밀 진단을 통해 보장받는 국민 건강 : 방대한 진료 데이터를 분석하여 의사가 찾아내기 어려운 희귀한 질병 파악

④ (행정) 획일적인 정책에서 국민의 의견을 실시간으로 반영하는 공공 행정 : 다양한 분야·지역의 민원 및 정책을 분석하여 각 지역별 정책 기획에 활용

⑤ (교육) 학생들의 학습 효과를 높이는 체험형 학습 : 가상·증강현실 기술로 실험 및 체험형 학습을 수행하고 학생들의 학습 효과를 제고

⑥ (금융) 보안의 위협 없이 안전하고 편리하게 운용되는 개인 자산 : 자산 분석, 융자 등 업무를 수행하고 금융 사기 패턴 분석을 통해 사고 피해 예방

⑦ (환경) 미세먼지 발생 지역을 미리 예측하고 예방하는 환경 지킴이 : 오염 물질 데이터를 분석하여 미세먼지 발생지를 예측하고 오염원 차단·예방

⑧ (보안·안전) 사건·사고가 발생하기 전에 원천 차단되는 생활 범죄 : 지능형 CCTV로 현장에서 움직이는 물체를 분석하여 위험 사항 여부 판단·전달

⑨ (재난·국방) 위험 요인으로부터 국민을 안전하게 보호하는 국가 시스템 : 재난 구조, 군사 작전 등 위험한 일을 인간 대신 재난·군사용 로봇이 수행 및 지원

⑩ (농업·어업·축산업) 일손 부족 해결 및 수확량을 제고하는 1차 산업 도우미 서비스 : 농사, 선박·축사 관리 자동화 및 기상 예측 기반의 농업·어업·축산업 관련 보험 서비스 등장

기출문제 풀이

 40 지능 정보 기술이 가져오는 변화 요소의 내용으로 가장 거리가 먼 것은?

① 유지와 관리 위주의 사전 대응과 사후 조치 중심
② 과학적 근거에 기반한 위험 예측과 지능적 예방 및 대응
③ 개인 라이프 로그 정보 기반 맞춤형 헬스케어 관리 서비스
④ 기계와 인간의 협업을 기반으로 새로운 가치와 혁신적 서비스 창출

해설

■ 지능 정보 기술로 인한 산업 구조 변화에 대한 전망

분야	현재	미래
비즈니스	자동화 중심의 생산성 및 효율성 향상	기계와 인간의 협업을 기반으로 새로운 가치와 혁신적 서비스 창출
안전	유지와 관리 위주의 사전 대응과 사후 조치 중심	과학적 근거에 기반한 위험 예측과 지능적 예방 및 대응
일상생활	개인 편의 중심의 생활 서비스	즐거움과 새로운 경험을 제공하는 생활 서비스
건강 관리	병원의 진료 및 사후 치료 중심의 건강 관리	개인 라이프 로그 정보 기반 맞춤형 헬스케어 관리 서비스
운송 수단	사람의 운행 능력에 기반한 운송 체계	자율 주행에 기반한 지능형 운송 체계

정답 ①

MEMO

학습법

- 인터넷 기술의 발달로 기존 기업 간(B2B) 서비스에서 소비자형(B2C) 서비스뿐만 아니라 이제는 사람 또는 사물의 정보를 활용한 다양한 형태의 디지털 기반 비즈니스 모델이 출현하게 되었다.
- 비즈니스 모델의 개요(새로운 경제 환경에서 나를 포함한 우리 조직의 비즈니스가 시장 지배력을 얻기 위해서는 먼저 '비즈니스 모델이 무엇인가?'에 대한 정확한 개념 이해로부터 출발해야만 성공한 개척자의 위치에 더 쉽게 다가갈 수 있을 것)를 파악하고 이에 대한 개념과 개인, 산업, 사회에 미치는 영향 등을 익힌다.
- 비즈니스 모델 사례(생태계의 핵심 요소, 사례 분류, 제품 서비스 가치 추구 목적, 제품/서비스 제공자 특징/사업 영역)에 대해서 파악하고 산업, 사회에 미치는 영향 등을 익힌다.

시험 문제 출제 동향

- 매 시험 문제의 7%에 해당되는 3~4문항이 Part 6에서 출제되고 있다. 각 챕터의 비중은 다음과 같다.
  - Chapter 1. 사물인터넷 비즈니스 모델 개요 : **2문항**
  - Chapter 2. 사물인터넷 비즈니스 모델 설계 : **2문항**

Part
6

사물인터넷 비즈니스 모델

Chapter 1 사물인터넷 비즈니스 모델 개요
Chapter 2 사물인터넷 비즈니스 모델 설계

Chapter 1 사물인터넷 비즈니스 모델 개요

1 사물인터넷 비즈니스 개요

(1) IoT 비즈니스 모델 출현 기반

인터넷 기술의 발달로 기존 기업 간(B2B) 서비스에서 소비자형(B2C) 서비스뿐만 아니라 이제는 사람 또는 사물의 정보를 활용한 다양한 형태의 디지털 기반 비즈니스 모델이 출현하게 되었다. 인터넷 기술 발전에 의한 비즈니스 모델 패턴은 다음과 같다.

① Web 1.0 : IT 기술이 출현한 1995년~2000년대 사이 인터넷을 비즈니스 인프라에 활용한 초기 비즈니스 모델(E-Commerce 등)
② Web 2.0 : 사용자가 정보와 서비스에 직접 참여하고 공유하는 또 다른 비즈니스 모델(Wikipedia 등)
③ Web 3.0 : 스마트 요소(센서, 액추에이터 등)가 포함된 지능화된 사물이 연결되어 N/W를 통해 상호 소통, 상황 인식 기반의 지능적인 서비스 제공

(2) 인터넷 기술 발전에 의한 비즈니스 모델 패턴

시장 조사 기관인 가트너(Gartner)는 2011년부터 '하이프 사이클(Hype Cycle)'에 사물인터넷을 포함시켜 향후 5~10년 사이에 주류 기술로 영향력을 발휘할 것으로 전망하였다.

① 2020년 인터넷에 연결된 사물 약 260억 개
② 약 3,000억 달러의 시장 창출
③ 1.9조 달러의 경제적 파급 효과

④ 제조와 헬스케어 분야 파급 효과 클 것

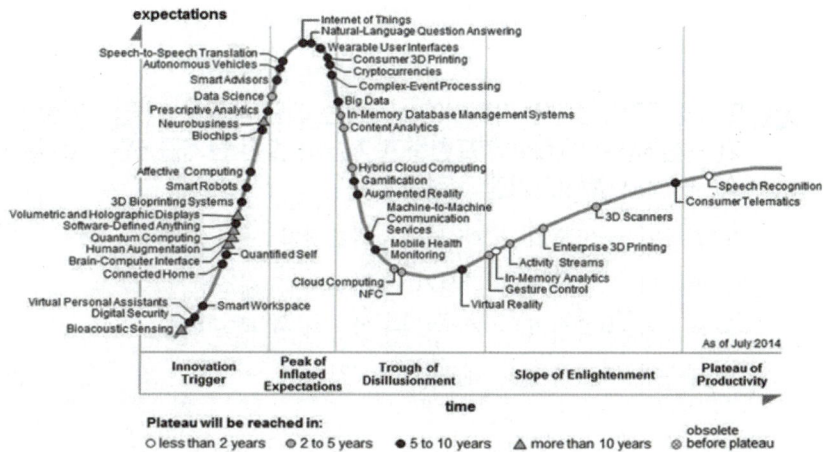

가트너 사의 하이프사이클

(3) CERP-IoT

① CERP-IoT(The Cluster of European Projects on Internet of Things)는 전략적 연구 과제인 IoT를 통해 그동안의 비즈니스, 정보, 사회적 Process를 바꿈으로써 그동안 보지 못했던 가능성을 제공

② IoT의 급격한 기술 혁신이 디지털 환경으로 인해 다수의 사물들을 이용한 서비스와 정보를 제공함으로써 가치 있는 비즈니스 모델이 다가올 것이라 예측함

(4) 사물인터넷 기술의 대표 분야

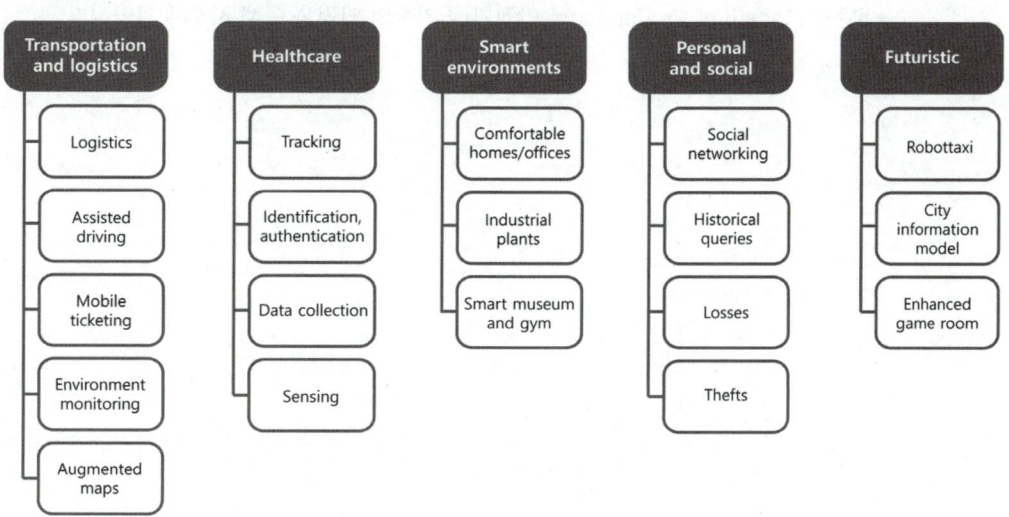

기출문제 풀이

1회 46. IT 시장 조사 업체인 가트너(Gartner)는 매년 새로운 기술의 현황 및 전망을 주기 곡선(Hype Cycle)에 표현하고 기술의 발전 단계를 5단계로 정의한다. 다음 중 5단계의 순서로 가장 적절한 것은?

① 태동기 → 거품기 → 각성기 → 재조명기 → 안정기
② 태동기 → 거품기 → 각성기 → 안정기 → 재조명기
③ 태동기 → 각성기 → 거품기 → 안정기 → 재조명기
④ 태동기 → 거품기 → 재조명기 → 각성기 → 안정기

해설

■ 하이프 사이클은 IT 시장 조사 업체인 가트너 리서치에서 매년 새로운 기술의 현황 및 전망을 주기 곡선으로 표현하고 기술의 발전 단계를 5단계로 정의하는 특성을 가지고 있다.
- 1단계(Innovation Trigger, 태동기) : 신기술이 시장에서 잠재성을 드러낸다.
- 2단계(Peak of Inflated Expectation, 거품기) : 해당 기술이 미디어의 조명을 받고 성공 사례에 대한 관심이 증폭된다.
- 3단계(Trough of Disillusionment, 각성기) : 기술의 실체와 한계로 인해 시장의 관심이 감소된다.
- 4단계(Slope of Enlightenment, 재조명기) : 시장의 침체를 극복한 기술이 어느 정도 시장을 형성한다.
- 5단계(Plateau of Productivity, 안정기) : 기술의 인정을 통해 시장에 보급된다.

정답 ①

 45 사물인터넷 환경에서는 한 번에 전송되는 데이터의 양이 적기 때문에 '가벼운 연결'이라고 할 수 있다. 가벼운 연결에서 기기의 특징으로 옳지 않은 것은?

① 컴퓨팅 성능이 높아야 한다.
② 좁은 대역대의 네트워크만으로 충분하다.
③ 스크린이 없어도 된다.
④ 소량의 데이터만 전송하면 된다.

해 설

■ 사물인터넷 환경은 데이터 전송이 적기 때문에 좁은 대역의 네트워크, 스크린 없이 소량의 데이터만 전송하면 된다. 따라서 컴퓨터는 낮은 성능으로도 처리 가능하다.

정답 ①

 ## 2 비즈니스 모델 개념

(1) Timmers(1998년)

상품, 서비스 그리고 다양한 비즈니스 참여자들과 그들의 역할을 설명하는 정보의 흐름으로 구성된 구조체로 다양한 비즈니스 참여자에 대한 잠재적인 이익과 수익 원천을 설명하는 것이다.

(2) Osterwalder(2011년)

① 하나의 조직이 어떻게 가치를 포착하고 창조하고 전파하는지 그 방법을 논리적으로 설명한 것이다. 많은 연구를 통해 비즈니스 모델의 특징과 관점, 그리고 모델 분류 체계 등이 학계에 제안되어 왔지만 기술의 변화에 따른 비즈니스 모델에 대한 정의는 쉽게 받아들여지지 않는다.
② Westerlund(2011년) : "비즈니스 모델에 대한 개념적 진행은 기술적 진보에 의한 단계에 의해 분리되고 변경될 수 있다."

(3) Westerlund(2011년)

비즈니스 모델에 대한 개념적 진행은 기술적 진보에 의한 단계에 의해 분리되고 변경될 수 있다.

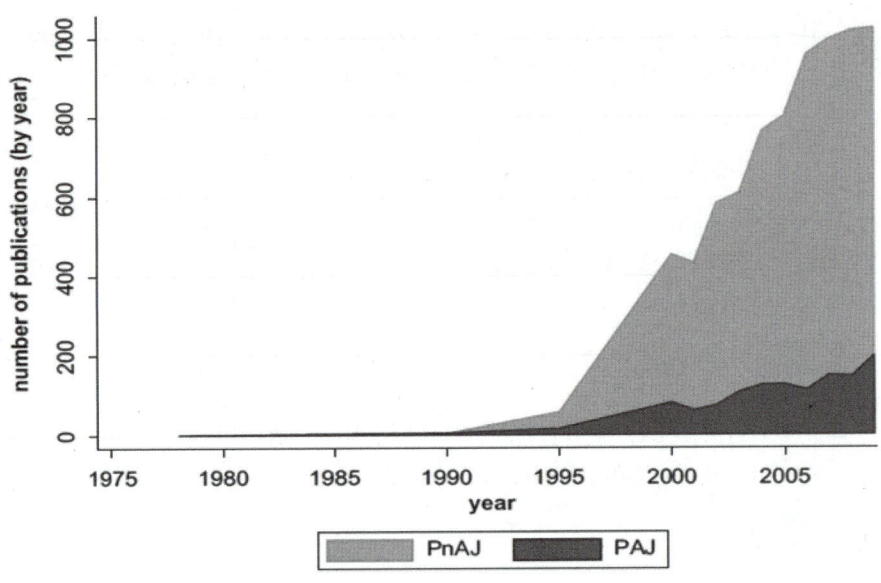

비즈니스/경영 분야 비즈니스 모델 기고 증가 추세

3 사물인터넷 생태계(Ecosystem)

(1) 사물인터넷 생태계(Ecosystem)

① 산업 생태계에 관한 선행 연구는 산업의 가치 창출 구조와 경쟁 전략 등을 다루는 '가치 사슬(마이클 포터)'에서 시작하고 있으며, 그 밖에 '가치 네트워크', '비즈니스 생태계' 이론 등이 있다.
② 생태계 개념은 제품보다는 네트워크, 공급보다는 수요 측면이 중요하다.
③ 생태계와 생태계 모델링이란 개념은 Moore에 의해 생물 생태계와 마찬가지로 비즈니스에 적용된다. 1996년 "The Death of Competition"이란 논문을 통해 비즈니스 생태계의 개념을 정의하였다.

(2) 비즈니스 생태계의 정의

Marco Iansiti(2004년) : 건강한 생태계에 대한 정의를 "참여자들에게 지속적인 성장 기회를 제공하고, 소비자에게 제공하는 가치를 증가시키는 생태계"라고 하면서 IT 생태계의 건강성과 경쟁력을 측정하는 평가 지표로 '강건성', '생산성', '혁신성 또는 신시장 창출 능력'을 제시함

평가 지표	측정 지표
강건성	생태계 구성원의 생존 비율, Financial Betas 등
생산성	노동 생산성, 다요소 생산성(MFP), 생산성 증가율 등
혁신성 또는 신시장 창출 능력	벤처 캐피털 수익과 투자자의 새로운 기업 가치 평가 등

(3) 비즈니스 생태계의 정의

IT 제품과 서비스를 제공하는 비즈니스 네트워크로서 IT 생태계의 영역을 크게 IT 하드웨어와 소프트웨어, 서비스 분야로 구분하여 각 영역별로 하위 산업을 규정하였다. 이러한 IT 생태계의 각 분야는 전체 경제에서 독립되어 있는 것이 아니라 다양한 방법으로 상호 작용하고 있다(Iansiti, 2006년).

(4) Fransman의 6계층 생태계 계층 모델

비즈니스 생태계 중 ICT(정보 통신 기술) 생태계와 관련해 Fransman(2010년)의 연구를 대표적으로 들 수 있다. 그는 기본적인 계층 모델로 6개의 계층으로 구분된 생태계 계층 모델(Ecosystem Layer Model)로 분석하였으며, ICT 생태계를 네트워크 요소, 연결성 등 다음 표와 같이 6계층으로 구분한다[Fransman(2010년), 주재욱(2011년)].

구분	기능	포함 산업
계층 6	최종 소비 (Final Consumption)	–
계층 5	콘텐츠, 애플리케이션, 서비스 (Content, Applications and Services)	음악, 영상 등 콘텐츠, 응용 소프트웨어, 기타 서비스
계층 4	미들웨어 (Navigation, Search and Innovation Platforms)	인터넷 브라우저, 검색, 보안 솔루션 등 미들웨어
계층 3	연결성 (Connectivity)	ISP 등 인터넷 접속 산업
계층 2	네트워크 운영 (Network Operating)	유무선 통신, 케이블 TV, 위성 등 방송 산업
계층 1	네트워크 요소 (Networked Elements)	소비자 가전(통신 장비, 컴퓨터 등), 부품(반도체 등), 시스템 소프트웨어

(5) Fransman의 4계층 생태계 계층 모델

이후 Fransman은 ICT 환경 변화를 고려하여 "The New ICT Ecosystem : Implications for Policy and Regulation"이라는 저서를 통해 기존 6계층 모델을 단순화하여 4계층 모델을 주장하였다[Fransman(2010년)].

Part 6. 사물인터넷 비즈니스 모델

구분	기능
계층 4	최종 소비(Final Consumption)
계층 3	콘텐츠, 애플리케이션, 서비스, 혁신적 플랫폼, 검색, 내비게이션, 미들웨어(Content, Applications, Services, Innovation Platforms, Search, Navigation and Middleware)
계층 2	네트워크 운영(Network Operating)
계층 1	네트워크 요소(Networked Elements) : 통신 장비, 컴퓨터 하드웨어 및 소프트웨어, 소비자 단말 및 기기 포함

(6) 사물인터넷 생태계의 핵심 요소

① O. Mazhelis 등(2012년)은 사물인터넷의 경우 물리적 세계에 존재하는 사물들이 인터넷을 통해 연결된다는 것이 본질이므로 이를 위한 기술적인 핵심 부분은 상호 연결을 위한 표준뿐만이 아니라 소프트웨어와 하드웨어 플랫폼이다.

② 사물인터넷 생태계는 "비즈니스 생태계의 특별한 유형으로서 가상 세계와 물리적 사물의 상호 연결로 인한 핵심 자산의 공통 세트를 통해 협력하고 경쟁하는 사회-경제 환경 속에서 상호 작용하는 회사와 개인들의 집합체로 구성된다"고 하였다.

기출문제 풀이

47 다음에서 설명하는 IT 생태계의 건강성과 경쟁력을 측정하는 평가 지표로 알맞은 것은?

> 생태계가 외부 환경의 변화에도 흔들리지 않고 대처할 수 있는 능력

① 생산성　　　　　　　　② 혁신성
③ 강건성　　　　　　　　④ 신시장 창출 능력

해설

■ Iansiti, Levien(2004년)은 건강한 생태계에 대한 정의를 "참여자들에게 지속적인 성장 기회를 제공하고, 소비자에게 제공하는 가치를 증가시키는 생태계"로 표현하였다.

■ IT 생태계의 건강성과 경쟁력을 측정하는 평가 지표로 강건성(Robustness), 생산성(Productivity), 혁신성(Innovation) 또는 신시장 창출 능력(Niche Creation)을 제시하였다.

정답 ③

48 다음 괄호 안에 들어갈 알맞은 용어는 무엇인가?

> 비즈니스 생태계 중 ICT 생태계와 관련해서는 Fransman의 연구를 대표적으로 들 수 있는데 초기에는 기본적인 계층 모델 6계층에서 ICT 환경 변화를 고려해 기존 모델을 단순화하여 수정된 4개의 계층 모델로 네트워크 요소, (   ), 콘텐츠/애플리케이션/서비스, 최종 소비 모델을 주장하였다.

① 디바이스 요소 ② 미들웨어 운영
③ 네트워크 운영 ④ 플랫폼 요소

해 설

■ 비즈니스 생태계 중 ICT 생태계와 관련해서는 최근 Fransman(2010년)의 연구가 대표적이다.
■ ICT 생태계 6계층 : (1) 네트워크 요소, (2) 네트워크 운영, (3) 연결성, (4) 미들웨어, (5) 콘텐츠/애플리케이션/서비스, (6) 최종 소비
■ ICT 환경 변화를 고려하여 2010년에 "The New ICT Ecosystem : Implications for Policy and Regulation"이라는 저서를 통해 기존 모델을 단순화하여 수정된 4개의 계층 모델을 주장하였다.

정답 ③

48 다음 중 IT 생태계의 건강성과 경쟁력을 측정하는 평가 지표 중 하나로, 다양한 시장의 요구에 적극적으로 대처하기 위해 새롭게 등장한 기술을 수용해서 다양한 비즈니스 또는 제품에 흡수되어 나타나도록 하는 능력을 무엇이라 하는가?

① 강건성 ② 생산성
③ 혁신성 ④ 연결성

Part 6. 사물인터넷 비즈니스 모델

해설

- Marco Iansiti(2004년)는 건강한 생태계에 대한 정의를 "참여자들에게 지속적인 성장 기회를 제공하고, 소비자에게 제공하는 가치를 증가시키는 생태계"라고 표현하였다.
- IT 생태계의 건강성과 경쟁력을 측정하는 평가 지표로 '강건성(Robustness)', '생산성(Productivity)', '혁신성(Innovation) 또는 신시장 창출 능력(Niche Creation)'을 제시하였다.

정답 ③

---

49 다음 중 IT 생태계의 건강성 및 경쟁력을 측정하는 평가 지표로 가장 거리가 먼 것은?
① 강건성(Robustness) ② 생산성(Productivity)
③ 혁신성(Innovation) ④ 다양성(Diversity)

해설

- IT 생태계의 건강성과 경쟁력을 측정하는 평가 지표로 '강건성(Robustness)', '생산성(Productivity)', '혁신성(Innovation) 또는 신시장 창출 능력(Niche Creation)'을 제시하였다.

정답 ④

---

48 비즈니스 생태계 중 ICT 생태계와 관련해서 Fransman(2010년) 연구를 대표적으로 들 수 있다. Fransman은 기본적인 계층 모델을 6개의 계층으로 구분된 생태계 계층 모델로 분석하였다. 6개의 계층이 아닌 것은?
① 연결성(Connectivity)
② 최종 소비(Final Consumption)
③ 네트워크 운영(Network Operating)
④ 소프트웨어 개발(Software Development)

해설

■ **Fransman의 기본적인 계층 모델 6계층**
  • 최종 소비(Final Consumption) : 소비자, 고객, 이용자 계층

- 콘텐츠, 애플리케이션, 서비스(Content, Applications and Services) : 음악, 영상 등 콘텐츠, 응용 소프트웨어, 기타 서비스
- 미들웨어(Navigation, Search and Innovation Platforms) : 인터넷 브라우저, 검색, 보안 솔루션 등 미들웨어
- 연결성(Connectivity) : ISP 등 인터넷 접속 산업
- 네트워크 운영(Network Operating) : 유무선 통신, 케이블 TV, 위성 등 방송 산업
- 네트워크 요소(Networked Elements) : 소비자 가전(통신 장비, 컴퓨터 등), 부품(반도체 등), 시스템 소프트웨어

정답 ④

46 IT 생태계의 건강성과 경쟁력을 측정하는 평가 지표(lansiti, 2004년) 중 아래 내용에 해당하는 것은?

> 벤처 캐피털 수익과 투자자의 새로운 기업 가치 평가 등

① 강건성 ② 생산성
③ 기술성 ④ 혁신성 또는 신시장 창출 능력

해설

■ IT 생태계의 건강성과 경쟁력을 측정하기 위한 평가 지표로 혁신성 또는 신시장 창출 능력이 중요시되고 있다.

정답 ④

49 Fransman은 비즈니스 생태계 중 ICT 생태계를 기본적인 계층 모델로 6개의 계층(네트워크 요소, 네트워크 운영, 연결성, 미들웨어, 콘텐츠 · 애플리케이션 · 서비스, 최종 소비)으로 구분하였다. 이후 ICT 환경 변화를 고려하여 기존 모델을 4개의 계층 모델로 단순화하였다. 이 단순화된 4개의 계층으로 옳지 않은 것은?

① 연결성 ② 네트워크 요소
③ 네트워크 운영 ④ 최종 소비

해설

■ 4개의 계층은 계층 1(네트워크 요소), 계층 2(네트워크 운영), 계층 3(서비스, 콘텐츠), 계층 4(최종 소비)로 나뉜다.

정답 ①

4 사물인터넷 비즈니스 모델 사례

(1) 사물인터넷 생태계의 핵심 요소

① O. Mazhelis 등(2012년)은 사물인터넷의 경우 물리적 세계에 존재하는 사물들이 인터넷을 통해 연결되며, 이를 위한 기술적인 핵심 부분은 상호 연결을 위한 표준뿐만이 아니라 H/W 및 S/W 플랫폼이라고 하였다.

② 사물인터넷 생태계는 "비즈니스 생태계의 특별한 유형으로서 가상 세계와 물리적 사물의 상호 연결로 인한 핵심 자산의 공통 세트를 통해 협력하고 경쟁하는 사회-경제 환경 속에서 상호 작용하는 회사와 개인들의 집합체로 구성된다"라고 하였다.

(2) 사물인터넷 비즈니스 모델 사례 분류

연세대학교 산업 경쟁력 연구실(2014년)은 현재까지 전 세계적으로 서비스 중인 사물인터넷 관련 비즈니스 모델(73개)에 대한 사례 조사를 통해 IoT value, IoT Player, IoT Domain 등 세 가지의 기준을 정립하여 비즈니스 모델 사례를 체계적으로 분류하였다.

(3) IoT Value(사물인터넷 제품·서비스 가치 추구 목적)

사물인터넷 기술을 활용한 제품 및 서비스는 가치 추구의 목적성에 따라 개인 IoT, 산업 IoT, 공공 IoT로 나눠 살펴볼 수 있다(미래창조과학부 "사물인터넷 기본 계획").

① (개인 IoT) 사용자 중심의 편리하고 쾌적한 삶

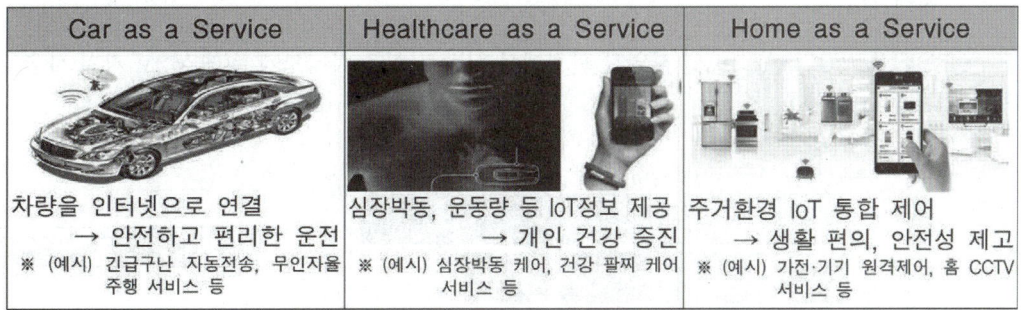

② (산업 IoT) 생산성·효율성 향상 및 신부가가치 창출

③ (공공 IoT) 살기 좋고 안전한 사회 실현

(4) IoT player(사물인터넷 제품·서비스 제공자 특성)

주요 연구자 및 연구 기관들은 IoT 시장 내 가치 사슬에 의한 서비스 제공자를 구분한 연구를 추진하였다.

① Oracle(2014년) : 사물인터넷 시장의 메커니즘을 설명하기 위해 참조 모델로 시장을 살펴본다.

② D. Little(2011년) : 스마트 솔루션으로 인해 전통적 시장 구조가 깨지고 가치 사슬이 세분화될 것이다.
③ OVUM(2011년) : 통신 사업자 관점에서 시장 기회를 바라보기 위해 M2M 가치 사슬을 9단계로 정의하였다.

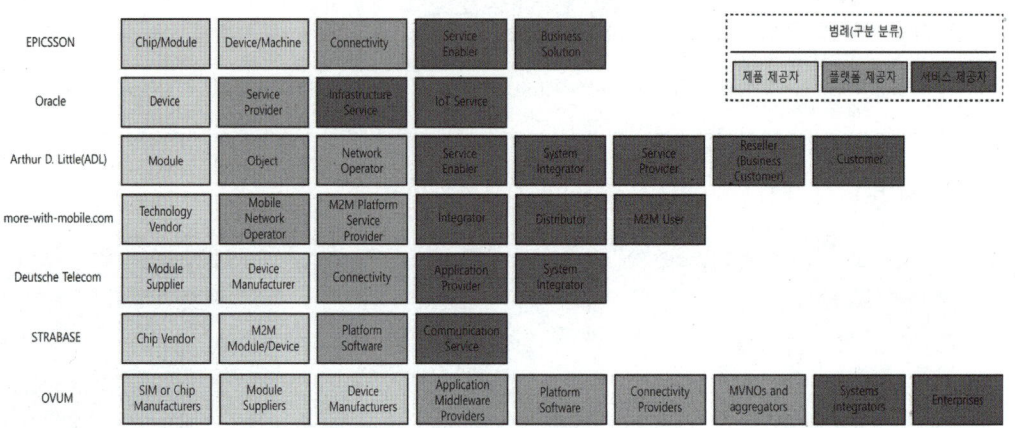

(5) IoT Domain(사물인터넷 제품·서비스 사업 영역)

사물인터넷 기술을 활용한 제품 및 서비스가 제공되는 시장은 건강, 교통, 생활, 스마트홈, 스마트 건물, 스마트 생산, 스마트 도시, 에너지/환경, 안전 등의 9개 분야로 분류할 수 있다.

분야	내용
건강 관리	개인 건강에 대한 점검, 데이터 분석, 위험 신호 알림 등의 기능을 포함
교통	차량 제어, 운전자 정보 제공, 운행 관련 데이터 수집 및 분석 서비스 등을 포함
생활	스마트 생활용품, 효과적 여가 생활을 위한 정보 및 데이터 제공 등을 포함
스마트홈	가정생활 내 각종 기기 기반 센서 네트워크를 통해 자동 제어 및 생활 편의를 제공하는 것을 포함
스마트 건물	건축물 내 환경을 자동 제어하여 최적의 에너지 효율 및 환경을 조성하기 위한 기능을 포함
스마트 생산	공장, 농장 및 목장, 생산 활동 전반에 적용되어 효율적이고 효과적인 생산을 할 수 있도록 도와주는 것
스마트 도시	센서 네트워크를 활용한 사물인터넷 기반 도시 환경 구축을 위한 분야
에너지 / 환경	사물인터넷 기반 도시 환경 구축을 위한 분야
안전	사람의 안전 및 보안에 관련한 제품 및 서비스를 제공하는 분야

Chapter 2 사물인터넷 비즈니스 모델 설계

1 TISSUE 모델(테크노 비즈니스 통합 분석 모델)

(1) TISSUE 모델(테크노 비즈니스 통합 분석 모델) I

TISSUE 모델의 구성 요소는 기술(Technology), 산업(Industry), 전략(Strategy), 서비스(Service), 사용자(User), 환경(Environment) 등으로 이루어져 있으며, 이들 상호 간 유기적인 분석을 통해 테크노 비즈니스에 접근해야 한다.

컴포넌트	정의
기술 (Technology)	기술의 사업화 과정에서 필요한 주요 기술 분석과 기존 비즈니스의 개선을 위해 수행하는 기술 분석 기법의 컴포넌트
산업 (Industry)	기술에 해당되는 산업을 대상으로 산업 내 환경 특성을 분석하는 기법으로 구성된 컴포넌트
전략 (Strategy)	비즈니스 전략 수립에 필요한 분석 및 기존 비즈니스의 새로운 전략 방향 설정을 위해 필요한 분석 기법의 컴포넌트
서비스 (Service)	기술이 서비스(혹은 제품)로 전환되면서 요구되는 비즈니스 모델 구체화에 해당하는 분석 기법의 컴포넌트
사용자 (User)	테크노 비즈니스의 제공 대상이 되는 시장 및 고객에 대한 특성을 분석하기 위해 고객 정의 및 요구 사항 도출 등의 기법의 컴포넌트
환경 (Environment)	비즈니스 저해 요인에 대한 분석을 수행하기 위해 비즈니스 환경의 외부적 요인에 대한 영향·효과 및 리스크를 분석하는 기법의 컴포넌트

(2) TISSUE 모델(테크노 비즈니스 통합 분석 모델) II

사물인터넷 비즈니스 모델을 위해 TISSUE 분석 모형의 총 6개 영역별 분석 관점을 도출, 각각의 분석 관점을 사물인터넷이라는 특성화 과정을 거쳐 분석 요소와 분석 도구 등의 예시를 제시하였다.

에너지 사물인터넷 산업 TISSUE 적용 분석의 예

분석 관점	분석 요소	설명	분석 도구(산출물)
T. 사물인터넷 핵심 기술	T1. 기술 자원	제품/서비스 제공을 위한 IoT 핵심 기술은 무엇인가?	기술 수명 주기, 기술 가치 평가, 기술 로드맵
	T2. 기술 활용	IoT 핵심 기술을 활용하기 위한 여건은 무엇인가?	기술 상용화, 기술 이전, 기술 융합
I. 사물인터넷 산업 협력	I1. 수직적 관계	에너지 IoT 제품/서비스 혁신을 위한 수직적 주체 간 협력은 어떻게 할 수 있는가?	산업 구성 요소 분석, 공급 구도 분석, 공급 업체 평가
	I2. 수평적 관계	에너지 IoT 제품/서비스 혁신을 위한 수평적 주체 간 협력은 어떻게 할 수 있는가?	상생 협력 프로세스, 상생 협력 구도 분석, 협력 업체 평가
ST. 사물인터넷 수익 전략	ST1. 비용 구조	IoT 제품/서비스 생산에 소요되는 비용 구조는 어떻게 이루어져 있는가?	비용 구성 요소, 비용 타당성 분석, 비용 편익 분석
	ST2. 수익 모델	IoT의 장·단기적 수익은 어떤 흐름을 가지는가?	장·단기 수익 판별, 단기 수익 흐름 정의, 장기 수익 시나리오
SS. 사물인터넷 서비스 제공	SE1. 서비스 설계	고객에게 제공될 IoT 서비스의 흐름과 예상 시나리오는 무엇인가?	서비스 속성 분석, 서비스 경제성 분석, 전략 부합성 평가
	SE2. 서비스 구현	IoT 일정 서비스 수준을 유지하기 위한 기술과 프로세스는 무엇인가?	기술 적합성 평가, 서비스 표준화 평가, 서비스 품질 평가
U. 사물인터넷 고객 대응	U1. 고객 정의	에너지 IoT의 타깃 고객은 어떠한 사람들이고, 무엇을 원하는가?	타깃 고객 설정, 고객 라이프스타일 분석, 고객 요구 사항 분석
	U2. 고객 반응	고객의 반응에 대해 어떠한 절차를 통해 대응할 것인가?	고객 사용성 분석, 고객-채널 적합도 분석, 고객 시나리오 분석
E. 사물인터넷 환경 분석	E1. 법 제도	에너지 IoT 사업에 영향을 미칠 수 있는 법 제도적 요인은 무엇인가?	정책 추진 현황 조사, 규제 환경 분석, 보호적 진입 장벽 분석
	E2. 표준화	에너지 IoT 사업에 영향을 미칠 수 있는 산업 표준화 요인은 무엇인가?	기술 표준화 분석, 솔루션 표준화 분석, 플랫폼 표준화 분석

기출문제 풀이

50 다음 중 사물인터넷 비즈니스 모델 구축에 적용될 TISSUE 분석 모형의 구성에서 분석 관점으로 가장 거리가 먼 것은?

① 기술　　② 산업
③ 전략　　④ 비용

해설

- TISSUE 모델(테크노 비즈니스 통합 분석 모델)은 연세대학교 산업 경쟁력 연구실(2005년)에서 제안한 모델로서 경영학에서 보여준 전략-시장에 관한 이해, 기술 경영의 기술 중심적 분석 기법, 융합 기술 연구에서 도출한 기술 고유의 특성을 모두 반영하였다.
- 이 모델의 핵심 구성 요소는 기술(Technology), 산업(Industry), 전략(Strategy), 서비스(Service), 사용자(User), 환경(Environment) 등으로 구성된다.

정답 ④

50 사물인터넷 비즈니스 모델 설계 시 사용하는 기법 중 하나로 산업 구조 분석 기법이며 한 기업이 속해 있는 특정 산업의 경쟁 질서를 결정하는 요인/힘(공급자, 잠재적 경쟁자, 구매자, 대체재, 산업 내 경쟁)에 대해 설명하는 모델은 무엇인가?

① 비즈니스 모델 캔버스　　② Moore 모델
③ 5-Force 모델　　④ TISSUE 모델

해설

■ 비즈니스 모델 캔버스(Business Model Canvas)
- Osterwalder와 Pigneur(2010년)에 의해 《비즈니스 모델의 탄생(Business Model Generation)》이란 책으로 소개된 개념으로 단순하지만 실제 현재 비즈니스 모델에 대한 진단과 새로운 비즈니스 모델을 설계할 때 쉽게 활용될 수 있는 개념이다.
- 비즈니스 모델을 "회사가 고객 니즈에 맞는 제품/서비스(Value)를 어떻게 만들고, 어떻게 전달하여 어떻게 수익(Revenue)을 창출하겠다는 구체적인 방안"이라고 정의하고 있다.

정답 ③

Part 6. 사물인터넷 비즈니스 모델

47 사물인터넷 비즈니스 모델 설계에서 '전략'과 '시장', '기술'의 테크노 비즈니스 3대 컴포넌트를 6개로 세분화하여 분석 관점을 종합한 모델은?

① TISSUE 모델　　　② 비즈니스 모델 캔버스
③ 5-Force 모델　　　④ 혁신 모델

해설

■ 2회 50번 문제 해설 참조

■ **TISSUE 모델**
- TISSUE 모델(테크노 비즈니스 통합 분석 모델)은 연세대학교 산업 경쟁력 연구실(2005년)에서 제안한 모델이다.
- 전략/시장에 관한 이해, 기술 경영의 기술 중심적 분석 기법, 융합 기술 연구에서 도출한 기술 고유의 특성을 모두 반영한다.
- 모델의 핵심 구성 요소로는 기술(Technology), 산업(Industry), 전략(Strategy), 서비스(Service), 사용자(User), 환경(Environment)이 있다.

정답 ①

2 비즈니스 모델 캔버스(Business Model Canvas)

(1) 비즈니스 모델 정의

Osterwalder와 Pigneur(2010년)는 《비즈니스 모델의 탄생》에서 비즈니스 모델을 '회사가 고객 니즈에 맞는 제품/서비스를 어떻게 만들고, 어떻게 전달하여 어떻게 수익을 창출하겠다는 구체적인 방안'이라고 정의하였다(Business Model Generation).

비즈니스 모델이 가치를 창출·전파하여 수익이 발생하는 흐름의 도면

> **Tip**
> 비즈니스 4대 핵심 영역
> ① 고객　② 주문　③ 인프라　④ 사업 타당성 분석

(2) 비즈니스 모델 캔버스 블록 정의

VP(가치 제안)를 기준으로 왼편의 블록들은 제품이나 서비스를 만들기 위한 효율성이 강조되는 요소이며, 오른편의 블록들은 만들어진 제품이나 서비스를 고객에게 전달하는 가치 중심의 요소이다.

블록	정의
Customer Segment (고객 세그먼트)	기업이 제각기 얼마나 상이한 유형의 사람들 혹은 조직을 겨냥하는지를 규정 예 거대 시장, 틈새 시장 등
Value Propositions (가치 제안)	특정한 고객이 필요로 하는 가치를 창조하기 위한 상품이나 서비스의 조합 예 신규 제품/서비스, 주문자 생산 등
Channels (채널)	기업이 고객에게 가치를 제안하기 위해 커뮤니케이션을 하고 상품이나 서비스를 전달하는 방법 예 영업부서, 웹 사이트, 직영 매장, 도매상 등
Customer Relationships (고객 관계)	특정한 고객과 어떤 행태의 관계를 맺을 것인가를 의미 예 콜센터, 프라이빗 서비스, 셀프 서비스, 커뮤니티 등
Revenue Streams (수익원)	기업이 각 고객들로부터 창출하는 현금 예 판매대금, 이용료, 가입비, 대여료, 중계수수료 등
Key Resource (핵심 자원)	비즈니스를 원활히 수행하기 위해 필요한 중요한 자산 예 유무형 자산, 인원, 재무 등
Key Activities (핵심 활동)	기업이 비즈니스를 제대로 영위해 나가기 위한 중요한 일 예 설계, 개발, 생산, 플랫폼 등

Part 6. 사물인터넷 비즈니스 모델

Key Partnerships (핵심 파트너십)	비즈니스 모델을 원활히 작동시켜 줄 수 있는 '공급자-파트너' 간의 네트워크 예 전략적 파트너십, 조인트벤처, 구매자-공급자 등
Cost Structure (비용 구조)	비즈니스 모델의 여러 요소를 수행하기 위한 비용 예 고정비, 변동비 등

기출문제 풀이

49 다음 중 비즈니스 모델을 설계하기 위해서 참조할 모델로 거리가 먼 것은?

① TISSUE 모델(테크노 비즈니스 통합 분석 모델)
② 균형 성과 관리(Balanced Score Card)
③ 비즈니스 모델 캔버스
④ 5-Force 모델

해설

- 비즈니스 모델은 다양한 연구자들에 의해 연구되었고 다양한 방식으로 정의되었다. 간략하게 요약하면, 기업이 수익을 창출하기 위한 방법론을 의미한다.
- Timmers(1998년)는 비즈니스 모델을 "상품, 서비스 그리고 다양한 비즈니스 참여자들과 그들의 역할을 설명하는 정보의 흐름으로 구성된 구조체로 다양한 비즈니스 참여자에 대한 잠재적인 이익과 수익 원천을 설명하는 것"이라 정의하였다.
- Osterwalder(2011년)는 비즈니스 모델을 "하나의 조직이 어떻게 가치를 포착하고 창조하고 전파하는지, 그 방법을 논리적으로 설명한 것"이라고 정의하였다.
- TISSUE 모델(테크노 비즈니스 통합 분석 모델) : 연세대학교 산업 경쟁력 연구실(2005년)은 경영학에서 보여준 전략-시장에 관한 이해, 기술 경영의 기술 중심적 분석 기법, 융합 기술 연구에서 도출한 기술 고유의 특성을 모두 반영한 TISSUE 모델을 제안하였다. 이 모델의 핵심 구성 요소는 기술(Technology), 산업(Industry), 전략(Strategy), 서비스(Service), 사용자(User), 환경(Environment) 등으로 이루어져 있으며, 이들 상호 간 유기적인 분석을 통해 테크노 비즈니스에 접근해야 함을 규명하였다.
- 비즈니스 모델 캔버스(Business Model Canvas)는 Osterwalder와 Pigneur(2010년)에 의해 《비즈니스 모델의 탄생(Business Model Generation)》이란 책으로 소개된 개념으로 단순하

지만 실제 현재 비즈니스 모델에 대한 진단과 새로운 비즈니스 모델을 설계할 때 쉽게 활용될 수 있는 개념이다. 이 책에서 저자는 비즈니스 모델을 "회사가 고객 니즈에 맞는 제품/서비스(Value)를 어떻게 만들고, 어떻게 전달하여 어떻게 수익(Revenue)을 창출하겠다는 구체적인 방안"이라고 정의를 하고 있다.

- 5-Force 모델은 미국 하버드대 경영 대학 교수 Michael E. Porter(1979년)에 의해 발표된 산업 구조 분석 기법으로 이는 한 기업이 속해 있는 특정 산업의 경쟁 질서를 결정하는 다섯 가지 요인/힘에 대해 설명하는 모델이다. 기업의 수익성은 특정한 산업 내부의 다섯 가지 경쟁 요인(구매자 교섭력, 기존 경쟁 기업들 간 경쟁 특성과 강도, 신규 진입의 위협, 대체 상품의 위협, 공급자 교섭력)에 의해 영향을 받으며 기업이 다른 기업보다 나은 성과와 성장을 이루기 위해서는 다섯 가지 경쟁 요인의 사업 환경 분석을 통해 시장 상황의 적절한 위치를 선정하고, 대응 비즈니스 전략을 수립해 사업해야 하는 것을 강조하였다.

정답 ②

50 Michael E. Porter는 한 기업이 속해 있는 특정 산업의 경쟁 질서를 결정하는 다섯 가지 요인/힘에 대해 설명하였다. 다음 중 Michael E. Porter가 제시한 스마트, 커넥티드 제품의 세 가지 요소가 아닌 것은?

① 경쟁적 요소 ② 물리적 요소
③ 스마트 요소 ④ 연결성 요소

해설

- 이 문제는 Harvard Business School의 Michael E. Porter 교수가 PTC 사의 CEO인 James E. Heppelmann과 공저한 논문 "How Smart, Connected Products Are Transforming Competition"에 기반해 출제된 문제이다.
- 5 요인 모델은 경영 환경의 변화를 고려해 제품, 스마트 제품, 스마트, 커넥티드 제품으로의 진화 관점에서 고려해야 하는 중요 사항이다.
- Porter, Heppelmann(2014년)은 사물인터넷 환경에서 정보 통신 기술의 발전에 따라 다양한 변화가 발생하는데 예전의 단순한 제품이 스마트 제품으로 진화하고 보다 진보한 스마트, 커넥티드 제품으로 진화한다고 주장하였다.
- 스마트, 커넥티드 제품은 (1) 물리적 요소(제품의 기계/전기 부분), (2) 스마트 요소(센서, 운영 체계 등), (3) 연결성 요소(유무선 통신 부분)의 세 가지 부분에서 특성을 갖춘 제품이다.

정답 ①

Part 6. 사물인터넷 비즈니스 모델

49 비즈니스 모델이 가치를 창출하고 전파하여 수익이 발생하는 흐름을 도면상에 보여 주기 위해 아홉 가지 고려 대상인 블록으로 구성된 집합체를 제시한 비즈니스 모델은?

① TISSUE 모델　　　　　　② 비즈니스 모델 캔버스
③ 5-Force 모델　　　　　　④ 균형 성과 관리(Balanced Score Card)

해설

■ 1회 49번 문제 해설 참조

■ **비즈니스 모델 캔버스(Business Model Canvas)**
- Osterwalder와 Pigneur(2010년)의 《비즈니스 모델의 탄생(Business Model Generation)》이란 책으로 소개된 개념으로 단순하지만 실제 현재 비즈니스 모델에 대한 진단과 새로운 비즈니스 모델을 설계할 때 쉽게 활용될 수 있는 개념이다.
- 회사가 고객 니즈에 맞는 제품/서비스(Value)를 어떻게 만들고, 어떻게 전달하여 어떻게 수익(Revenue)을 창출하겠다는 구체적인 방안"이라고 정의하였다.

정답 ②

49 다음 내용에 해당하는 사물인터넷 비즈니스 모델은?

"회사가 고객 니즈에 맞는 제품/서비스를 어떻게 만들고, 어떻게 전달하여 어떻게 수익을 창출하겠다는 구체적인 방안"이라고 정의

① TISSUE 모델　　　　　　② 비즈니스 모델 캔버스
③ 5-Force 모델　　　　　　④ 혁신 모델

해설

■ 1회 49번 문제 해설 참조

■ **비즈니스 모델 캔버스(Business Model Canvas)**
- Osterwalder와 Pigneur(2010년)의 《비즈니스 모델의 탄생(Business Model Generation)》이란 책으로 소개된 개념으로 단순하지만 실제 현재 비즈니스 모델에 대한 진단과 새로운

비즈니스 모델을 설계할 때 쉽게 활용될 수 있는 개념이다.
- 회사가 고객 니즈에 맞는 제품/서비스(Value)를 어떻게 만들고, 어떻게 전달하여 어떻게 수익(Revenue)을 창출하겠다는 구체적인 방안"이라고 정의하였다.

3 5-Force 모델(HBR, 2014년)

(1) 5-Force 이론

Michael E. Porter(1979년)에 의해 발표된 산업 구조 분석 기법이다. 한 기업이 속해 있는 특정 산업의 경쟁 질서를 결정하는 다섯 가지 요인(힘)에 대해 설명하는 모델이다.

① 기업의 수익성은 특정한 산업 내부의 다섯 가지 경쟁 요인에 의해 영향을 받는다.

② 기업이 다른 기업보다 나은 성과와 성장을 이루기 위해 다섯 가지 경쟁 요인의 사업 환경 분석을 통한 시장 상황의 적절한 위치 선정, 그를 통한 진입 장벽 구축, 비용/리더십/차별화/집중화가 필요하다.

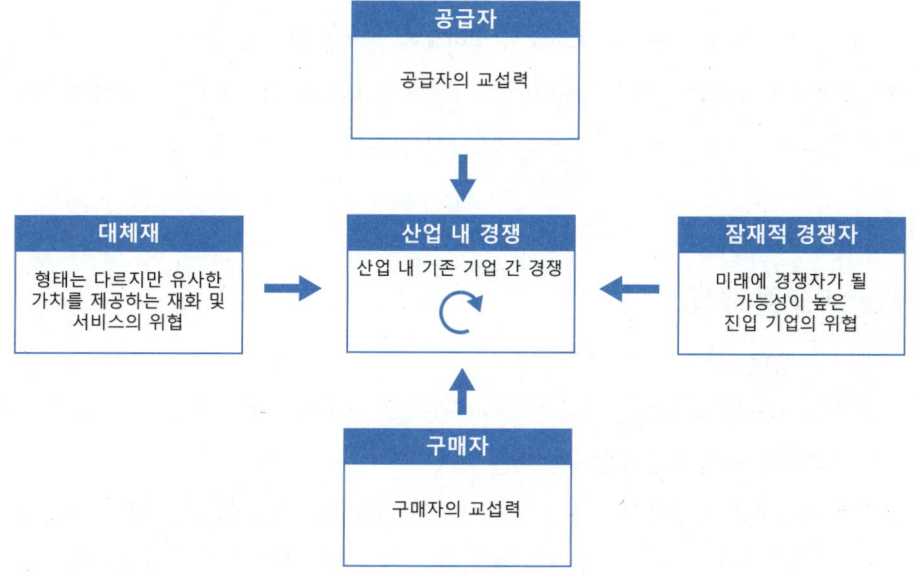

(2) 기술 변화에 따른 경쟁 우위 전략

① How Information Gives you Competitive Advantage(1985년)

정보 기술의 물결로 인해 가치 사슬 내 개별적인 활동(주문 처리, 청구서 지출 등)들의 자동화가 이루어졌다.

② Strategy and the Internet(2001년)

인터넷의 등장으로 인해 어디서나 접속할 수 있고 저렴한 연결이 가능해지면서 정보 기술이 주도하는 두 번째 물결이다.

③ Porter와 J. Heppelmann(2014년)

"Information technology is revolutionizing products(정보 기술이 제품에 혁신의 바람을 불어넣고 있다)"라는 문장으로 시작하는 'How Smart, Connected Products Are Transforming Competition'이란 논문을 발표하며 사물인터넷 시대의 변화하는 환경에 따른 새로운 전략적 선택을 강조하였다.

(3) Porter와 J. Heppelmann의 '변화하는 환경'

① 스마트, 커넥티드 제품은 기존의 제품 경계를 초월하는 새로운 기능과 특징에 대해 폭넓은 가능성을 제시하며, 제품 자체의 속성이 변화하기 때문에 기존 가치 사슬을 와해시켜 기업들로 하여금 제품의 설계, 디자인, 공급에서 제조, 운영, A/S, IT 인프라의 구축과 유지에 이르기까지 모든 내부 활동을 재검토하고 수정하도록 압박을 받고 있다.

② Porter와 J. Heppelmann은 사물인터넷 시대에 필요한 전략을 개발하고 경쟁 우위를 실현하기 위한 프레임워크와 새로운 기술 스펙을 제시하였다.

(4) 새로운 기술 스펙

(5) 5-Force 모델 해석

① 구매자 교섭력 요인
- 스마트, 커넥티드 제품은 가격 이외의 부분으로 경쟁의 초점을 이동시킴으로써 제품 차별화의 기회를 크게 확장시킬 수 있다.
- 소비자의 사용 패턴에 대한 정보를 이용하여 소비자를 세분화하고, 맞춤형 제품을 생산하고, 가치를 더욱 잘 확보할 수 있도록 가격을 설정하며, 부가가치 서비스를 확장할 수 있으며, 유통 또는 서비스 파트너에 대한 의존도를 낮추거나 배제함으로써 더 많은 수익을 가져갈 수 있다.

- 이러한 요인들로 인해 구매자 교섭력을 약하게 만들 수 있다.

② 경쟁 기업 간 경쟁 관계
- 스마트, 커넥티드 제품은 다양한 방식의 차별화와 부가가치 서비스를 가능하게 함으로써 기존 경쟁 구도를 깰 수 있는 잠재력을 가지고 있다.
- 140년간 테니스 라켓을 생산해 온 Babolat 사는 센서와 통신 모듈이 장착된 라켓으로 테니스 공의 속도, 회전 및 라켓에 맞는 위치를 분석해 스마트폰으로 전송하여 테니스 선수의 경기력 향상을 돕는 서비스를 제공하고 있다.

③ 신규 진입의 위협
- 스마트, 커넥티드 시장에 새로 진입하려는 기업들은 커다란 장애 요소들을 만나게 된다. 앞에서 제시한 새로운 기술 스펙을 기준으로 한층 복잡해진 제품 디자인, 내장형 기술 요소들, 다층적으로 구성된 새로운 정보 기술 인프라로 인한 높은 고정 비용 등이 신규 진입을 막고 있다.
- 의료 기기 업체인 Biotronik 사는 원래 자립형 심박 조율기와 인슐린, 기타 의료 기기를 제조했으나 지금은 가정용 헬스 모니터링 시스템(환자의 각종 상태 정보를 의사에게 원격으로 전달)과 같은 정보 처리 센터 기능을 포함하는 광범위한 제품 등을 판매함으로써 진입 장벽을 더 높일 수 있다.

④ 대체 상품의 위협
- 스마트, 커넥티드 제품은 기존 대체 상품에 비해 우월한 성능, 맞춤성, 고객 가치를 제공할 수 있기 때문에 대체품의 위협을 줄임과 동시에 산업 성장과 수익성 향상을 이룰 수 있으나, 많은 산업 영역에서 스마트, 커넥티드 제품은 기존 제품의 용도까지 아우르게 될 정도로 제품 기능이 확장됨으로써 새로운 형태의 대체 상품 위험을 창출할 수 있다.
  - 예) Fitbit 사의 웨어러블 제품들은 러닝 시계나 만보기 같은 기존 기기들을 대체할 수 있다.

⑤ 공급자 교섭력
- 스마트, 커넥티드 제품은 기존 공급자 관계를 무너뜨리고 새로운 관계를 정의하고 있다.
- 스마트 요소와 연결성 요소는 물리적 요소에 비해 상대적으로 많은 가치를 제공하기에 시간이 지나면서 물리적 요소를 범용화된 상품 또는 소프트웨어로 대체할 수도 있어, 총 제품 비용에서 전통적인 공급자가 차지했던 비중은 대체로 줄어들 것이므로 당연히 협상력도 약해질 것이다.

Part 6. 사물인터넷 비즈니스 모델

50 마이클 포터(Michael E. Porter)는 사물인터넷 시대에서도 기존 5-Force 모델이 유효하다고 주장하고 있다. 5-Force 모델에서 5가지 경쟁 요인 중 아래 내용에 해당하는 것은 무엇인가?

> 스마트, 커넥티드 제품은 가격 이외의 부분으로 경쟁의 초점을 이동시킴으로써 제품 차별화의 기회를 크게 확장시킬 수 있다. 소비자의 사용 패턴에 대한 정보를 이용하여 기업은 소비자를 세분화하고 맞춤형 제품을 생산하며 유통 또는 서비스 파트너에 대한 의존도를 낮추거나 배제함으로써 기업은 더 많은 수익을 가져갈 수도 있다.

① 공급자 교섭력
② 구매자 교섭력
③ 신규 진입의 위협
④ 경쟁 기업 간 경쟁 관계

해 설

■ 구매자 교섭력

소비자의 사용 패턴에 대한 정보를 이용하여 기업은 소비자를 세분화하고 맞춤형 제품을 생산하며 유통 또는 서비스 파트너에 대한 의존도를 낮추거나 배제함으로써 기업은 더 많은 수익을 가져갈 수 있다.

정답 ②

약어표

- **3GPP** : 3rd Generation Partnership Project
- **6LoWPAN** : IPv6 over Low-power Wireless Personal Area Networks
- **ABAC** : Attribute-Based Access Control
- **ADN** : Application Dedicated Node
- **AE** : Application Entity
- **API** : Application Programming Interface
- **ASN** : Application Service Node
- **BBF** : Broadband Forum
- **BLE** : Bluetooth Low Energy
- **CIM** : Computer Integrated Manufacturing
- **CoAP** : Constrained Application Protocol
- **CRUDN** : Create, Read, Update, Delete and Notify
- **CSE** : Common Service Entity
- **CSF** : Common Service Function
- **DDoS** : Distributed Denial of Service
- **DM** : Device Management
- **DoS** : Denial of Service
- **DSSS** : Direct Sequence Spread Spectrum
- **DTLS** : Datagram Transport Layer Security
- **ESL** : Electronic Shelf Label
- **HTTP** : Hypertext Transfer Protocol
- **ICBAMS** : I(IoT), C(Cloud), B(Big data), AI(Analytics), M(Mobile), Security
- **ICBM** : I(IoT), C(Cloud), B(Big data), M(Mobile)
- **IEC** : International Electro-technical Commission
- **IEEE** : Institute of Electrical & Electronics Engineers
- **IETF** : Internet Engineering Task Force
- **IMC** : International M2M Council
- **IN** : Infrastructure Node
- **IoT** : Internet of Things
- **ISBN** : International Standard Book Number
- **ISO** : International Organization for Standardization
- **ITU-T** : International Telecommunication Union - Telecommunication Standardization Sector
- **LIDAR** : Light Detection And Ranging
- **M2M** : Machine-to-Machine
- **MAS** : Management Abstraction and Semantics
- **MCU** : Micro-Controller Unit
- **MEMS** : Micro Electro Mechanical Systems
- **MN** : Middle Node
- **MQTT** : Message Queue Telemetry Transport
- **MSISDN** : Mobile Station International Subscriber Directory Number

약어표

- **MTC** : Machine Type Communication
- **MTU** : Maximum Transmission Unit
- **NAT** : Network Address Translation
- **NFC** : Near Field Communication
- **NoDN** : Non-oneM2M Device Node
- **NSE** : Network Service Entity
- **O2O** : Omni-channel
- **ObD** : Object Domain
- **OBD** : On-Board Diagnostics
- **OCF** : Open Connectivity Foundation
- **OIC** : Open Interconnect Consortium
- **OID** : Object Identifier
- **OMA LWM2M** : Lightweight M2M
- **OMA** : Open Mobile Alliance
- **OMD** : Operation & Management Domain
- **OSHW** : Open Source Hardware
- **OSS** : Open Source Software
- **P2P** : Peer-to-Peer
- **PHI** : Personal Health Information
- **RADAR** : RAdio Detection And Ranging
- **RBAC** : Role-Based Access Control
- **REST** : Representational State Transfer
- **RFID** : Radio Frequency Identification
- **RID** : Resource Interchange Domain
- **RPC** : Remote Procedure Call
- **SAD** : Sensing & Actuation Domain
- **SAMI** : Samsung Architecture Multimedia Interactions
- **SDO** : Standard Development Organization
- **SOA** : Service-Oriented Architecture
- **SPD** : Service Provider Domain
- **SPNDSe** : Service, Platform, Network, Device, Security
- **SWG5** : Special Working Group on Internet of Things
- **UBI** : Usage-Based Insurance
- **UNB** : Ultra Narrow Band
- **UrD** : User Domain
- **URI** : Uniform Resource Identifier
- **V2X** : Vehicle to Everything
- **W3C** : World Wide Web Consortium
- **Wi-Fi** : Wireless Fidelity
- **WiGig** : Wireless Gigabit Alliance
- **XMPP** : Extensible Messaging and Presence Protocol

기출문제

기출문제

- **제1회** IoT 지식능력검정 A형 기출문제
- **제2회** IoT 지식능력검정 A형 기출문제
- **제3회** IoT 지식능력검정 A형 기출문제
- **제4회** IoT 지식능력검정 A형 기출문제
- **제5회** IoT 지식능력검정 A형 기출문제

※ 정답 및 해설은 챕터별 '기출문제 풀이'에 수록하였습니다.

제1회 IoT 지식능력검정 A형 기출문제

2015년 11월 22일 시행

01 다음 중 사물인터넷의 개념을 설명하기 위한 사례와 거리가 가장 먼 것은?
① 인터넷에 연결되어 농업·환경·에너지·유통 등 다양한 분야의 모니터링을 통해 정보 제공 및 분석
② 인터넷에 연결되어 건강 측정, 판단 및 예측
③ 인터넷에 연결되어 가격 비교를 통한 제품의 합리적 구매
④ 주변의 다양한 제품의 지능화를 통한 부가가치의 증가

02 다음 중 기술적 측면에서의 사물인터넷 활성화 요인으로 가장 거리가 먼 것은?
① 제품의 소형화
② 비표준화
③ 디바이스 및 소자의 저가격화
④ 디바이스의 고성능·저전력화

03 다음 중 헬스케어(Healthcare) 서비스에 대한 설명으로 잘못된 것은?
① 질병이나 질환을 체계적이고 효율적으로 관리하는 것을 헬스케어라 한다.
② 지속적으로 다양한 유형의 신체 상태를 측정한 후, 주요 값들의 수준이나 변화량을 바탕으로 건강 상태를 알려 주고 그에 적합한 대응 방안을 제시해 주는 것이 헬스케어의 기본 구조이다.
③ 헬스케어 플랫폼은 실시간으로 수집된 건강 데이터를 바탕으로 그에 알맞은 피트니스 및 의료 서비스를 연결해 줄 수 있도록 개방형 API를 제공한다.
④ 스마트 도어락, 스마트 밸브, 스마트 램프 등과 같은 디바이스들이 헬스케어 서비스를 위해 주로 사용된다.

04 다음 중 누구든지 쉽게 사물인터넷 생태계에 참여할 수 있게 해 주는 요소를 설명한 내용으로 가장 거리가 먼 것은?
① 기술의 표준화
② 새로운 무선 통신 기술의 채택
③ 칩셋과 기술의 모듈화
④ 표준 응용 프로그래밍 인터페이스(API) 제공

05 2014년 이후로 정부는 ICT 분야의 패러다임으로 스마트폰 시대를 넘어서 진행될 사물인터넷 생태계 구조를 SPNDSe 관점에서 접근을 시도하고 있다. 다음 중 SPNDSe는 무엇을 의미하는가?

① 네트워크(Network), 디바이스(Device), 서비스(Service)와 보안(Security)이 별도로 상호 호환성만을 강조하는 글로벌 생태계
② 네트워크(Network)만이 아니라 디바이스(Device)로부터 서비스(Service)에 이르기까지 전체가 보안(Security)을 기반으로 서로 유기적으로 연결되어, 상호 호환성을 전제로 진화하는 글로벌 생태계
③ 네트워크(Network), 디바이스(Device), 서비스(Service)와 보안(Security)의 상호 호환성을 강조하는 로컬 생태계
④ 네트워크(Network), 디바이스(Device), 서비스(Service)와 보안(Security)이 상호 호환성이 배제된 시스템

06 다음 중 2012년 결성된 단체로 사물인터넷 공통 서비스 플랫폼 개발을 위해서 발족된 사실상 표준화 국제 표준 단체는 무엇인가?

① ISO/IEC JTC 1 IoT
② ITU-T Reference Model(Y.2060)
③ oneM2M
④ International M2M

07 다음 중 사물인터넷 디바이스를 이용하여 사용량에 따라 보험료를 다르게 내는 자동차 보험을 지칭하는 용어는 무엇인가?

① UBI(Usage-Based Insurance)
② OBD(On-Board Diagnostics)
③ ESL(Electronic Shelf Label)
④ O2O(Online-to-Offline)

08 다음 중 사물인터넷 디바이스들이 보안에 취약하게 만드는 요소로 거리가 먼 것은?

① 제한된 배터리 용량 및 컴퓨팅 파워
② 데이터 전송과 관련된 경량 알고리즘의 부재
③ 매시업(Mash-up) 보안 기술의 부재
④ 짧은 통신 거리

09 다음 괄호 안에 들어갈 알맞은 용어는 무엇인가?

( )은(는) 특정 서비스에 종속적이지 않으면서 사물인터넷 기반으로 다양한 서비스를 제공하기 위해 사물 데이터의 수집/제공, 사물 기기의 관리, 연결 기능을 제공하는 공통 시스템을 일컫는다.

① 사물인터넷 디바이스
② 사물인터넷 네트워크
③ 사물인터넷 애플리케이션
④ 사물인터넷 플랫폼

10 사물인터넷 구성 요소별 보안 위협의 종류 중 장치/센서와 관련된 보안 위협에 해당하는 것은?

① 복제 공격
② 데이터 위·변조
③ 서비스 거부
④ 프라이버시 침해

11 사물인터넷의 보안 공격의 유형 중 다음이 설명하고 있는 것은 무엇인가?

> 특별한 장치나 자원, 서비스에 권한이 없는 사용자나 장치가 접근을 시도한 후, 그것들을 조작하거나 물리적인 손상을 입히도록 하는 보안 위협

① 프라이버시 침해
② 서비스 거부
③ 데이터 위·변조
④ 비인가 접근

12 사물인터넷 플랫폼은 초기의 응용 서비스 도메인 분야별로 별도의 플랫폼을 구축하고 서비스를 추진하였으나 최근에는 기존의 서비스들 간의 융합 서비스 확산 및 생태계 활성화를 위해 수평적 통합 플랫폼 구조를 지향하고 있다. 미래의 사물인터넷 플랫폼의 모습과 가장 거리가 먼 것은?

① 개방형 구조 기반 디바이스 및 서비스 연동
② 수평적 통합, 개방형 인프라 구조
③ 인터넷 기반 글로벌 규모
④ 도메인 중심 생태계 형성

13 사물인터넷 플랫폼은 사물인터넷 서비스 구조상에서 사물과 서비스가 요구하는 공통 기능을 제공함으로써 다양한 사업자들을 위한 서비스를 쉽게 개발할 수 있다. 서비스 개발자들을 위한 플랫폼의 기능들이 제공되는 인터페이스를 무엇이라고 하는가?

① XML
② HTTP
③ SOAP
④ API

14 사물인터넷 장치 관리 기술 중 자원 제약적인 디바이스(수십 KB RAM, 수백 KB 플래시메모리)를 관리하기 위한 목적으로 개발된 것은?

① BBF TR-069
② OMA LWM2M
③ OMA DM
④ BBF WT-131

15 사물인터넷에서 시맨틱 기술은 주로 물리적 환경에 존재하는 다양한 사물들 간의 상호 연동을 하기 위하여 의미 기반의 정보 이해와 사물로부터 수집된 데이터의 의미를 분석하여 지능형 서비스를 제공하기 위한 목적으로 사용되고 있다. 이러한 시맨틱 기술에서 리소스(웹 문서, 파일, 서비스 등)의 관계-의미 정보를 처리할 수 있는 형태로 표현하는 기술을 무엇이라 하는가?

① 온톨로지
② 서비스 컴포지션
③ 사물 가상화
④ 객체 식별자

16 다음 중 아래 내용에 해당하는 것은 무엇인가?

> 127Byte의 MTU를 가지는 IEEE 802.4 프레임 안에서 IPv6 패킷을 수용하기 위해 IPv6 헤더를 압축하는 것이다.

① NAT ② TCP
③ 6LoWPAN ④ NFC

17 다음 중 인터넷 서비스를 전제로 한 인터넷 상의 통일된 정보 자원의 식별 체계는 무엇인가?

① OID(Object Identifier)
② MSISDN(Mobile Station International Subscriber Directory Number)
③ URI(Uniform Resource Identifier)
④ ISBN(International Standard Book Number)

18 다음 중 와이파이(Wi-Fi) 기술과 관련된 설명과 거리가 먼 것은?

① 와이파이는 이더넷이라 불리는 유선랜 기술을 무선화한 것이다.
② 와이파이와 관련된 구체적인 기술 스펙은 와이파이 얼라이언스(Wi-Fi Alliance)에서 정의하고 있다.
③ ISM 대역인 2.4㎓, 5㎓ 외에도 다른 주파수 대역을 이용하는 와이파이 기술도 존재한다.
④ 와이파이 기술은 채널폭이 20㎒ 혹은 22㎒인 채널들을 5㎒ 간격으로 배치한다.

19 다음 중 블루투스 기술과 관련된 설명과 거리가 먼 것은?

① 블루투스는 넓은 공간에 설치된 여러 장치들 사이의 통신을 제공할 목적으로 개발된 메시 네트워킹(Mesh Networking) 기술이다.
② 블루투스는 와이파이와 동일하게 2.4㎓ ISM 대역을 이용한다.
③ 블루투스 클래식이 79개의 1㎒ 채널을 이용하는 반면, 블루투스 스마트는 40개의 2㎒ 채널을 이용한다.
④ 일반 속성 프로파일(GATT)은 두 저전력 블루투스(BLE) 장치들 사이의 데이터 교환 방법을 정의하고 있다.

20 일정한 간격으로 정해진 신호를 방송하는 장치를 비콘(Beacon)이라고 한다. 다음 중 사물인터넷에서 상시 전원이 필요 없고 50m 반경 내에서도 서비스를 구동시킬 수 있어 비콘용 통신 기술로 가장 많이 사용되는 것은?

① 와이파이(Wi-Fi)
② 저전력 블루투스(Bluetooth Low Energy)
③ RFID와 NFC
④ 지웨이브(Z-Wave)

기출문제

21 다음 중 저전력 블루투스(Bluetooth Low Energy, BLE)에 대한 설명으로 옳지 않은 것은?

① BLE 단독으로 구현될 때의 브랜드 이름은 블루투스 스마트(Bluetooth Smart)이다.
② 40개의 2㎒ 채널을 사용한다.
③ 전력 소모를 줄이기 위해 신호 전달 거리는 훨씬 짧으나 패킷 크기는 블루투스 클래식과 동일하다.
④ 애플의 아이비콘은 BLE를 적용한 것이다.

22 다음 중 RFID에 많이 적용되는 주파수와 거리가 먼 것은?

① 433㎒ ② 2.4㎓
③ 5㎓   ④ 13.56㎒

23 다음 중 NFC에 대한 설명으로 가장 거리가 먼 것은?

① 주파수대는 13.56㎒를 적용하였다.
② 100m 안의 원거리 통신 기술로 기존의 RFID와 달리 읽기와 쓰기가 모두 가능하다.
③ NFC가 대중화되는 중요한 사건 중의 하나는 안드로이드 OS 기반의 스마트폰에 NFC를 적용한 것이다.
④ 피어 투 피어(Peer-to-Peer), 리더/라이터(Reader/Wirter), 카드 에뮬레이션(Card Emulation)의 세 가지 모드가 있다.

24 다음 중 아래 내용에 해당하는 것은 무엇인가?

> 컴퓨터 정보 시스템에서 서비스가 자원으로 구현되고 해당 자원에 대한 URI 주소와 CRUD 오퍼레이션을 통해서 서비스를 제공받을 수 있는 개념의 아키텍처로, 대표적으로 HTTP 프로토콜을 통해서 구현된다.

① SOA(Service Oriented Architecture)
② REST(Representational State Transfer)
③ OSI(Open Systems Interconnection)
④ MDA(Model Driven Architecture)

25 다음 중 빅데이터 활용에 필요한 요소 기술이 아닌 것은?

① 빅데이터 생성 기술
② 빅데이터 처리 기술
③ 빅데이터 저장/관리 기술
④ 빅데이터 분석 기술

26 다음 중 스마트 커넥티드 디바이스(Smart Connected Device)라 불리는 사물인터넷 디바이스들이 본격적으로 출시된 계기에 해당하는 제품은?

① 데스크톱 PC
② 휴대용 노트북
③ PDA(Personal Digital Assistance)
④ 스마트폰

27 다음 중 사물인터넷 플랫폼을 기반으로 사물에 대한 가상화를 통해서 손쉽게 사물 기반의 서비스를 생성하고 다양한 데이터 표현 방식을 사용하더라도 상호 의미를 이해하며 지능적인 서비스를 제공하기 위해 필요한 기능은 무엇인가?

① 시맨틱(Semantic)
② 커넥티비티(Connectivity)
③ 프라이버시(Privacy)
④ 디바이스 관리(Device management)

28 동일한 와이파이 공유기(Wi-Fi AP)에 여러 대의 노트북이나 스마트폰을 연결하여 이용하면 통신 속도가 떨어진다. 다음 중 그 이유를 설명하는 것은?

① 동일 채널에 의한 간섭(Co-Channel Interference)
② 인접 채널에 의한 간섭(Adjacent-Channel Interference)
③ 애드혹 모드(Ad-Hoc Mode)
④ MIMO(Multiple-Input Multiple-Output)

29 사물인터넷 서비스는 사람이나 사물, 공간과 같은 구체적인 객체나 프로세스 등과 같은 추상적인 객체가 만들어 내는 데이터를 기반으로 한다. 이러한 객체들은 기본적으로 자기 자신을 나타내는 고유한 ID 값을 갖고 있으며 자신과 관련된 혹은 자신을 둘러싸고 있는 다양한 환경 요인이나 위치, 시간, 혹은 자원 등과 관련된 다양한 값들을 부가적인 데이터로 제공하게 된다. 다음 중 이와 같은 물리적인 값들을 전기적인 신호로 만드는 장치는 무엇인가?

① 링크잇원(Linkit One)
② 액추에이터(Actuator)
③ 센서(Sensor)
④ 빅데이터 분석 기술

30 다음 중 OSHW(Open Source Hardware)의 목적으로 가장 적절한 것은?

① H/W의 설계 소스 결과물(회로도, 자재 명세서, PCB 도면 등)만 무료로 공개한다.
② H/W의 설계 소스 결과물(회로도, 자재 명세서, PCB 도면 등)뿐 아니라 그것을 목적에 맞게 구동하는 S/W(-Firmware, 응용 프로그램 등)의 설계 소스 결과물까지도 무료로 공개하는 것을 포함한다.
③ H/W의 설계 소스 결과물(회로도, 자재 명세서, PCB 도면 등)뿐 아니라 그것을 목적에 맞게 구동하는 S/W(-Firmware, 응용 프로그램 등)의 설계 소스 결과물의 일부를 무료로 공개하는 것을 포함한다.
④ H/W의 설계 소스 결과물(회로도, 자재명세서, PCB 도면 등)뿐 아니라 그것을 목적에 맞게 구동하는 S/W(-Firmware, 응용 프로그램 등)의 설계 소스 결과물까지도 유료화하는 것을 말한다.

기출문제

31 다음 중 2005년 이탈리아에서 탄생하여 널리 사용되는 오픈소스 하드웨어 플랫폼 중의 하나로 Atmel 사의 AVR이나 Cortex-M3를 탑재한 마이크로컨트롤러 보드로서 임베디드 시스템 개발 경험이 전혀 없는 사람들도 쉽게 접근할 수 있도록 개발 툴, 회로도 등 관련된 모든 내용을 오픈소스 형태로 제공하고 있는 사물인터넷 디바이스 하드웨어 플랫폼은 무엇인가?

① 블랙 이글(Black Eagle)
② 아두이노(Arduino)
③ 라즈베리파이(Raspberry Pi)
④ 워터멜론(Water Melon)

32 다음 중 사람 뇌파의 종류와 변화 패턴을 측정하여 사람의 의도를 파악할 수 있는 센싱 기술로 적합한 것은?

① BCI(Brain Computer Interface)
② 빅데이터 기술(Big Data Technology)
③ 임베디드 기술(Embedded Technology)
④ 마이크로시스템 기술(Micro-system Technology)

33 다음 중 아래 내용에 해당되는 것은 무엇인가?

> 사물인터넷의 발전으로 인해 인터넷 연결 기기가 기하급수적으로 늘어날 전망이며 이를 위해 128bit의 주소 체계로 3.4×10^{38}개라는 거의 무제한에 가까운 주소를 가질 수 있는 프로토콜이 사물인터넷의 필수 조건으로 등장

① IPv4(Internet Protocol version 4)
② IPv6(Internet Protocol version 6)
③ Wi-Fi(Wireless Fidelity)
④ NFC(Near Field Communication)

34 다음 중 소형, 저전력, 저비용, 저거리 무선통신을 지향하며 IEEE 802.15.4 기반으로 사물인터넷 디바이스들 사이의 통신에 필요한 특수한 요구 사항들을 고려하여 초기부터 꾸준히 발전되어 온 표준 기술은 무엇인가?

① 지그비(ZigBee)
② 지웨이브(Z-Wave)
③ 블루투스(Bluetooth)
④ RFID(Radio Frequency Identification)

35 다음 중 빅데이터 분석 알고리즘 중 고객들의 구매 결정, 해지, 소비율 등을 설명할 기준이 되는 명확한 가정이나 데이터가 있을 경우 이용하며, 군집화와 상반되는 것은?

① 연관 규칙 학습   ② 분류
③ 감성 분석   ④ 회귀 분석

36 다음 중 전송 지연과 패킷 손실률이 높은 네트워크 환경에서 저사양의 하드웨어로 작동되는 센서 디바이스의 RESTful 웹 서비스를 지원하기 위한 경량 프로토콜로 개발된 것은?

① HTTP(Hypertext Transfer Protocol)
② CoAP(Constrained Application Protocol)

③ MQTT(Message Queueing Telemetry Transport)
④ XMPP(Extensible Messaging and Presence Protocol)

② 사업자가 지정하는 고정적인 형태의 서비스
③ 가상화된 서버/데스크톱 서비스
④ 사용자별 환경의 간편 구성이 가능한 소프트웨어 제공 서비스

37 다음 중 미세 가공 기술을 이용하여 소형화된 기계나 전기 기계 소자를 만드는 데 사용되는 기술로 실리콘이나 수정, 유리 등을 가공해 초고밀도 집적 회로나 머리카락보다도 가는 기어 장치, 혹은 손톱 크기의 하드디스크 등 초미세 기계 구조물을 만드는 기술은 무엇인가?

① 액추에이터(Actuator)
② 글로나스(GLONASS)
③ MEMS(Micro Electro Mechanical Systems)
④ 나노(Nano)

40 클라우드 컴퓨팅의 주요 기술 중 다음이 설명하고 있는 것은 무엇인가?

> (   )은(는) 사용자들이 클라우드 컴퓨팅 인프라에 사용자 고유의 응용 또는 인터넷 서비스를 구축하기 위한 인터페이스를 제공한다. 서비스들 간의 호환성을 위해서는 SOA를 기반으로 하며, 단순화된 SOAP이나 REST 프로토콜을 제공한다.

① 분산 컴퓨팅　② 가상화
③ 시스템 관리　④ 플랫폼

38 다음 중 빅데이터의 특성을 나타내는 세 가지 키워드(3V)에 해당되지 않는 것은?

① 데이터 양(Volume)
② 다양성(Variety)
③ 속도(Velocity)
④ 인증(Validity)

41 다음 중 클라우드 서비스에서 자원 활용 효율성 증대 및 사용자별 자원 할당 간편화를 위하여 사용하는 것으로, 호스트 컴퓨터에서 다수의 운영 체제를 동시에 실행하기 위한 가상 플랫폼으로 가상 머신 모니터라고도 불리는 것은?

① 프로비저닝(Provisoning)
② 자원 가상화(Resource Virtualization)
③ 하이퍼바이저(Hypervisor)
④ 와이기그(WiGig)

39 다음 중 클라우드 서비스를 설명한 내용과 거리가 먼 것은?

① 다양한 단말과 데이터 동기화 서비스를 지원하는 스토리지 제공 서비스

기출문제

42 다음 중 클라우드 컴퓨팅을 구성함에 있어 기술 구성 시 유의해야 할 사항이 아닌 것은?

① 사용자 가상 서버 및 서버 확장성(Scalability)
② 시스템 가용성(Availability)
③ 부하 관리에 따른 활용률(Utilization)
④ IT 자원의 독립성(Independency)

43 다음 중 연결 중심의 사물인터넷 시대의 세 가지 주요 변화로 가장 거리가 먼 것은?

① 가벼운 연결
② 웹 중심의 플랫폼
③ 대용량 데이터 트래픽
④ 개방형 API

44 다음 중 괄호 안에 들어갈 수 있는 적절한 용어는 무엇인가?

> OOO 사는 스마트폰을 통해 온/오프 기능, 밝기 조절 기능, 다양한 색 구현 기능이 있는 휴(Hue)라는 네트워크 연결 LED 전구를 개발해서 제공하고 있다. 물론 OOO 사가 더 새로운 사용 경험 및 환경을 직접 제공할 수 있지만, 휴 제품의 소프트웨어 접근성을 높이기 위하여 (   )를(을) 개방했다.

① 제품의 회로도
② 사용자 매뉴얼
③ API
④ 홈페이지

45 다음 중 클라우드 서비스 제공자가 이용자가 요구하는 성능에 맞추어 가상화된 하드웨어를 구성·제공하는 서비스는 무엇인가?

① IaaS(Infrastructure as a Service)
② PaaS(Platform as a Service)
③ LaaS(Location as a Service)
④ SaaS(Software as a Service)

46 IT 시장 조사 업체인 가트너(Gartner)는 매년 새로운 기술의 현황 및 전망을 주기 곡선(Hype Cycle)에 표현하고 기술의 발전 단계를 5단계로 정의한다. 다음 중 5단계의 순서로 가장 적절한 것은?

① 태동기 → 거품기 → 각성기 → 재조명기 → 안정기
② 태동기 → 거품기 → 각성기 → 안정기 → 재조명기
③ 태동기 → 각성기 → 거품기 → 안정기 → 재조명기
④ 태동기 → 거품기 → 재조명기 → 각성기 → 안정기

47 다음 중 아래에서 설명하는 IT 생태계의 건강성과 경쟁력을 측정하는 평가 지표로 알맞은 것은?

> 생태계가 외부 환경의 변화에도 흔들리지 않고 대처할 수 있는 능력

① 생산성   ② 혁신성
③ 강건성   ④ 신시장 창출 능력

48 다음 괄호 안에 들어갈 알맞은 용어는 무엇인가?

> 비즈니스 생태계 중 ICT 생태계와 관련해서는 Fransman의 연구를 대표적으로 들 수 있는데 초기에는 기본적인 계층 모델 6개 층에서 ICT 환경 변화를 고려해 기존 모델을 단순화하여 수정된 4개의 계층 모델로 네트워크 요소, ( ), 콘텐츠/애플리케이션/서비스, 최종 소비 모델을 주장하였다.

① 디바이스 요소
② 미들웨어 운영
③ 네트워크 운영
④ 플랫폼 요소

49 다음 중 비즈니스 모델을 설계하기 위해서 참조할 모델로 거리가 먼 것은?

① TISSUE 모델(테크노 비즈니스 통합 분석 모델)
② 균형 성과 관리(Balanced Score Card)
③ 비즈니스 모델 캔버스
④ 5-Force 모델

50 Michael E. Porter는 한 기업이 속해 있는 특정 산업의 경쟁 질서를 결정하는 다섯 가지 요인/힘에 대해 설명하였다. 다음 중 Michael E. Porter가 제시한 스마트, 커넥티드 제품의 세 가지 요소가 아닌 것은?

① 경쟁적 요소   ② 물리적 요소
③ 스마트 요소   ④ 연결성 요소

정답

01	02	03	04	05	06	07	08	09	10
③	②	④	②	②	③	①	④	④	①
11	12	13	14	15	16	17	18	19	20
④	④	④	②	①	③	③	②	①	②
21	22	23	24	25	26	27	28	29	30
③	③	②	②	①	④	②	①	③	②
31	32	33	34	35	36	37	38	39	40
②	①	②	①	②	②	③	④	②	④
41	42	43	44	45	46	47	48	49	50
③	④	③	③	①	①	③	③	②	①

제2회 IoT 지식능력검정 A형 기출문제

2016년 5월 22일 시행

01 다음 중 사물인터넷 개념과 가장 거리가 먼 것은?
① 최근 등장한 개념으로 단순히 물리·논리적으로 사물들을 연결하는 기술
② 네트워크에 사물들을 연결하고 지능화하여 사물의 가치를 증대
③ 산업 간 융합을 통한 지능화를 가속화하여 다양한 정보를 제공
④ 사물들이 서로의 존재와 상태를 확인하고 새로운 가치를 생성

02 다음 중 기술적 측면에서의 사물인터넷 활성화 요인으로 가장 적절한 것은?
① 제품의 대형화
② 디바이스의 고전력화
③ 디바이스 및 소자의 저가격화
④ 기술의 비표준화

03 다음 중 사물인터넷을 활용한 헬스케어와 웰니스 서비스에 대한 설명으로 잘못된 것은?
① 활동 추적 장치를 운동화에 부착하여 걷거나 달린 거리 및 속도, 소모한 칼로리 등을 확인
② 웨어러블 디바이스를 통한 다양한 생체 관련 데이터 측정
③ 사용자 인식 기반의 스마트 스트리트(Street) 조성
④ 실시간 수집된 개인의 건강 정보를 과거의 데이터와 비교하여 알맞은 의료 서비스를 연결

04 다음 중 가정 내 사물인터넷 서비스에 대한 설명으로 가장 거리가 먼 것은?
① 주방·생활용품, 헬스케어 디바이스 등이 와이파이나 블루투스, 지웨이브와 같은 다양한 근거리 무선 통신을 통해 연결
② 메신저를 통해 보일러, 가스밸브 등을 원격에서 제어하거나 모니터링
③ 가족 모두 잠을 자게 되면 전등이나 불필요한 전원을 차단하는 대신 보안 시스템을 가동
④ 스마트폰을 활용한 음성 및 이미지 인식 기반의 상품 주문

05 다음 서비스 중 스마트 시티(Smart City) 서비스와 가장 거리가 먼 것은?
① 실시간 교통 상황 및 주차장 정보 제공
② 스마트 쓰레기통 수거
③ 하천 범람 알림
④ 운전자의 운전 정보 보험사 제공

06 다음 중 사물인터넷 디바이스들을 연결하기 위한 요구 사항 및 상호 운용성을 보장하기 위한 기업들 간의 표준화 단체는 무엇인가?

① OIC(Open Interconnect Consortium)
② oneM2M
③ AllSeen Alliance
④ ISO/IEC JTC 1

07 아래 그림은 SPNDSe 관점에서의 사물인터넷 구조이다. 다음 중 괄호 안에 들어갈 적절한 용어는 무엇인가?

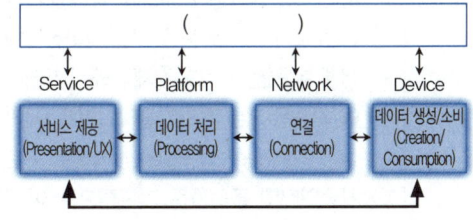

① 보안　　② 운영
③ 관리　　④ 웹

08 oneM2M의 레퍼런스 아키텍처 모델의 기본 계층 모델에서는 모든 엔티티를 세 가지 계층에서 분화하여 언급하고 있다. 세 가지 계층과 거리가 먼 것은?

① 애플리케이션 계층(Application Layer)
② 공통 서비스 계층(Common Services Layer)
③ 네트워크 서비스 계층(Network Services Layer)
④ 데이터 링크 계층(Data Link Layer)

09 다음 그림은 IoTivity의 프레임워크 API이다. 괄호 안에 들어갈 적절한 용어는 무엇인가?

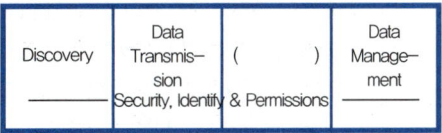

① Communication
② Device Management
③ Data Action
④ Data Interface

10 사물인터넷의 구성 요소별 보안 위협의 종류 중 서비스와 관련된 보안 위협으로 거리가 먼 것은?

① 데이터의 기밀성/무결성
② 프라이버시 침해
③ 복제 공격
④ 데이터 위·변조

11 다음 중 강력한 보안 체계를 갖추기 때문에 발생할 수 있는 사물인터넷 디바이스의 제한적인 요소로 가장 거리가 먼 것은?

① 저용량 배터리나 낮은 컴퓨팅 파워를 이용할 수 없음
② 데이터 전송과 관련한 경량 암호 알고리즘의 부재
③ 매시업 보안 기술의 부재로 인한 프라이버시 보호가 어려움
④ 일관된 방식으로 보안 및 프라이버시 보장이 어려움

12 사물인터넷 보안 공격 중 다음에서 설명하는 것은 무엇인가?

> 악의적인 공격자가 대량의 접속 신호를 한꺼번에 발생시켜 센서나 소형 장치의 요청을 처리하는 데 필요한 자원을 소모시키거나 이들과 관련된 서비스가 생성되고 제공되는 것을 마비시키거나 지연시킴

① 서비스 거부
② 비인가 접근
③ 프라이버시 침해
④ 데이터 위·변조

13 사물인터넷 플랫폼의 대표적인 기능 블록 중 리소스 및 서비스 관리 기능 블록에 대한 설명과 거리가 먼 것은?

① 사물 디바이스의 등록, 설정, 모니터링, 펌웨어 다운로드 등의 디바이스 관리 기능
② 사물의 리소스(프로파일, 위치 정보, 수집 데이터, 제어 기능 등)에 대한 생성, 제공, 갱신, 삭제 등의 리소스 관리 기능
③ 다양한 디바이스, 리소스, 서비스들에 대한 검색 기능을 제공하는 디스커버리 기능
④ 데이터에 대한 고차원적 분석을 통한 서비스를 제공하기 위한 데이터 분석 기능

14 다음 중 사물인터넷 플랫폼을 구성하는 데 반드시 필요한 핵심 기능(Core Functions)에 해당되지 않는 것은?

① 클라우드 지원 기능
② 시맨틱 및 지식 기능
③ 보안 및 프라이버시 기능
④ 커넥티비티 관리 기능

15 사물인터넷 플랫폼 기술 중 다음이 설명하고 있는 것으로 가장 적절한 것은?

> • 사용자가 원하는 서비스를 제공받기 위하여 정보나 리소스 등을 찾고 찾아진 결과를 쉽게 활용할 수 있도록 제공하는 기술
> • 이 기술은 기본적으로 클라이언트-서버 방식과 P2P(Peer-to-Peer) 방식으로 구분
> • 사물인터넷 플랫폼은 기본적으로 이 기술을 제공

① 사물 가상화 기술 ② 검색 기술
③ 장치 관리 기술   ④ 식별 체계 기술

16 사물인터넷 장치 관리 기술 중 이동 통신사에서 휴대폰을 원격 제어/관리하고자 하는 목적으로 장치 관리 기능이 MO(Management Objet) 기반 자원으로 구현되어 HTTP를 이용한 REST 기반의 프로토콜로 작동하는 것은?

① BBF(Broadband Forum)의 TR-069
② BBF(Broadband Forum)의 WT-131
③ OMA(Open Mobile Alliance)의 LW-M2M(Lightweight M2M)
④ OMA(Open Mobile Alliance)의 DM(Device Management)

17 다음 중 사물인터넷 플랫폼 기술의 하나인 시맨틱 기술을 구현하는 데 필요한 기술과 거리가 먼 것은?

① 온톨로지 표현 기술
② 시맨틱 주석화 기술
③ 데이터 표현 기술
④ 서비스 오케스트레이션 기술

18 다음은 국내에서 개발된 사물인터넷 플랫폼 사례 중 하나에 대한 설명이다. 다음에서 설명하고 있는 플랫폼은 무엇인가?

> 이 플랫폼은 서버 및 클라우드 형태의 사물인터넷 플랫폼 기능을 수행하며, HTTP, MQTT, CoAP 프로토콜에 대한 바인딩을 지원하며 RESTful Open API를 통하여 기능을 활용할 수 있도록 제공한다.

① 모비우스(Mobius) ② 앤큐브(&Cube)
③ 씽플러스(Thing+) ④ 코뮤스(Comus)

19 다음 중 사물인터넷 디바이스의 주소 체계로 사용될 IPv6에 대한 설명으로 가장 적절한 것은?

① 32비트 주소 체계를 사용하므로 약 43억 개 주소를 가진다.
② OSI 7계층 중 전송 계층에 속하는 프로토콜이다.
③ IPv6의 주소 체계 부족의 근본적인 해결책은 사설 주소와 NAT의 적극 활용이다.
④ 저전력 무선 근거리 통신 기술의 무선 프레임 안에 수용하는 노력을 수행 중이다.

20 다음 중 사물인터넷 통신 기술로 와이파이가 많이 사용되는 이유로 가장 거리가 먼 것은?

① 저전력으로 작동하므로 전력 공급이 어려운 장소에 설치되는 비콘 등에 널리 사용될 수 있다.
② 여러 표준 제공을 통해 다양한 통신 환경을 지원한다.
③ 다양한 개인 휴대 장치에서 기본으로 지원하여 디바이스들이 인터넷에 접속하는 데 필요한 AP가 널리 퍼져 있다.
④ 다른 근거리 무선 통신 기술들보다 더 빠른 통신 속도를 제공한다.

21 다음 중 블루투스 기술에 대한 설명으로 거리가 먼 것은?

① 블루투스 4.1에 비해 블루투스 4.2의 전송 속도가 최대 2.5배 빠르다.
② 블루투스 4.0의 저전력 기술(BLE)을 도입하여 비콘 디바이스의 전력 문제를 해결할 수 있다.
③ 블루투스는 메시 네트워크 기반으로 개발되었고, 최근에 중앙의 데이터 허브를 통해 연결하는 네트워크 기술을 표준화하고 있다.
④ 블루투스 4.2부터 인터넷 프로토콜(IP)을 지원하고 이를 통해 블루투스를 지원하는 센서나 디바이스가 직접 인터넷에 접속할 수 있다.

22 다음 중 BLE 비콘에 대한 설명으로 가장 거리가 먼 것은?

① RFID나 NFC와 비교하여 서비스 영역은 짧지만 계층화된 서비스 제공이 용이하다.
② UUID, major, minor 값을 이용하거나 수신 신호 세기(RSSI)를 이용하여 계층화된 서비스가 가능하다.
③ 애플의 아이비콘의 경우 안드로이드 5.0(Lollipop)을 지원하는 스마트폰부터는 아이비콘 신호 수신과 송신이 가능하다.
④ 용량이 620mAh인 CR2450 수은 전지 하나만으로 최대 2년 이상 작동할 수 있다.

23 RFID 기술 중 센서 네트워크 통신 기술과 적용 영역이 유사한 기술은 무엇인가?

① ISO/IEC 18000-6(860~960㎒)
② ISO/IEC 18000-7(433㎒)
③ ISO/IEC 18000-3(13.56㎒)
④ ISO/IEC 18000-4(2.45㎓)

24 다음 중 NFC에서 지원하는 모드에 대한 설명으로 거리가 먼 것은?

① 두 대의 NFC 디바이스가 상호 데이터 송수신이 가능하다.
② RFID 태그를 인식하기 위한 리더로 작동한다.
③ 기존의 RFID 카드처럼 작동한다.
④ 센서 네트워크의 게이트웨이 역할을 수행한다.

25 다음 중 ZigBee IP에 대한 설명으로 가장 거리가 먼 것은?

① 에너지 관리용 응용 프로파일을 수용하기 위해 발표된 프로토콜 스택이다.
② 6LoWPAN과 RPL 라우팅 메커니즘을 포함한다.
③ IPv4 기반 무선 메시 네트워킹을 지원한다.
④ 인터넷 수송 계층의 보안 메커니즘인 TLS, DTLS를 포함한다.

26 다음 중 Z-Wave에 대한 설명으로 가장 거리가 먼 것은?

① 네트워크 토폴로지 측면에서 마스터 노드를 기반으로 232대의 디바이스가 연결될 수 있다.
② 투과성이 좋아 벽이 하나 있어도 30m 정도의 거리 통신이 가능하다.
③ Wi-Fi, Bluetooth, ZigBee 등이 사용하는 2.4㎓ 주파수와 다른 주파수를 사용하여 간섭에서 자유롭다.
④ 홈 오토메이션의 모니터링과 컨트롤을 위한 저전력 통신 기술이다.

27 다음 중 근거리 통신망 기술로서 초당 400~500Mbit까지 전송이 가능한 저전력 고속 무선 통신 기술로서 IEEE 801.15.3에서 표준화를 진행하고 있는 기술은 무엇인가?

① WirelessHART ② ISA100a
③ ZigBee ④ UWB

28 다음 와이파이(Wi-Fi) 관련 표준 중에서 가장 빠른 통신 속도를 제공하는 것은?

① IEEE 802.11ad ② IEEE 802.11b
③ IEEE 802.11g ④ IEEE 802.11n

29 다음은 저전력 블루투스(BLE)에 대한 설명이다. 괄호에 들어갈 내용으로 적절한 것은?

> 블루투스 스마트는 40개의 2MHz 채널을 사용한다. 데이터 전송 속도(Bit rate)는 1Mbps이며, 최대 전송 파워는 ( )이다.

① 10mW ② 1mW
③ 50mW ④ 100mW

30 다음 중 사물인터넷 프로토콜로 메시지 교환 방식으로 Publish/Subscribe 방식과 Request/Response 방식을 지원하는 것은?

① HTTP(Hypertext Transfer Protocol)
② XMPP(Extensible Messaging and Presence Protocol)
③ MQTT(Message Queue Telemetry Transport)
④ CoAP(Constrained Appilcation Protocol)

31 다음 중 CoAP(Constrained Application Protocol)에 대한 설명으로 가장 거리가 먼 것은?

① 저사양 하드웨어에서 작동하는 센서 디바이스의 RESTful 웹 서비스를 지원하기 위한 경량 프로토콜로 개발되었다.
② 네트워크 계층은 IEEE 802.15.4 표준을 기반으로 하고, 물리 계층 및 링크 계층은 IPv6 프로토콜을 이용한다.
③ 저전력, 고손실 네트워크 및 소용량, 소형 노드에 사용될 수 있는 특수한 웹 전송 프로토콜이다.
④ 메시지 전달 타입은 확인형, 비확인형, 승인, 리셋으로 정의된다.

32 최근 마케팅 분야에서 사물인터넷 서비스의 대표적인 사례는 비콘을 활용하여 프로모션 정보 제공, 할인 쿠폰 제공, 매장 내 길 안내, 제품 정보 제공 등 스마트 쇼핑 서비스를 꼽을 수 있다. 다음 중 비콘의 기반 통신 기술은 무엇인가?

① 지그비(ZigBee)
② 지웨이브(Z-Wave)
③ 저전력 블루투스(BLE)
④ 와이파이(Wi-Fi)

기출문제

33 다음 중 오픈소스 하드웨어의 결과물로 가장 거리가 먼 것은?

① PCB 도면
② 자재 명세서(Bill of Materials, BOM)
③ 회로도
④ 펌웨어(Firmware)

34 다음 중 사물인터넷 디바이스 하드웨어로 라즈베리파이(Raspberry Pi)에 대한 설명으로 가장 거리가 먼 것은?

① 아두이노와 달리 동영상 카메라를 어려움 없이 적용할 수 있다.
② 라즈베리파이 제품군은 리눅스 OS를 장착할 수 있다.
③ 카메라 기능이 기본으로 탑재되어 있다.
④ 라즈베리파이 제품군은 센서, 액추에이터 등 다양한 디바이스 기능을 구현할 수 있다.

35 다음에서 설명하는 센서는 무엇인가?

- 한 축 또는 여러 축의 회전 움직임의 각 변화량을 측정하는 센서
- 중력이나 자기장과 같은 외부의 힘에 영향을 받지 않고 독자적으로 작동하는 센서

① 자이로 센서
② 중력 센서
③ 지자기 센서
④ 선형 가속도 센서

36 다음에서 설명하는 기술은 무엇인가?

센서를 이용해 사람의 뇌파를 측정하고 이를 활용해 시스템을 제어하는 기술

① VR(Virtual Reality)
② BCI(Brain Computer Interface)
③ AI(Artificial Intelligence)
④ NT(Nano Technology)

37 다음 내용에서 괄호 안에 들어갈 적절한 용어는 무엇인가?

구조적으로는 증착과 식각 등의 과정을 반복하는 반도체 미세 공정 기술을 적용해, 저렴한 비용으로 초소형 제품을 대량으로 생산할 수 있게 해 준다. 특히, (　) 기술로 구현된 구동 장치는 아주 적은 전력을 소비하기 때문에 그 중요성이 날로 부각되고 있다.

① Nano
② MindWave
③ Micro Electro Mechanical Systems
④ RealSense

38 다음 중 TinyOS에 대한 설명으로 가장 거리가 먼 것은?

① 오픈소스 BSD 라이선스 운영 체제이다.
② 센서와 네트워크 기능을 동시에 갖춘 마이크로컨트롤러 기반의 단일 보드 기기에 사용하는 것은 어렵다.

③ 개발 언어가 TinyOS 전용인 NetC로 개발되어 그 확장성이 다른 일반 개발 언어에 비해 한계가 있다.
④ 저전력 무선 통신 기능을 중심으로 하는 OS이다.

39 다양한 종류의 데이터들이 빅데이터를 구성하고 있다. 다음에서 설명하는 데이터로 가장 적절한 것은?

> 고정된 필드로 저장되어 있지는 않지만, XML 또는 HTML 같이 메타데이터나 스키마 등을 포함하는 데이터

① 정형(Structured) 데이터
② 반정형(Semi-Structured) 데이터
③ 비정형(Unstructured) 데이터
④ 사건(Events) 데이터

40 빅데이터는 기존 데이터에서는 얻을 수 없었던 속성을 얻을 수 있기 때문에 적절하게 수집하고 분석하는 일이 중요하다. 다음에서 설명하는 알고리즘으로 가장 적절한 것은?

> 하나의 큰 데이터군을 통계적 기법을 활용하여 비슷한 특성(유사성)을 지니는 여러 개의 작은 묶음으로 분류하는 학습 방법

① 연관 규칙 학습(Association Rule Learning)
② 분류(Classification)
③ 회귀 분석(Regression)
④ 군집화(Clustering)

41 다음 내용에서 괄호 안에 들어갈 가장 적절한 용어는 무엇인가?

> 빅데이터의 특성은 양(volume)이 크고, 변화의 속도(Velocity)가 빠르며, 데이터의 속성이 다양(Variety)한 데이터를 말한다. 이 세 가지 요소 가운데 두 가지 이상의 요소만 충족하면 빅데이터라고 볼 수 있다. 비즈니스 측면에서는 3V에 (   )를 추가하여 4V를 사용한다.

① 유효성(Validity)
② 진실성(Veracity)
③ 가치(Value)
④ 가시성(Visibility)

42 다음에서 설명하는 기술은 무엇인가?

> 물리적인 하드웨어 자원을 논리적인 단위로 나누고 통합하여 자원을 활용할 수 있게 해주는 클라우드 컴퓨팅의 기술로 운영 체제(OS)나 중앙 처리 장치(CPU), 스토리지 등 주로 하드웨어의 의존성을 배제, 통합을 위한 수단으로 이용

① 가상화
② 분산 처리
③ 시스템 관리
④ 프로비저닝(Provisioning)

43 다음에서 설명하는 프로토콜은 무엇인가?

> 월드 와이드 웹과 같은 분산 하이퍼 미디어 시스템을 위한 소프트웨어 아키텍처의 한 형식으로 서버는 데이터베이스 내부의 자료를 직접 전송하는 대신, 데이터베이스 레코드를 HTML, XML이나 JSON 형식으로 전송

① SOA(Service Oriented Architecture)
② SOAP(Simple Object Access Protocol)
③ REST(Representational State Transfer)
④ 하이퍼바이저(Hypervisor)

44 클라우드 서비스는 제공하는 자원의 레벨에 따라 다양한 모델로 구분된다. 다음에서 설명하는 모델은 무엇인가?

> 이용자에게 서버, 스토리지 등의 하드웨어 자원만을 임대·제공하는 서비스로 서비스 제공자는 이용자가 요구하는 성능에 맞추어 가상화된 하드웨어를 구성·제공한다. 이를 통해 이용자는 제공받은 데스크톱 또는 서버를 활용하여 원하는 환경을 구성·사용한다.

① IaaS(Infrastructure as a Service)
② PasS(Platform as a Service)
③ SaaS(Software as a Service)
④ HaaS(Hardware as a Service)

45 클라우드 환경에서 예상되는 다양한 보안 위협들 중 시스템 자원을 통합·재분배하여 제공하는 인프라 계층의 특징으로 인해 발생하며, 하이퍼바이저 감염 시 게스트 OS로 확산되는 보안 위협은 무엇인가?

① 가상화 취약점 상속
② 자원 공유 및 집중화에 따른 서비스 장애
③ 분산 처리에 따른 보안 적용의 어려움
④ 정보 위탁 및 사용 단말에 따른 정보 유출

46 다음 중 연결 중심의 사물인터넷 시대 주요 변화에 대한 설명으로 가장 거리가 먼 것은?

① 더 많은 사물들을 연결하려면 지금의 기기 중심의 스마트 기능 추가보다는 소비자들에게 불필요한 컴퓨팅 기능을 없애는 등 연결 관점에서 제품을 제공하는 고민이 필요할 것이다.
② 사물인터넷을 중심으로 한 가벼운 연결이 기하급수적으로 증가하면서 무거운 연결의 데이터 트래픽을 뛰어넘는 환경이 될 것으로 예상된다.
③ 사물들이 인터넷에 연결되어 서비스되기 때문에 스마트폰 중심의 OS에 대한 종속성이 높아질 것이다.
④ 향후에는 웹 중심 환경으로 전환될 것이므로 웹 표준 기반 기술로 만들어진 웹 API가 더 확대될 것이다.

47 다음 중 모바일 시대와 사물인터넷 시대의 특징이 알맞게 짝지어진 것은?

① 모바일 시대 : 가벼운 연결, OS 중심, 웹 경제
② 모바일 시대 : 무거운 연결, 웹 중심, API 경제
③ 사물인터넷 시대 : 가벼운 연결, 웹 중심, API 경제
④ 사물인터넷 시대 : 무거운 연결, OS 중심, 앱 경제

48 다음 중 IT 생태계의 건강성과 경쟁력을 측정하는 평가 지표 중 하나로, 다양한 시장의 요구에 적극적으로 대처하기 위해 새롭게 등장한 기술을 수용해서 다양한 비즈니스나 제품에 흡수되어 나타나도록 하는 능력을 무엇이라 하는가?

① 강건성   ② 생산성
③ 혁신성   ④ 연결성

49 다음 중 비즈니스 모델이 가치를 창출하고 전파하여 수익이 발생하는 흐름을 도면상에 보여 주기 위해 아홉 가지 고려 대상인 블록으로 구성된 집합체를 제시한 비즈니스 모델은?

① TISSUE 모델
② 비즈니스 모델 캔버스
③ 5-Force 모델
④ 균형 성과 관리(Balanced Score Card)

50 다음 중 사물인터넷 비즈니스 모델 구축에 적용될 TISSUE 분석 모형의 구성에서 분석 관점으로 가장 거리가 먼 것은?

① 기술   ② 산업
③ 전략   ④ 비용

정답

01	02	03	04	05	06	07	08	09	10
①	③	③	④	④	①	①	④	②	③
11	12	13	14	15	16	17	18	19	20
①	①	④	①	②	④	④	①	④	①
21	22	23	24	25	26	27	28	29	30
③	①	②	④	③	①	④	①	①	②
31	32	33	34	35	36	37	38	39	40
②	③	④	③	①	②	③	②	②	④
41	42	43	44	45	46	47	48	49	50
③	①	③	①	①	③	③	③	②	④

제3회 IoT 지식능력검정 A형 기출문제

2016년 11월 20일 시행

01 다음 중 사물인터넷에 대한 설명으로 가장 거리가 먼 것은?

① 최근 갑자기 등장한 개념이 아니라 기술 발전에 따라 점차 기술과 개념이 진화하고 있다.
② 사물의 결합으로 새로운 가치보다는 새로운 기능만을 제공하는 것을 말한다.
③ 사물들이 인터넷을 통해 서로 연결된 것을 말한다.
④ 사물들이 서로의 존재(ID)를 파악하고 서로의 상태를 확인하는 것을 말한다.

02 다음 중 괄호 안에 들어갈 용어로 가장 적절한 것은?

> 스마트폰의 보급은 스마트폰과 연결하여 사용할 수 있는 다양한 (   ) 시장을 생성시켰다. (   )란 스마트폰에 설치된 앱(App)을 이용하여 조작하는 하드웨어 장치를 말하는 것으로, 웨어러블 디바이스 등이 이에 해당한다.

① 앱스토어(App Store)
② 앱세서리(Appcessory)
③ 센서(Sensor)
④ 앱플레이어(App Player)

03 다음 중 괄호 안에 들어갈 용어로 가장 적절한 것은?

> 스마트홈 관련 제품들은 와이파이나 블루투스와 같은 다양한 근거리 무선 통신 기술을 지원하는 (   )를 통해 스마트홈 플랫폼에 연결된다.

① 홈 게이트웨이(Home Gateway)
② 월패드(Wall Pad)
③ 회선 게이트웨이(Circuit Gateway)
④ IP 공유기(Internet Protocol Sharing Device)

04 다음 표준화 단체 중 사물인터넷 아키텍처 레퍼런스 모델(Architecture Reference Model) 표준화와 가장 거리가 먼 것은?

① FP7 IoT-A
② ISO/IEC JTC 1
③ ITU-T
④ W3C

05 다음 중 아래 내용에 해당하는 조직은 무엇인가?

> • 1980년에 대학과 기업이 함께 발족한 단체로, 데이터 통신 부분에서 물리 계층 및 링크 계층 등에 대한 표준을 규정
> • 사물인터넷 환경에서 작동할 수 있는 센서 및 저사양 디바이스를 위한 저전력 통신 프로토콜 규격을 개발

① IETF(Internet Engineering Task Force)
② oneM2M
③ 3GPP(3rd Generation Partnership Project)
④ IEEE(Institute of Electrical & Electronics Engineers)

06 다음 중 IETF에서 표준화가 시작되었으며, 저전력, 저비용, 적은 대역폭 기반의 장치들을 기존 인터넷에 바로 연결하기 위해 IPv6 주소를 적용하는 단거리 무선망 기술은 무엇인가?

① 6LoWPAN(IPv6 over Low power WPAN)
② CoAP(Constrained Application Protocol)
③ M2M(Machine to Machine)
④ DTLS(Datagram Transport Layer Security)

07 Wi-Fi 기술이 주로 이용하는 2.4GHz ISM 대역은 2.400~2.483GHz이며, 83MHz의 대역에 한 개의 채널폭이 20MHz 혹은 22MHz인 채널들을 5MHz 간격으로 배치하면 13개의 채널을 이용할 수 있다. 다음 중 국내 이동 통신사들이 설치하는 Wi-Fi 핫스팟에 사용되는 채널이 아닌 것은?

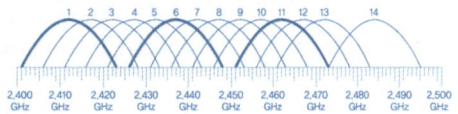

① 1번　　② 5번
③ 8번　　④ 13번

08 다음 중 oneM2M 기능 아키텍처에서의 엔티티(Entity)에 대한 설명으로 가장 거리가 먼 것은?

① 애플리케이션 엔티티(Application Entity)는 단대단(End-to-End) 사물인터넷 솔루션을 위한 애플리케이션 로직을 제공한다.
② 공통 서비스 엔티티(Common Service Entity)는 다양한 애플리케이션 엔티티들이 공통적으로 사용 가능한 공통 서비스 기능들로 이루어진 플랫폼이다.
③ 네트워크 서비스 엔티티(Network Service Entity)는 공통 서비스 엔티티에 네트워크 서비스를 제공한다.
④ 라우터 엔티티(Router Entity)는 앱(App)들 사이의 통신 기능을 제공한다.

기출문제

09 다음 중 사물인터넷의 공적 표준화 단체로서 2012년 'Overview of the Internet of Things'라는 제목의 아키텍처 모델 표준(Y.2060)을 제정한 단체는 무엇인가?

① ITU-T
② AllSeen Alliance
③ oneM2M
④ OCF(Open Connectivity Foundation)

10 다음 중 SPNDSe(Service, Platform, Network, Device, Security) 관점에서 사물인터넷의 기능에 따른 구조에 대한 설명으로 가장 거리가 먼 것은?

① Device에서는 주로 데이터의 생성과 소비가 발생한다.
② Service는 데이터의 처리를 통해 사물인터넷의 핵심 가치 중 하나인 지능(Intelligence)을 담당한다.
③ Network는 연결 기능을 의미한다.
④ 데이터 유통의 기하급수적인 증가로 인해 보안(Security)에 강한 요구가 있다.

11 다음 중 사물인터넷 구성 요소별 보안 위협으로 잘못 짝지어진 것은?

〈구성 요소〉 〈보안 위협〉
① 서비스 - 장치의 기밀성/무결성 침해
② 네트워크 - 인증 방해
③ 장치/센서 - 비인가 접근
④ 네트워크 - 서비스 거부(DoS)

12 다음 중 오픈소스 P2P 기술 프레임워크인 AllJoyn의 네트워크 아키텍처를 구성하는 엔티티인 앱(App)과 라우터(Router)의 토폴로지에 대한 설명으로 가장 거리가 먼 것은?

① 하나의 디바이스 내에 있는 앱들은 단대단(End-to-End) 직접 통신한다.
② 하나의 앱은 자기만의 번들 라우터(Bundled Router)를 가진다.
③ 하나의 디바이스에 있는 복수의 앱은 하나의 라우터를 사용한다.
④ 하나의 앱은 다른 디바이스에 존재하는 라우터를 사용한다.

13 다음 중 사물인터넷의 보안 위협 중 "정보 유출"과 가장 거리가 먼 것은?

① 스니핑(Sniffing)
② 데이터 위·변조
③ 유·무선 통신 구간에서의 도청
④ 비인가 접근에 의한 유출

14 다음 중 괄호 안에 들어갈 용어로 가장 적절한 것은?

> 악의적인 공격자는 대량의 접속 신호를 한꺼번에 발생시킴으로써 센서나 소형 장치의 요청을 처리하는 데 필요한 자원을 소모시키거나 이들과 관련된 서비스가 생성되고 제공되는 것을 마비시키거나 지연시킬 수 있다. 이러한 보안 공격 유형을 (   ) 공격이라고 한다.

① 비인가 접근
② 정보 유출
③ 데이터 위·변조
④ 서비스 거부(DoS)

15 다음의 사물인터넷 플랫폼의 대표적인 기능 중 디바이스의 등록, 설정, 모니터링, 펌웨어 다운로드 등의 디바이스 관리 기능을 포함하는 것은?

① 커넥티비티 관리 기능
② 시맨틱 및 지식 서비스 기능
③ 리소스 및 서비스 관리 기능
④ 보안 및 프라이버시 기능

16 다음 중 사물인터넷 플랫폼에 대한 설명으로 가장 거리가 먼 것은?

① 사물인터넷 서비스를 제공하기 위해 사물 데이터의 수집/제공, 사물 기기의 관리, 연결 기능 등을 제공하는 공통 시스템이다.
② 특정 사물인터넷 서비스에 종속적으로 작동하며 응용 서비스를 구성하기에 필요한 요구 기능들을 포함한다.
③ 일반적으로 서버나 클라우드 형태로 제공될 수 있으며, 또한 사물인터넷 디바이스에 직접 위치할 수도 있다.
④ 사물인터넷 플랫폼을 현실화하기 위해 일부 표준화 기관들은 플랫폼을 표준화하기 위해 노력하고 있다.

17 다음 중 괄호 안에 들어갈 용어로 가장 적절한 것은?

> 사물인터넷 플랫폼에서의 검색 기술로 ( )는(은) 클라이언트의 검색 요청에 대하여 서버는 자신의 저장소 내에 존재하는 디렉토리로부터 리소스 검색을 통해서 결과를 알려 주는 방식으로, 대표적으로 oneM2M과 같은 표준이 이러한 방식으로 작동한다.

① 클라이언트-서버 방식의 디스커버리
② P2P(Peer-to-Peer) 방식의 디스커버리
③ 웹 크롤러 방식
④ 프록시미티 검색(Proximity Discovery) 방식

18 사물인터넷 플랫폼 기술 중 장치 관리 기술로, 이동 통신사에서 휴대폰을 원격 제어/관리하고자 하는 목적에서 개발되었으며 장치 관리 기능이 MO(Management Object) 기반 자원으로 구현되어 HTTP를 이용한 REST 기반의 프로토콜로 작동하는 기술은 무엇인가?

① OMA(Open Mobile Alliance) LWM-2M(Lightweight M2M)
② BBF(Broadband Forum) TR-069
③ OMA(Open Mobile Alliance) DM(Device Management)
④ CoAP(Constrained Application Protocol)

19 다음의 사물인터넷 플랫폼 기술 중 물리적 환경에 존재하는 다양한 사물의 정보를 플랫폼 또는 디바이스에 표현하기 위해 추상화된 리소스를 생성하는 기술은 무엇인가?

① 시맨틱 기술
② 장치 관리 기술
③ 서비스 컴포지션 기술
④ 사물 가상화 기술

20 다음 중 사물인터넷 네트워크에 대한 설명으로 가장 거리가 먼 것은?

① 사물인터넷에서는 대부분의 디바이스들 사이의 네트워크는 IP 통신을 수용하는 흐름으로 진행하고 있다.
② 사설 주소와 NAT(Network Address Translation)를 통해 IP 네트워크를 통한 사물인터넷 통신 문제는 완전히 해결된 상태이다.
③ 사물인터넷의 디바이스들은 제한적인 환경에서 통신을 수행해야 하기 때문에 저전력 무선 근거리 통신 기술이 적용된다.
④ 사물인터넷 발전으로 인터넷 연결 기기는 늘어날 전망이므로 IPv6 프로토콜은 사물인터넷의 필수 조건이라 할 수 있다.

21 다음 중 사물인터넷을 위한 저전력 무선 근거리 통신 기술인 6LoWPAN에 대한 설명으로 가장 거리가 먼 것은?

① MAC Layer는 IEEE 802.15.4 표준을 사용한다.
② IPv6 주소 체계를 사용한다.
③ IPv6 헤더를 압축하여 사용한다.
④ 대역폭이 크고 고속 통신이 가능하다.

22 다음 내용에 해당하는 사물인터넷 통신 기술은 무엇인가?

- 13.56㎒대의 RFID 기술을 발전시킨 비접촉식 양방향 근접 통신 기술
- 기존의 RFID와 달리 읽기와 쓰기 모두 가능
- 10cm 안의 근접 거리 통신 기술

① Z-Wave   ② Wi-Fi
③ NFC   ④ Bluetooth

23 다음 중 사물인터넷 통신 기술인 블루투스(Bluetooth)에 대한 설명으로 가장 거리가 먼 것은?

① 개인 근거리 무선 통신을 위해 에릭슨이 처음 개발한 기술이다.
② 유선 USB를 대체하는 기술로 ISM 대역인 2.4㎓를 사용한다.
③ 저전력 블루투스(Bluetooth Low Energy)는 블루투스 4.0 표준에 포함된 스펙 중 하나이다.

④ 저전력 블루투스는 단독으로 구현할 수 없으며, 기존의 블루투스 컨트롤러와 함께 구현된다.

24 블루투스 기술이 다른 무선 WPAN 기술보다 널리 보급되고 전력 소모량이 적은 것 등 사물인터넷 환경에 적합한 여러 특성을 제공하고 있지만 서비스 커버리지 측면에서는 한계성을 갖고 있다. 다음 중 이러한 한계를 극복할 수 있는 기술로 적절한 것은?

① 허브앤스포크(Hub-and-Spoke)
② 메시 네트워크(Mesh Network)
③ 스위치 네트워크(Switch Network)
④ 브리지 네트워크(Bridge Network)

25 RFID 시스템은 전파를 이용해서 칩에 있는 정보를 인식하는 것이다. 다음 중 RFID 시스템의 필수 구성 요소가 아닌 것은?

① 리더(Reader)
② 태그(Tag)
③ 지그비(ZigBee)
④ 미들웨어(Middleware)

26 다음 중 지그비(ZigBee)에 대한 설명으로 가장 거리가 먼 것은?

① 대형, 고전력, 저비용 및 원거리 무선 통신을 지향한다.
② ZigBee Pro는 처음 개발된 지그비 스택을 발전시킨 것이다.
③ 지그비 얼라이언스는 용도에 따라 ZigBee Pro, ZigBee RF4CE, ZigBee IP의 세 가지 통신 기술을 공개하고 있다.
④ IEEE 802.15.4 기반으로 구성된다.

27 다음 중 저전력 통신 기술인 Z-Wave에 대한 설명으로 가장 거리가 먼 것은?

① 홈 오토메이션의 모니터링과 컨트롤을 위한 저전력 통신 기술이다.
② 소스 라우팅 기반의 메시 네트워크 토폴로지가 적용되어 네트워크를 구성하고 마스터 노드를 갖지 않는다.
③ Wi-Fi, Bluetooth, ZigBee 등 2.4㎓ 주파수 기반의 통신 기술에 비해 간섭 현상이 높은 것이 단점이다.
④ Z-Wave 통신 기기들은 같은 네트워크에 있으면 다른 벤더의 제품이라도 호환성이 좋은 장점이 있다.

28 다음 중 WirelessHart에 대한 설명으로 가장 거리가 먼 것은?

① 공정 계측 및 제어를 위한 무선 통신 규격이다.
② IEEE 802.15.4를 기반으로 하며 2.4㎓ ISM 밴드 대역에서 작동한다.
③ 공정 측정값을 관측하고 메시 네트워크로 통신하여 데이터를 기존 호스트 시스템과 통합하기 위해 고안된 기술이다.
④ 대규모 무선 인프라 및 무선 게이트웨이를 이용하지 않고도 통신이 가능하다.

29 다음 내용에 해당하는 것은 무엇인가?

> - 웹상에서 클라이언트와 서버 간 정보를 주고받을 수 있는 애플리케이션 계층 프로토콜
> - 클라이언트와 서버 사이에 요청/응답 기반 데이터 교환 방식
> - 사물인터넷 서비스를 위한 REST(Representational State Transfer) 아키텍처 모델에서 사용되는 대표적인 프로토콜
> - 주로 HTML 문서를 주고받는 데 쓰이며 TCP와 UDP를 전송 계층으로 사용

① CoAP(Constrained Application Protocol)
② HTTP(Hypertext Transfer Protocol)
③ AMQP(Advanced Message Queing Protocol)
④ XMPP(Extensible Messaging and Presence Protocol)

30 다음 중 MQTT(Message Queueing Telemetry Transport) 프로토콜에 대한 설명으로 가장 거리가 먼 것은?

① 단순한 메시지 포맷을 바탕으로 네트워크 대역 및 배터리 소모가 크다.
② 원격 장치 모니터링을 위해 데이터 수집 목적으로 개발되었다.
③ 페이스북의 모바일 메신저 프로토콜로도 이용되고 있다.
④ 하위 프로토콜 스택의 전송 계층으로 TCP를 이용해 그 위에서 작동한다.

31 다음 중 일반적으로 데이터를 생성하는 센서, 그리고 다른 디바이스와 데이터를 주고받을 수 있는 통신 기능이 있는 장치들을 통틀어 무엇이라고 하는가?

① 사물인터넷 서버
② 사물인터넷 클라이언트
③ 사물인터넷 디바이스
④ 사물인터넷 서비스 플랫폼

32 다음 중 괄호 안에 들어갈 용어로 가장 적절한 것은?

> 저전력 블루투스 기반의 (   )은(는) 블루투스 4.0 이상을 지원하는 스마트폰을 대상으로 최대 50m 이내의 범위에서 서비스를 제공할 수 있다.
> 블루투스 기반의 (   )이(가) 마케팅에 많이 사용되는 이유는 설치 및 서비스 운영이 간편하기 때문이다.

① 지그비(ZigBee)
② 지웨이브(Z-Wave)
③ 비콘(Beacon)
④ RFID(Radio Frequency Identification)

33 다음 중 라즈베리파이(Raspberry Pi)에 대한 설명으로 가장 거리가 먼 것은?

① 초소형/초저가 PC 제작을 위한 H/W 디바이스

② 아두이노와 달리 그래픽 기능이 없음
③ Linux OS를 기반으로 세부적인 설정을 제공
④ HDMI를 통해 모니터 연결이 가능

② 나노(Nano) 기술
③ BCI(Brain Computer Interface)
④ 미세 전자 제어 기술

34 오픈소스 하드웨어 플랫폼 중 하나로 이탈리아에서 탄생하여 가격이 저렴하고 쉽게 펌웨어를 만들어 탑재하도록 지원하는 통합 개발 환경을 제공하고 각종 센서/액추에이터 및 통신 모듈 등을 탑재한 다양한 호환 보드들에 의해 쉽게 확장할 수 있는 것은 무엇인가?

① 라즈베리파이(Raspberry Pi)
② 아두이노(Arduino)
③ 링크잇원(Linkit One)
④ 비글본 블랙(BeagleBone Black)

37 다음 중 TCP/IP를 임베디드 환경에 적용하기 위해 가볍게 만든 uIP를 중심으로 개발이 시작된 인터넷 지향의 운영 체제로, 다양한 인터넷 응용을 동시 제공하며 C언어로 개발이 가능해 개발·접근이 용이한 것은 무엇인가?

① mbed OS
② iOS
③ 리눅스(Linux)
④ 콘티키(Contiki)

35 센서는 센서들이 생성하는 데이터의 물리적 특성에 따라 분류할 수 있다. 다음 중 잘못 짝지어진 것은?

① 위치 센서 – 자이로 센서
② 환경 센서 – 습도 센서
③ 동작 인식 센서 – 가속도 센서
④ 동작 인식 센서 – 중력 센서

38 다음 중 개방형 사물인터넷 서버 플랫폼인 모비우스(Mobius)와 연동되며, 총 6개의 모듈로 구성되어 각 모듈 간 통신을 통해 사물 및 모비우스 간의 연동을 수행하는 전자 부품 연구원이 개발한 사물인터넷 디바이스와 게이트웨이를 위한 S/W 플랫폼은 무엇인가?

① &Cube
② TinyOS
③ nanoQplus
④ 안드로이드 OS

36 다음 중 사람의 생각을 측정하는 센싱 기술로 사람 뇌파의 종류와 뇌파의 변화 패턴을 측정하여 사람의 의도를 파악하는 기술은 무엇인가?

① 리얼센스

39 다음 중 괄호 안에 들어갈 용어로 가장 적절한 것은?

> ( )을(를) 좁은 의미에서 정의하면 보통 수십에서 수천 테라바이트 정도의 거대한 크기를 갖고, 여러 가지 다양한 비정형 데이터를 포함하고 있으며, 생성-유통-소비(이용)가 몇 초에서 몇 시간 단위로 일어나 기존의 방식으로는 수집·저장·검색과 분석이 매우 어려운 방대한 크기의 데이터 집합을 말한다.

① 빅데이터　　② 사물인터넷
③ 클라우드 컴퓨팅　④ 메타데이터

40 다음 중 기존의 분석 환경과 비교되는 빅데이터 분석 환경의 특징으로 가장 거리가 먼 것은?

① 비정형의 다양한 데이터
② 클라우드 컴퓨팅 등 비용 효율적인 장비 활용 가능
③ 통계 중심의 상관관계 분석
④ Fact 중심의 다차원 분석 처리

41 다음 중 클라우드 컴퓨팅 하드웨어를 구성함에 있어 인트라넷 또는 인터넷으로 연결된 다수의 컴퓨팅 자원을 하나로 연결하는 기술을 무엇이라 하는가?

① 분산 컴퓨팅
② 가상화(Virtualization)
③ 프로비저닝(Provisioning)
④ 시스템 관리

42 다음 중 아래 내용에 해당하는 것은 무엇인가?

> 빅데이터 분석을 위한 대표적인 알고리즘 중, 인간의 언어를 분석하는 자연어 처리 기술에 기반하여 웹을 포함한 텍스트 기반의 문서에서 글쓴이의 주관적인 감정을 나타내는 정보들을 찾아내 긍·부정도(긍정, 중립, 부정)를 분석하여 특정 주제에 대해 갖고 있는 성향을 파악하는 기법

① 감성 분석
② 연관 규칙 학습
③ 군집화
④ 회귀 분석

43 다음 중 아래 내용에 해당하는 것은 무엇인가?

> 유튜브(YouTube)에서 업로드하는 동영상 데이터, SNS나 블로그에서 저장하는 사진과 오디오 데이터, 메신저로 주고받은 대화 내용, 스마트폰에 기록되는 위치 정보, 유무선 전화기에서 발생하는 통화 내용 등 고정된 필드에 저장되어 있지 않은 데이터를 의미한다.

① 정형 데이터
② 비정형 데이터
③ 반정형 데이터
④ 스트리밍 데이터

44 다음 중 클라우드 컴퓨팅 기술 구성 시 유의 사항으로 아래 내용에 해당하는 것은 무엇인가?

> - 컴퓨팅 프로세스에 대해서는 입력되는 작업(Task)들이 적법한 작업인지를 판단하는 항목 등 해킹 침입에 대비한 기술들이 필요
> - 클라우드 컴퓨팅 인프라 내에 저장되어 있는 데이터에 대해서는 일부 내용이 파손되거나 유실될 경우에 대비한 자동 백업과 싱크, 복구 기능 등을 제공해야 함

① 확장성(Scalability)
② 가용성(Availability)
③ 이동성(Mobility)
④ 신뢰성(Reliability)

45 클라우드 서비스는 서비스를 구성하는 요소와 방법에 따라 기인하는 여러 가지 보안 위협이 발생할 수 있다. 다음 중 클라우드 서비스 핵심 보안 위협 내용으로 가장 거리가 먼 것은?

① 가상화 취약점 상속
② 자원 공유 및 집중화에 따른 서비스 장애
③ 단말 다양성에 따른 정보 유출
④ 중앙 집중 처리에 따른 보안 적용의 어려움

46 클라우드 서비스는 제공하는 자원의 레벨에 따라 분류할 수 있다. 다음 중 괄호 안에 들어갈 알맞은 용어는 무엇인가?

> (   )는 이용자에게 소프트웨어 개발에 필요한 플랫폼을 임대·제공하는 서비스이며, 이용자는 컴파일 언어, 웹 프로그램, 제작 툴, 데이터베이스, 인터페이스 등의 플랫폼을 주문한다. 또한 자신이 주문한 환경에 맞추어 응용 프로그램을 개발하고, 컴파일을 실행시켜 본인이 직접 사용하거나 타인에게 서비스하는 방식으로 활용할 수 있다.

① PaaS(Platform as a Service)
② SaaS(Software as a Service)
③ IaaS(Infrastructure as a Service)
④ LaaS(Location as a Service)

47 다음 괄호 안에 들어갈 알맞은 용어는 무엇인가?

> 모바일 OS는 크게 두 가지로 분류할 수 있다. 앱 서비스와 관련된 다양한 소프트웨어를 제어·관리하는 (   )가 있고, 이에 반해 하드웨어의 자원 할당 및 기능 구현 등 OS의 기본적인 기능을 담당하는 RTOS(Real Time OS)가 있다.

① GPOS(General Purpose OS)
② mbed OS
③ TinyOS
④ OSHW(Open Source Hardware)

48 다음 내용의 괄호 안에 들어갈 적절한 용어는 무엇인가?

> 사물인터넷 환경에서 송수신되는 데이터는 멀티미디어 콘텐츠처럼 몇십 또는 몇백 메가바이트 수준의 대용량일 필요가 없고, 몇 킬로바이트 수준이면 충분하다. 이처럼 사물인터넷 환경에서는 한 번에 전송되는 데이터의 양이 적기 때문에 (   )이라고 할 수 있다.

① 가벼운 연결   ② 무거운 연결
③ 직렬 연결   ④ 병렬 연결

49 다음 중 IT 생태계의 건강성 및 경쟁력을 측정하는 평가 지표로 가장 거리가 먼 것은?

① 강건성(Robustness)
② 생산성(Productivity)
③ 혁신성(Innovation)
④ 다양성(Diversity)

50 다음 중 사물인터넷 비즈니스 모델 설계 시 사용하는 기법 중 하나로 산업 구조 분석 기법이며 한 기업이 속해 있는 특정 산업의 경쟁 질서를 결정하는 요인/힘(공급자, 잠재적 경쟁자, 구매자, 대체재, 산업 내 경쟁)에 대해 설명하는 모델은 무엇인가?

① 비즈니스 모델 캔버스
② Moore 모델
③ 5-Force 모델
④ TISSUE 모델

정답

01	02	03	04	05	06	07	08	09	10
②	②	①	④	④	①	③	④	①	②
11	12	13	14	15	16	17	18	19	20
①	①	②	④	③	②	①	③	④	②
21	22	23	24	25	26	27	28	29	30
④	③	④	②	③	①	③	④	②	①
31	32	33	34	35	36	37	38	39	40
③	③	②	②	①	③	④	①	①	④
41	42	43	44	45	46	47	48	49	50
①	①	②	④	④	①	①	①	④	③

제4회 IoT 지식능력검정 A형 기출문제

2017년 5월 21일 시행

01 사물인터넷 개념과 가장 거리가 먼 것은?
① 넓은 의미의 사물인터넷은 도메인 융합을 통한 산업의 지능화다.
② 사물인터넷은 단독 운용 혹은 단순히 물리적으로 두 사물을 연결하는 기술이다.
③ 사물인터넷은 최근 갑자기 등장한 개념이 아니라 오래 전부터 존재해 왔으며 RFID/USN, M2M 등이 대표적인 개념이다.
④ 사물인터넷은 우리 주변의 사물들에 네트워크를 연결하고 지능화함으로써 그 사물의 가치를 증대시키는 것을 의미한다.

02 기술적 측면의 사물인터넷 활성화 요인으로 거리가 먼 것은?
① 기술의 표준화
② 디바이스의 소형화
③ 디바이스의 고성능화
④ 디바이스의 고전력화

03 다음 내용은 S-P-N-D-Se 관점에서 사물인터넷의 기능 중 무엇에 대한 설명인가?

> 데이터의 처리를 통해 사물인터넷의 핵심 가치 중의 하나인 Intelligence를 담당한다.

① Security
② Platform
③ Network
④ Device

04 정보 통신 분야의 표준은 정보 통신망과 정보 통신 서비스를 제공하거나 이용하는 주체끼리 합의된 규약의 집합으로 정의된다. 표준에 대한 설명으로 가장 거리가 먼 것은?
① 표준은 공통성, 호환성, 통일성 등을 갖춰야 한다.
② 공식적 표준은 공신력 있는 표준화 기구에서 일정한 절차와 심의를 거쳐 제정하는 표준이다.
③ 공식적 표준화 기구들은 각 기구의 고유한 업무 경계가 있어 공동으로 작업하지는 않는다.
④ 사실상 표준은 보통 기업 간 치열한 경쟁을 통해 시장에서 결정되는 시장 표준이라고 할 수 있다.

05 oneM2M 기능 아키텍처에서 CSE(Common Service Entity)에 대한 설명으로 옳은 것은?

① 단대단 사물인터넷 솔루션을 위한 애플리케이션 로직을 제공
② 사물인터넷의 다양한 애플리케이션 엔티티들이 공통적으로 사용 가능한 공통 서비스 기능들로 이루어진 플랫폼
③ 공통 서비스 엔티티에 네트워크 서비스를 제공
④ 장치 관리, 위치 서비스, 장치 트리거링 등의 서비스를 제공

06 헬스케어 디바이스들의 다양한 데이터를 분석하고 헬스케어 및 의료 서비스로 이어주기 위한 플랫폼에 속하지 않는 것은?

① 헬스킷(HealthKit)
② 구글핏(Google Fit)
③ 스냅샷(SnapShot)
④ SAMI(Samsung Architecture Multi-modal Interactions)

07 다음 내용에 해당하는 사물인터넷 표준화 기구는?

> • 2014년 삼성, 인텔 등을 중심으로 시작해서 2015년 스마트홈 표준 단체 UPnP 포럼을 통합·흡수하고, 2016년 AllSeen Alliance와 합병을 진행한 표준 단체
> • 사물인터넷 유무선 연결 기술을 활용하여 논리적인 상호 연동성을 보장하는 아키텍처를 구축

① oneM2M
② OCF(Open Connectivity Foundation)
③ LoRa Alliance
④ Thread Group

08 oneM2M의 아키텍처 레퍼런스 모델의 기본이 되는 계층 모델에 해당하지 않는 것은?

① Application Layer
② Common Services Layer
③ Network Services Layer
④ Device Services Layer

09 다음 내용은 사물인터넷 응용 분야 중 하나에 대한 설명이다. 다음 내용과 가장 가까운 분야는?

> 전력 분배의 효율화를 위한 스마트 그리드, 실시간 교통 및 주차장 정보, 하천의 수위 정보 등을 제공하기 위한 다양한 솔루션이 존재

① 스마트홈
② 스마트 시티
③ 헬스케어 및 웰니스
④ 유통 및 마케팅

10 사물인터넷 플랫폼 기술 특징의 변화로 옳지 않은 것은?

	초기 IoT	미래 IoT
①	플랫폼 기반 개방 구조	개방형 인프라 구조
②	수평적 통합	수직적 통합
③	플랫폼 간 호환성 없음	플랫폼 간 호환성 지원
④	센서/액추에이터/데이터 중심	데이터/프로세스/지능 중심

11 ISO/IEC JTC 1에서의 사물인터넷 서비스 구조에 포함되지 않는 것은?
① 사물(Things)
② 네트워킹(Networking)
③ 플랫폼(Platform)
④ 정보(Information)

12 사물인터넷과 WSN(Wireless Sensor Network)을 비교한 내용으로 옳지 않은 것은?
① WSN에서 센서 네트워크는 대부분 IP 네트워크를 전제로 하지 않는다.
② WSN에서 센서 네트워크의 센서 노드 사이의 1, 2계층은 지그비가, 3계층 이상은 IEEE 802.15.4가 대표적이다.
③ 사물인터넷에서 디바이스들 사이의 네트워크는 IP 통신을 수용하는 흐름으로 진행한다.
④ WSN의 응용 게이트웨이는 사물인터넷에서 더 이상 단말의 기능이 없는 네트워크 장비가 된다.

13 사물인터넷 플랫폼 기술 중 사용자 또는 애플리케이션으로부터 특정 서비스를 요청받았을 때 정의한 순서 및 명시된 서비스에 따라 서비스를 검색하고 이를 기반으로 서비스를 제공해 주는 기술은?
① Object Profiling
② Service Choreography
③ Semantic Annotation
④ Trustworthiness Management

14 사물인터넷 플랫폼 기술 중 물리적 환경에 존재하는 다양한 사물의 정보를 플랫폼 또는 디바이스에 표현하기 위해 추상화된 리소스를 생성하는 것은?
① 장치 관리 기술
② 사물 가상화 기술
③ 서비스 컴포지션 기술
④ 시맨틱 기술

15 모비우스(Mobius), 앤큐브(&Cube), 씽플러스(Thing+) 및 EVRYTHING 등 국내외 사물인터넷 플랫폼에서 주로 사용하고 있는 Open API 방식은?
① XML-RPC
② SOAP
③ RESTful
④ Open Cloud Computing Interface

16 사물인터넷 플랫폼 기술 중 장치 관리 기술에 해당하지 않는 것은?

① OMA(Open Mobile Alliance) DM(Device Management)
② OMA LWM2M(Lightweight M2M)
③ BBF(Broadband Forum) TR-069
④ LoRa(Long Range)

17 사물인터넷의 디바이스들이 통신을 수행함에 있어 제한적인 환경과 가장 거리가 먼 것은?

① 계측 방식
② 대역폭
③ 비용
④ 전력 소비

18 사물인터넷 통신 기술 중 Z-Wave에 대한 설명으로 옳지 않은 것은?

① 2005년에 만들어진 Z-Wave 얼라이언스에서 개발한 홈 오토메이션의 모니터링과 컨트롤을 위한 저전력 통신 기술이다.
② Wi-Fi, Bluetooth, ZigBee처럼 혼잡한 2.4㎓ 주파수 기반의 통신 기술로, 간섭에서 자유롭지 못하다.
③ 소스 라우팅 기반의 메시 네트워크 토폴로지가 적용되어 네트워크를 구성한다.
④ 투과성이 좋으므로 벽이 하나 있어도 통신이 가능하다.

19 Wi-Fi 표준 중 다음 내용에 해당하는 것은?

> - 최대 8개까지의 공간 스트림을 사용하며, 256-QAM에 이르는 고차 변조 기술 등을 이용
> - 5㎓ 대역에서 작동하며, 6.93Gbps의 최대 전송 속도를 지원할 수 있음

① IEEE 802.11a
② IEEE 802.11ac
③ IEEE 802.11ad
④ IEEE 802.11b

20 저전력 블루투스(Bluetooth Low Energy, BLE)에 대한 설명으로 가장 거리가 먼 것은?

① 블루투스 스마트는 싱글 모드로 구현된 제품을 상업적으로 구분하기 위해 사용하는 일종의 브랜드 네임이다.
② 블루투스 스마트 지원 제품은 BLE 기능만을 구현하고 있어서 블루투스 클래식이라 불리는 기존의 블루투스 프로토콜과 호환되지 않는다.
③ BLE만을 지원하는 블루투스 스마트 지원 디바이스들의 신호 전달 거리는 100m 이상이다.
④ 블루투스 스마트 지원 디바이스들은 전력 소모를 줄이기 위해 최대 전력 소모량을 15mA로 제한한다.

21 블루투스 4.2 표준에 대한 설명으로 옳지 않은 것은?

① 기존 블루투스 4.1에 비해 2.5배 빠른 전송 속도를 지원한다.
② 인터넷 프로토콜(IP)을 지원한다.
③ 무제한 인터넷 주소 체계인 IPv6와 저전력 무선 통신 기술인 6LoWPAN을 적용할 수 있다.
④ 디바이스들이 직접 인터넷에 연결되긴 하지만 와이파이와 같은 수준의 128bit AES 암호화 기술을 적용할 수는 없다.

22 NFC(Near Field Communication) 통신 기술에 대한 설명으로 옳지 않은 것은?

① 13.56MHz대의 RFID(Radio Frequency Identification) 기술을 발전시킨 접촉식 단방향 근접 통신 기술이다.
② 기존의 RFID와 달리 읽기와 쓰기가 가능하다.
③ 10cm 안의 근접 거리 통신 기술이며 통신을 위한 준비 설정 시간이 거의 없다.
④ 표준에서는 최대 424Kbps 전송 속도를 가진다.

23 지그비(ZigBee) 통신 기술에 대한 설명으로 옳지 않은 것은?

① 소형, 저전력, 저비용, 근거리 무선 통신을 지향하며 IEEE 802.15.4 기반으로 구성된다.
② ZigBee Pro, ZigBee RF4CE, ZigBee IP의 세 가지 통신 기술을 공개하고 있다.
③ ZigBee Pro는 ZigBee 2006 디바이스들과 호환되지 않는다.
④ ZigBee RF4CE는 협력 가전제품의 원격 제어를 위한 규격으로서 스타토폴로지를 위한 간단한 스택을 정의한다.

24 사물인터넷 전용망 통신 기술의 핵심 요구 사항으로 거리가 먼 것은?

① 고전력 소모 설계
② 대규모의 단말기 접속 구현
③ 안정적인 장거리 커버리지 제공
④ 단말기의 저가 공급을 통한 낮은 구축 비용

25 Wi-Fi 표준 중 다음 내용에 해당하는 것은?

- 기존의 802.11 표준에 MIMO(Multiple-Input Multiple-Output) 기술을 더해 성능을 개선한 표준
- 2.4GHz 및 5GHz 대역 모두에서 작동하며 최대 600Mbps의 전송 속도 제공

① IEEE 802.11g
② IEEE 802.11n
③ IEEE 802.11v
④ IEEE 802.11-1997

26 다음 내용에 해당하는 사물인터넷 디바이스 H/W 플랫폼은?

- 영국에서 기초 컴퓨터 과학 교육용 프로젝트의 일환으로 개발된 초소형/초저가 PC로 키보드, 마우스, 모니터만 연결하면 PC가 될 수 있다.
- 초기에는 Linux OS를 기반으로 하였지만, 최근 버전에서는 윈도우즈 10을 개발자에게 무상으로 제공하여 IoT 시장에 대비하고 있다.

① 라즈베리파이
② 갈릴레오
③ 링크잇원
④ 큐리

27 HTTP(Hypertext Transfer Protocol)에 대한 설명으로 옳지 않은 것은?

① 사물인터넷 서비스를 위한 REST(Representational State Transfer) 아키텍처 모델에서 대표적으로 사용되는 프로토콜이다.
② 웹상에서 클라이언트와 서버 간 정보를 주고받을 수 있는 애플리케이션 계층 프로토콜이다.
③ 클라이언트와 서버 사이에 요청/응답 기반 데이터 교환 방식을 갖는다.
④ 단순한 메시지 포맷을 바탕으로 네트워크 대역 및 배터리 소모가 작다는 것을 특징으로 해서 페이스북의 모바일 메신저 프로토콜로도 이용된다.

28 IoT를 구성하는 분야별로 칩벤더, 모듈/디바이스, 플랫폼/솔루션, 네트워크/서비스로 보안 위협을 분류할 수 있다. "칩벤더" 보안 위협과 가장 거리가 먼 것은?

① 부채널 공격
② 메모리 공격
③ 악성코드 및 바이러스
④ 역공학을 통한 버스 프루핑 공격

29 기존 센서 기술과 비교한 스마트 센서에 대한 설명으로 가장 거리가 먼 것은?

① 기능이 단순하고 정밀도가 낮다.
② 사용자에게 필요한 정보를 제공한다.
③ 센싱 소자와 신호 처리가 결합하여 데이터 처리, 자동 보정, 자가 진단, 의사 결정 기능을 수행한다.
④ 센서와 마이크로프로세서 등의 신호 처리 모듈을 결합한 형태를 갖는다.

30 다음 내용에 해당하는 사물인터넷 응용 계층 프로토콜은?

- 지연 및 손실이 심한 네트워크 환경에서 검침기, 센서 등 작은 기기들의 신뢰성 있는 메시지 전달을 위해서 개발한 메시지 프로토콜
- 원격 장치 모니터링을 위해 데이터 수집 목적으로 개발

① MQTT(Message Queueing Telemetry Transport)

② UDP(User Datagram Protocol)
③ CoAP(Constrained Application Protocol)
④ XMPP(Extensible Messaging and Presence Protocol)

31 다음 내용에 해당하는 사물인터넷 디바이스 S/W 플랫폼은?

> • 현재 사물인터넷 디바이스 시장에서 가장 영향력 있는 OS의 하나로 Cortex-M 시리즈 위에서만 작동
> • OS뿐만 아니라 개발 툴, 클라우드 연결 플랫폼 그리고 생태계의 파트너들까지 라인업 하여 동시에 제공

① nanoQplus   ② mbed OS
③ Contiki   ④ Linux

32 다음 내용에 해당하는 사물인터넷 디바이스 S/W 플랫폼은?

> • oneM2M 표준에서 제안하는 CSE(Common Service Entity)의 기능을 포함하고 있는 소프트웨어 플랫폼
> • 멀티 플랫폼을 지원하기 위해 JVM 위에서 작동하도록 구현되어 있어 Windows, Linux, iOS 등의 PC 환경은 물론 JVM이 작동하는 Embedded Linux 등의 환경에서도 작동

① &Cube   ② IoTivity
③ Android Things ④ Tizen

33 센서의 세대별(1~4세대) 발전 방향 순서를 나열한 것으로 옳은 것은?

> Ⓐ Smart Sensor   Ⓑ Integrated Sensor
> Ⓒ Digital Sensor Ⓓ Discrete Sensor

① Ⓓ → Ⓒ → Ⓑ → Ⓐ
② Ⓑ → Ⓓ → Ⓒ → Ⓐ
③ Ⓑ → Ⓒ → Ⓓ → Ⓐ
④ Ⓓ → Ⓑ → Ⓒ → Ⓐ

34 사물인터넷의 보안에 대한 설명으로 가장 거리가 먼 것은?

① 사물인터넷 시대의 보안 및 프라이버시 이슈는 다양한 사물들에 대해 다양한 요소 기술을 이용하여 연결하는 과정에서 발생한다.
② 사물인터넷은 다양한 요소 기술들이 통합되어 서비스를 구성하므로 각 요소 기술 자체의 보안 취약성과 이러한 요소 기술들을 연동하는 과정에서 보안 취약성이 발생할 수 있다.
③ 사물인터넷 서비스는 기존의 응용 서비스와 같은 수직적 시장(Vertical Market)의 특성을 가지기 때문에 단일 기업이 보안 취약성과 프라이버시 침해 문제에 대한 관리 및 사고 대응을 할 수 있다.
④ 사물인터넷의 적용 대상을 단순히 사람뿐만이 아닌 다양한 사물, 물리적 공간 및 가상의 시스템에까지 확대하면서 사이버 공간에서의 해킹은 그대로 물리적인 공간의 위험으로 전이될 수 있다.

35 다음 내용에 해당하는 센서는?

> 물체의 관성을 전기 신호로 검출하고 주로 회전각을 감지하는 센서로 높이와 회전, 기울기 등을 감지할 수 있어 3축 가속도 센서와 연계하여 보다 정교한 모션 센싱이 가능

① RGB(Red-Green-Blue) 센서
② 지자기 센서
③ 동작 인식 센서
④ 자이로스코프 센서

36 OSHW(Open Source Hardware)의 특징으로 옳지 않은 것은?

① 기술에 대한 라이선스가 없다.
② 제품 개발에 필요한 리소스는 공개되지 않는다.
③ 부품을 직접 구매해 조립하기 때문에 완성형 또는 표준형 제품에 비해 가격이 저렴하다.
④ 형태 변경을 통해 전혀 새로운 형태의 커넥티드 기기를 탄생시킬 수도 있다.

37 빅데이터 분석을 위한 알고리즘에 대한 설명으로 옳은 것은?

① 군집화(Clustering) : 수많은 데이터들 중에서 어떤 특정한 성격을 가진 데이터군과 일정한 규칙에 따라 연결되는 다른 특정한 성격의 데이터군을 찾아내는 방법
② 감성 분석(Sentiment Analysis) : 고객군을 비슷한 특성을 가진 소집단으로 묶어서 타깃 마케팅 그룹을 만들고자 할 때 활용
③ 연관 규칙 학습(Association Rule Learning) : 컴퓨터 기술을 응용하여 인간의 언어를 분석하는 자연어 처리 기술에 기반하여 웹을 포함한 텍스트 기반의 문서에서 글쓴이의 주관적인 감정을 나타내는 정보들을 찾아내 긍정/부정을 분석하여 글쓴이가 특정 주제에 대해 갖고 있는 성향을 파악하는 기법
④ 회귀 분석(Regression) : 어떠한 현상을 구성하는 종속 변수 값의 변화가 하나 이상의 독립 변수 값을 변화시키는지, 또 그렇다면 어떻게 변화시키는지의 여부를 찾아내는 분석 방법

38 IoT 공통 보안 7대 원칙 중 "IoT 장치 및 서비스 운영/관리/폐기 단계"의 보안 요구 사항과 가장 거리가 먼 것은?

① IoT 제품/서비스의 취약점 보안 패치 및 업데이트 지속 이행
② 안전한 운영 관리를 위한 정보 보호 관리 체계 마련
③ 안전한 소프트웨어 및 하드웨어 개발 기술 적용 및 검증
④ IoT 침해 사고 대응 체계 및 책임 추적성 확보 방안 마련

39 빅데이터란 기존의 방식으로는 관리와 분석이 매우 어려운 데이터 집합, 그리고 이를 관리·분석하기 위해 필요한 인력과 조직 및 관련 기술까지 포괄하는 용어이다. 빅데이터와 관련된 내용으로 가장 거리가 먼 것은?

① 데이터 양(Volume), 다양성(Variety) 및 속도(Velocity)로 빅데이터를 정의함
② 유효성(Validity), 진실성(Veracity), 가치(Value), 가시성(Visibility) 등 다양한 형태로 빅데이터를 정의하기도 함
③ "기술의 한계로 과거에 무시했던 데이터를 분석하는 행위"라고 빅데이터를 폭넓게 정의함
④ "컴퓨팅 환경은 전기, 수도 등 공공 서비스를 사용하는 것과도 같을 것"이라는 빅데이터 개념을 제시함

40 지능 정보 기술이 가져오는 변화 요소의 내용으로 가장 거리가 먼 것은?

① 유지와 관리 위주의 사전 대응과 사후 조치 중심
② 과학적 근거에 기반한 위험 예측과 지능적 예방 및 대응
③ 개인 라이프 로그 정보 기반 맞춤형 헬스케어 관리 서비스
④ 기계와 인간의 협업을 기반으로 새로운 가치와 혁신적 서비스 창출

41 기존 분석 환경과 비교한 빅데이터 분석 환경에 대한 내용과 가장 거리가 먼 것은?

① 비정형의 다양한 데이터
② Fact 중심의 다차원 분석 처리
③ 통계 중심의 상관관계 분석
④ 클라우드 컴퓨팅 등 비용 효율적인 장비 활용 가능

42 클라우드 서비스는 제공하는 자원의 레벨에 따라 세 가지 모델로 분류할 수 있다. 다음 중 클라우드 서비스 모델로 옳은 것은?

① AaaS(Application as a Service)
② BaaS(Business as a Service)
③ CaaS(Computing as a Service)
④ SaaS(Software as a Service)

43 클라우드 서비스 모델 중에서 IaaS(Infrastructure as a Service)에 대한 설명으로 옳은 것은?

① 이용자에게 서버, 스토리지 등의 하드웨어 자원만을 임대·제공하는 서비스
② 소프트웨어 개발에 필요한 플랫폼을 임대·제공하는 서비스
③ 소프트웨어를 임대·제공하는 서비스
④ 클라우드 서버상에 설치된 소프트웨어를 온라인상으로 제공하는 서비스

44 호스트 컴퓨터에서 다수의 운영 체제를 동시에 실행하기 위한 가상 플랫폼으로 가상 머신 모니터(Virtual Machine Monitor, VMM)라고도 하는 것은?

① 하이브리드(Hybrid)
② 하이퍼네트워크(Hypernetwork)
③ 하이퍼바이저(Hypervisor)
④ 모빌리티(Mobility)

45 클라우드 서비스 구성에 의한 특징으로 효율적인 자원의 활용을 위해 물리적인 자원을 소프트웨어 기반으로 논리적으로 통합/재분배하여 사용할 수 있게 하는 것은?

① 확장성
② 가상화
③ 정보 위탁
④ 단말 다양성

46 아래 내용에서 괄호 안에 들어갈 용어가 옳게 짝지어진 것은?

> 모바일 OS는 크게 두 가지로 분류할 수 있다. 앱 서비스와 관련된 다양한 소프트웨어를 제어·관리하는 (㉠)가 있고, 이에 반해 하드웨어의 자원 할당 및 기능 구현 등 OS의 기본적인 기능을 담당하는 (㉡)가 있다.

① ㉠ : GPOS(General Purpose OS)
   ㉡ : RTOS(Real Time OS)
② ㉠ : RTOS(Real Time OS)
   ㉡ : GPOS(General Purpose OS)
③ ㉠ : SPOS(Special Purpose OS)
   ㉡ : GPOS(General Purpose OS)
④ ㉠ : RTOS(Real Time OS)
   ㉡ : SPOS(Special Purpose OS)

47 사물인터넷 비즈니스 모델 설계에서 '전략'과 '시장', '기술'의 테크노 비즈니스 3대 컴포넌트를 6개로 세분화하여 분석 관점을 종합한 모델은?

① TISSUE 모델
② 비즈니스 모델 캔버스
③ 5-Force 모델
④ 혁신 모델

48 비즈니스 생태계 중 ICT 생태계와 관련해서 Fransman(2010년) 연구를 대표적으로 들 수 있다. Fransman은 기본적인 계층 모델을 6개의 계층으로 구분된 생태계 계층 모델로 분석하였다. 6개의 계층이 아닌 것은?

① 연결성(Connectivity)
② 최종 소비(Final consumption)
③ 네트워크 운영(Network operating)
④ 소프트웨어 개발(Software development)

49 다음 내용에 해당하는 사물인터넷 비즈니스 모델은?

> 회사가 고객 니즈에 맞는 제품/서비스를 어떻게 만들고, 어떻게 전달하여 어떻게 수익을 창출하겠다는 구체적인 방안이라고 정의

① TISSUE 모델
② 비즈니스 모델 캔버스
③ 5-Force 모델
④ 혁신 모델

50 모바일 시대에서 사물인터넷 시대로 바뀔 때 나타나는 변화로 거리가 먼 것은?

① 핵심 특징 : 기기의 스마트화 → 연결화
② 새롭게 만들어지는 경제 구도 : 앱 경제 → API 경제
③ 중심이 되는 연결 형태 : 가벼운 연결 → 무거운 연결
④ C-P-N-T 중 지배적 영역 : OS → 웹

정답

01	02	03	04	05	06	07	08	09	10
②	④	②	③	②	③	②	④	②	②
11	12	13	14	15	16	17	18	19	20
④	②	②	②	③	④	①	②	②	③
21	22	23	24	25	26	27	28	29	30
④	①	③	①	②	①	④	③	①	①
31	32	33	34	35	36	37	38	39	40
②	①	④	③	④	②	④	③	④	①
41	42	43	44	45	46	47	48	49	50
②	④	①	③	②	①	①	④	②	③

제5회 IoT 지식능력검정 A형 기출문제

2017년 11월 19일 시행

01 사물인터넷의 특성으로 가장 거리가 먼 것은?

① 지능형 인터페이스를 갖는다.
② 정보망에 잘 통합되는 특성을 갖는다.
③ 자기 식별자와 각각의 특성을 갖는 가상 사물로만 구성되어 있다.
④ 사물들이 연결됨으로써 새로운 기능 혹은 새로운 가치를 제공한다.

02 RFID/USN/M2M과 비교한 사물인터넷에 대한 내용으로 옳지 않은 것은?

① 사물인터넷은 인터넷 중심의 통신 네트워크이다.
② 사물인터넷은 즉시적인 스마트 서비스를 제공한다.
③ 사물인터넷 디바이스는 수동적으로 단순 정보를 수집한다.
④ 사물인터넷의 디바이스 형태는 센서와 액추에이터의 Physical Thing과 데이터와 프로세스 등을 포함한 Virtual Thing 형태이다.

03 아래 설명과 가장 가까운 사물인터넷 응용 서비스 분야는?

> 가정에 있는 사물이나 환경 등에 대해 지속적으로 모니터링하여 원격에서 제어를 하거나 스스로 제어되는 시스템이 적용된 가정이라 할 수 있다. 특히 스마트 가전이나 보안 솔루션 등 가정용 디바이스들이 서로 소통함으로써 거주자에게 편리함을 제공하거나 최적화된 생활 환경을 유지하도록 한다.

① 스마트 시티
② 스마트홈
③ 유통 및 마케팅
④ 스마트 팩토리

04 산업 혁명에 대한 설명으로 옳지 않은 것은?

① 1차 산업 혁명 : 증기 기관을 동력으로 사용하는 기계 장치를 통한 생산
② 2차 산업 혁명 : 화학 에너지를 동력으로 사용하여 분업에 기반한 소량 생산
③ 3차 산업 혁명 : 전자 장치 및 IT를 이용한 한 차원 높은 생산 자동화
④ 4차 산업 혁명 : 가상 공간-현실 생산 시스템에 기반을 둔 생산 체계

05 사물인터넷 표준화 기구/단체에 대한 설명으로 옳지 않은 것은?

① ITU-T : SG13, SG17, SG20 등 IoT 서비스/네트워크/통신/보안 분야 표준 논의
② IEEE : 무선 LAN/PAN 기술 관련 사실상의 표준화 기구로서, 스마트 미터링, 옥외 저전력 근거리/중장거리 통신 등의 표준 개발
③ IETF : 인터넷 프로토콜 관련 사실상의 표준화 기구로서, 저전력 유무선 네트워크를 위한 적응 계층 및 CoAP 등의 표준 개발
④ 3GPP : 사물인터넷 구현 시 REST 구조 기반으로 경량형 CoAP 프로토콜로 사물인터넷 장치들을 연결하고, 장치에 존재하는 자원들을 상호 제어할 수 있게 하는 표준 개발

06 사물인터넷의 공식적 표준과 사실상 표준의 비교로 옳지 않은 것은?

	구분	공식적 표준	사실상 표준
①	표준화와 사업화	사업화 우선	표준화 우선
②	표준화 열쇠	표준화 기관이 강제	시장 점유율, 참여 기업 수
③	단일 표준 제공 여부	원칙적 단일 표준	시장 경쟁에 위임
④	표준 제정 속도	느림	빠름

07 사물인터넷 아키텍처 중 oneM2M의 계층 모델이 아닌 것은?

① Application Layer
② Session Layer
③ Common Services Layer
④ Network Services Layer

08 아래 설명 중 괄호 안에 들어갈 알맞은 용어는?

> OCF 표준을 따르는 S/W 플랫폼인 IoTivity의 필수 메시징 프로토콜은 (　　)이며, 향후 선택적인 메시징 프로토콜로 HTTP, MQTT도 지원 예정이다. IoTivity 서비스 부분은 IoTivity 기반의 확장 기능과 스마트폰 앱/서비스 개발 시 빠른 개발을 지원하는 프레임워크 기능들로 구성된다.

① CRUDN(Create, Read, Update, Delete and Notify)
② 3GPP(3rd Generation Partnership Project)
③ Thread
④ IETF CoAP

09 아래 내용에서 설명하는 것은 무엇인가?

> IoTivity에서 지원하지 못하는 추가적인 프로토콜이 필요한 경우, 정형화된 플러그인 기반 프로토콜로 확장하여 사용할 수 있는 기능을 지원

① 프로토콜 플러그인 관리자(PPM)
② 소프트웨어 센서 관리자(SSM)
③ 사물 관리자(TM)
④ 알림 관리자(NM)

10 사물인터넷 생태계의 경우 이용 기관 및 기업별 개별적·폐쇄적 생태계에서 개방형 서비스 생태계로 전환되고 있는 상황이다. 센서 네트워크와 비교하여 '미래 IoT' 관점에서 사물인터넷 플랫폼 기술에 대한 설명으로 옳지 않은 것은?

① 서비스 방식 : 개방형 사물인터넷 인프라상에서 자유로운 디바이스 및 서비스 공유·연동
② 특징 : 개방형 인프라 구조, 수평적 통합, 플랫폼 간 호환성 지원, 데이터/프로세스/지능 중심, B2B/B2C/C2C 지원
③ 규모 : 인터넷 기반 글로벌 규모(수백 억 개 이상 수용)
④ 생태계 : 개발·구축·운영·유지 비용 과다, 도메인 중심 생태계

11 사물인터넷 공통 보안 7대 원칙 중 안전한 초기 보안 설정 방안 제공에 대한 내용으로 옳지 않은 것은?

① 제조 시 기본으로 설정된 계정 이름과 패스워드를 설치 시 변경하여야 한다.
② 서비스에서 강력한 암호와 무결성을 요구하는 경우 옵션 중 강한 암호를 기본으로 설정하여야 한다.
③ 다중 사용자로 구성되는 서비스 환경에서는 최대한의 권한으로 초기 설정해야 한다.
④ 다중 요소 인증이 옵션으로 제공될 경우 필요시 활성화하여 설정하여야 한다.

12 아래 내용에서 설명하는 사물인터넷 보안 위협은?

> 임베디드 OS 및 미들웨어 기기 자체의 알려지지 않은 취약점을 통해 공격을 진행하고 이를 통해 기기의 인증 정보, 개인 정보 및 기타 저장 정보에 대한 노출 피해를 발생시킬 수 있다.

① 부채널 공격
② 제로데이 취약점
③ 개인 정보 탈취 및 정보 유출
④ 서비스 거부 공격 및 네트워크 공격

13 사물인터넷 기술의 활성화 및 확대는 기존의 정보 보호 체계에 영향을 주고 있다. 정보 보호 패러다임의 변화로 옳지 않은 것은?

① 보호 대상 : (PC, 모바일) → (가전, 자동차, 의료 기기 등 모든 사물)
② 보안 주체 : (ISP, 보안 전문 업체, 이용자) → (ISP, 보안 전문 업체, 이용자 + 제조사, 서비스 제공자)
③ 피해 범위 : (정보 유출, 금전 피해) → (정보 유출, 금전 피해 + 시스템 정지, 생명 위협)
④ 대상의 특징 : (고성능, 고가용성) → (고성능, 고가용성 + 고전력, 초경량)

14 아래 내용이 설명하는 사물인터넷 플랫폼 사례는?

> 학습 기능을 내장한 스마트 온도 제어기인 'Nest Thermostat'과 연기 감지를 통해서 알람을 해주는 'Nest Protect'를 개발하여 상용화한 네스트랩스(Nest Labs)를 인수 후, 이 플랫폼을 기반으로 'Works with Nest'라는 생태계 확산 프로그램을 통해 다양한 사물인터넷 디바이스 제조사를 끌어들이고 있음

① 모비우스 및 앤큐브 사물인터넷 플랫폼
② 애플의 사물인터넷 플랫폼
③ 구글의 사물인터넷 플랫폼
④ 제너럴일렉트릭의 사물인터넷 플랫폼

15 이동 통신사에서 휴대폰을 원격 제어/관리하고자 하는 목적에서 개발되었으며 장치 관리 기능이 MO(Management Object) 기반 자원으로 구현되어 HTTP를 이용한 REST 기반의 프로토콜로 작동하는 기술은?

① OMA LWM2M(Lightweight M2M)
② BBF(Broadband Forum) TR-069
③ OID(Object Identifier)
④ OMA(Open Mobile Alliance) DM(Device Management)

16 아래 설명 중 각 괄호 안에 들어갈 알맞은 용어는?

> (㉮) 기술은 서비스 지향 구조에서 다양한 서비스를 연동하기 위한 개념으로 처음 소개되었다. (㉮) 기술은 주로 (㉯) 기술 또는 (㉰) 기술의 하부 기술로 사용된다. (㉯) 기술은 사용자 또는 애플리케이션으로부터 특정 서비스를 요청받았을 때 사물인터넷 플랫폼의 오케스트레이터가 해당 서비스를 검색하고 이와 관련된 서비스를 제공해 주는 기술을 말한다.

① ㉮ 가상 컴포지션
  ㉯ Service Orchestration
  ㉰ Service Choreography
② ㉮ 서비스 컴포지션
  ㉯ Service Orchestration
  ㉰ Service Choreography
③ ㉮ 서비스 컴포지션
  ㉯ Service Choreography
  ㉰ Service Orchestration

④ ㉮ 가상 컴포지션
㉯ Service Choreography
㉰ Service Orchestration

17 사물인터넷 플랫폼 기술에 대한 설명이 옳게 연결된 것은?

(가) OMA(Open Mobile Alliance) DM(Device Management), OMA LWM2M(Lightweight M2M) 등의 기술 활용
(나) 실제 물리적 환경에 존재하는 사물을 모니터링하거나 제어할 수 있는 리소스 제공
(다) 사용자가 원하는 서비스를 제공받기 위하여 정보나 리소스 등을 찾고 결과를 쉽게 활용할 수 있도록 제공

① (가) : 장치 관리 기술
　(나) : 식별 체계 기술
　(다) : 검색 기술
② (가) : 사물 가상화 기술
　(나) : 식별 체계 기술
　(다) : 시맨틱 기술
③ (가) : 장치 관리 기술
　(나) : 사물 가상화 기술
　(다) : 검색 기술
④ (가) : 사물 가상화 기술
　(나) : 장치 관리 기술
　(다) : 식별 체계 기술

18 사물인터넷 플랫폼의 기능 블록 중 '시맨틱 및 지식 서비스 기능 블록'의 경우 데이터 간의 호환성 및 데이터 분석, 지능적인 서비스를 제공한다. 시맨틱 및 지식 서비스 기능 블록이 제공하지 않는 기능은?

① 지능적 사물인터넷 서비스를 제공하기 위하여 지속적인 지식 습득 및 제공을 위한 지식 관리 기능
② 데이터에 대한 고차원적 분석을 통한 서비스를 제공하기 위한 데이터 분석 기능
③ 다양한 디바이스, 리소스, 서비스들에 대한 검색 기능을 제공하는 디스커버리 기능
④ 시맨틱 엔진 및 저장소를 제공하고 시맨틱 검색 기능 등을 제공하는 시맨틱 기능

19 다음 중 WSN(Wireless Sensor Network)에서 사물인터넷으로 발전되는 입장에서의 네트워크 이슈 가운데 가장 중심이 되는 부분이라고 볼 수 있는 것은?

① IPv4 프로토콜 수용
② NFC 프로토콜 수용
③ IPv6 프로토콜 수용
④ ZigBee 프로토콜 수용

20 Wi-Fi 표준 중 아래 내용에 해당하는 것은?

- 넓은 채널들(40MHz, 80MHz 혹은 160MHz)을 이용하며, 5GHz 대역에서 작동
- 최대 8개까지의 공간 스트림(spatial streams)을 사용
- 256-QAM에 이르는 고차 변조 기술 등을 이용하며, 이를 통해 6.93Gbps의 최대 전송 속도를 지원

① IEEE 802.11a
② IEEE 802.11g
③ IEEE 802.11ad
④ IEEE 802.11ac

21 아래 내용에 해당하는 것은?

- 기본적으로 RFID나 NFC와 동일한 방식으로 작동
- 저전력 블루투스(BLE) 신호를 이용해서 근처의 스마트폰이나 태블릿 같은 휴대 장치에 자신의 존재 여부를 알려주는 데 사용
- UUID, major, minor 값을 이용하거나 수신 신호 세기를 이용해서 계층화된 서비스 제공

① 블루투스 비콘
② 블루투스 1.0
③ 블루투스 2.0
④ 블루투스 3.0

22 지그비(ZigBee) 통신 기술 중 아래 내용에 해당하는 것은?

- 스마트그리드와 같은 에너지계에서 가장 주목을 받는 에너지 관리용 응용 프로파일인 Smart Energy Profile 2.0을 수용하기 위해 2013년 발표된 스택이다.
- IPv6 기반 완전한 무선 메시 네트워킹 솔루션으로 발표된 개방형 표준으로 저전력 디바이스를 인터넷에 직접 연결시켜 준다.

① ZigBee RF4CE
② ZigBee Advance
③ ZigBee Pro
④ ZigBee IP

23 아래 내용에서 괄호 안에 들어갈 알맞은 내용은?

블루투스는 개인 근거리 무선 통신을 위해 개발한 기술로 블루투스 SIG(Bluetooth Special Interest Group)에 의해 공식적으로 발표되었다. 와이파이가 이더넷 기반의 유선랜을 대체한다면, 블루투스는 유선 USB를 대체하는 기술로 ISM 대역인 (   )를 사용한다.

① 13.56MHz
② 433MHz
③ 900MHz
④ 2.4GHz

24 Z-Wave 통신 기술에 대한 설명으로 옳지 않은 것은?

① 소형, 저전력, 저비용, 근거리 무선 통신을 지향하며 IEEE 802.15.4 기반으로 구성된다.
② 혼잡한 2.4㎓ 주파수 기반의 통신 기술에 비해 간섭에 자유로운 점이 장점이다.
③ 소스 라우팅 기반의 메시 네트워크 토폴로지가 적용되어 네트워크를 구성한다.
④ Z-Wave 얼라이언스에서 개발한 홈오토메이션의 모니터링과 컨트롤을 위한 저전력 통신 기술이다.

25 RFID 주파수 대역별 주 응용 분야로 가장 거리가 먼 것은?

① 135㎑ 이하 : 이력 관리/보안/동물 관리 등
② 13.56㎒ : 교통 카드, 도서/재고 관리 등
③ 433㎒ : 여권, ID 카드 등
④ 900㎒ : 유통, 물류 등

26 RFID 시스템의 필수 구성 요소로 옳지 않은 것은?

① 미들웨어(MiddleWare)
② 바코드(BarCode)
③ 리더(Interrogator)
④ 태그(Transponder)

27 국내 사물인터넷 전용망으로 가장 거리가 먼 것은?

① LoRa(Long Range)
② LTE-M(Long Term Evolution for Machines)
③ NB-IoT(NarrowBand-Internet of Things)
④ RFID(Radio Frequency IDentification)

28 사물인터넷 응용 계층 프로토콜 중 아래 내용에 해당하는 것은?

- Jabber라는 이름으로 1999년 개발된 XML 기반 메신저 프로토콜이다.
- 현재 대표적으로 Google, Yahoo, MSN의 메신저 프로토콜로서 사용되고 있다.
- 하위 프로토콜 스택의 전송 계층으로 TCP를 이용하고 그 위에 애플리케이션 프로토콜로서 작동한다.

① HTTP(HyperText Transfer Protocol)
② CoAP(Constrained Application Protocol)
③ MQTT(Message Queueing Telemetry Transport)
④ XMPP(Extensible Messaging And Presence Protocol)

29 사물인터넷 응용 계층 프로토콜에 대한 설명으로 옳지 않은 것은?

① HTTP는 웹상에서 클라이언트와 서버 간 정보를 주고받을 수 있는 애플리케이션 계층 프로토콜이다.
② CoAP은 하위 프로토콜 스택으로 물리 및 링크 계층은 저전력 센서 노드를 위한 IEEE 802.11v 표준을 기반으로 삼고 있고, 네트워크 계층은 IPv6 프로토콜을 사용한다.
③ MQTT는 지연 및 손실이 심한 네트워크 환경에서 검침기, 센서 등 작은 기기들의 신뢰성 있는 메시지 전달을 위해 개발되었다.
④ XMPP는 Publish/Subscribe 방식과 Request/Response 방식의 메시지 교환 방식을 모두 지원한다.

30 사물인터넷 전용망 통신을 위한 핵심 요구 사항으로 가장 거리가 먼 것은?

① 저전력 소모 설계
② 안정적인 장거리 커버리지 제공
③ 단말기의 저가 공급을 통한 낮은 구축 비용
④ 소규모의 단말기 접속 구현

31 사물인터넷 디바이스 H/W 플랫폼 중 '라즈베리파이3 모델 B'의 지원 기능으로 옳지 않은 것은?

① 일체형 무선 와이파이
② 블루투스 4.1 BLE
③ 그래픽 프로세서(400㎒)
④ LTE 통신 모듈

32 OSHW(Open Source Hardware) 플랫폼 중 이동 통신 모뎀 기능을 포함하고 있는 것은?

① 갈릴레오
② 링크잇원
③ 라즈베리파이
④ 아두이노

33 사물인터넷 디바이스 S/W 플랫폼 중 '&Cube (앤큐브)'에 대한 내용으로 옳지 않은 것은?

① &Cube:Rosemary – 게이트웨이 버전 S/W 플랫폼
② &Cube:Lavender – 디바이스 버전 S/W 플랫폼
③ &Cube:Chamomile – CoAP 지원 S/W 플랫폼
④ &Cube:Mint – 초경량 네트워크 버전 S/W 플랫폼

34 &Cube는 6가지 코어 블록으로 구성되어 있다. TAL(Thing Adaptation Layer) 영역과의 연동 및 연결된 사물을 관리하는 기능을 수행하는 코어 블록은?

① Application Manager
② Device Manager
③ Thing Manager
④ Interaction Manager

35 아래 내용에 해당하는 센서는?

> 레이저 펄스를 지표면과 지물에 발사하여 반사되어 돌아오는 시간을 측정하여 반사체의 위치 좌표를 측정하는 시스템으로 최근 자율주행 기술에 필수로 사용되고 있으며, 반경 360도에 대한 정보를 얻을 수 있다.

① RADAR(RAdio Detection And Ranging)
② 모션 센서
③ LIDAR(Light Detection And Ranging)
④ 충돌 방지 센서

36 반도체 공정 기술 기반으로 성립되는 초소형 정밀 기계 제작 기술로서 무거운 조립식 센서를 반도체 IC와 같은 실리콘 기판상에 작게 구현할 수 있는 기술은?

① 나노 기술
② MEMS(Micro Electronic Mechanical Systems)
③ 반도체 집적 기술
④ 초경량화 기술

37 사물인터넷 디바이스 S/W 플랫폼에 대한 설명으로 가장 거리가 먼 것은?

① 오픈소스 하드웨어 플랫폼에서 대부분 OS로 리눅스(Linux)와 리눅스의 변종 OS가 적용되고 있다.
② ARM(Advanced RISC Machine)에서 지원하는 mbed OS는 Cortex-M 시리즈 위에서만 작동한다.
③ nanoQplus는 우선순위 기반 선점형 스케줄러를 갖는 멀티스레드 기반으로 리눅스 프로그래밍 방식을 사용하는 완전한 오픈소스 플랫폼이다.
④ &Cube는 JVM 위에서 작동하도록 구현되어 있어 Windows, Linux, iOS 등의 PC 환경은 물론 Embedded Linux 등의 환경에서도 작동한다.

38 빅데이터 분석을 위한 알고리즘 중 아래 내용에 해당하는 것은?

> 어떠한 현상을 구성하는 종속 변수 값의 변화가 하나 이상의 독립 변수 값을 변화시키는지, 또 그렇다면 어떻게 변화시키는지의 여부를 찾아내는 분석 방법

① 연관 규칙 학습(Association Rule Learning)

② 군집화(Clustering)
③ 델파이 기법(Delphi Technique)
④ 회귀 분석(Regression)

39 빅데이터에 대한 내용으로 가장 거리가 먼 것은?

① 빅데이터를 이용하기 위해서는 과거에 주로 다룬 비교적 작은 크기의 정형화된 데이터에서 쓰이던 것과는 다른 차원의 기술과 인력이 요구된다.
② 빅데이터란 기존의 방식으로는 관리와 분석이 매우 어려운 데이터 집합, 그리고 이를 관리·분석하기 위해 필요한 인력과 조직 및 관련 기술까지 포괄한다.
③ 빅데이터를 좁은 의미에서 정의하면 보통 수십에서 수천 테라바이트 정도의 거대한 크기를 갖고, 여러 가지 다양한 비정형 데이터를 포함하고 있다.
④ 빅데이터의 중요성으로 이전에 관리된 데이터만을 분석함으로써 예측 능력보다는 비즈니스 효율성을 향상시키는 것을 우선으로 들 수 있다.

40 빅데이터의 특성에 대한 내용으로 가장 거리가 먼 것은?

① 빅데이터 특성은 'V'로 시작하는 양(Volume), 다양성(Variety), 속도(Velocity) 3가지 키워드로 나타낼 수 있다.
② 비즈니스 측면에서는 3V에 가상 현실(Virtual reality)을 추가하여 4V를 사용하기도 한다.
③ 3V 중 두 가지 이상의 요소만 충족한다면 빅데이터라고 볼 수 있다.
④ 빅데이터의 핵심 기술은 대규모 저장 시스템과 효과적인 데이터 처리 기술이다.

41 클라우드 컴퓨팅 주요 기술에 대한 설명으로 옳지 않은 것은?

① 가상화는 넓은 의미로 컴퓨터 자원에 대한 추상화를 의미하며 다양한 형태의 가상화가 있고 클라우드 컴퓨팅에서는 서버, 스토리지, 네트워크가 대표적인 가상화 대상이다.
② 분산 컴퓨팅은 클라우드 컴퓨팅 소프트웨어를 구성함에 있어 인트라넷과 인터넷으로 연결되어 있지 않은 다수의 컴퓨팅 자원을 연결하지 않고 분산 처리하는 기술이다.
③ 시스템 관리는 단순한 사용자 인터페이스나 모니터링만을 의미하지 않으며, 클라우드 컴퓨팅 이용자들에게 SLA에 기반한 사용자 가상 컴퓨팅 환경을 프로비저닝하고 제공된 가상 시스템을 모니터링하며, 사용자 서비스별 자원 활용 정도에 따른 동적인 자원 할당 및 동적 스케줄링을 제공해 주어야 한다.
④ 서비스 플랫폼은 사용자들이 클라우드 컴퓨팅 인프라에 사용자 고유의 응용 또는 인터넷 서비스를 구축하기 위한 인터페이스를 제공한다.

기출문제

42 컴퓨팅 자원 및 소프트웨어를 클라우드 서비스 사업자로부터 임대하여 사용하는 클라우드 컴퓨팅 환경에 대한 설명으로 옳은 것은?

① 데이터의 소유 및 관리 : 소유와 관리가 동일
② 사용자 컴퓨터 설치 S/W : OS, 응용 S/W
③ 자원 구매/폐기 : 이용자
④ 데이터 위치 및 컴퓨팅 주체 : 클라우드 서버(온라인)

43 클라우드 서비스는 제공하는 자원의 레벨에 따라 3가지 모델로 분류한다. 클라우드 서비스 모델에 대한 설명으로 가장 거리가 먼 것은?

① IaaS : 이용자에게 서버, 스토리지 등의 하드웨어 자원만을 임대·제공하는 서비스
② PaaS : 이용자에게 소프트웨어 개발에 필요한 플랫폼을 임대·제공하는 서비스
③ AaaS : 이용자에게 하드웨어 및 소프트웨어 자원을 임대·제공하는 서비스
④ SaaS : 이용자가 원하는 소프트웨어를 임대·제공하는 서비스

44 클라우드 서비스 보안 위협에 대한 내용이 잘못 짝지어진 것은?

① 분산 처리에 따른 보안 적용이 어려움 – 자원 공유와 가상 머신 동적 재배치로 인증/접근 제어 복잡도 상승
② 가상화 취약점 상속 – 인증하지 않은 이용자의 정보 접근
③ 법규 및 규제의 문제 – 정보 유출 및 손실 시 책임 소재 불분명
④ 단말 다양성 – 사용 단말의 다양화에 따른 정보 유출

45 사물인터넷 환경에서는 한 번에 전송되는 데이터의 양이 적기 때문에 '가벼운 연결'이라고 할 수 있다. 가벼운 연결에서 기기의 특징으로 옳지 않은 것은?

① 컴퓨팅 성능이 높아야 한다.
② 좁은 대역대의 네트워크만으로 충분하다.
③ 스크린이 없어도 된다.
④ 소량의 데이터만 전송하면 된다.

46 IT 생태계의 건강성과 경쟁력을 측정하는 평가 지표(Iansiti, 2004년) 중 아래 내용에 해당하는 것은?

> 벤처 캐피털 수익과 투자자의 새로운 기업 가치 평가 등

① 강건성
② 생산성

③ 기술성
④ 혁신성 또는 신시장 창출 능력

47 지능 정보 기술의 국내외 표준화 현황에 대한 내용으로 가장 거리가 먼 것은?
① 현재까지는 지능 정보 기술의 국제 표준화 작업이 정보 통신 단말기와 서버 또는 네트워크를 통해 상호 제어를 위한 인터페이스 표준으로 진행 중이다.
② 국제 표준 기구에서 인공 지능과 관련된 윤리 규범을 추진하고 있다.
③ 국내에서는 아직 지능 정보 관련 표준화 단체가 없으나 자연어, 음성, 영상 처리, 지식 추론 등의 기반 소프트웨어와 관련된 워킹 그룹과 데이터 워킹 그룹 구성을 위한 표준화 활동을 계획하고 있다.
④ 사용자 맞춤형 정보 서비스에 대한 표준화 작업과 콘텐츠 검색 정보 서비스는 클라우드 환경에서 사용자의 정보 검색에 대한 만족감을 충족시키고 있으며, 통신망이 고속화되면서 대용량의 정보 검색이 가능해지고 있다.

48 아래 내용에서 괄호 안에 들어갈 적절한 용어는?

> 사물인터넷 환경이 되면서 더 많은 사물들이 인터넷에 연결되어 웹 중심의 서비스가 기존 OS 중심의 앱 서비스보다 더 확산될 것이다. 향후에는 웹 중심 환경으로 전환될 것이므로 웹 표준 기반 기술로 만들어진 웹 ( )가(이) 더 확대될 것이다.

① 모바일
② 플랫폼
③ 클라우드
④ API(Application Programming Interface)

49 Fransman은 비즈니스 생태계 중 ICT 생태계를 기본적인 계층 모델로 6개의 계층(네트워크 요소, 네트워크 운영, 연결성, 미들웨어, 콘텐츠 · 애플리케이션 · 서비스, 최종 소비)으로 구분하였다. 이후 ICT 환경 변화를 고려하여 기존 모델을 4개의 계층 모델로 단순화하였다. 이 단순화된 4개의 계층으로 옳지 않은 것은?
① 연결성
② 네트워크 요소
③ 네트워크 운영
④ 최종 소비

기출문제

50 마이클 포터(Michael E. Porter)는 사물인터넷 시대에서도 기존 5-Force 모델이 유효하다고 주장하고 있다. 5-Force 모델에서 5가지 경쟁 요인 중 아래 내용에 해당하는 것은 무엇인가?

> 스마트, 커넥티드 제품은 가격 이외의 부분으로 경쟁의 초점을 이동시킴으로써 제품 차별화의 기회를 크게 확장시킬 수 있다. 소비자의 사용 패턴에 대한 정보를 이용하여 기업은 소비자를 세분화하고 맞춤형 제품을 생산하며 유통 또는 서비스 파트너에 대한 의존도를 낮추거나 배제함으로써 기업은 더 많은 수익을 가져갈 수도 있다.

① 공급자 교섭력
② 구매자 교섭력
③ 신규 진입의 위협
④ 경쟁 기업 간 경쟁 관계

정답

01	02	03	04	05	06	07	08	09	10
③	③	②	②	④	①	②	④	①	④
11	12	13	14	15	16	17	18	19	20
③	②	④	③	④	②	③	③	③	④
21	22	23	24	25	26	27	28	29	30
①	④	④	①	③	②	④	④	②	④
31	32	33	34	35	36	37	38	39	40
④	②	③	③	③	②	③	④	④	②
41	42	43	44	45	46	47	48	49	50
②	④	③	②	①	④	③	④	①	②

IoT 사물인터넷 지식능력검정
2주 완성 핵심 요약 정리 및
기출문제 풀이와 정답

발 행 일 2018년 6월 10일 초판 1쇄 발행
　　　　 2019년 1월 10일 초판 2쇄 발행

저　　자 윤석인 · 이희섭 공저

발 행 처  크라운출판사
　　　　 http://www.crownbook.com

발 행 인 이상원
신고번호 제 300-2007-143호
주　　소 서울시 종로구 율곡로13길 21
대표전화 02)745-0311~3
팩　　스 02)765-3232
홈페이지 www.crownbook.com
I S B N 978-89-406-3602-2 / 13560

특별판매정가 27,000원

이 도서의 판권은 크라운출판사에 있으며, 수록된 내용은
무단으로 복제, 변형하여 사용할 수 없습니다.
Copyright CROWN, ⓒ 2019 Printed in Korea

이 도서의 문의를 편집부(02-744-4959)로 연락주시면
친절하게 응답해 드립니다.